Hilke Dreyer · Richard Schmitt

Lehr- und Übungsbuch der deutschen Grammatik

Neubearbeitung

$$\frac{-\frac{i\pi}{2}+\frac{\pi\sqrt{3}}{2}}{e^{-i\frac{2\pi}{3}}-1} = i\pi$$

$$\frac{-\frac{i\pi}{2}+\frac{\pi}{2}\sqrt{3}}{-\frac{1}{2}-\frac{i\sqrt{3}}{2}-2} = \frac{-i\pi+\pi\sqrt{3}}{-3-i\sqrt{3}}(-3+i\sqrt{3})$$

$$\frac{i(3\pi+3\pi)-3\sqrt{3}\pi+\pi\sqrt{3}}{12}$$

$$\frac{i\pi}{2}-\frac{\pi\sqrt{3}}{6} = -\frac{\pi}{2\sqrt{3}}+\frac{i\pi}{2}$$

Max Hueber Verlag

Zu dieser Grammatik gehören:

CD-ROM mit interaktiven Übungen und kurz gefassten Erklärungen
ISBN 3-19-127255-0

Lehr- und Übungsbuch + CD-ROM als Paket
ISBN 3-19-117255-6

Lösungsschlüssel
ISBN 3-19-107255-1

2 Kassetten
mit Aufnahmen einzelner Übungen
für das Hörverstehen und zur Übungskontrolle
ISBN 3-19-087255-4

2 CDs
mit Aufnahmen einzelner Übungen für
das Hörverstehen und zur Übungskontrolle
ISBN 3-19-097255-9

Testheft
Tests zu allen Paragraphen als Erfolgskontrolle
im Unterricht oder für den selbstständigen Lerner
ISBN 3-19-017255-2

Dieses Werk folgt der seit dem 1. August 1998 gültigen Rechtschreibreform.

€ 5. 4. 3. | Die letzten Ziffern
2006 05 04 03 02 | bezeichnen Zahl und Jahr des Druckes.
Alle Drucke dieser Auflage können, da unverändert,
nebeneinander benutzt werden.
1. Auflage

Umschlag und Layout: Peer Koop, München
Druck und Bindung: Appl, Wemding
Printed in Germany
ISBN 3-19-007255-8
(früher erschienen im Verlag für Deutsch ISBN 3-88532-717-1)

Vorwort

Die wirklich sichere Beherrschung einer Sprache ist ohne Einsicht in ihr Regelsystem nicht möglich. Das gilt sowohl für die Muttersprache als auch für jede Fremdsprache.
Das vorliegende Buch ist die Neubearbeitung des erfolgreichen, 1985 erstmals erschienenen *Lehr- und Übungsbuchs der deutschen Grammatik*. Es ist gedacht für Lerner der oberen Grundstufe und der Mittelstufe, die gründliche und zusammenhängende Kenntnisse der deutschen Grammatik erwerben wollen. Sie finden hier einfach formulierte, manchmal auch vereinfachte Regeln mit einer Vielzahl von Beispielen, außerdem Listen und Tabellen zum Nachschlagen und eine Fülle von Übungen. Für die Neubearbeitung wurde der Regelapparat kleinschrittiger aufgebaut, die Übungen sind diesen Einzelschritten deutlicher zugeordnet. Im Bereich der Grundstufengrammatik wurde der Übungsapparat um einfache Übungen erweitert.
Der Aufbau folgt dem Unterrichtsprinzip, zunächst das sprachlich Wichtigste, d.h. die Teile des einfachen Satzes und einfache Satzgefüge (Teil I und II) zu lehren; erst dann folgt die Adjektivdeklination und ihr Umfeld (Teil III) und der Konjunktiv (Teil IV). Der Gebrauch der Präpositionen ist eher ein semantisches als ein grammatisches Problem. Dieser Teil V sollte zusammen mit den ersten beiden Teilen benutzt werden.
In der Neubearbeitung hinzugekommen ist der § 63 als Abschluss. Hier werden die wichtigsten Tempora im Überblick betrachtet und differenziert. Zur schnellen Orientierung dient der tabellarische Überblick über die wichtigsten Eigenheiten der Verbkonjugation und der Substantiv-Adjektiv-Deklination zum Ausklappen am Ende des Buches. Hinsichtlich der Terminologie, die im Anhang ausführlich erklärt wird, hält sich die Neubearbeitung an die heute im Bereich Deutsch als Fremdsprache üblicherweise gebrauchten Begriffe. Deklinationstabellen wurden wegen der besseren Übersichtlichkeit in der Reihenfolge Nominativ, Akkusativ, Dativ, Genitiv erstellt.
Grammatische Regeln sind nur Hilfen zum Verständnis, wichtiger ist die Anwendung. Dazu dienen die Übungen, die sich jeweils an die Darstellung eines grammatischen Problems anschließen. Wo immer dies möglich und sinnvoll ist, bestehen die Übungen nicht aus Einzelsätzen, sondern ergeben einen zusammenhängenden Text.
Der im Beispiel- und Übungsmaterial verwendete Wortschatz hält sich zunächst in engen Grenzen, wird aber in späteren Kapiteln erweitert. Übungen mit anspruchsvollerem Wortschatz oder höherem Schwierigkeitsgrad sind mit einem dunkelroten Kästchen gekennzeichnet.
Durch den separat erhältlichen Lösungsschlüssel, der dem selbstständigen Lerner die notwendige Kontrolle ermöglicht, eignet sich das *Lehr- und Übungsbuch der deutschen Grammatik* auch hervorragend für das Selbststudium.

Abkürzungsverzeichnis

Akk. (A)	Akkusativ
bzw.	beziehungsweise
Dat. (D)	Dativ
f	feminin
Gen. (G)	Genitiv
ggf.	gegebenenfalls
Inf.-K.	Infinitivkonstruktion
jd.	jemand (Nominativ)
jdm.	jemandem (Dativ)
jdn.	jemanden (Akkusativ)
m	maskulin
n	neutral
Nom. (N)	Nominativ
n. Chr.	nach Christus (=nach unserer Zeitrechnung)
Nr.	Nummer
Pers.	Person
Pl.	Plural
S.	Seite
Sg.	Singular
u. a.	und andere
usw.	und so weiter
vgl.	vergleiche
z.B.	zum Beispiel

Übungen mit anspruchsvollerem Wortschatz oder höheren Schwierigkeitsgrad sind dadurch gekennzeichnet, dass die Nummer der Übung dunkelrot unterlegt ist.

Inhaltsverzeichnis

Teil I

§ 1 Deklination des Substantivs I

I Deklination mit dem bestimmten Artikel im Singular

Singular	*maskulin*	*feminin*	*neutral*	*man fragt*
Nominativ	der Vater	die Mutter	das Kind	Wer? / Was?
Akkusativ	den Vater	die Mutter	das Kind	Wen? / Was?
Dativ	dem Vater	der Mutter	dem Kind	Wem?
Genitiv	des Vaters	der Mutter	des Kindes	Wessen?

Die Genitiv-Endung im Singular maskulin und neutral:

a) *-s* steht bei mehrsilbigen Substantiven:
des Lehrers, des Fensters, des Kaufmanns

b) *-es* steht meist bei einsilbigen Substantiven:
des Mannes, des Volkes, des Arztes

c) *-es* muss bei Substantiven auf *-s, -ss, -ß, -x, -z, -tz* stehen:
das Glas – des Glases, der Fluss – des Flusses, der Fuß – des Fußes, der Komplex – des Komplexes, der Schmerz – des Schmerzes, das Gesetz – des Gesetzes

1 Welches Verb gehört zu welchem Substantiv? Bilden Sie sinnvolle Sätze mit dem Akkusativ im Singular. (Es gibt verschiedene Möglichkeiten.)

Ich lese die Zeitung.

	hören	der Hund (-e)	das Flugzeug (-e)
Ich	sehen	das Kind (-er)	der Lastwagen (-)
	rufen	das Buch (¨-er)	das Motorrad (¨-er)
Wir	lesen	die Verkäuferin (-nen)	der Autobus (-se)
	fragen	die Nachricht (-en)	die Lehrerin (-nen)

2 Bestimmen Sie den Kasus.

Der Sekretär	bringt	der Ministerin	die Akte.
Wer? (Was?)		Wem?	(Wen?) Was?
Subjekt		*Objekt*	*Objekt*
Nominativ		*Dativ*	*Akkusativ*

1. Der Wirt serviert dem Gast die Suppe.
2. Der Ingenieur zeigt dem Arbeiter den Plan.
3. Der Briefträger bringt der Frau das Päckchen.

4. Der Chef diktiert der Sekretärin einen Brief.
5. Der Lehrer erklärt dem Schüler die Regel.

3 Bilden Sie Sätze mit Dativ und Akkusativ.

der Besucher / der Weg *Er zeigt dem Besucher den Weg.*

1. die Mutter die Schule
2. der Politiker der Stadtpark
3. der Redakteur der Zeitungsartikel
4. das Mädchen die Hausaufgabe
5. der Freund das Zimmer
6. der Minister das Rathaus
7. die Hausfrau der Staubsauger
8. der Käufer der Computer

4 Bilden Sie (zunächst) den Genitiv Singular.

der Vertreter / die Regierung *Das ist der Vertreter der Regierung.*

1. das Fahrrad (¨er) / die Schülerin (-nen)
2. der Motor (-en) / die Maschine (-n)
3. das Ergebnis (-se) / die Prüfung (-en)
4. die Tür (-en) / das Haus (¨er)
5. das Foto (-s) / die Schulklasse (-n)
6. das Auto (-s) / der Lehrer (-)
7. die Wohnung (-en) / die Dame (-n)
8. das Schulbuch (¨er) / das Kind (-er)
9. das Haus (¨er) / die Arbeiterfamilie (-n)
10. das Instrument (-e) / der Musiker (-)

II Deklination mit dem bestimmten Artikel im Plural

Plural	*maskulin*	*feminin*	*neutral*
Nominativ	die Väter	die Mütter	die Kinder
Akkusativ	die Väter	die Mütter	die Kinder
Dativ	den Vätern	den Müttern	den Kindern
Genitiv	der Väter	der Mütter	der Kinder

Der Dativ Plural bekommt die Endung *-n:*
die Bäume – auf den Bäumen, die Frauen – mit den Frauen

Ausnahme: Substantive, die im Plural auf *-s* enden:
das Auto – die Autos – in den Autos, das Büro – die Büros – in den Büros

Es gibt acht Möglichkeiten der Pluralbildung:

1.	-	der Bürger	–	die Bürger
2.	¨	der Garten	–	die Gärten
3.	-e	der Film	–	die Filme
4.	¨e	die Stadt	–	die Städte
5.	-er	das Bild	–	die Bilder
6.	¨er	das Amt	–	die Ämter
7.	-(e)n	der Student	–	die Studenten
		die Akademie	–	die Akademien
8.	-s	das Auto	–	die Autos

Anmerkungen

1. Wörter auf *-nis* bilden den Plural auf *-nisse:*
   das Ergebnis – die Ergebnisse

2. Feminina auf *-in* bilden den Plural auf *-innen*:
   die Freundin – die Freundinnen; die Französin – die Französinnen

3. Die meisten Substantive auf *-er* sind im Singular und Plural gleich:
   der Lehrer – die Lehrer

Regeln zur Rechtschreibung: ß oder ss?

1. ß steht nach langem Vokal oder Diphtong:
   die Straße, der Gruß, außen ...

2. ss steht nach einem kurzen Vokal:
   der Fluss, er musste, essen, gerissen

In der Schweiz wird das ß nicht benutzt, an seine Stelle tritt ss.

5 Bilden Sie Sätze im Plural mit den Wörtern der Übung 1. Die Pluralform im Nominativ ist in Klammern angegeben.

Wir lesen die Zeitungen.

6 Wer widerspricht wem? Nennen Sie die richtigen Partner im Singular und im Plural.

der Sohn – der Vater *Der Sohn widerspricht dem Vater.*
Die Söhne widersprechen den Vätern.

1. der Mieter (-)	a) die Mutter (¨)
2. die Schülerin (-nen)	b) der Schiedsrichter (-)
3. der Geselle (-n)	c) der Arzt (¨e)
4. die Lehrerin (-nen)	d) der Großvater (¨)
5. der Fußballspieler (-)	e) der Schulleiter (-)
6. der Sohn (¨e)	f) der Meister (-)
7. der Enkel (-)	g) der Hausbesitzer (-)
8. die Krankenschwester (-n)	h) der Lehrer (-)

7 Und jetzt umgekehrt.

der Vater – der Sohn *Der Vater widerspricht dem Sohn.*
Die Väter widersprechen den Söhnen.

8 Bilden Sie Sätze im Plural mit den Wörtern der Übung 4.

der Vertreter (-) / die Regierung (-en) *Das sind die Vertreter der Regierungen.*

9 Setzen Sie den Dativ Singular in den Plural.

Er hilft dem Kind (-er). *Er hilft den Kindern.*

1. Die Leute glauben dem Politiker (-) nicht.
2. Wir danken dem Helfer (-).
3. Der Bauer droht dem Apfeldieb (-e).
4. Die Wirtin begegnet dem Mieter (-).
5. Wir gratulieren dem Freund (-e).
6. Der Rauch schadet der Pflanze (-n).
7. Das Streusalz schadet dem Baum (¨-e).
8. Das Pferd gehorcht dem Reiter (-) nicht immer.
9. Er widerspricht dem Lehrer (-) oft.
10. Der Kuchen schmeckt dem Mädchen (-) nicht.
11. Die Polizisten nähern sich leise dem Einbrecher (-).

III Deklination mit dem unbestimmten Artikel

Singular		*maskulin*		*feminin*		*neutral*
Nominativ	ein	Vater	eine	Mutter	ein	Kind
Akkusativ	einen	Vater	eine	Mutter	ein	Kind
Dativ	einem	Vater	einer	Mutter	einem	Kind
Genitiv	eines	Vaters	einer	Mutter	eines	Kindes
Plural						
Nominativ	–	Väter	–	Mütter	–	Kinder
Akkusativ	–	Väter	–	Mütter	–	Kinder
Dativ	–	Vätern	–	Müttern	–	Kindern
Genitiv*		(Väter)		(Mütter)		(Kinder)

*Der Genitiv Plural ohne Artikel ist nicht gebräuchlich (§ 3, II, c).

Für die Endungen im Genitiv Singular maskulin und neutral und im Dativ Plural gelten die gleichen Regeln wie unter I.

10 Ersetzen Sie in Übung 1 den bestimmten Artikel durch den unbestimmten.

Ich lese eine Zeitung.

11 Wem gehört was? Üben Sie den Dativ.

eine Pistole / der Wachmann
Die Pistole gehört einem Wachmann.

1. ein Handball (m) / der Sportverein
2. ein Koffer (m) / der Kaufmann
3. ein Kinderwagen (m) / die Mutter
4. ein Herrenfahrrad (n) / der Student
5. eine Landkarte / die Busfahrerin
6. eine Puppe / das Mädchen
7. eine Trompete / der Musiker
8. ein Schlüssel (m) / die Mieterin
9. ein Kochbuch (n) / die Hausfrau
10. eine Badehose / der Schwimmer

12 **Üben Sie den Genitiv mit dem unbestimmten Artikel. Was passt zusammen?**

der Schüler (-) / die Schule — *die Schüler einer Schule*
Hier demonstrieren die Schüler einer Schule.

1. der Krankenpfleger (-) — a) die Universität
2. der Arbeiter (-) — b) der Supermarkt
3. der Student (-en) — c) die Partei
4. die Schülerin (-nen) — d) die Klinik
5. der Kassierer (-) — e) die Fabrik
6. das Mitglied (-er) — f) das Orchester
7. der Musiker (-) — g) die Sparkasse
8. der Mitarbeiter (-) — h) das Gymnasium

§ 2 Deklination des Substantivs II (n-Deklination)

I Deklination mit dem bestimmten und dem unbestimmten Artikel

Singular	Nominativ	der	Mensch	ein	Mensch
	Akkusativ	den	Menschen	einen	Menschen
	Dativ	dem	Menschen	einem	Menschen
	Genitiv	des	Menschen	eines	Menschen
Plural	Nominativ	die	Menschen		Menschen
	Akkusativ	die	Menschen		Menschen
	Dativ	den	Menschen		Menschen
	Genitiv	der	Menschen		(Menschen)

1. Alle Substantive der Deklination II sind maskulin. Ausnahme: das Herz

2. Außer im Nominativ Singular steht in allen Kasus die Endung *-(e)n*.
   Im Plural steht nie ein Umlaut.

II Liste der Substantive auf *-(e)n*

Die Zahl der Substantive auf *-(e)n* ist relativ klein. Die folgende Aufstellung enthält die wichtigsten Wörter:

1. Alle maskulinen Substantive auf *-e:*	
der Affe, des Affen	der Knabe, des Knaben
der Bote, des Boten	der Kollege, des Kollegen
der Bube, des Buben	der Komplize, des Komplizen
der Bulle, des Bullen	der Kunde, des Kunden
der Bursche, des Burschen	der Laie, des Laien
der Erbe, des Erben	der Lotse, des Lotsen
der Experte, des Experten	der Löwe, des Löwen
der Gefährte, des Gefährten	der Mensch, des Menschen
der Genosse, des Genossen	der Nachkomme, des Nachkommen
der Hase, des Hasen	der Neffe, des Neffen
der Heide, des Heiden	der Ochse, des Ochsen
der Hirte, des Hirten	der Pate, des Paten
der Insasse, des Insassen	der Rabe, des Raben
der Jude, des Juden	der Riese, des Riesen
der Junge, des Jungen	der Sklave, des Sklaven
	der Zeuge, des Zeugen

2. Alle maskulinen Substantive auf *-and, -ant, -ent:*	 *-ist:*
der Doktorand, des Doktoranden	der Idealist, des Idealisten
der Elefant, des Elefanten	der Journalist, des Journalisten
der Demonstrant, des Demonstranten	der Kapitalist, des Kapitalisten
der Lieferant, des Lieferanten	der Kommunist, des Kommunisten
der Musikant, des Musikanten	der Polizist, des Polizisten
der Präsident, des Präsidenten	der Sozialist, des Sozialisten
der Produzent, des Produzenten	der Terrorist, des Terroristen
der Student, des Studenten	der Utopist, des Utopisten
	auch: der Christ, des Christen

3. Maskuline Substantive – meist Berufsbezeichnungen – aus dem Griechischen:	
der Biologe, des Biologen	der Fotograf, des Fotografen
der Soziologe, des Soziologen	der Seismograph, des Seismographen
der Demokrat, des Demokraten	der Architekt, des Architekten
der Bürokrat, des Bürokraten	der Philosoph, des Philosophen
der Diplomat, des Diplomaten	der Monarch, des Monarchen
der Automat, des Automaten	der Katholik, des Katholiken
der Satellit, des Satelliten	der Therapeut, des Therapeuten

4. Außerdem:

der Bär, des Bären	der Bauer, des Bauern
der Nachbar, des Nachbarn	der Fürst, des Fürsten
der Narr, des Narren	der Graf, des Grafen
der Prinz, des Prinzen	der Held, des Helden
der Herr, des Herrn (Pl. die Herren)	der Kamerad, des Kameraden
der Rebell, des Rebellen	der Soldat, des Soldaten

5. Ausnahmen: Einige Substantive bilden den Genitiv Singular zusätzlich mit *-s:*

der Buchstabe, -ns; der Gedanke, -ns; der Name, -ns
das Herz - das Herz, dem Herzen, des Herzens, (Pl.) die Herzen

1 Vollenden Sie die Sätze. Verwenden Sie dazu die passenden Wörter im richtigen Kasus.

1. Der Wärter füttert (A)	der Neffe
2. Der Onkel antwortet (D)	der Zeuge
3. Die Polizisten verhaften (A)	der Laie
4. Der Fachmann widerspricht (D)	der Bär
5. Der Wissenschaftler beobachtet (A)	der Präsident
6. Das Parlament begrüßt (A)	der Demonstrant
7. Der Richter glaubt (D)	der Satellit
8. Der Professor berät (A)	der Lotse
9. Das Kind liebt (A)	der Stoffhase
10. Der Kapitän ruft (A)	der Riese Goliath
11. Der Laie befragt (A)	der Kunde
12. Der Fotohändler berät (A)	der Doktorand
13. Der Kaufmann bedient (A)	der Fotograf
14. David besiegt (A)	der Experte

2 Hier ist etwas vertauscht. Bringen Sie die Sätze in Ordnung.

1. Der Automat konstruiert einen Ingenieur.
2. Der Bundespräsident beschimpft den Demonstranten.
3. Der Bauer befiehlt dem Fürsten.
4. Die Zeitung druckt den Drucker.
5. Der Zeuge befragt den Richter.
6. Der Hase frisst den Löwen.
7. Der Student verhaftet den Polizisten.
8. Der Gefängnisinsasse befreit den Aufseher.
9. Der Diplomat befragt den Reporter.
10. In dem Buchstaben fehlt ein Wort.
11. Der Hund füttert den Nachbarn.
12. Das Buch liest den Studenten.
13. Der Junge sticht die Mücke.
14. Der Patient tut dem Kopf weh.
15. Der Erbe schreibt sein Testament für einen Bauern.
16. Der Kuchen bäckt den Bäcker.
17. Der Sklave verkauft den Herrn.
18. Ein Narr streitet sich niemals mit einem Philosophen.
19. Der Kunde fragt den Verkäufer nach seinen Wünschen.
20. Die Einwohner bringen dem Briefträger die Post.

3 Setzen Sie die passenden Substantive in der richtigen Form in die Sätze ein.

1. Viele Hunde sind des ... Tod. (Sprichwort)
2. Du, du liegst mir am ..., du, du liegst mir im Sinn. (Anfang eines Liedes)
3. Fürchte den Bock von vorn, das Pferd von hinten und den ... von allen Seiten. (Sprichwort)
4. sich (nicht) in die Höhle des ... wagen (Redensart)
5. Liebe deinen ..., aber reiße den Zaun nicht ab.
6. O, herrlich ist es, die Kraft eines ... zu haben. (Shakespeare)
7. Mach dir doch darüber keine ...! (Redensart)

a) der Gedanke
b) der Mensch
c) der Hase
d) das Herz
e) der Löwe
f) der Nächste
g) der Riese

Bezeichnung der Einwohner von Ländern und Erdteilen

Deklination II	*Deklination I*
der Afghane – des Afghanen	der Ägypter – des Ägypters
der Brite – des Briten	der Algerier – des Algeriers
der Bulgare – des Bulgaren	der Araber – des Arabers
der Chilene – des Chilenen	der Argentinier – des Argentiniers
der Chinese – des Chinesen	der Belgier – des Belgiers
der Däne – des Dänen	der Brasilianer – des Brasilianers
der Finne – des Finnen	der Engländer – des Engländers
...	...
der Asiate – des Asiaten	der Afrikaner – des Afrikaners
	der Amerikaner – des Amerikaners
	der Australier – des Australiers
	der Europäer – des Europäers

Ausnahmen

1. der Israeli – des Israelis – (Pl.) die Israelis
   der Somali – des Somalis – (Pl.) die Somalis
   der Pakistani – des Pakistanis – (Pl.) die Pakistanis (auch: Pakistaner)

2. der Deutsche wird wie ein Adjektiv dekliniert (siehe § 41):
   mask.: der Deutsche / ein Deutscher; fem.: die Deutsche / eine Deutsche
   Pl.: die Deutschen / Deutsche

Anmerkung

Abgesehen von den obigen Ausnahmen wird bei Frauen immer die Endung *-in* gebraucht, z.B.:

die Polin, die Russin, die Französin (!) etc.
die Spanierin, die Iranerin etc.
die Asiatin, die Europäerin etc.

4 Üben Sie – gegebenenfalls im Gruppenwettstreit – nach folgendem Muster.

I	*II*	*III*	*IV*	*V*
Polen	*der Pole*	*des Polen*	*die Polen*	*die Polin*
Spanien	*der Spanier*	*des Spaniers*	*die Spanier*	*die Spanierin*
Afrika	...	...	...	...
Asien	...	...	...	...
...	...	...	...	...

5 Bilden Sie selbstständig 10 Sätze nach dem folgenden Muster.

der Grieche — *Kennst du einen Griechen?*
Nein, einen Griechen kenne ich leider nicht. /
Ja, einen Griechen kenne ich.

6 Üben Sie den Dativ.

A: Der Ire singt gern. — *B: Ja, man sagt vom Iren, dass er gern singt.*

Sie können Ihre Zustimmung verstärken:

Ja, das stimmt, man sagt vom Iren, ...

oder:

Ja, richtig, ...; Ja, da haben Sie / hast du Recht, ...

1. Der Grieche handelt gern.
2. Der Deutsche trinkt gern Bier.
3. Der Holländer ist sparsam.
4. Der Japaner ist besonders höflich.
5. Der Türke ist besonders tapfer.
6. Der Italiener liebt die Musik.
7. Der Chinese ist besonders fleißig.
8. Der Araber ist ein guter Reiter.
9. Der Pole tanzt gern und gut.
10. Der Spanier ist stolz.
11. Der Engländer isst morgens gern gut und kräftig.
12. Der Ungar ist sehr musikalisch.
13. Der Franzose kocht gern und gut.
14. Der Österreicher liebt Mehlspeisen.
15. Der Schweizer wandert gern.

Gesamtübung zur Substantivdeklination (§ 1 und § 2)

7 Bestimmen Sie den Kasus der kursiv gedruckten Substantive.

Höflicher Pistolenmann

(Frankfurt) Eine 51 Jahre alte *Hausfrau* des *Stadtteils Bornheim* machte am *Montag Bekanntschaft* mit einem höflichen *Räuber.*

Die *Frau* verkaufte gebrauchte *Elektrogeräte* aus dem *Haushalt* ihrer *Mutter.* Deshalb hatte sie eine *Annonce* in die *Zeitung* gesetzt. Am gleichen *Tag* meldete ein *„Herr Schäfer"* seinen *Besuch* telefonisch an.

Kurz darauf kam der *Herr* und besichtigte die *Sachen:* verschiedene *Küchengeräte* der *Firma Moulinex*, ein altes *Radio,* einen *Staubsauger* der *Marke Siemens* usw. Plötzlich zog er eine kleine *Pistole* aus der *Tasche* seines *Mantels* und verlangte *Bargeld.* Die mutige *Frau* sagte mit fester *Stimme:*

„Ich habe kein *Geld!* Verlassen Sie sofort die *Wohnung!"*

„Herr Schäfer" gehorchte und – so der *Polizeibericht* – „vergaß nicht sich für sein *Benehmen* zu entschuldigen."

§ 3 Gebrauch des Artikels

I Der bestimmte Artikel

a) Der bestimmte Artikel wird gebraucht, wenn eine Person oder Sache bekannt ist oder vorher genannt wurde oder wenn es sich um allgemein bekannte Personen, Sachen oder Begriffe handelt.
Der Lehrer schreibt das Wort an die Tafel.
Das Parlament hat die Gesetze über den Export geändert.

b) Der bestimmte Artikel steht immer bei Superlativen (siehe § 40, I, 2).
Der Mount Everest ist der höchste Berg der Erde.

c) Manche Präpositionen können mit dem Artikel zusammengezogen werden.
Die Sonne geht im Osten auf und im Westen unter.
Wir gehen am Freitag ins Kino.

Präposition + *dem* (Dat. Sg. m und n): *am, beim, im, vom, zum*

Präposition + *der* (Dat. Sg. f): *zur*

Präposition + *das* (Akk. Sg. n): *ans, ins*

II Der unbestimmte Artikel

a) Der unbestimmte Artikel wird gebraucht, wenn eine Person oder Sache unbekannt oder wenn es gleichgültig ist, wer oder was gemeint ist.
Ein Fahrrad kostet etwa 500 Euro.
Sie nahm eine Tasse aus dem Schrank.

In Erzählungen werden Personen oder Sachen zunächst mit dem unbestimmten Artikel eingeführt; wenn sie einmal genannt sind, gebraucht man den bestimmten Artikel.
Ein König hatte *eine* schöne Tochter. *Der* König lebte in *einem* Schloss in *einem* wilden Wald. *Eines* Tages kam *ein* Prinz zu *dem* Schloss. *Der* Prinz wollte *die* Tochter *des* Königs gewinnen.

b) Im Plural werden unbestimmte Personen oder Sachen ohne Artikel gebraucht.
Kinder fragen viel.
Er raucht nur Zigarren.

c) Der Genitiv Plural des unbestimmten Artikels wird nicht verwendet, man verwendet stattdessen *von* + Dativ Plural.
Genitiv Singular: Man hört das Geräusch eines Zuges.
Genitiv Plural: Man hört das Geräusch von Zügen.

Zusammen mit einem Adjektivattribut kann der Genitiv Plural gebraucht werden:
Der Professor liebt die Bücher *junger Schriftsteller.*
Der Bau *neuer Industrieanlagen* zerstört die Landschaft.

d) In der Verneinung gebraucht man *kein-*: Damit wird etwas bezeichnet, was nicht vorhanden ist.
Im Hotel war kein Zimmer frei.
Wir haben keine Kinder.

Singular	*maskulin*		*feminin*		*neutral*	
Nominativ	kein	Mann	keine	Frau	kein	Kind
Akkusativ	keinen	Mann	keine	Frau	kein	Kind
Dativ	keinem	Mann	keiner	Frau	keinem	Kind
Genitiv	keines	Mannes	keiner	Frau	keines	Kindes
Plural	*m + f + n*					
Nominativ	keine Männer / Frauen / Kinder					
Akkusativ	keine Männer / Frauen / Kinder					
Dativ	keinen Männern / Frauen / Kindern					
Genitiv	keiner Männer / Frauen / Kinder					

1 Üben Sie wie in folgendem Muster:

(n) Fahrrad / 600,–
Hier haben wir ein Fahrrad für 600 Euro. – Nein, das Fahrrad ist mir zu teuer!

1. (m) Gebrauchtwagen / 4500,–
2. (f) Lederjacke / 290,–
3. (m) Elektroherd / 410,–
4. (n) Motorrad / 3000,–
5. (f) Kaffeemaschine / 90,–
6. (f) Waschmaschine / 600,–

2 Ebenso.

(m) Dosenöffner / im Küchenschrank
Ich brauche einen Dosenöffner. – Der Dosenöffner ist im Küchenschrank!

(Pl.) Nadeln / im Nähkasten
Ich brauche Nadeln. – Die Nadeln sind im Nähkasten!

Sie können die Notwendigkeit betonen: *Ich brauche unbedingt ...* In der Antwort können Sie leichte Ungeduld äußern: *Der Dosenöffner ist doch im Küchenschrank, das weißt du doch!*

1. (Pl.) Briefumschläge / im Schreibtisch
2. (Pl.) Briefmarken / in der Schublade
3. (m) Hammer / im Werkzeugkasten
4. (m) Kugelschreiber / auf dem Schreibtisch
5. (n) Feuerzeug / im Wohnzimmer
6. (Pl.) Kopfschmerztabletten / in der Hausapotheke
7. (n) Wörterbuch / im Bücherschrank
8. (m) Flaschenöffner / in der Küche

3 Bilden Sie den Plural.

Er schenkte mir ein Buch. Ich habe das Buch noch nicht gelesen.
Er schenkte mir Bücher. Ich habe die Bücher noch nicht gelesen.

1. Ich schreibe gerade einen Brief. Ich bringe den Brief noch zur Post.
2. Morgens esse ich ein Brötchen. Das Brötchen ist immer frisch.
3. Ich kaufe eine Zeitung. Ich lese die Zeitung immer abends.
4. Ich brauche eine Kopfschmerztablette. Wo habe ich die Tablette hingelegt?
5. Sie hat ein Pferd. Sie füttert das Pferd jeden Tag.
6. Ich suche einen Sessel. Der Sessel soll billig sein.
7. Die Firma sucht eine Wohnung. Sie vermietet die Wohnung an Ausländer.
8. Er kaufte ihr einen Brillanten. Er hat den Brillanten noch nicht bezahlt.

4 Bilden Sie den Singular.

Die Mücken haben mich gestochen. *Die Mücke hat mich gestochen.*
Die Firma sucht Ingenieure. *Die Firma sucht einen Ingenieur.*

1. Ich helfe den Schülern.
2. Sie hat Kinder.
3. Er liest Liebesromane.
4. Sie gibt mir die Bücher.

5. Er hat Katzen im Haus.
6. Sie füttert die Tiere.
7. Wir leihen uns Fahrräder.
8. Er besitzt Häuser.
9. Er vermietet Wohnungen.
10. Er sucht noch Mieter.
11. Aber die Wohnungen sind zu teuer.
12. Vermieten Sie Zimmer?
13. Sind die Zimmer nicht zu teuer?
14. Hunde bellen, Katzen miauen.

5 Bilden Sie Sätze.

(Briefmarken / sammeln) ist ein beliebtes Hobby.
Das Sammeln von Briefmarken ist ein beliebtes Hobby.

1. (Bäume / fällen) ist nicht ungefährlich.
2. (Militäranlagen / fotografieren) ist oft nicht erlaubt.
3. (Fernseher / reparieren) muss gelernt sein.
4. (Kraftwerkanlagen / betreten) ist verboten.
5. (Hunde / mitbringen) ist untersagt.
6. (Rechnungen / schreiben) ist nicht meine Aufgabe.
7. (Schnecken / essen) überlasse ich lieber anderen.
8. (Landschaften / malen) kann man lernen.
9. (Fotokopien / anfertigen) kostet hier zehn Cent pro Blatt.
10. (Pilze / sammeln) ist in manchen Gebieten nicht immer erlaubt.

6 Ergänzen Sie den bestimmten oder unbestimmten Artikel im richtigen Kasus.

In … (f) Seeschlacht fand … (m) Matrose Zeit sich am Kopf zu kratzen, wo ihn … (n) Tierlein belästigte. … Matrose nahm … (n) Tierchen und warf es zu Boden. Als er sich bückte um … (n) Tier zu töten, flog … (f) Kanonenkugel über seinen Rücken. … Kugel hätte ihn getötet, wenn er sich nicht gerade gebückt hätte. „Lass dich nicht noch einmal bei mir sehen!“, meinte … Matrose und schenkte … Tier das Leben.

7 Üben Sie den Genitiv Singular und den Dativ Plural des unbestimmten Artikels.

der Lärm / ein Motorrad / (¨-er) — *Man hört den Lärm eines Motorrads.*
Man hört den Lärm von Motorrädern.

1. Das Singen / ein Kind (-er)
2. das Sprechen / eine Person (-en)
3. das Laufen / ein Pferd (-e)
4. das Pfeifen / ein Vogel (¨)
5. das Hupen / ein Autobus (-se)
6. das Bellen / ein Hund (-e)
7. das Miauen / eine Katze (-n)
8. das Brummen / ein Motor (-en)
9. das Ticken / eine Uhr (-en)
10. das Klatschen / ein Zuschauer (-)

8 Verwenden Sie die Wörter der Übung 2.

Hier hast du den Dosenöffner. — *Danke, aber ich brauche keinen Dosenöffner mehr.*
Hier hast du die Nadeln. — *Danke, aber ich brauche keine Nadeln mehr.*

9 Verwenden Sie die Wörter der Übung 1.

Hier haben wir ein Fahrrad für 600 Euro.
Sehr schön, aber ich brauche kein Fahrrad.

III Der Singular ohne Artikel

Ohne Artikel werden gebraucht:

1. Personennamen, Namen von Städten, Ländern, Inseln und Kontinenten:
Goethe wurde 82 Jahre alt.
Dr. Meyer ist als Forscher bekannt.
Berlin ist eine große Stadt.
Deutschland ist ein Industrieland.
Afrika und Asien sind Kontinente.
auch: Gott ist groß.

Bei artikellosen Substantiven im Singular gebraucht man statt des Genitivs oft *von* + Dativ, besonders wenn sie auf *s* oder *z* enden:
Gerhard ist der Bruder von Klaus.
Einige Schriften von Aristoteles sind verloren.
Die Autobahnen von Los Angeles sind berühmt.

Sonst wird im Allgemeinen auch bei Eigennamen der Genitiv gebraucht:
Die Straßen Venedigs sind eng.
Wir fliegen jetzt über die Wälder Kanadas.

Beachten Sie: Wird ein Adjektiv- oder Genitivattribut gebraucht, steht der bestimmte Artikel:
der alte Goethe, der Goethe der Weimarer Zeit
das große Berlin, das Berlin der Zwanzigerjahre
im Polen der Nachkriegszeit
der liebe Gott

Ausnahmen: Einige Ländernamen haben den bestimmten Artikel:

maskulin	*feminin*	*Plural*
der Libanon der Sudan (der) Irak (der) Iran (der) Jemen	die Schweiz die Türkei und alle anderen Namen auf *-ei* die Antarktis	die Niederlande

Ländernamen, die mit politischen Bezeichnungen zusammengesetzt sind, haben den Artikel des politischen Begriffs:
die Bundes*republik* Deutschland, *das* Vereinigte König*reich, die* Vereinigten *Staaten* von Amerika (= Pl.)
Ländernamen ohne Artikel: Wir fahren *nach* England.
Ländernamen mit Artikel: Wir fahren *in die* Türkei.

2. a) unbestimmte Mengenbegriffe ohne nähere Bestimmung, z.B. *Brot* (n.), *Geld* (n.), *Energie* (f.), *Elektrizität* (f.), *Wasserkraft* (f.), *Luft* (f.), *Wärme* (f.):
   Hast du *Geld* bei dir?
   Die Hungernden schreien nach *Brot.*
   Eisbären fühlen sich bei *Kälte* wohl.
   Aus *Wasserkraft* wird *Energie* gewonnen.

   Beachten Sie: Ist der Begriff näher bestimmt, z.B. durch Attribute oder adverbiale Angaben, steht der bestimmte Artikel: z.B. *die verseuchte Luft, die Wärme in diesem Raum*

   b) Flüssigkeiten und Materialangaben ohne nähere Bestimmung, z.B. *Wasser* (n.), *Milch* (f.), *Bier* (n.), *Wein* (m.), *Öl* (n.), *Benzin* (n.), *Alkohol* (m.), *Holz* (n.), *Glas* (n.), *Kohle* (f.), *Stahl* (m.), *Beton* (m.), *Kupfer* (n.), *Kalk* (m.):
   Zum Frühstück trinkt man *Tee, Kaffee* oder *Milch.*
   Zum Bau von Hochhäusern braucht man *Beton, Stahl* und *Glas.*

   Beachten Sie: das schmutzige Meerwasser, das Gold der Münze

   c) Eigenschaften und Gefühle ohne nähere Bestimmung, z.B.: *Mut* (m.), *Kraft* (f.), *Freundlichkeit* (f.), *Intelligenz* (f.), *Ehrgeiz* (m.), *Nachsicht* (f.), *Angst* (f.), *Freude* (f.), *Liebe* (f.), *Trauer* (f.), *Hoffnung* (f.), *Verzweiflung* (f.)

   im Akkusativ:
   Sie hatten Hunger und Durst.
   Er fühlte wieder Mut und Hoffnung.

   mit Präposition:
   Mit Freundlichkeit kann man viel erreichen.
   Sie war sprachlos *vor Freude.*
   Aus Angst reagierte er völlig falsch.

   Beachten Sie: die Freude des Siegers, die Verzweiflung nach der Tat

3. Angaben zur Nationalität und zum Beruf mit den Verben *sein* und *werden,* aber auch nach *als* und zu Studienfächern und Sprachen:
   Ich bin *Arzt.* Mein Sohn wird *Ingenieur.*
   Er ist *Türke.* Er arbeitet als *Lehrer.*
   Er studiert *Chemie;* seine Schwester lernt und spricht *Französisch.*

   Beachten Sie: Wird ein Adjektivattribut gebraucht, muss ein Artikel stehen:
   Er ist ein guter Verkäufer.
   Das ist der bekannte Architekt Dr. Meyer.

4. Substantive nach Maß-, Gewichts- und Mengenangaben:
   Ich kaufe ein Pfund *Butter.* Er trinkt ein Glas *Milch.*
   Wir besitzen eine große Fläche *Wald.* Wir hatten 20 Grad *Kälte.*

5. viele Sprichwörter und feste Wendungen:
   a) *Ende* gut, alles gut. Kommt *Zeit,* kommt *Rat.*
   b) *Pech* haben, *Farbe* bekennen, *Frieden* schließen, *Widerstand* leisten, *Atem* holen, *Kopfschmerzen* haben, *Urlaub* haben usw. (siehe § 62)
   c) Er arbeitet *Tag* und *Nacht; Jahr* für *Jahr.* (Siehe § 58ff.)

6. Substantive, wenn ein Genitivattribut vorangestellt wird:
   Alle waren gespannt auf *die Antwort* des Ministers. –
   Alle waren gespannt auf des Ministers *Antwort.*
   Wir haben gestern *den Bruder* von Eva getroffen. –
   Wir haben gestern Evas *Bruder* getroffen.

Anmerkung

Nach den Präpositionen *ohne, zu, nach, vor* u.a. steht oft kein Artikel (siehe § 58–60):
ohne Arbeit, ohne Zukunft, ohne Hoffnung etc.
zu Weihnachten, zu Ostern, zu Silvester etc.
zu Fuß gehen; zu Besuch kommen; zu Boden fallen; zu Mittag essen etc.
nach / vor Feierabend; nach / vor Beginn; nach / vor Ende; auch bei Monatsnamen mit Präposition: vor Ende April, seit Januar; aber: seit dem 1. Januar.

10 Ergänzen Sie, wo es notwendig ist, den bestimmten oder unbestimmten Artikel.

1. Morgens trinke ich ... Tee, nachmittags ... Kaffee.
2. Schmeckt dir denn ... kalte Kaffee?
3. Er ist ... Engländer und sie ... Japanerin.
4. Siehst du ... Japaner dort? Er arbeitet in unserer Firma.
5. Ich glaube an ... Gott.
6. Allah ist ... Gott des Islam.
7. ... Arbeit meines Freundes ist hart.
8. Ich möchte ohne ... Arbeit nicht leben.
9. Du hast doch ... Geld! Kannst du mir nicht 50 Euro leihen?
10. Die Fabrik ist ... Tag und ... Nacht in Betrieb.
11. Wollen Sie in eine Stadt ohne ... Motorenlärm? Dann gehen Sie nach Zermatt in ... Schweiz; dort sind ... Autos und Motorräder für Privatpersonen nicht erlaubt.
12. Zu ... Ostern besuche ich meine Eltern, in ... Ferien (Pl.) fahre ich in ... Alpen.
13. Wenn du ... Hunger hast, mach dir ein Brot.
14. Mein Bruder will ... Ingenieur werden; ich studiere ... Germanistik.
15. Sie als ... Mediziner haben natürlich bessere Berufsaussichten!

11 Ergänzen Sie den bestimmten Artikel im richtigen Kasus, aber nur, wo es notwendig ist.

1. ... Rom ist die Hauptstadt von ... Italien.
2. Er liebt ... Deutschland und kommt jedes Jahr einmal in ... Bundesrepublik.
3. ... Dresden, ... Stadt des Barocks, liegt in ... Sachsen.
4. ... schöne Wien ist ... Österreichs Hauptstadt.

5. ... Bern ist die Hauptstadt ... Schweiz, aber ... Zürich ist die größte Stadt des Landes.
6. Die Staatssprache in ... Tschechischen Republik ist Tschechisch.
7. ... Ankara ist die Hauptstadt ... Türkei; ... schöne Istanbul ist die größte Stadt des Landes.
8. ... GUS (= Gemeinschaft Unabhängiger Staaten) ist ungefähr 62-mal größer als ... Deutschland.
9. ... Mongolei, genauer ... Mongolische Volksrepublik, liegt zwischen ... Russland und ... China.
10. In ... Nordamerika spricht man ... Englisch, in ... Kanada auch ... Französisch, in ... Mittel- und Südamerika spricht man hauptsächlich ... Spanisch, außer in ... Brasilien; dort spricht man ... Portugiesisch.
11. In ... Vereinigten Staaten leben 250 Millionen Menschen.
12. In ... Nordafrika liegen die arabischen Staaten, das Gebiet südlich davon ist ... sogenannte Schwarzafrika.
13. ... Arktis ist im Gegensatz zu ... Antarktis kein Erdteil.
14. Der offizielle Name von ... Holland ist „... Niederlande".

12 Bestimmter, unbestimmter oder kein Artikel? Begründen Sie Ihre Wahl.

... kalifornische Filmgesellschaft wollte ... spannenden Goldgräberfilm drehen, der zu ... großen Teil in ... Wäldern ... Kanadas spielen sollte. Man hätte natürlich ... winterliche Goldgräberdorf in ... Filmstudios nachbauen können und ... Holzhauser und ... Straßen mit ... weißem, glitzerndem Salz bestreuen können, aber ... Regisseur wünschte ... echten Schnee, ... wirkliche Kälte und ... natürliches Licht. Deshalb brachte man alles Notwendige in ... schweren Lastwagen in ... einsames Dorf an ... kanadischen Grenze. Etwas Besseres hätten sich ... Schauspieler nicht vorstellen können, denn es bedeutete für sie ... herrliche Tage in ... ruhigen Wäldern von ... Kanada. Dort war noch kein Schnee gefallen und ... Schauspieler lagen in ... warmen Oktobersonne, fingen ... Fische in ... Seen und genossen ... freie Zeit. Nach ... drei langen Wochen verlor ... Filmgesellschaft endlich ... Geduld, denn jeder Tag kostete ... Menge Geld. So ließ sie ... zwanzig Lastwagen voll ... Salz nach ... Kanada fahren, was wieder ... Geld kostete. ... Salz wurde von ... kanadischen Sportfliegern über ... ganze Dorf verstreut und es war, als es fertig war, ... wunderschöne Winterlandschaft. In ... nächsten Nacht begann es zu schneien, a... frühen Morgen lag in ... Wäldern ringsum ... dicker Schnee, nur in ... Goldgräberdorf war nichts anderes zu sehen als ... hässlicher, brauner Matsch.

13 Setzen Sie, wo es notwendig ist, den bestimmten oder unbestimmten Artikel ein.

1. Seit ... Anfang ... April arbeitet ... Martin in ... Österreich als ... Krankenpfleger.
2. Seine Freundin ... Inge, geboren in ... Deutschland, studiert jetzt in ... Schweiz ... Medizin.
3. Sie will später ... Ärztin für ... Lungenheilkunde und ... Allergie werden.
4. Sie hat leider noch ... Probleme mit ... Sprache.
5. Sie studiert nämlich in ... Genf.
6. ... Sprache an ... Universität ist ... Französisch.

7. Sie hatte wohl ... Französisch in ... Schule gelernt, aber das ist nicht genug für ... Studium.
8. ... Martin arbeitet in ... Graz.
9. ... Martin und ... Inge treffen sich immer zu ... Ostern, ... Pfingsten und an ... Weihnachtsfeiertagen.
10. Manchmal hat ... Martin ... Urlaub und ... Inge hat ... Semesterferien.
11. Dann reisen sie mit ... Flugzeug nach ... Ägypten.
12. Er ist nämlich ... Hobby-Archäologe.
13. Oft ist ... Inge auch bei ... Martin in ... Graz.
14. Dann besuchen sie zusammen ... Theater, ... Oper oder auch ... Disko.
15. Auch ... Martins ... Schwester ... Angela in ... Wien besuchen sie manchmal.
16. Letztes Jahr konnte ... Inge nicht kommen; sie hatte ... Fieber und ... Bronchitis.
17. ... Bronchitis hatte sie schon als ... Kind oft gehabt.
18. Inge fliegt auch manchmal auf ... Insel Helgoland.
19. Inges ... Mutter lebt nämlich auf ... Helgoland.
20. Sie ist ... Künstlerin; sie malt gern ... Bilder vom Meer.
21. Auf ... meisten Bildern sieht man nur ... Wellen, manchmal auch ... Schiffe.
22. ... Künstlerin ist nicht sehr bekannt.
23. „... Mutti, komm doch mal zu mir nach ... Genf!", sagt ... Inge, aber ... Mutter hat ... Angst vorm Fliegen und vor langen Reisen.
24. Auf ... Helgoland holt sich ... Inge immer ... Kraft und ... Ausdauer für ... Studium.

14 Erklären Sie den Gebrauch des Artikels.

Immer wieder gibt es Brände. Mal brennt ein Haus, mal eine Scheune oder ein Stall. Auch Waldbrände gibt es von März bis Oktober immer wieder. Die Feuerwehr rät:

1. Benzin, Heizöl oder Spiritus nicht in der Wohnung lagern.
2. Gardinen brennen leicht. Deshalb Vorsicht mit Kerzen oder Zigaretten!
3. Nie im Bett rauchen! Dabei sind schon oft Brände entstanden.
4. Für Bauern gilt die Regel: Heu nur trocken in der Scheune lagern! Wenn das Heu feucht und das Wetter warm ist, kann ein Brand entstehen.
5. Rauchen in Wäldern ist von März bis Oktober sehr gefährlich. Leicht entsteht ein Waldbrand.

§ 4 Deklination der Personalpronomen

Singular	*Person:*	*1.*	*2.*	*3.*		
Nom.		ich	du	er	sie	es
Akk.		mich	dich	ihn	sie	es
Dat.		mir	dir	ihm	ihr	ihm
Gen.*		(meiner)	(deiner)	(seiner)	(ihrer)	(seiner)
Plural		*1.*	*2.*	*3.*		
Nom.		wir	ihr	sie/Sie		
Akk.		uns	euch	sie/Sie		
Dat.		uns	euch	ihnen/Ihnen		
Gen.*		(unser)	(euer)	(ihrer)/(Ihrer)		

* Der Genitiv der Personalpronomen ist heute nicht mehr gebräuchlich. Man findet ihn in der älteren Literatur und in religiösen Formeln.

1. Die Personalpronomen *ich, du, wir, ihr, Sie* bezeichnen im Nominativ, Akkusativ und Dativ immer Personen:
   Ich habe dich gestern gesehen. – Wir haben euch gut verstanden.
   Ich habe Ihnen geschrieben. – Wir rufen Sie wieder an.

2. Die Personalpronomen *er, sie, es, sie (Pl.)* beziehen sich im Nominativ, Dativ und Akkusativ auf vorher genannte Personen oder Sachen:
   Der Professor ist verreist. Er kommt heute nicht.
   Die Verkäuferin bedient mich oft. Ich kenne sie schon lange.
   Die Blumen sind vertrocknet. Ich habe ihnen zu wenig Wasser gegeben.
   Das Ergebnis ist jetzt bekannt. Es ist negativ ausgefallen.

Anmerkungen

1. a) Die Anrede mit *du* und *ihr* wird bei Kindern und Jugendlichen, Verwandten und befreundeten Personen, häufig auch unter Arbeitern und Studenten, manchmal auch innerhalb einer Institution (z.B. eines Büros) gebraucht.
   b) Die formelle Anrede unter Erwachsenen (die nicht unter a) aufgeführt sind) ist immer *Sie. Sie* kann sich auf eine Einzelperson oder auf mehrere Personen beziehen.

2. a) Man schreibt *du, dich, ihr, euch* usw. nach den Regeln der reformierten Rechtschreibung generell – auch in Briefen und Mitteilungen – mit kleinen Anfangsbuchstaben.
   b) In der formellen Anrede schreibt man *Sie, Ihnen, Ihren Brief* usw. immer mit großen Anfangsbuchstaben.

1 Ersetzen Sie die schräg gedruckten Substantive durch die entsprechenden Pronomen.

Einem alten Herrn war sein Hündchen entlaufen, das er sehr liebte. *Der alte Herr* suchte *das Hündchen* in allen Straßen und Gärten, aber *der alte Herr* konnte *das Hündchen* nirgendwo finden. Darum ließ *der alte Herr* in der Zeitung eine Belohnung ausschreiben. Wer *dem alten Herrn* das Hündchen wiederbringt, bekommt 250 Euro Belohnung. Als *das Hündchen* nach drei Tagen noch nicht zurückgebracht war, rief der alte Herr wütend bei der Zeitung an. Aber der Pförtner konnte *den alten Herrn* nicht beruhigen und konnte *dem alten Herrn* auch keine genaue Auskunft geben, weil niemand von den Angestellten der Zeitung anwesend war. „Wo sind *die Angestellten* denn", schrie der alte Herr aufgeregt, „warum kann ich mit keinem von *den Angestellten* sprechen?" „*Die Angestellten* suchen alle nach Ihrem Hündchen", antwortete der Pförtner.

2 Ersetzen Sie die schräg gedruckten Substantive und die freien Stellen durch die passenden Personalpronomen.

Die Maus und der Stier

Ein Stier war auf einer Wiese und fraß Gras. Wie *der Stier* so den Kopf zur Erde senkte, sprang eine Maus herbei und biss *den Stier* in die Nase.
... werde *die Maus* umbringen, dachte der Stier böse. Da hörte *der Stier die Maus* rufen: „Fang ... doch! ... kriegst ... ja doch nicht." „Das ist eine Frechheit!", dachte *der Stier*, senkte die Hörner und wühlte mit *den Hörnern* in der Erde, bis *der Stier* müde war. Dann legte *der Stier* sich auf den Boden.
Darauf hatte die Maus nur gewartet. Hupp, da kam *die Maus* aus der Erde und biss den Stier noch schlimmer als das erste Mal.
„Jetzt reicht es ... aber!", schrie *der Stier*. Wütend sprang *der Stier* auf die Beine und wühlte mit den Hörnern wieder und wieder in der Erde. Aber es half *dem Stier* nichts. Die Maus war schon an einer ganz anderen Stelle. „Holla!" piepste *die Maus*. „Streng ... nicht so an, mein Dicker! Es nützt ... nichts. ... will ... etwas sagen: ... großen Kerle könnt nicht immer erreichen, was ... wollt. Manchmal sind ... Kleinen stärker, verstehst ... ...?"

Nach einer Fabel von Äsop

3 Ebenso.

– Hallo Fritz, wie geht es ...?
– Danke, ... geht es gut. Und wie geht's ... und deiner Frau?
– Bei ... ist alles in Ordnung. Übrigens, ... habe ein Buch für .... *Das Buch* ist sehr interessant.
– ... danke ...!

– Gib ... *das Buch* zurück, wenn du ... gelesen hast. ... gehört meiner Schwester; *meine Schwester* hat das Buch auch noch nicht gelesen. Sag *meiner Schwester*, wie *das Buch* ... gefallen hat. Das wird *meine Schwester* interessieren.
– ... komme nächste Woche ... und deine Eltern besuchen. Sag *deinen Eltern* schöne Grüße. Ruft ... an und sagt ..., wann es ... passt. Es gibt viel zu besprechen.

4 Ergänzen Sie die fehlenden Personalpronomen. Machen Sie die Übung schriftlich und achten Sie auf die Groß- bzw. Kleinschreibung (siehe § 11).

1. Kommst du morgen? Dann gebe ich ... das Buch. ... ist sehr interessant. Gib ... ... zurück, wenn du ... gelesen hast.
2. Besuchst ... deinen Bruder? Gib ... bitte dieses Geschenk. ... ist von meiner Schwester. Ich glaube, sie mag ... .
3. Du hast noch meine Schreibmaschine. Gib ... ... bitte zurück; ich brauche ... dringend.
4. Hört mal, ihr zwei, ich habe so viele Blumen im Garten; ... könnt euch ruhig ein paar mitnehmen. ... verwelken sonst doch nur.
5. Hier sind herrliche Äpfel aus Tirol, meine Dame. Ich gebe ... ... für einen Euro fünfzig das Kilo. ... sind sehr aromatisch!
6. „Kommst du morgen mit in die Disko?" „... weiß noch nicht. ... rufe ... heute Abend an und sage ... Bescheid."
7. Wenn du das Paket bekommst, mach ... gleich auf. Es sind Lebensmittel drin. Leg ... gleich in den Kühlschrank, sonst werden ... schlecht.
8. Geh zu den alten Leuten und gib ... die Einladung. ... freuen sich bestimmt, wenn ... ... bekommen.
9. „Also, Herr Maier, ich sage ... jetzt noch einmal: Drehen ... das Radio etwas leiser!" „Aber ich bitte ..., Herr Müller, stört ... das denn?"
10. „Schickst ... den Eltern eine Karte?" „Ich schicke ... keine Karte, ... schreibe ... einen Brief."

§ 5 Possessivpronomen

I Possessivpronomen der 1.–3. Person Singular und Plural im Nominativ

Singular	*maskulin*	*feminin*	*neutral*	Plural	*m + f + n*
1.	mein	meine	mein		meine
2.	dein	deine	dein		deine
3.	sein	seine	sein		seine
	ihr	ihre	ihr		ihre
	sein	seine	sein		seine
1.	unser	uns(e)re	unser		uns(e)re
2.	euer	eure	euer		eure
3.	ihr	ihre	ihr		ihre
	Ihr	Ihre	Ihr		Ihre

1. Das Possessivpronomen gibt an, zu wem eine Person oder wem eine Sache gehört, d.h. wer der Besitzer ist:
   Das ist meine Tasche. = Sie gehört mir.
   Das ist seine Tasche. = Sie gehört dem Chef.
   Das ist ihre Tasche. = Sie gehört der Kollegin.
   Das ist unsere Tasche. = Sie gehört uns.
   Das ist ihre Tasche. = Sie gehört den beiden Kindern.

2. In der formellen Anrede kann sich *Ihr, Ihre, Ihr* auf einen oder mehrere Besitzer beziehen:
   Ist das Ihre Tasche? – Ja, sie gehört mir.
   Ist das Ihre Tasche? – Ja, sie gehört uns.

II Deklination der Possessivpronomen

Singular	*maskulin*		*feminin*		*neutral*	
Nom.	mein	Freund	meine	Freundin	mein	Haus
Akk.	meinen	Freund	meine	Freundin	mein	Haus
Dat.	meinem	Freund	meiner	Freundin	meinem	Haus
Gen.	meines	Freundes	meiner	Freundin	meines	Hauses
Plural	***maskulin / feminin / neutral***					
Nom.	meine	Freunde / Freundinnen / Häuser				
Akk.	meine	Freunde / Freundinnen / Häuser				
Dat.	meinen	Freunden / Freundinnen / Häusern				
Gen.	meiner	Freunde / Freundinnen / Häuser				

1. Die Endung des Possessivpronomens bezieht sich immer auf die Person oder Sache, die hinter dem Possessivpronomen steht:
   a) auf den Kasus (Nominativ, Akkusativ, Dativ, Genitiv)
   b) auf das Geschlecht (maskulin, feminin, neutral)
   c) auf die Zahl (Singular oder Plural)
      Das ist meine Tasche. (Nom. Sg. f)
      Ich kenne ihren Sohn. (Akk. Sg. m)
      aber: Ich kenne ihre Söhne. (Akk. Pl. m)

2. Zusammenfassung: Beim Gebrauch des Possessivpronomens müssen Sie also immer zwei Fragen stellen:
   a) Wer ist der „Besitzer"?
   b) Wie ist die richtige Endung?
      Ich hole *den* Mantel **der Kollegin**. = 3. Person Sg. f
      Ich hole **ihr***en* Mantel. = Akk. Sg. m

1a Üben Sie nach folgenden Mustern. Das Possessivpronomen steht im Nominativ. Führen Sie die Übung selbstständig weiter.

Wo ist dein Lexikon? *Mein Lexikon ist hier!*

Wo ist deine Tasche?
Wo ist dein Kugelschreiber?
Wo ist dein Deutschbuch?
Wo ist ...?

Wo sind deine Arbeiten?
Wo sind deine Aufgaben?
Wo sind deine Hefte?
Wo sind ...?

b Wo ist mein Mantel? *Dein Mantel ist hier!*

Sie können Ihre Ungeduld – etwa nach längerem Suchen – äußern:
Wo ist denn nur mein Mantel?

Wo ist mein Hut?
Wo ist meine Tasche?
Wo sind meine Handschuhe?
Wo ist ...?

Wo ist mein Portmonee?
Wo ist meine Brieftasche?
Wo sind meine Zigaretten?
Wo sind ...?

2 Nehmen Sie die Fragen der Übung 1 und üben Sie.

Wo ist Ihr Lexikon? *Mein Lexikon ist hier!*
Wo ist mein Mantel? *Ihr Mantel ist hier!*

3 Ergänzen Sie das Possessivpronomen im Dativ.

Das ist Herr Müller mit ...
seiner Familie (f).
... Frau.
... Sohn.

... Töchtern (Pl.).
... Kind.
... Nichte.

Das ist Frau Schulze mit...
... Freundinnen (Pl.).

... Söhnen.

... Schwester.
... Tochter.
Das sind Thomas und Irene mit...
... Spielsachen (Pl.).
... Eltern (Pl.).
... Lehrer (m).

... Mann.
... Enkelkindern.

... Fußball (m).
... Freunden (Pl.).
... Mutter.

4 Üben Sie nach folgendem Muster:

Haus (n) / Tante — *Das Haus gehört meiner Tante.*

1. Wagen (m) / Schwiegersohn
2. Garten (m) / Eltern
3. Möbel (Pl.) / Großeltern
4. Fernseher (m) / Untermieterin
5. Bücher (Pl.) / Tochter
6. Teppich (m) / Schwägerin
7. Schmuck (m) / Frau
8. CDs (Pl.) / Sohn

5 Üben Sie nach folgendem Muster. Das Possessivpronomen steht im Akkusativ.

Wo hab' ich nur meinen Kugelschreiber hingelegt? (... auf den Tisch gelegt.)
Deinen Kugelschreiber? Den hast du auf den Tisch gelegt.

In der Antwort können Sie leichte Verwunderung oder Ungeduld ausdrücken:
Den hast du doch auf den Tisch gelegt! („doch" bleibt unbetont.)

Wo hab' ich nur ...
1. ... Brille (f) hingelegt? (... auf den Schreibtisch gelegt.)
2. ... Jacke (f) hingehängt? (... an die Garderobe gehängt.)
3. ... Handschuhe (Pl.) gelassen? (... in die Schublade gelegt.)
4. ... Schirm (m) hingestellt? (... da in die Ecke gestellt.)
5. ... Bleistift (m) gelassen? (... in die Jackentasche gesteckt.)
6. ... Briefmarken (Pl.) gelassen? (... in die Brieftasche gesteckt.)
7. ... Brief (m) hingetan? (... in den Briefkasten geworfen.)

6 Üben Sie mit den Fragen der Übung 5 jetzt in dieser Weise:

Wo hab' ich nur meinen Kugelschreiber hingelegt?
Ihren Kugelschreiber? Den haben Sie auf den Tisch gelegt.

7 Setzen Sie die Possessivpronomen mit den richtigen Endungen ein.

1. Wir sind in ein anderes Hotel gezogen. ... altes Hotel (n) war zu laut.
2. ... Eltern haben ... Schlafzimmer gegenüber von ... Zimmer.
3. ... Schlafzimmer ist aber kleiner.
4. ... Bruder Alex hat ... Bett (n) an der Tür, ... Bett steht am Fenster.
5. Die Mutter fragt: „Habt ihr ... Sachen (Pl.) schon ausgepackt?"
6. „... Seife (f) und ... Waschlappen (Pl.) legt bitte ins Bad!"
7. „... Anzüge (Pl.) hängt ihr in den Schrank, ... Hemden legt ihr hierhin und ... Schuhe (Pl.) stellt ihr unters Bett."

8. Alex ruft plötzlich: „Wo ist … Mantel (m)? Hast du … Mantel gesehen?"
9. „Alex," sage ich, „da kommt Vater mit … Mantel und … Schuhen."
10. „Ihr habt die Hälfte … Sachen (Gen.) im Auto gelassen!" sagt Vater.
11. Mutter sucht … Portmonee (n). „…Portmonee ist weg! Und … Handtasche (f) auch!" ruft sie aufgeregt.
12. „Hier ist … Handtasche und auch … Portmonee", sagt der Vater.
13. „Wenn sich … Aufregung (f) gelegt hat," meint Vater, „dann gehen wir jetzt essen. … Freunde warten schon auf uns."

8 Setzen Sie die Endungen des Possessivpronomens ein – aber nur da, wo es nötig ist.

Frankfurt, den 30. Mai

Lieber Hans,

dein__ Antwort (f) auf mein__ Brief (m) hat mich sehr gefreut. So werden wir also unser__ Ferien (Pl.) gemeinsam auf dem Bauernhof mein__ Onkels verbringen.

Sein__ Einladung (f) habe ich gestern bekommen. Er lädt dich, dein__ Bruder und mich auf sein__ Bauernhof (m) ein.

Mein__ Freude (f) kannst du dir vorstellen. Es war ja schon lange unser__ Plan (m), zusammen zu verreisen.

Mein__ Verwandten (Pl.) haben auf ihr__ Bauernhof (m) allerdings ihr__ eigene Methode (f): Mein__ Onkel verwendet keinen chemischen Dünger, er düngt sein__ Boden (m) nur mit dem Mist sein__ Schafe und Kühe (Pl.). Ebenso macht es sein__ Frau: Ihr__ Gemüsegarten (m) düngt sie nur mit natürlichem Dünger. Ihr__ Gemüse (n) und ihr__ Obst (n) wachsen völlig natürlich! Sie braucht keine gefährlichen Gifte gegen Unkraut oder Insekten und ihr__ Obstbäume (Pl.) wachsen und gedeihen trotzdem. Deshalb schmecken ihr__ Äpfel und Birnen (Pl.) auch besser als unser__ gekauften Früchte (Pl.).

Ihr__ Hühner und Gänse (Pl.) laufen frei herum; nur abends treibt sie mein__ Onkel in ihr__ Ställe (Pl.). Dort legen sie Eier und brüten ihr__ Küken (Pl.) aus; das wird dein__ kleinen Bruder interessieren!

Die Landwirtschaft mein__ Verwandten (Pl.) ist übrigens sehr modern. Ihr__ Haushalt (m) versorgen sie mit Warmwasser aus Sonnenenergie; sogar die Wärme der Milch ihr__ Kühe (Pl.) verwenden sie zum Heizen! Die Maschinen sind die modernsten ihr__ Dorfes (n).

Mein__ Verwandten sind noch jung: Mein__ Onkel ist 30, mein__ Tante 25 Jahre alt. Ich finde ihr__ Leben (n) und ihr__ Arbeit (f) sehr richtig und sehr gesund. Aber du wirst dir dein__ Meinung (f) selbst bilden.

Herzliche Grüße, dein__ Klaus

§ 6 Konjugation der Verben

I Vorbemerkungen

1. Das Verb besteht aus einem Stamm und einer Endung:
   lach-en, folg-en, trag-en, geh-en
2. Es gibt schwache und starke Verben sowie einige Mischverben.
3. Die schwachen Verben werden regelmäßig konjugiert. Die meisten deutschen Verben sind schwach.
   Die starken Verben und die Mischverben werden unregelmäßig konjugiert. Diese Gruppe von Verben ist kleiner; man sollte sie lernen (siehe Anhang).
4. Man lernt die Verben mit Hilfe der Stammformen. Aus ihnen kann man alle anderen Formen ableiten. Die Stammformen sind:
   a) Infinitiv — lachen, tragen
   b) Präteritum — er lachte, er trug
   c) Partizip Perfekt — gelacht, getragen
5. Das Partizip Perfekt wird mit der Vorsilbe *ge-* und der Endung *-t* (= schwache Verben) oder *-en* (= starke Verben) gebildet. Beim Partizip Perfekt steht *ge-* immer direkt vor der Stammform:
   lachen – *ge*lach*t*, einkaufen – ein*ge*kauf*t*
   tragen – *ge*trag*en*, anfangen – an*ge*fang*en*

   Verben auf *-ieren* bilden das Partizip Perfekt ohne *ge-* (siehe § 8).
6. Die meisten Verben bilden das Perfekt und das Plusquamperfekt mit dem Hilfsverb *haben*, einige mit dem Hilfsverb *sein* (siehe § 12).
7. Das Präteritum wird vor allem im schriftlichen Deutsch verwendet. Das Perfekt gebraucht man meistens, wenn man mündlich über etwas Vergangenes berichtet. Das Plusquamperfekt verwendet man, wenn man etwas ausdrücken will, was vor der Handlung im Perfekt oder Präteritum passiert ist.
   Präteritum (im Roman): Ein junger Mann *kam* in eine fremde Stadt und *sah* ein hübsches Mädchen. Er *verliebte* sich sofort ...
   Perfekt (im Gespräch): „*Hast* du deinem Freund endlich die Wahrheit *gesagt*?" – „Ich *habe* ihm vor zwei Wochen einen langen Brief *geschrieben*, aber er *hat* noch nicht *geantwortet*."
   Plusquamperfekt (meistens schriftlich): Ein junger Mann liebte ein Mädchen und stand jeden Abend vor ihrem Fenster, aber er *hatte* noch nie vorher mit ihr *gesprochen*.

II Konjugation der schwachen Verben

mit **haben**	*Präsens*	*Präteritum*	*Perfekt*	*Plusquamperfekt*
Singular	ich lache du lachst er sie lacht es	ich lachte du lachtest er sie lachte es	ich habe gelacht du hast gelacht er sie hat gelacht es	ich hatte gelacht du hattest gelacht er sie hatte gelacht es
Plural	wir lachen ihr lacht sie lachen	wir lachten ihr lachtet sie lachten	wir haben gelacht ihr habt gelacht sie haben gelacht	wir hatten gelacht ihr hattet gelacht sie hatten gelacht
	Futur I		*Futur II*	
Singular	ich werde lachen du wirst lachen er sie wird lachen es		ich werde gelacht haben du wirst gelacht haben er sie wird gelacht haben es	
Plural	wir werden lachen ihr werdet lachen sie werden lachen		wir werden gelacht haben ihr werdet gelacht haben sie werden gelacht haben	

mit **sein**	*Präsens*	*Präteritum*	*Perfekt*	*Plusquamperfekt*
Singular	ich folge du folgst er sie folgt es	ich folgte du folgtest er sie folgte es	ich bin gefolgt du bist gefolgt er sie ist gefolgt es	ich war gefolgt du warst gefolgt er sie war gefolgt es
Plural	wir folgen ihr folgt sie folgen	wir folgten ihr folgtet sie folgten	wir sind gefolgt ihr seid gefolgt sie sind gefolgt	wir waren gefolgt ihr wart gefolgt sie waren gefolgt
	Futur I		*Futur II*	
Singular	ich werde folgen du wirst folgen er sie wird folgen es		ich werde gefolgt sein du wirst gefolgt sein er sie wird gefolgt sein es	
Plural	wir werden folgen ihr werdet folgen sie werden folgen		wir werden gefolgt sein ihr werdet gefolgt sein sie werden gefolgt sein	

1. Die schwachen Verben ändern den Vokal in den Stammformen nicht.
2. Die regelmäßigen Endungen im Präteritum werden mit *-te-* gebildet.
3. Im Partizip Perfekt haben die schwachen Verben die Endung *-t*.
4. Das Futur I wird mit *werden* und dem Infinitiv, das Futur II mit *werden* und dem Infinitiv Perfekt (= *haben* oder *sein* + Partizip Perfekt) gebildet. (Gebrauch siehe § 21)

Anmerkungen

1. Zur Frageform (Lachst du? Lacht ihr? Lachen Sie?) siehe § 17.
2. Zum Imperativ (Lach! Lacht! Lachen Sie!) siehe § 11.

1 Konjugieren Sie die Reihen 1 bis 3 im Präsens (ich schicke, du heilst, usw.), im Präteritum und im Perfekt.

		1	2	3
Sg.	1. Person	schicken	glauben	zählen
	2.	heilen	kaufen	spielen
	3.	fragen	machen	kochen
Pl.	1.	legen	weinen	drehen
	2.	führen	lachen	stecken
	3.	stellen	bellen	leben

2 Üben Sie a) nach dem linken, b) nach dem rechten Muster.

Brauchst du ein Wörterbuch?	Braucht ihr ein Wörterbuch?
Ja, ich brauche ein Wörterbuch.	*Ja, wir brauchen ein Wörterbuch.*
Er braucht ein Wörterbuch!	*Sie brauchen ein Wörterbuch!*

Ihr Interesse können Sie verstärkt ausdrücken: *Brauchst du eigentlich ein Wörterbuch?*
Sie können in der Antwort auf das Selbstverständliche hinweisen: *Ja, natürlich brauche ich ein Wörterbuch.*
Oder noch stärker: *Ja, selbstverständlich brauche ich ein Wörterbuch.*

1. Hörst du morgens die Vögel?
2. Holst du den Koffer mit dem Taxi?
3. Machst du den Kaffee immer so?
4. Brauchst du heute das Auto?
5. Lernst du die Verben?
6. Übst du immer laut?
7. Kletterst du über die Mauer?
8. Sagst du es dem Kellner?

3 Machen Sie die Übung 2 jetzt im Perfekt.

III Konjugation der starken Verben*

mit haben

	Präsens	*Präteritum*	*Perfekt*	*Plusquamperfekt*
Singular	ich trage	ich trug	ich habe getragen	ich hatte getragen
	du trägst	du trugst	du hast getragen	du hattest getragen
	er sie trägt es	er sie trug es	er sie hat getragen es	er sie hatte getragen es
Plural	wir tragen	wir trugen	wir haben getragen	wir hatten getragen
	ihr tragt	ihr trugt	ihr habt getragen	ihr hattet getragen
	sie tragen	sie trugen	sie haben getragen	sie hatten getragen

mit sein

	Präsens	*Präteritum*	*Perfekt*	*Plusquamperfekt*
Singular	ich gehe	ich ging	ich bin gegangen	ich war gegangen
	du gehst	du gingst	du bist gegangen	du warst gegangen
	er sie geht es	er sie ging es	er sie ist gegangen es	er sie war gegangen es
Plural	wir gehen	wir gingen	wir sind gegangen	wir waren gegangen
	ihr geht	ihr gingt	ihr seid gegangen	ihr wart gegangen
	sie gehen	sie gingen	sie sind gegangen	sie waren gegangen

1. Die starken Verben ändern den Stammvokal im Präteritum und meistens im Partizip Perfekt:
   f*i*nden, f*a*nd, gef*u*nden — tr*a*gen, tr*u*g, getr*a*gen

   Bei manchen Verben ändert sich der gesamte Stamm:
   gehen, ging, gegangen — sein, war, gewesen
2. In der 1. und 3. Person Singular Präteritum haben die starken Verben keine Endung:
   ich / er trug; ich / er ging
3. Einige starke Verben haben in der 2. und 3. Person Singular Präsens eine Sonderform. Diese besonderen Präsensformen muss man mitlernen, z.B.:
   ich gebe – du g*i*bst, er g*i*bt
   ich nehme – du n*i*mmst, er n*i*mmt
   ich lese – du l*ie*st, er l*ie*st
   ich schlafe – du schl*ä*fst, er schl*ä*ft
   ich lasse – du l*ä*sst, er l*ä*sst
   ich stoße – du st*ö*ßt, er st*ö*ßt
   ich laufe – du l*äu*fst, er l*äu*ft
4. Im Partizip Perfekt haben die starken Verben die Endung *-en.*
5. Das Futur I wird mit *werden* und dem Infinitiv des Vollverbs (ich werde tragen / gehen), das Futur II mit *werden* und dem Infinitiv Perfekt (ich werde getragen haben / gegangen sein) gebildet.

* Alphabetische Liste siehe Anhang

4 Ergänzen Sie Verben mit Vokaländerung in der 2. Person Singular Präsens.

Ich esse Fisch. *Was isst du?*

1. Ich brate mir ein Kotelett. Was ... du dir?
2. Ich empfehle den Gästen immer das „Hotel Europa“. Was ... du ihnen?
3. Ich fange jetzt mit der Arbeit an. Wann ... du an?
4. Ich gebe dem Jungen einen Euro. Was ... du ihm?
5. Ich halte mir einen Hund. ... du dir auch einen?
6. Ich helfe ihr immer montags. Wann ... du ihr?
7. Ich verlasse mich nicht gern auf ihn. ... du dich denn auf ihn?
8. Ich laufe hundert Meter in 14 Sekunden. Wie schnell ... du?
9. Ich lese gern Krimis. Was ... du gern?
10. Ich nehme ein Stück Kirschtorte. Was ... du?
11. Ich rate ihm zu fliegen. Was ... du ihm?
12. Ich schlafe immer bis sieben. Wie lange ... du?
13. Ich spreche sofort mit dem Chef. Wann ... du mit ihm?
14. Ich sehe das Schiff nicht. ... du es?
15. Ich trage den Koffer. ... du die Tasche?
16. Ich treffe sie heute nicht. ... du sie?
17. Ich vergesse die Namen so leicht. ... du sie auch so leicht?
18. Ich wasche die Wäsche nicht selbst. ... du sie selbst?
19. Ich werde im Mai 25. Wann ... du 25?
20. Ich werfe alte Flaschen nicht in den Mülleimer. ... du sie in den Mülleimer?

5 Formulieren Sie die Sätze mit dem Subjekt im Singular.

1. Die Köchinnen eines Restaurants haben viel Arbeit.
2. Schon früh kommen die Boten und bringen Obst und Gemüse, Fleisch und Kartoffeln.
3. Die Köchinnen waschen das Gemüse, schälen die Kartoffeln und salzen das Fleisch.
4. Sie kochen die Suppen und backen die Süßspeisen für den Mittagstisch.
5. Später kommen die Kellner.
6. Sie stellen die Teller und Gläser auf den Tisch.
7. Dann legen sie Messer, Gabel und Löffel daneben.
8. Auch die Servietten vergessen sie nicht.
9. Sie füllen die Kannen mit Wasser und holen den Wein aus dem Keller.
10. Die Kellner geben den Gästen die Speisekarten.
11. Die Gäste studieren die Karte und bestellen.
12. Nun haben die Köchinnen viel Arbeit.
13. Sie braten das Fleisch, kochen das Gemüse und machen den Salat fertig.
14. Sie bringen die Speisen zum Speisesaal und die Kellner servieren sie.
15. Nach dem Essen bezahlen die Gäste und verlassen das Restaurant.

6 Setzen Sie die Übung 4 (ohne die Fragen!) ins Perfekt und die Übung 5 ins Präteritum.

7 Formulieren Sie die Sätze im Singular.

1. a) Die Münzen (f) fallen* in den Spielautomaten.
   b) Meistens gewinnen die Spieler nichts.
2. a) Die Fischer geraten in einen Sturm.
   b) Sie fahren zum nächsten Hafen.
3. a) Die Gärtner graben ein Loch.
   b) Dann setzen sie einen Baum in das Loch und geben Erde auf die Stelle.
4. a) Die Schüler messen die Temperatur der Flüssigkeiten.
   b) Dann schreiben sie die Messdaten an die Tafel.
5. a) Die Diebe stehlen ein Auto.
   b) Dann verbergen sie es in einer Scheune.
6. a) Die Gäste treten* in die Wohnung.
   b) Die Gastgeber empfangen die Gäste.
7. a) Meine Söhne wachsen* sehr schnell.
   b) Sie essen jetzt mehr als früher.
8. a) Die Firmen (die Firma) werben für ihre Produkte.
   b) Sie geben dafür viel Geld aus.

8 Setzen Sie die Sätze der Übung 7 ins Präteritum, dann ins Perfekt. (Verben mit *sein* sind mit * gekennzeichnet.)

IV Konjugation der Verben mit Hilfs-e

Schwache Verben	*Präsens*	*Präteritum*	*Perfekt*
Singular	ich antworte du antwortest er antwortet	ich antwortete du antwortetest er antwortete	ich habe geantwortet du hast geantwortet er hat geantwortet
Plural	wir antworten ihr antwortet sie antworten	wir antworteten ihr antwortetet sie antworteten	wir haben geantwortet ihr habt geantwortet sie haben geantwortet
Starke Verben	*Präsens*	*Präteritum*	*Perfekt*
Singular	ich biete du bietest er bietet	ich bot du botest er bot	ich habe geboten du hast geboten er hat geboten
Plural	wir bieten ihr bietet sie bieten	wir boten ihr botet sie boten	wir haben geboten ihr habt geboten sie haben geboten

1. Verben, deren Stamm auf *-d-* oder *-t-* endet, brauchen ein *-e-* vor den Endungen auf *-st, -te, -t.*

2. Dieselben Regeln gelten für Verben, deren Stamm auf *-m-* oder *-n-* endet, aber nur, wenn ein anderer Konsonant (nicht *r*) davorsteht:
   atm-en: er atm*e*t, du atm*e*test, er hat geatm*e*t
   rechn-en: du rechn*e*st, wir rechn*e*ten, ihr rechn*e*tet

9 Bilden Sie Fragen.

Die Bauern reiten ins Dorf. *Wer reitet ins Dorf?*

1. Die Verkäufer bieten einen günstigen Preis.
2. Einige Parteimitglieder schaden der Partei.
3. Die Kinder baden schon im See.
4. Die Frauen öffnen die Fenster.
5. Die Angestellten rechnen mit Computern.
6. Die Sportler reden mit dem Trainer.
7. Die Schauspieler verabschieden sich von den Gästen.
8. Die Fußballspieler gründen einen Verein.
9. Die Politiker fürchten eine Demonstration.
10. Die Sanitäter retten die Verletzten.
11. Die Fachleute testen das Auto.
12. Die Schüler warten auf die Straßenbahn.
13. Die Techniker zeichnen die Maschinenteile.
14. Die Jungen streiten mit den Mädchen.

10 Nehmen Sie die Sätze der Übung 9 und setzen Sie sie nacheinander ins Präteritum und dann ins Perfekt.

V Konjugation der Mischverben

Präsens	*Präteritum*	*Perfekt*
ich denke	ich dachte	ich habe gedacht
du denkst	du dachtest	du hast gedacht
er denkt	er dachte	er hat gedacht
wir denken	wir dachten	wir haben gedacht
ihr denkt	ihr dachtet	ihr habt gedacht
sie denken	sie dachten	sie haben gedacht

1. Die Mischverben haben die Endungen der schwachen Verben.

2. Die Mischverben ändern aber den Vokal in den Stammformen; deshalb muss man sie zusammen mit den starken Verben lernen.

3. Zu den Mischverben gehören noch: *brennen, bringen, kennen, nennen, rennen, senden, wenden, wissen* und die Modalverben (siehe alphabetische Liste im Anhang).

4. Das Verb *wissen* hat Sonderformen im Singular Präsens:
   ich *weiß*, du *weißt*, er *weiß*, wir wissen, ihr wisst, sie wissen

11 Bilden Sie von den folgenden Sätzen das Präteritum und Perfekt.

1. Die Abiturienten bringen die Bücher zur Bibliothek.
2. Meine Schwestern denken gern an den Urlaub im letzten Jahr.
3. Die Kinder wissen den Weg nicht.
4. Ihr kennt die Aufgabe.
5. Die Mieter senden dem Hausbesitzer einen Brief.
6. Ihr wisst seit langem Bescheid.
7. Die Teilnehmer denken an den Termin.
8. Die Lampen im Wohnzimmer brennen.

12 Setzen Sie die Sätze der Übung 11 in den Singular und üben Sie noch einmal Präteritum und Perfekt.

13 Bilden Sie Fragen im Präsens und Perfekt.

1. (bringen) ihr ihm die Post nicht?
2. (wissen) Sie nichts von dem Vorfall?
3. (denken) du an die Verabredung?
4. (nennen) er die Namen der Mitarbeiter nicht?
5. (senden) ihr den Brief mit Luftpost?
6. (brennen) die Heizung im Keller nicht?

14 Bilden Sie Sätze im Präsens, Präteritum und Perfekt.

1. du / denken / ja nie / an mich
2. das Haus / brennen / jetzt schon / zum zweiten Mal
3. wieder / bringen / der Briefträger / mir / keine Nachricht
4. du / kennen / deine Nachbarn / nicht / ?
5. immer / rennen / der Hund / wie verrückt / durch den Garten
6. ich / senden / ihr / herzliche Grüße
7. bei Problemen / ich / sich wenden / immer / an meinen Vater
8. warum / wissen / du / seine Telefonnummer / nicht / ?

VI Sonderregeln zur Konjugation

1. Wenn der Stamm auf *-s-*, *-ss-*, *-ß-* oder *-z-* endet, steht in der 2. Person Singular Präsens nur die Endung *-t*:

les-en: du lies*t*	ras-en: du ras*t*	lass-en: du läss*t*
stoß-en: du stöß*t*	heiz-en: du heiz*t*	schütz-en: du schütz*t*

2. Schwache Verben auf *-eln* und *-ern* haben in der 1. und 3. Person Plural nur die Endung *-n*. Die Formen entsprechen also immer dem Infinitiv:

klingel*n*:	wir klingel*n*, sie klingel*n*	Imperativ: *Klingle!*
lächel*n*:	wir lächel*n*, sie lächel*n*	Imperativ: *Lächle!*
streichel*n*:	wir streichel*n*, sie streichel*n*	Imperativ: *Streichle!*
änder*n*:	wir änder*n*, sie änder*n*	Imperativ: *Ändre!*
förder*n*:	wir förder*n*, sie förder*n*	Imperativ: *Fördre!*
ruder*n*:	wir ruder*n*, sie ruder*n*	Imperativ: *Rudre!*

Bei den Verben auf *-eln* fällt in der 1. Person Singular Präsens das *-e-* weg:
ich läch*le,* ich kling*le*

15 Bilden Sie die 2. Person Singular Präsens von folgenden Verben:

gießen, messen, schließen, sitzen, stoßen, vergessen, wissen, lassen, beißen, fließen, schmelzen, heizen

16 Bilden Sie die 1. Person Präsens Singular und Plural von folgenden Verben:

angeln, wechseln, bügeln, sich ekeln, handeln, klingeln, schaukeln, stempeln, zweifeln, ändern, liefern, wandern, bedauern, hindern, erwidern, flüstern, verhungern, zerkleinern

17 Üben Sie nach folgendem Muster:

Wechselst du dein Geld denn nicht? *Doch, natürlich wechsle ich es!*

1. Bügelst du denn nicht alle Hemden?
2. Ekelst du dich denn nicht vor Schlangen? (vor ihnen)
3. Handelst du denn nicht mit den Verkäufern?
4. Zweifelst du denn nicht an der Wahrheit seiner Aussage? (daran)
5. Regelst du denn deine Steuerangelegenheiten nicht selbst?
6. Klingelst du denn nicht immer zweimal, wenn du kommst?
7. Plauderst du denn nicht gern mit deinen Nachbarn?
8. Änderst du denn nicht deine Reisepläne?
9. Lieferst du denn deine Arbeit nicht ab?
10. Wanderst du denn nicht gern?
11. Bedauerst du denn seine Absage nicht?
12. Förderst du denn nicht unsere Interessengemeinschaft?

18 Formulieren Sie die Sätze der Übung 17 im Plural und verneinen Sie die Antwort.

Wechselt ihr euer Geld denn nicht? *Nein, wir wechseln es nicht.*

„denn" in der Frage können Sie auch durch „eigentlich" ersetzen; statt „natürlich" in der Antwort können Sie auch sagen: „selbstverständlich".

19 Formulieren Sie die Geschichte im Präteritum.

1. Werner Stubinreith hält sein Entlassungsschreiben in der Hand.
2. Das scheint ihm ungerecht.
3. Er arbeitet schon viele Jahre dort und kennt den Leiter gut.
4. Er kennt auch alle Kollegen und nennt sie beim Vornamen.
5. Er denkt an Rache, weiß aber noch nicht wie.
6. Im Traum sieht er den Betrieb.
7. Es ist dunkel.
8. Er nimmt ein paar Lappen, tränkt sie mit Öl und legt damit im Betrieb an drei Stellen Feuer.

9. Dann rennt er schnell weg.
10. Dabei verliert er seinen Hausschlüssel.
11. Ab und zu wendet er sich um.
12. Tatsächlich! Der Betrieb brennt!
13. Alles steht in Flammen.
14. Die Feuerwehr schickt drei Löschfahrzeuge.
15. Der Betriebsleiter nennt der Polizei die Namen der Entlassenen.
16. Werner Stubinreith ist auch dabei.
17. An der Brandstelle findet man einen Schlüssel.
18. Der Schlüssel passt zu Stubinreiths Haustür.
19. Werner sagt die Wahrheit.
20. Er kommt für drei Jahre ins Gefängnis.
21. Werner wacht auf und findet seine Rachepläne nicht mehr so gut.

§ 7 Trennbare Verben

Infinitiv: zuhören, weglaufen		
Präsens	*Präteritum*	*Perfekt*
ich höre ... zu	ich hörte ... zu	ich habe ... zugehört
ich laufe ... weg	ich lief ... weg	ich bin ... weggelaufen

1. Trennbare Verben werden mit Verbzusätzen – meist Präpositionen – zusammengesetzt, deren Sinn bekannt oder leicht verständlich ist: z.B. *ab-, an-, auf-, aus-, bei-, ein-, fest-, her-, hin-, los-, mit-, nach-, vor-, weg-, wieder-, zu-, zurück-, zusammen-* u.a. Sie werden beim Sprechen betont.

   Ausnahme: Der Verbzusatz *hinter-* ist untrennbar (siehe § 8, 1).

2. In Hauptsätzen wird im Präsens und Präteritum der Verbzusatz vom konjugierten Verb getrennt und ans Ende des Satzes gestellt:
   Er *hörte* gestern Abend dem Redner eine halbe Stunde lang *zu*.

3. Im Perfekt und Plusquamperfekt steht der Verbzusatz wieder mit dem Partizip zusammen:
   Er hat dem Redner eine halbe Stunde lang *zugehört*.

4. Auch andere Verbzusätze können mit Stammverben zu trennbaren Verben zusammengesetzt werden:
   Er hat sein Auto *kaputt*gefahren.
   Sie hat das Insekt *tot*getreten.
   Er hat den ganzen Abend *fern*gesehen.
   Haben Sie an der Versammlung *teil*genommen?

Anmerkungen

1. Zusammensetzungen aus zwei Verben werden nach der Rechtschreibreform getrennt geschrieben: *spazieren gehen*
2. Frageform: *Hörst du zu? Hast du zugehört?*
3. Imperativ: *Hör zu! Hört zu! Hören Sie zu!*
4. Infinitiv mit *zu*: *aufzuhören, anzufangen*

1a Üben Sie das Präsens der trennbaren Verben.

Von der Arbeit einer Sekretärin
Telefonate weiterleiten *Sie leitet Telefonate weiter.*

1. Besucher anmelden
2. Aufträge durchführen
3. Gäste einladen
4. Termine absprechen
5. die Post abholen
6. Besprechungen vorbereiten
7. wichtige Papiere bereithalten
8. Geschäftsfreunde anschreiben

b Was hat die Sekretärin alles gemacht?

Sie hat Telefonate weitergeleitet. Sie hat ...

c Von der Arbeit einer Hausfrau

1. einkaufen *Sie kauft ein.*
2. das Geschirr abwaschen und abtrocknen
3. alles in den Schrank zurückstellen
4. Möbel abstauben
5. die Wäsche aus der Waschmaschine herausnehmen und aufhängen
6. die Wäsche abnehmen, zusammenlegen und wegräumen
7. die Kinder an- und ausziehen
8. die Kinder zum Kindergarten bringen und sie von dort wieder abholen
9. Geld von der Bank abheben

d Abends fragt sie sich:

Was habe ich eigentlich alles gemacht? Ich *habe eingekauft, ich habe* das ... usw.

e Halten Sie schriftlich fest:

Sie kaufte ein, sie ... usw.

2a Ergänzen Sie die Sätze mit trennbaren Verben.

Bei einer Flugreise: Was macht der Passagier?
Wir landen in wenigen Minuten!

Bitte

1. aufhören zu rauchen! — Er hört auf zu rauchen.
2. anschnallen! — Er … sich …
3. den Pass bereithalten! — Er …
4. die Flugtickets vorzeigen! — Er … die Flugtickets …
5. den Koffer aufmachen! — Er …
6. das Gepäck mitnehmen! — Er …
7. die Zollerklärung ausfüllen! — Er …
8. den Pass abgeben! — Er …

b Erzählen Sie dann Ihrem Partner:

Ich *habe aufgehört* zu rauchen. Ich *habe mich* … usw.

c Schreiben Sie nun auf:

Er *hörte auf* zu rauchen. Er … usw.

3 Ein Abteilungsleiter hat seine Augen überall. – Üben Sie nach folgendem Muster:

Hat Inge die Pakete schon weggebracht? *Nein, sie bringt sie gerade weg.*

1. Hat Udo die Flaschen schon aufgestellt? – Nein, er …
2. Hat Frau Schneider die Waren schon ausgezeichnet?
3. Hat Fritz den Abfall schon rausgebracht?
4. Hat Reimar schon abgerechnet?
5. Hat die Firma Most das Waschpulver schon angeliefert?
6. Hat Frau Holzinger die Preistafeln schon aufgehängt?
7. Hat Uta den Keller schon aufgeräumt?
8. Hat die Glasfirma die leeren Flaschen schon abgeholt?
9. Hat Frau Vandenberg die neue Lieferung schon ausgepackt?
10. Hat Herr Kluge die Bestelllisten schon ausgeschrieben?
11. Hat Gerda die Lagerhalle schon aufgeräumt?

4a Hier gibt's Ärger!

Sie zieht den Vorhang auf. (zu-) *Er zieht ihn wieder zu.*

1. Sie schließt die Tür auf. (zu-)
2. Sie dreht den Wasserhahn auf. (zu-)
3. Sie schaltet das Radio an. (ab-)
4. Sie packt die Geschenke ein. (aus-)
5. Sie macht die Fenster auf. (zu-)
6. Sie hängt die Bilder auf. (ab-)

b Wie war das bei den beiden? – Üben Sie das Perfekt mit den Sätzen der Übung 4a.

Sie hat den Vorhang aufgezogen; er hat ihn wieder zugezogen.

5 Bilden Sie das Perfekt.

1. Mein Hund läuft weg. Ich laufe hinterher.
2. Er rechnet ihr ihre Dummheiten vor. Sie leiht ihm einen Taschenrechner aus.
3. Der Lehrling sagt etwas und der Chef stimmt zu. Der Chef sagt etwas und der Lehrling hört nicht zu.
4. Der Arzt steht dem Kranken bei, aber der Kranke wirft seine Tabletten weg.
5. Ich gebe meine Fehler zu, aber sie sieht ihre Fehler nicht ein.
6. Sie schaltet das Radio ein; aber er schaltet es wieder aus.
7. Sie macht das Licht an und er schaltet es wieder aus.
8. Meine Schwiegermutter kommt heute früh an; sie fährt zum Glück gegen Mittag wieder weiter.
9. Der Junge stößt den Nachbarn weg. Der Nachbar stürzt die Treppe hinunter.
10. Unsere Freunde führen uns einen Film vor. Ich schlafe beinahe ein.
11. Ich rufe ihn immer wieder an, aber er nimmt den Hörer nicht ab.
12. Die Kühe reißen sich los. Der Bauer bindet sie wieder an.

6 Bilden Sie das Präsens und Präteritum.

1. Der Chef hat die Schreibtischschublade zugeschlossen. Die Sekretärin hat sie am anderen Morgen wieder aufgeschlossen.
2. Die Kinder sind vorangelaufen und die Großeltern sind langsam hinterhergegangen.
3. Er hat mir einige Teegläser aus der Türkei mitgebracht. Ich habe sie gleich ausgepackt.
4. Sie hat ihr Wörterbuch ausgeliehen, aber sie hat es leider nicht zurückbekommen.
5. Er hat sich alle grauen Haare ausgerissen. Es sind leider nicht viele Haare auf seinem Kopf zurückgeblieben.
6. Der Dieb hat die Tasche hingestellt und ist fortgerannt. Ich bin hinterhergelaufen.
7. Den Dieb habe ich festgehalten. Die Tasche hat inzwischen ein anderer Dieb mitgenommen.
8. Der Beamte hat mir endlich die Genehmigung ausgestellt. Ich bin sofort losgefahren.
9. Das Töchterchen hat die Milch ausgetrunken und ihr Brot aufgegessen. Der Hund hat die Tasse und den Teller ausgeleckt.
10. Die beiden jungen Leute sind endlich zusammengezogen. Der Hausbesitzer hat ihnen aber den Strom abgestellt.

§ 8 Untrennbare Verben

Präsens	*Präteritum*	*Perfekt*
ich erzähle ich verstehe	ich erzählte ich verstand	ich habe ... erzählt ich habe ... verstanden

1. Untrennbare Verben werden mit kurzen Vorsilben zusammengesetzt, deren Sinn kaum noch verständlich ist: z.B. *be-, emp-, ent-, er-, ge-, miss-, ver-, zer-* u.a. Sie werden beim Sprechen nicht betont.

   Obwohl Verben mit dem Verbzusatz *hinter-* eine verständliche Vorsilbe haben, werden sie untrennbar gebraucht:
   Er hinterlässt seinem Sohn einen Bauernhof.

2. Diese Vorsilben geben dem Verb eine neue Bedeutung, die man aus dem Stammverb meistens nicht ableiten kann:

Ich suche den Schlüssel.	Aber: Ich besuche meinen Onkel.
Sie zählt das Geld.	Aber: Sie erzählt ein Märchen.
Wir stehen im Flur.	Aber: Wir verstehen den Text.

3. Die Vorsilbe steht immer mit dem Verb zusammen:
   ich versuche, ich versuchte; ich bekomme, ich bekam

4. Beim Partizip Perfekt fällt das sonst übliche *ge-* weg (wie auch bei den Verben auf *-ieren*):
   er hat berichtet, er hat erklärt, er hat verstanden

   Ebenso bei untrennbaren Verben, die mit einer trennbaren Vorsilbe verbunden sind:
   Er hat das Essen vorbereitet.

Anmerkungen

1. Einige Verben mit einer untrennbaren Vorsilbe haben kein eigenes Stammverb mehr: z.B. *gelingen, verlieren* u.a.
2. Frageform: *Versteht ihr das? Habt ihr das verstanden?*
3. Imperativ: *Erzähl! Erzählt! Erzählen Sie!*
4. Infinitiv mit *zu*: *zu verstehen, zu erzählen*

1 Setzen Sie das Verb in die richtige Präsens- und Perfektform. (Das Perfekt wird hier immer mit „haben" gebildet.)

1. Der Arzt (verbieten) meinem Vater das Rauchen.
2. Die Kinder (empfinden) die Kälte nicht.
3. Der Student (beenden) seine Doktorarbeit.
4. Auch der Wirtschaftsminister (erreichen) keine Wunder.
5. Seine Freundin (gefallen) mir gut.
6. Heute (bezahlen) Gustl die Runde.
7. Wer (empfangen) die Gäste?

8. Die Schauspielerin (erobern) die Herzen ihrer Zuschauer.
9. Franz und Sigrun (erreichen) den Zug nicht mehr.
10. Warum (versprechen) er sich eigentlich dauernd?
11. Heinz (beachten) die Ampel nicht und (verursachen) leider einen Unfall.
12. Die Stadtverordneten (beschließen) den Bau des Schwimmbades.
13. Der Vater (versprechen) der Tochter eine Belohnung.
14. Du (zerstören) unsere Freundschaft!
15. Paul (vergessen) bestimmt wieder seine Schlüssel!
16. Der Architekt (entwerfen) einen Bauplan.

2 Setzen Sie die Sätze mit den untrennbaren Verben ins Präsens und Präteritum.

1. Die Eltern haben das Geschenk versteckt.
2. Er hat mir alles genau erklärt.
3. Der Hausherr hat unseren Mietvertrag zerrissen.
4. Die Kinder haben die Aufgaben vergessen.
5. Die Fußballmannschaft hat das Spiel verloren.
6. Der Medizinstudent hat die erste Prüfung bestanden.
7. Ich habe ihm vertraut.
8. Der Ingenieur hat einen neuen Lichtschalter erfunden.
9. In der Vorstadt ist eine neue Wohnsiedlung entstanden.
10. Das Kind hat die chinesische Vase zerbrochen.
11. Der alte Professor hat die Frage des Studenten gar nicht begriffen.
12. Er hat mich immer mit seiner Freundin verglichen.
13. Wir haben den Bahnhof rechtzeitig erreicht.
14. Er hat seine Gäste freundlich empfangen.
15. Auf dem langen Transport ist das Fleisch verdorben.

3 Üben Sie das Perfekt der trennbaren und untrennbaren Verben.

Vorschläge der Bevölkerung:	*Durchführung:*
1. den Park erweitern	Man hat den Park erweitert.
2. Sträucher anpflanzen	Man hat Sträucher angepflanzt.
3. Straßen verbreitern	…
4. einen Busbahnhof anlegen	
5. neue Buslinien einrichten	
6. den Sportplatz vergrößern	
7. das Klubhaus ausbauen	
8. das Gasleitungsnetz erweitern	
9. die alte Schule abreißen	
10. eine neue Schule errichten	
11. das hässliche Amtsgebäude abbrechen	
12. den Verkehrslärm einschränken	
13. neue Busse anschaffen	
14. die Straßen der Innenstadt entlasten	
15. Fußgängerzonen einrichten	
16. ein Denkmal errichten	
17. Luftverschmutzer feststellen	

18. den Fremdenverkehr ankurbeln
19. leer stehende Häuser enteignen
20. historische Feste veranstalten
21. einen Stadtplan herausgeben
22. die Durchfahrt des Fernverkehrs durch die Stadt verhindern
23. die Rathausfenster anstreichen
24. Radfahrwege anlegen
25. Grünflächen einplanen

Worterklärungen:
erweitern, vergrößern, ausbauen: größer machen
abreißen, abbrechen: zerstören, wegnehmen
anschaffen: kaufen
einschränken: (hier) weniger/geringer machen
einrichten: (hier) schaffen
errichten: bauen
feststellen: (hier) finden
ankurbeln: stärker/schneller machen
veranstalten: organisieren, machen
verhindern: machen, dass etwas nicht geschieht
enteignen: einem Besitzer (zugunsten der Allgemeinheit) etwas wegnehmen

4 Formulieren Sie die Sätze im Perfekt.

1. Kirstin besuchte das Museum.
2. Sie besorgte sich eine Eintrittskarte für Studenten und bezahlte drei Euro dafür.
3. Sie betrat den ersten Saal.
4. Dort betrachtete sie die Bilder der Künstler des 17. Jahrhunderts.
5. Kirstin blieb hier nicht so lange.
6. Sie verließ den Saal und gelangte in den nächsten Raum zu den Bildern der Maler des 19. Jahrhunderts.
7. Hier verbrachte sie viel Zeit.
8. Sie studierte beinah jedes Bild ganz genau.
9. Manchmal erkannte sie den Maler schon an der Art der Technik.
10. So verging die Zeit sehr schnell.

5 Üben Sie das Perfekt der untrennbaren Verben.

Man versteht dich ja! *Bis jetzt hat mich noch niemand verstanden!*

1. Man enteignet die Leute! – Bis jetzt hat man noch niemand(en) ... !
2. Man entlässt die Arbeiter! – ... hat man noch niemand(en) ... !
3. Man verklagt die Anführer! – ... hat man sie noch nicht ... !
4. Man verbietet ihnen alles! – ... hat man ihnen noch nichts ... !
5. Man bedroht die Leute! – ... hat man noch niemand(en) ... !
6. Begreifen die Leute endlich? – ... hat noch niemand etwas ... !
7. Verhungern die Leute nicht? – ... ist noch niemand ... !
8. Verlangen sie nicht Unmögliches? – ... haben sie nichts Unmögliches ... !
9. Der Versuch misslingt! – ... ist er noch nicht ... !

10. Das Fleisch verdirbt bestimmt!	–	... ist es jedenfalls nicht ... !
11. Das Glas zerspringt bestimmt!	–	... ist es jedenfalls noch nicht ... !
12. Bekämpft man den Lärm nicht?	–	... hat ihn noch niemand ... !
13. Du vergisst deine Freunde.	–	... habe ich sie noch nicht ... !
14. Vermisst du die Zigaretten nicht?	–	... habe ich sie noch nicht ... !

§ 9 Verben, die trennbar und untrennbar sind

I

	Präsens	*Perfekt*
trennbar	Das Schiff ***geht*** im Sturm ***unter.***	Das Schiff ***ist*** im Sturm ***untergegangen.***
untrennbar	Er ***unterschreibt*** den Brief.	Er ***hat*** den Brief ***unterschrieben.***

1. Einige Verben, die mit *durch-, über-, um-, unter-, wider-, wieder-* zusammengesetzt sind, werden trennbar, andere untrennbar gebraucht.
2. Beim trennbaren Verb liegt die Betonung auf dem Verbzusatz (z. B. *úntergehen*), beim untrennbaren Verb liegt die Betonung auf dem Stammvokal des Verbs (z. B. *unterschréiben*).
3. Bei den trennbaren Verben bleibt der Sinn der Präposition im Allgemeinen erhalten. Die untrennbaren Verben haben zusammen mit den Verbzusätzen meist eine neue, veränderte Bedeutung. Die meisten untrennbaren Verben dieser Art werden mit einem Akkusativobjekt gebraucht.

	trennbar	*untrennbar*
durch	Er ***bricht*** den Stock ***durch.***	Der Richter ***durchschaut*** den Zeugen.
über	Er ***läuft*** zum Feind ***über.***	Der Lehrer ***übersieht*** den Fehler.
um	Er ***fuhr*** den Baum ***um.***	Das Kind ***umarmt*** die Mutter.
unter	Die Insel ***geht*** im Meer ***unter.***	Der Präsident ***hat*** das Gesetz ***unterschrieben.***
wider	Das ***spiegelt*** die Lage ***wider.***	Warum ***widersprichst*** du mir?
wieder	Er ***bringt*** mir die Zeitung ***wieder.***	Ich ***wiederhole*** den Satz.

4. Einige zusammengesetzte Verben sind sowohl trennbar als auch untrennbar; sie haben jeweils unterschiedliche Bedeutung, z.B.:

wíederholen (= etwas zurückholen)	***wiederhólen*** (= etwas noch einmal sagen / lernen)
Das Kind holt den Ball wieder.	Er wiederholt die Verben.

úmfahren (= etwas mit einem Fahrzeug zu Fall bringen)
Ein Autofahrer hat den kleinen Baum umgefahren.
dúrchbrechen (= etwas in zwei Teile teilen)
Die Holzbrücke über den Bach ist durchgebrochen.
úberziehen (= etwas zusätzlich anziehen)
Zieh dir etwas über, es ist kalt.

umfáhren (= außen um etwas herumfahren)
Auf der neuen Straße umfährt man das Dorf in wenigen Minuten.
durchbréchen (= durch etwas hindurchgehen)
Das Düsenflugzeug hat die Schallmauer durchbrochen.
überzíehen (= das Bett mit frischer Wäsche versehen; vom Konto mehr Geld abheben, als drauf ist)
Sie hat die Betten frisch überzogen.
Ich überziehe mein Konto nur ungern.

II Da es sehr schwierig ist, die trennbaren und/oder untrennbaren Verben mit *durch-*, *über-*, *um-*, *unter-* usw. grammatisch und in ihrer Bedeutung zu unterscheiden, steht hier nur eine kurze Liste.

1. *durch-* Die meisten Verben mit *durch-* sind trennbar, nur wenige sind untrennbar.

trennbar

er reißt ... durch	Sie riss den Brief durch und warf ihn weg.
er fällt ... durch	Er ist bei der Prüfung durchgefallen.
er schläft ... durch	Der Kranke hat bis zum Morgen durchgeschlafen.
er streicht ... durch	Der Lehrer streicht das falsche Wort durch.
er liest ... durch	In einer Woche hat er das dicke Buch durchgelesen.

untrennbar

durchqueren	Die Flüchtlinge durchquerten den Wald in einer halben Stunde.
durchschauen	Der Junge hatte eine schlechte Note bekommen. Er wollte es zu Hause nicht sagen, aber die Mutter durchschaute ihn sofort und fragte ...
durchsuchen	Drei Polizisten durchsuchten die Wohnung des angeklagten Betrügers.

2. *über-* Die meisten Verben mit *über-* sind untrennbar, nur wenige sind trennbar.

trennbar

er läuft ... über	Der Verräter ist zum Feind übergelaufen.
er tritt ... über	Der Parlamentarier hat seine Partei verlassen. Er ist zu einer anderen Partei übergetreten.
etwas kocht ... über	Der Topf ist zu klein. Der Reis kocht über.

untrennbar

überfallen	Die Räuber haben ein kleines Dorf überfallen.
überfahren	Der Autofahrer überfuhr eine Katze.
überleben	Die meisten Einwohner der Stadt überlebten das Erdbeben.

überraschen	Dein Bericht hat mich überrascht.
sich überlegen	Ich weiß jetzt, was ich tun will. Ich habe mir alles genau überlegt.
übersetzen	Er übersetzte den Roman aus dem Russischen ins Deutsche.
überweisen	Ich habe 200 Euro von meinem Konto auf dein Konto überwiesen.
übertreiben	Wenn er von seinen Abenteuern erzählt, übertreibt er immer.

3. *um-* Die meisten Verben mit *um-* sind trennbar, nur wenige sind untrennbar.

trennbar

er bindet ... um	Weil es kalt ist, bindet sie (sich) ein Tuch um.
er wirft ... um	Als er betrunken war, hat er sein Glas umgeworfen.
er stellt ... um	Sie hat alle Möbel in ihrer Wohnung umgestellt.
er zieht ... um	Die Familie ist umgezogen, sie wohnt jetzt in einer anderen Stadt.
er steigt ... um	Der Reisende ist in einen anderen Zug umgestiegen.
er kehrt ... um	Weil das Wetter so schlecht war, sind wir umgekehrt und wieder ins Hotel gegangen.
er fällt ... um	Bei dem Sturm letzte Nacht sind im Park sieben Bäume umgefallen.
er bringt ... um	Der Mörder hat vier Frauen umgebracht.
er kommt ... um	Bei der Flugzeugkatastrophe ist der Pilot umgekommen.

untrennbar

umarmen	Die Mutter umarmt den Sohn, der aus einem fremden Land zurückgekommen ist.
umgeben	Ein Wald umgibt das kleine Dorf. Die Umgebung des Dorfes ist sehr schön.
umringen	Zum Abschied umringten die Kinder die Kindergärtnerin.
umkreisen	Satelliten umkreisen die Erde.

4. *unter-* Die meisten Verben mit *unter-* sind untrennbar, nur wenige sind trennbar.

trennbar

er geht ... unter	Bei der Sturmflut 1348 gingen viele Inseln im Meer unter.
er bringt ... unter	Weil das Hotel schon geschlossen war, hat ihn sein Freund bei Bekannten untergebracht.

untrennbar

unterbrechen	Er redete eine Stunde lang. Dann haben wir ihn schließlich unterbrochen.
unterhalten	1. Ich habe mich mit meinem Nachbarn unterhalten. (= reden) 2. Im Theater haben wir uns gut unterhalten. (= sich amüsieren) 3. Während des Studiums hat ihn sein Vater unterhalten. (= finanziell unterstützen)
unterstützen	Ich spende monatlich 50 Euro. Damit unterstütze ich behinderte Kinder.
unterrichten	Er unterrichtet Chemie an einem Frankfurter Gymnasium.
unterscheiden	Bitte unterscheiden Sie die schwachen und starken Verben.
untersuchen	1. Der Arzt untersucht einen Patienten. 2. Die Polizei untersucht einen Kriminalfall.
unterlassen	Unterlassen Sie es, im Unterricht zu rauchen. (= etwas nicht tun)
unterdrücken	Der Tyrann unterdrückt sein Volk.

5. *wieder-* Die meisten Verben mit *wieder-* sind trennbar; das wichtigste untrennbare Verb ist *wiederholen*.

trennbar

er bringt ... wieder	Der Hund bringt den Stock wieder.
er holt ... wieder	Was? Du hast das Messer in den Müll geworfen? Hol es sofort wieder.
er findet ... wieder	Nach langem Suchen fand er seinen Schlüssel wieder.
er kommt ... wieder	Nach zwei Monaten kam er wieder.
er sieht ... wieder	Später sah ich ihn wieder.

untrennbar

wiederholen	Er wiederholte den Satz zweimal.

6. *wider* Das einzige trennbare Verb ist *widerspiegeln*. Alle übrigen Verben mit *wider-* sind untrennbar.

er spiegelt ... wider	Die Bäume spiegeln sich im See wider.

untrennbar

widersprechen	Der Lehrling widersprach dem Meister.
sich widersetzen	Er sollte seinen Kollegen denunzieren, aber er widersetzte sich.
widerrufen	Was er gesagt hat, hat er später widerrufen.

Anmerkung
Alle Verben mit der Vorsilbe *hinter-* sind untrennbar (siehe § 8, 1).

Nach seinem Tod hat mir mein Onkel sein Ferienhaus in den Alpen hinterlassen. (= vererbt)
Sie hat mir ein Geheimnis hinterbracht. (= verraten)

1 Ist das Verb trennbar oder untrennbar? Bilden Sie Sätze im Präsens und Perfekt. Der betonte Teil des Verbs ist kursiv gedruckt.

1. Ernst / die starken Verben / wieder*holen*.
2. die Fischer / die Leine / *durch*schneiden
3. der Direktor / den Brief / unter*schreiben*
4. ich / mich / mit den Ausländern / unter*halten*
5. wir / die Großstadt / auf der Autobahn / um*fahren*
6. der Betrunkene / die Laterne / *um*fahren
7. er / zum katholischen Glauben / *über*treten
8. ich / die Pläne meines Geschäftspartners / durch*schauen*
9. die Milch / *über*laufen
10. der Einbrecher / den Hausbesitzer / *um*bringen
11. warum / du / schon wieder alle Möbel / *um*stellen?
12. warum Sie / den Sprecher / dauernd unter*brechen*?
13. der Assistent / den Professor mit seinen guten Kenntnissen über*raschen*
14. das Schiff / im Sturm *unter*gehen
15. der Politiker / seinen Austritt aus der Partei sehr genau über*legen*
16. die Soldaten / in Scharen zum Feind *über*laufen
17. der Redner / den Vortrag unter*brechen*

2 Setzen Sie die Verben in der richtigen Form ein.

1. Du (übernehmen/Präsens) also tatsächlich am 1. Januar das Geschäft deines Vaters? Das (überraschen/Präsens) mich, denn ich habe (annehmen), dein Vater (weiterführen/Präsens) das Geschäft, bis er die Siebzig (überschreiten) hat.
2. Man (annehmen/Präsens), dass der Buchhalter mehrere zehntausend Euro (unterschlagen) hat. Lange Zeit hatte es die Firma (unterlassen), die Bücher zu (überprüfen). Dann aber (auffallen/Präteritum) der Buchhalter durch den Kauf einer sehr großen Villa. Nun (untersuchen/Präteritum) man den Fall. Dann (durchgreifen/Präteritum) die Firma schnell. Sie (einschalten/Präteritum) sofort die Polizei. Der Mann war aber (dahinterkommen) und war schnell in der Großstadt (untertauchen). Nach zwei Wochen fand man ihn im Haus seiner Schwester; dort war er nämlich (unterkommen). Aber im letzten Moment (durchkreuzen/Präteritum) der Buchhalter die Absicht der Polizei: Er nahm seine Pistole und (sich umbringen/Präteritum).

3 Trennbare oder untrennbare Verben? Bilden Sie vollständige Sätze im angegebenen Tempus.

1. er / durchfallen / bei / letztes Examen (n) (Perfekt)
2. ich / durchschauen / Ausrede (f) / sofort (Perfekt)
3. Lehrer / durchstreichen / ganzer Satz (m) (Perfekt)

4. Verkäufer / durchschneiden / Brot (n) (Perfekt)
5. zum Glück / durchschlafen / krankes Kind / bis zum Morgen (Perfekt)
6. Bauern (Pl.) / durchqueren / mit / ihre Wagen (Pl.) / ganze Stadt (Präteritum)
7. er / überweisen / Betrag (m) / an / Versicherung (f) (Präteritum)
8. in / seine Tasche / wiederfinden / er / sein Pass (m) (Präteritum)
9. an / nächster Tag / widerrufen / Politiker / seine Äußerung (m) (Perfekt)
10. Lehrling / sich widersetzen / Anordnung (f) / des Chefs (Präteritum)
11. warum / unterlassen / ihr / Besuch (m) / bei / euer Onkel / ? (Perfekt)

§ 10 Reflexive Verben

	Akkusativ	*Dativ*
ich	***mich***	***mir***
du	***dich***	***dir***
er, sie, es	***sich***	
wir	***uns***	
ihr	***euch***	
sie, Sie	***sich***	

1. Die Deklination des Reflexivpronomens entspricht der des Personalpronomens (siehe § 4); nur in der 3. Person Singular und Plural steht immer *sich.*

2. Das Reflexivpronomen zeigt an, dass sich eine Handlung oder ein Gefühl auf das Subjekt des Satzes zurückbezieht:
   Ich habe mich in der Stadt verlaufen. (= mich selbst)
   Die Geschwister haben sich wieder vertragen. (= sich miteinander)
   Die Gleise haben sich verbogen. (= sich selbstständig)

   Wie in anderen Sprachen gibt es auch im Deutschen keine Regel, ob Verben reflexiv sind oder nicht. Diese Verben sollten gleich mit dem Reflexivpronomen gelernt werden.

3. Einige Verben sind fest mit einem Reflexivpronomen im Akkusativ verbunden, z.B.

sich ausruhen	Das war ein langer Weg! Wir ruhen *uns* erst einmal aus.
sich bedanken	Der Busfahrer war sehr freundlich. Ich bedankte *mich* und stieg aus.
sich beeilen	Wir kommen zu spät! – Ja, ich beeile *mich* schon.
sich befinden	Neben dem Hotel befindet *sich* eine kleine Bar.

sich beschweren		Die Heizung funktionierte nicht. Die Mieter beschwerten *sich* beim Hausmeister.
sich einigen		Nicht jeder kann Recht haben. Wir müssen *uns* einigen.
sich entschließen		Er hat *sich* entschlossen Chemie zu studieren.
sich ereignen		Bei Nebel und glatten Straßen ereignen *sich* viele Unfälle.
sich erkälten		Hast du *dich* schon wieder erkältet?
sich erkundigen		Ich erkundige *mich* bei meinem Nachbarn, ob er meine Katze gesehen hat.
sich freuen		Er freut *sich* sehr, weil er im Lotto gewonnen hat.
sich irren		Ich habe *mich* geirrt. Der Zug fährt erst um 9 Uhr ab.
sich verabreden		Sie hat *sich* mit ihrem neuen Freund im Restaurant verabredet.
sich verlieben		Er hat *sich* in seine neue Mitschülerin verliebt.
sich wundern		Du bist ja ganz verändert. Ich wundere *mich*.

4. Einige Verben können reflexiv gebraucht werden, aber auch – in veränderter Bedeutung – mit einem freien Akkusativobjekt, z.B.:

sich ändern		Er ist nicht mehr so unzuverlässig, er hat *sich* wirklich geändert.
	aber:	Er ändert seine Pläne.
sich anmelden		Ich möchte den Direktor sprechen. – Haben Sie *sich* angemeldet?
	aber:	Habt ihr euer Kind schon im Kindergarten angemeldet?
sich anziehen		Er hatte verschlafen. Er zog *sich* schnell an und …
	aber:	Heute ziehe ich das rote Kleid an.
sich ärgern		Ich ärgere *mich*, weil die Haustür wieder offen ist.
	aber:	Warum bellt der Hund? – Der Junge hat ihn wieder geärgert.
sich aufregen		Warum hast du *dich* so aufgeregt?
	aber:	Meine Lügen regen meine Frau auf.
sich beherrschen		Sei ruhig, du musst *dich* beherrschen.
	aber:	Er beherrscht die englische Sprache.
sich beruhigen		Er war sehr aufgeregt. Erst nach einer Stunde hat er *sich* beruhigt.
	aber:	Die Mutter beruhigt das weinende Kind.
sich beschäftigen		Der Professor beschäftigt *sich* mit russischer Literatur.
	aber:	Die Firma beschäftigt 200 Angestellte.

sich bewegen		Wenn du *dich* mehr bewegst, wirst du gesund.
	aber:	Der Wind bewegt die Zweige.
sich entschuldigen		Er hat *sich* bei mir entschuldigt.
	aber:	Ich kann zu der Party nicht mitkommen. Entschuldigst du mich bitte?
sich fürchten		Abends geht sie nicht mehr aus dem Haus. Sie fürchtet *sich*.
	aber:	Er fürchtet eine Katastrophe.
sich hinlegen		Du siehst schlecht aus. Du musst *dich* hinlegen (= ins Bett gehen).
	aber:	Die Mutter legt das Kind hin (= ins Bett).
sich langweilen		Der Film langweilt *mich*. So etwas habe ich schon hundertmal gesehen.
	aber:	Der Lehrer langweilt die Schüler mit den reflexiven Verben.
sich treffen		Morgen treffe ich *mich* mit ihm am Hauptbahnhof.
	aber:	Er traf zufällig seinen Schulfreund.
sich unterhalten		Morgens unterhält *sich* die Hausfrau gern mit ihrer Nachbarin.
	aber:	Der Gastgeber unterhält seine Gäste.
sich verabschieden		Ich möchte *mich* jetzt verabschieden. Auf Wiedersehen.
	aber:	Gestern hat das Parlament das Gesetz verabschiedet. (= Die Mehrheit hat zugestimmt, es ist angenommen.)
sich verletzen		Ich habe *mich* beim Sport verletzt.
	aber:	Er verletzte ihn an der Hand.
sich verstehen		Ich habe in der letzten Zeit immer mehr Ärger mit meiner Schwester. Wir verstehen *uns* nicht mehr.
	aber:	Er spricht sehr leise. Ich verstehe kein Wort.
sich verteidigen		Was du über mich sagst, ist falsch. Jetzt muss ich *mich* verteidigen.
	aber:	Als die Soldaten kamen, verteidigten die Bauern ihr Dorf.

5. Bei reflexiv gebrauchten Verben, die außerdem noch ein Akkusativobjekt haben, steht das Reflexivpronomen im Dativ. Unterschiedliche Formen im Akkusativ und Dativ gibt es nur in der 1. und 2. Person Singular:

sich etwas ansehen	Hast du *dir* den Film schon angesehen?
sich etwas ausdenken	Ich denke *mir* eine Geschichte aus.
sich etwas rasieren	Als Radprofi muss ich *mir* die Beine rasieren.
sich etwas vorstellen	Du stellst *dir* die Sache zu einfach vor.
sich etwas waschen	Vor dem Essen wasche ich *mir* noch die Hände.
sich etwas merken	Ich habe *mir* seine Autonummer gemerkt.

Anmerkungen

1. *lassen* + Reflexivpronomen (siehe § 19, III, Anm./ § 48):
   Man kann etwas leicht ändern. = Das lässt sich leicht ändern.
   Man kann das nicht beschreiben. = Das lässt sich nicht beschreiben.
2. Frageform: *Freust du dich? Habt ihr euch gefreut? Haben Sie sich gefreut?*
3. Imperativ: *Fürchte dich nicht! Fürchtet euch nicht! Fürchten Sie sich nicht!*
4. Infinitiv mit *zu*: *sich zu fürchten, sich vorzustellen*

1 Konjugieren Sie im Präsens, Präteritum und Perfekt.

ich	sie / Sie	sich anziehen	sich die Aufregung vorstellen
du	ihr	sich umziehen	sich eine Entschuldigung ausdenken
er / sie	wir	sich entfernen	sich die Ausstellung ansehen
wir	er / sie	sich beschweren	sich ein Moped kaufen
ihr	du	sich erinnern	sich ein Bier bestellen
sie / Sie	ich	sich freuen	sich die Adresse merken

2 Formulieren Sie die Sätze im Präsens, im Präteritum und im Perfekt.

Das Wetter ändert sich in diesem Winter dauernd.
Das Wetter änderte sich in diesem Winter dauernd.
Das Wetter hat sich in diesem Winter dauernd geändert.

1. Wir (sich ausruhen) nach der Wanderung erst einmal.
2. Der Student (sich bemühen) um ein Stipendium.
3. Der Geschäftsmann (sich befinden) in finanziellen Schwierigkeiten.
4. Die Kinder (sich beschäftigen) mit einer Spielzeugeisenbahn.
5. Der Junge (sich fürchten) vor der Dunkelheit.
6. Die Autonummer (sich merken) wir jedenfalls.
7. (sich treffen) ihr jede Woche im Café?
8. Wann (sich trennen) du von deiner Freundin?
9. Ich (sich rasieren) immer mit einem Elektrorasierer.
10. Wir (sich unterhalten) gern mit dem Bürgermeister.
11. Wir (sich verstehen) immer gut.
12. Sie (sich waschen) vor dem Essen die Hände.
13. Die Eltern (sich wundern) über die Zeugnisnoten ihrer Tochter.

3 Üben Sie die Reflexivpronomen.

Wunderst du dich nicht über die Rechnung? — *Doch, ich wundere mich über die Rechnung.*

1. Fürchtet ihr euch nicht vor Schlangen?
2. Ruht ihr euch nach dem Fußmarsch nicht aus?
3. Erholst du dich nicht bei dieser Tätigkeit?
4. Duscht ihr euch nicht nach dem Sport?
5. Zieht ihr euch zum Skifahren nicht wärmer an?
6. Legen Sie sich nach dem Essen nicht etwas hin?

7. Setzen Sie sich nicht bei dieser Arbeit?
8. Erkundigt sich der Arzt nicht regelmäßig nach dem Zustand des Kranken?
9. Überzeugt sich Vater nicht vorher von der Sicherheit des Autos?
10. Erinnert ihr euch nicht an das Fußballspiel?
11. Wunderst du dich nicht über meine Geduld?
12. Unterhaltet ihr euch nicht oft mit euren Freunden über eure Pläne?
13. Rasierst du dich nicht mit dem Elektrorasierer?
14. Bewerben Sie sich nicht um diese Stelle?
15. Besinnst du dich nicht auf den Namen meiner Freundin?
16. Freuen Sie sich nicht auf die Urlaubsreise?
17. Schämst du dich nicht?
18. Entschuldigst du dich nicht bei den Nachbarn?
19. Ziehst du dich fürs Theater nicht um?
20. Ärgerst du dich nicht über seine Antwort?

4 Setzen Sie die Fragen und Antworten aus Übung 3 jetzt ins Perfekt.

Hat er sich nicht nach dem Geld gebückt?
Doch, er hat sich nach dem Geld gebückt.

5 Was passt zusammen?

1. Das Huhn setzt		a) im Sanatorium?
2. Erholen Sie		b) nicht für ihr Benehmen.
3. Müllers schämen		c) um diese Stelle?
4. Ruth interessiert	Reflexiv-	d) für Hans.
5. Erkundigst du	pronomen	e) nicht an Sie.
6. Albert beschäftigt		f) mit Spanisch.
7. Ich erinnere		g) ins Nest.
8. Wir bemühen		h) um einen Studienplatz.
9. Bewerbt ihr		i) nach dem Zug?

6 Was passt zusammen?

1. Wir leisten		a) ein Haus.
2. Helen leiht		b) eine Weltreise.
3. Die Geschwister kaufen	Reflexiv-	c) die Haare?
4. Erlaubt ihr	pronomen	d) über diesen Lärm!
5. Färben Sie		e) einen Scherz?
6. Ich ärgere		f) einen Kugelschreiber.
7. Du wäschst		g) die Hände.

7 Ergänzen Sie das Reflexivpronomen.

Sie trafen … am Rathaus, begrüßten … mit einem Kuss und begaben … in ein Café. „Komm, wir setzen … hier ans Fenster, da können wir … den Verkehr draußen anschauen“, meinte er. Sie bestellte … einen Tee, er … eine Tasse Kaffee. „Wie habe ich … auf diesen Moment gefreut! Endlich können wir … mal in Ruhe unterhalten!“ – „Ja, ich habe … sehr beeilt; beinahe hätte ich … verspätet.“ –

„Wir müssen ... von jetzt ab öfter sehen!“ – „Ja, da hast du recht. Sag mal, was hast du ... denn da gekauft? Einen Pelzmantel? Kannst du ... denn so etwas Teures kaufen?“ – „Kaufen kann ich ... den natürlich nicht; aber ich kann ihn ... schenken lassen.“ – „Du hast ihn ... schenken lassen??“ – „Ja, von einem sehr guten Freund.“ – „Ha! Schau an! Sie lässt ... Pelzmäntel schenken! Von ‚guten‘ Freunden!“ – „Reg ... doch nicht so auf!“ – „Du begnügst ... also nicht mit einem Freund? Mit wie vielen Freunden amüsierst du ... denn? Du bildest ... wohl ein, ich lasse ... das gefallen?“ – „Beruhige ... doch! Sprich nicht so laut! Die Leute schauen ... schon nach uns um. Benimm ... bitte, ja? Schau, der ‚sehr gute Freund‘ ist doch mein Vater; wir verstehen ... wirklich gut, aber zur Eifersucht gibt es keinen Grund! Da hast du ... jetzt ganz umsonst geärgert.“

§ 11 Der Imperativ

Eine Bitte oder einen Befehl richtet man

a) an eine Person:

Anrede mit *du*	*Gib* mir das Lexikon!
Anrede mit *Sie*	*Geben Sie* mir das Lexikon!

b) an mehrere Personen:

Anrede mit *ihr*	*Macht* die Tür *zu*!
Anrede mit *Sie*	*Machen Sie* die Tür *zu*!

Eine Bitte formuliert man, indem man dem Imperativ „bitte“ hinzufügt.
In vielen Situationen klingt eine solche Bitte aber zu direkt und deshalb unhöflich, dann verwendet man den Konjunktiv II (siehe § 54, VI).

1. Anrede mit *du*

a) Der Imperativ wird von der 2. Person Singular Präsens abgeleitet.
Die Endung *-st* fällt weg:

du fragst	Imperativ: Frag!
du kommst	Imperativ: Komm!
du nimmst	Imperativ: Nimm!
du arbeitest	Imperativ: Arbeite!

b) Bei den starken Verben fällt der Umlaut der 2. Person Singular weg:

du läufst	Imperativ: Lauf!
du schläfst	Imperativ: Schlaf!

c) Sonderformen bei den Hilfsverben:

haben: du hast	Imperativ: Hab keine Angst!
sein: du bist	Imperativ: Sei ganz ruhig!
werden: du wirst	Imperativ: Werd(e) nur nicht böse!

2. Anrede mit *ihr*
Die Imperativform und die 2. Person Plural Präsens sind gleich:

ihr fragt	Imperativ: Fragt!
ihr kommt	Imperativ: Kommt!
ihr nehmt	Imperativ: Nehmt!

3. Anrede mit *Sie* (Singular oder Plural)
Die Imperativform und die 3. Person Plural Präsens sind gleich.
Das Personalpronomen *Sie* wird nachgestellt:

sie fragen	Imperativ: Fragen Sie!
sie kommen	Imperativ: Kommen Sie!
sie nehmen	Imperativ: Nehmen Sie!
sie sind	Imperativ: Seien Sie so freundlich! (Ausnahme)

4. Früher hatte der Imperativ der 2. Person Singular die Endung *-e*: *Komme bald! Lache nicht!* Diese Formen werden heute nicht mehr gesprochen und nur noch selten geschrieben. Nur bei den Verben auf *-d, -t, -ig,* auch bei rech*nen*, öff*nen* steht das *e,* weil man die Wörter sonst schlecht aussprechen kann (siehe auch § 6, VI, 2):

leiden:	du leidest	Imperativ: Leide, ohne zu klagen!
bitten:	du bittest	Imperativ: Bitte ihn doch zu kommen!
entschuldigen:	du entschuldigst	Imperativ: Entschuldige mich!
rechnen:	du rechnest	Imperativ: Rechne alles zusammen!

Anmerkungen

1. Bei Aufforderungen an die Allgemeinheit gebraucht man anstelle der Imperativform den Infinitiv:
Nicht aus dem Fenster lehnen!
Nicht öffnen, bevor der Zug hält!

2. Bei Befehlen, die sofort ausgeführt werden sollen, gebraucht man oft das Partizip Perfekt:
Aufgepasst! Hiergeblieben!

1 Der Hotelportier hat viel zu tun

Was er tut:	Die Bitte des Gastes:
Er bestellt dem Gast ein Taxi.	*Bestellen Sie mir bitte ein Taxi!*

1. Er weckt den Gast um sieben Uhr.
2. Er schickt dem Gast das Frühstück aufs Zimmer.
3. Er besorgt dem Gast eine Tageszeitung.
4. Er bringt den Anzug des Gastes zur Reinigung.
5. Er verbindet den Gast mit der Telefonauskunft.
6. Er lässt den Gast mittags schlafen und stört ihn nicht durch Telefonanrufe.
7. Er besorgt dem Gast ein paar Kopfschmerztabletten.
8. Er lässt die Koffer zum Auto bringen.
9. Er schreibt die Rechnung.

2 a Schüler haben's manchmal schwer!

Was sie tun:	Was sie tun sollen:
Hans spricht *zu* laut.	*Sprich nicht so laut!*

Sie können die Aufforderung mit *doch* verstärken: *Sprich doch nicht so laut!* (*doch* wird nicht betont.)

1. Günther schreibt zu undeutlich.
2. Heidi isst zu langsam.
3. Fritz raucht zu viel.
4. Otto fehlt zu oft.
5. Edgar macht zu viele Fehler.
6. Angelika spricht zu leise.
7. Else kommt immer zu spät.
8. Ruth ist zu unkonzentriert.
9. Maria ist zu nervös.
10. Willi macht zu viel Unsinn.

b

Was sie nicht getan haben:	Was sie tun sollen:
Udo hat seine Schultasche nicht mitgenommen.	*Nimm bitte deine Schultasche mit!*

1. Gisela hat ihre Arbeit nicht abgegeben.
2. Heinz hat sein Busgeld nicht bezahlt.
3. Irmgard hat ihren Antrag nicht ausgefüllt.
4. Alex hat seine Hausaufgaben nicht gemacht.
5. Monika hat das Theatergeld nicht eingesammelt.
6. Didi hat seine Vokabeln nicht gelernt.
7. Uschi hat die Unterschrift des Vaters nicht mitgebracht.
8. Wolfgang ist nicht zum Direktor gegangen.

3 Die Bevölkerung fordert … – Bilden Sie mit der Übung § 8 Nr. 3 den Imperativ.

Erweitert den Park! *Pflanzt Sträucher an!*

4 Bilden Sie mit Übung § 7 Nr. 1a und 1c den Imperativ.

Telefonate weiterleiten	*Leiten Sie die Telefonate bitte weiter!*

5 Einige Fluggäste werden aufgefordert – Bilden Sie mit Übung § 7 Nr. 2 den Imperativ.

Bitte aufhören zu rauchen!	*Hören Sie bitte auf zu rauchen!*
Bitte anschnallen!	*Schnallen Sie sich bitte an!*

6 Nehmen Sie die Übung § 7 Nr. 4a und üben Sie nach folgendem Muster:

Sie zieht den Vorhang auf. (zu-)	*Zieh den Vorhang bitte wieder zu!*

§ 12 Bildung des Perfekts mit „haben" oder „sein"

Vorbemerkung

Zur Bildung des Perfekts und Plusquamperfekts braucht man ein Hilfsverb und das Partizip Perfekt. Die Frage ist: Wann gebraucht man das Hilfsverb *sein* und wann gebraucht man das Hilfsverb *haben*?

I Verben mit „sein"

Mit *sein* werden gebraucht

1. alle Verben, die kein Akkusativobjekt bei sich haben können (= intransitive Verben), die aber eine Bewegung von oder zu einem Ort zeigen: *aufstehen, fahren, fallen, fliegen, gehen, kommen, reisen* u.a., auch *begegnen.*
2. alle intransitiven Verben, die eine Änderung des Zustands anzeigen
   a) zu einem Neubeginn oder einer Entwicklung: *aufblühen, aufwachen, einschlafen, entstehen, werden, wachsen* u.a.
   b) zu einem Ende oder zur Beendigung einer Entwicklung: *sterben, ertrinken, ersticken, umkommen, vergehen, verblühen* u.a.
3. die Verben *sein* und *bleiben.*

Anmerkungen

1. Die Verben *fahren* und *fliegen* können auch mit einem Akkusativobjekt gebraucht werden; dann steht im Perfekt *haben*:
   Ich habe *das Auto* selbst in die Garage gefahren.
   Der Pilot hat *das Flugzeug* nach New York geflogen.
2. Das Verb *schwimmen:*
   Er ist *zu der Insel* geschwommen. (= Bewegung zu einem Ziel)
   Er hat zehn Minuten *im Fluss* geschwommen. (= keine zielgerichtete Bewegung, fester Ort)

II Verben mit „haben"

Alle anderen Verben werden mit *haben* gebraucht:

1. alle Verben, die ein Akkusativobjekt bei sich haben können (= transitive Verben): *bauen, fragen, essen, hören, lieben, machen, öffnen* u.a.
2. alle reflexiven Verben: *sich beschäftigen, sich bemühen, sich rasieren* u.a.
3. alle Modalverben (siehe § 18, II): *dürfen, können, mögen, müssen, sollen, wollen.*

4. Verben, die kein Akkusativobjekt bei sich haben können (= intransitive Verben), aber nur, wenn sie keine Bewegung, sondern die Dauer einer Handlung oder einen Zustand ausdrücken. Dazu gehören
   a) Verben, die mit Orts- oder Zeitangaben gebraucht werden, aber keine Fortbewegung oder Zustandsänderung ausdrücken: *hängen* (= starkes Verb), *liegen, sitzen, stehen, stecken, arbeiten, leben, schlafen, wachen* u.a. In Süddeutschland werden die Verben *liegen, sitzen, stehen* meist mit *sein* gebraucht.
   b) Verben, die mit einem Dativobjekt gebraucht werden und keine Bewegung ausdrücken: *antworten, danken, drohen, gefallen, glauben, nützen, schaden, vertrauen* u.a.
   c) Verben, die einen festen Anfangs- und Endpunkt bezeichnen: *anfangen, aufhören, beginnen.*

1 Perfekt mit „haben" oder „sein"?

Wann beginnt das Konzert? *Es hat schon begonnen.*
Wann reist euer Besuch ab? *Er ist schon abgereist.*

1. Wann esst ihr zu Mittag? – Wir ...
2. Wann rufst du ihn an? – Ich ...
3. Wann kaufst du die Fernsehzeitschrift?
4. Wann kommt die Reisegruppe an?
5. Wann fährt der Zug ab?
6. Wann schreibst du den Kündigungsbrief?
7. Wann ziehen eure Nachbarn aus der Wohnung aus?
8. Wann ziehen die neuen Mieter ein?
9. Wann schafft ihr euch einen Fernseher an?

2 „haben" oder „sein"? Ergänzen Sie das passende Hilfsverb in der richtigen Form.

1. „... du geschlafen?" „Ja, ich ... plötzlich eingeschlafen; aber ich ... noch nicht ausgeschlafen." „Ich ... dich geweckt, entschuldige bitte!"
2. Die Rosen ... wunderbar geblüht! Aber jetzt ... sie leider verblüht.
3. Heute Morgen waren alle Blüten geschlossen; jetzt ... sie alle aufgegangen; heute Abend ... sie alle verblüht, denn sie blühen nur einen Tag. Aber morgen früh ... wieder neue aufgeblüht.
4. Wir ... lange auf die Gäste gewartet, aber jetzt ... sie endlich eingetroffen.
5. Um 12.15 Uhr ... der Zug angekommen; er ... nur drei Minuten gehalten, dann ... er weitergefahren.
6. Die Kinder ... am Fluss gespielt; dabei ... ein Kind in den Fluss gefallen. Es ... um Hilfe geschrien. Ein Mann ... das gehört, er ... in den Fluss gesprungen und er ... das Kind gerettet.
7. Gas ... in die Wohnung gedrungen. Die Familie ... beinahe erstickt. Das Rote Kreuz ... gekommen und ... die Leute ins Krankenhaus gebracht. Dort ... sie sich schnell erholt.

3 Christof kommt nach Hause und erzählt: „Heute ist eine Unterrichtsstunde ausgefallen und wir haben gemacht, was wir wollten."

Hans (zum Fenster rausschauen) *Hans hat zum Fenster rausgeschaut.*

1. Ulla (ihre Hausaufgaben machen)
2. Jens (sich mit Hans-Günther unterhalten)
3. Gilla (die Zeitung lesen)
4. Ulrich (mit Carlo Karten spielen)
5. Karin (Männchen malen)
6. Ulrike (Rüdiger lateinische Vokabeln abhören)
7. Christiane (sich mit Markus streiten)
8. Katja (ein Gedicht auswendig lernen)
9. Heike (mit Stefan eine Mathematikaufgabe ausrechnen)
10. Iris (etwas an die Tafel schreiben)
11. Claudia und Joachim (sich Witze erzählen)
12. Wolfgang und Markus (ihre Radtour besprechen)
13. Ich (in der Ecke sitzen und alles beobachten)

4 Üben Sie das Perfekt. Nach „und" muss das gleiche Subjekt nicht wiederholt werden (siehe § 23, IV). Auch das gleiche Hilfsverb kann man weglassen.

Herr Traut im Garten // Beete umgraben / Salatpflanzen setzen
Was hat Herr Traut im Garten gemacht?
Er hat Beete umgegraben und er hat Salatpflanzen gesetzt.
besser: *Er hat Beete umgegraben und Salatpflanzen gesetzt.*

Lieschen Müller gestern // in die Schule gehen / eine Arbeit schreiben
Was hat Lieschen Müller gestern gemacht?
Sie ist in die Schule gegangen und sie hat eine Arbeit geschrieben.
besser: *Sie ist in die Schule gegangen und hat eine Arbeit geschrieben.*

1. Frau Traut im Garten // Unkraut vernichten / Blumen pflücken
2. Inge gestern in der Stadt // ein Kleid kaufen / Schuhe anprobieren
3. Herr Kunze gestern // in die Stadt fahren / Geld von der Bank abheben
4. Frau Goldmann gestern // zur Post fahren / ein Paket aufgeben
5. Herr Lange gestern // den Fotoapparat zur Reparatur bringen / die Wäsche aus der Wäscherei abholen
6. Herr Kollmann gestern // Unterricht halten / Hefte korrigieren
7. Frau Feldmann gestern im Büro // Rechnungen bezahlen / Briefe schreiben
8. Professor Keller gestern // Vorlesungen halten / Versuche durchführen
9. Fritzchen Hase gestern // in den Kindergarten gehen / Blumen und Schmetterlinge malen
10. Frau Doktor Landers gestern // Patienten untersuchen / Rezepte ausschreiben

5 Eine Woche Urlaub – Setzen Sie die Sätze ins Perfekt.

Zuerst fahren wir nach Bayreuth. Dort gehen wir am Samstag in die Oper.
An diesem Tag steht der „Tannhäuser" von Wagner auf dem Programm. Auch am Sonntag bleiben wir in Bayreuth und schauen uns die Stadt und die Umgebung an.
Am Sonntagabend treffen wir uns mit Freunden und fahren ins Fichtelgebirge.
Da bleiben wir eine Woche. Wir wandern jeden Tag zu einem anderen Ziel.
Abends sitzen wir dann noch zusammen und unterhalten uns, sehen fern oder gehen tanzen. Kaum liegt man dann im Bett, schläft man auch schon ein.
Am Sonntag darauf fahren wir dann wieder nach Hause.

6 Setzen Sie die Sätze ins Perfekt.

Der Mieter kündigte und zog aus.
Der Mieter hat gekündigt und ist ausgezogen.

Maiers besichtigten die Wohnung und unterschrieben den Mietvertrag.
Maiers haben die Wohnung besichtigt und den Mietvertrag unterschrieben.

1. Herr Maier besorgte sich Kartons und verpackte darin die Bücher.
2. Er lieh sich einen Lieferwagen und fuhr damit zu seiner alten Wohnung.
3. Die Freunde trugen die Möbel hinunter und verstauten sie im Auto. (verstauen = auf engem Raum unterbringen, verpacken)
4. Dann fuhren die Männer zu der neuen Wohnung und luden dort die Möbel aus.
5. Sie brachten sie mit dem Aufzug in die neue Wohnung und stellten sie dort auf.
6. Frau Maier verpackte das Porzellan sorgfältig in Kartons und fuhr es mit dem Auto zu der neuen Wohnung.
7. Dort packte sie es wieder aus und stellte es in den Schrank.
8. Maiers fuhren mit dem Lieferwagen fünfmal hin und her, dann brachten sie ihn der Firma zurück.

7 Ebenso.

1. Ein Mann überfiel eine alte Frau im Park und raubte ihr die Handtasche.
2. Ein Motorradfahrer fuhr mit hoher Geschwindigkeit durch eine Kurve und kam von der Straße ab. Dabei raste er gegen einen Baum und verlor das Bewusstsein.
3. Ein betrunkener Soldat fuhr mit einem Militärfahrzeug durch die Straßen und beschädigte dabei fünfzehn Personenwagen.
4. Auf einem Bauernhof spielten Kinder mit Feuer und steckten dabei die Stallungen in Brand. Die Feuerwehrleute banden die Tiere los und jagten sie aus den Ställen.
5. Zwei Räuber überfielen eine Bank und nahmen eine halbe Million Mark mit.

8 Bilden Sie das Perfekt. Gebrauchen Sie die 1. Person Singular (ich).

Er wachte zu spät auf, sprang sofort aus dem Bett, zerriss dabei die Bettdecke und warf das Wasserglas vom Nachttisch. Das machte ihn schon sehr ärgerlich. Er wusch sich nicht, zog sich in aller Eile an, verwechselte die Strümpfe und band sich eine falsche Krawatte um. Er steckte nur schnell einen Apfel ein, verließ die Wohnung und rannte die Treppe hinunter. Die Straßenbahn fuhr ihm gerade vor der Nase weg. Er lief ungeduldig zehn Minuten lang an der Haltestelle hin und her. Er stieg eilig in die nächste Bahn, verlor aber dabei die Fahrkarte aus der Hand. Er drehte sich um, hob die Fahrkarte vom Boden auf, aber der Fahrer machte im selben Augenblick die automatischen Türen zu. Er hielt ein Taxi an, aber der Taxifahrer verstand die Adresse falsch und lenkte den Wagen zunächst in die falsche Richtung. So verging wieder viel Zeit. Er kam 45 Minuten zu spät in der Firma an, entschuldigte sich beim Chef und beruhigte die Sekretärin. Er schlief dann noch eine halbe Stunde am Schreibtisch.

§ 13 Transitive und intransitive Verben, die schwer zu unterscheiden sind

I legen / liegen, stellen / stehen usw.

transitive schwache Verben	*intransitive starke Verben*
hängen, hängte, hat gehängt Ich *habe* den Mantel in die Garderobe *gehängt.*	hängen, hing, hat gehangen Der Mantel *hat* in der Garderobe *gehangen.*
legen, legte, hat gelegt Ich *habe* das Buch auf den Schreibtisch *gelegt.*	liegen, lag, hat gelegen Das Buch *hat* auf dem Schreibtisch *gelegen.*
stellen, stellte, hat gestellt Ich *habe* das Buch ins Regal *gestellt.*	stehen, stand, hat gestanden Das Buch *hat* im Regal *gestanden.*
setzen, setzte, hat gesetzt Sie *hat* das Kind auf den Stuhl *gesetzt.*	sitzen, saß, hat gesessen Das Kind *hat* auf dem Stuhl *gesessen.*
stecken, steckte, hat gesteckt Er *hat* den Brief in die Tasche *gesteckt.*	stecken, steckte (stak), hat gesteckt Der Brief *hat* in der Tasche *gesteckt.*

1. Die transitiven Verben (Verben, die ein Akkusativobjekt haben) zeigen eine Handlung: eine Person oder eine Sache (Subjekt) tut etwas mit einer anderen Person oder Sache (Akkusativobjekt).
   Die Ortsangabe wird mit einer Präposition mit dem Akkusativ gebraucht. Die Frage lautet *wohin?* (Siehe § 57)

2. Die intransitiven Verben (Verben, die kein Akkusativobjekt haben) zeigen das Ergebnis einer Handlung.
   Die Ortsangabe wird mit einer Präposition mit dem Dativ gebraucht. Die Frage lautet *wo?* (Siehe § 57)

3. Meistens wird das Akkusativobjekt des transitiven Verbs zum Subjekt des intransitiven Verbs.

1 Wählen Sie das passende Verb und setzen Sie es ins Partizip Perfekt.

1. Die Bilder haben lange Zeit im Keller (liegen / legen).
2. Jetzt habe ich sie in mein Zimmer (hängen st. / schw.).
3. Früher haben sie in der Wohnung meiner Eltern (hängen st. / schw.)
4. Das Buch hat auf dem Schreibtisch (liegen / legen).
5. Hast du es auf den Schreibtisch (liegen / legen)?
6. Ich habe die Gläser in den Schrank (stehen / stellen).

7. Die Gläser haben in der Küche (stehen / stellen).
8. Der Pfleger hat den Kranken auf einen Stuhl (sitzen / setzen).
9. Der Kranke hat ein wenig in der Sonne (setzen / sitzen).
10. Die Bücher haben im Bücherschrank (stehen / stellen).
11. Hast du sie in den Bücherschrank (stehen / stellen)?
12. Die Henne hat ein Ei (legen / liegen).
13. Hast du den Jungen schon ins Bett (legen / liegen)?
14. Die Familie hat sich vor den Fernseher (setzen / sitzen).
15. Dort hat sie den ganzen Abend (setzen / sitzen).
16. Im Zug hat er sich in ein Abteil 2. Klasse (setzen / sitzen).
17. Er hat den Mantel an den Haken (hängen st./schw.).
18. Vorhin hat der Mantel noch an dem Haken (hängen st./schw.).

2 Herr Müller macht die Hausarbeit – Dativ oder Akkusativ? Schreiben Sie die Sätze im richtigen Fall auf.

1. Er stellt das Geschirr in (Schrank [m]) zurück.
2. Die Gläser stehen immer in (Wohnzimmerschrank [m]).
3. Die Tassen und Teller stellt er in (Küchenschrank [m]).
4. Die Tischtücher legt er in (Schränkchen [n]) in (Esszimmer [n]).
5. In (Schränkchen [n]) liegen auch die Servietten.
6. Gebrauchte Handtücher hängen noch in (Badezimmer [n]).
7. Die Wäsche hängt noch auf (Wäscheleine [f]) hinter (Haus [n]).
8. Er nimmt sie ab und legt sie in (Wäscheschrank [m]).
9. Die schmutzige Wäsche steckt er in (Waschmaschine [f]).
10. Später hängt er sie auf (Wäscheleine [f]).

3 Nehmen Sie jetzt Ihre schriftliche Übung Nr. 2 und setzen Sie sie ins Perfekt.

II Weitere transitive und intransitive Verben

transitive schwache Verben	*intransitive starke Verben*
erschrecken (erschreckt), erschreckte, hat erschreckt Der Hund *hat* das Kind *erschreckt.*	erschrecken (erschrickt), erschrak, ist erschrocken Das Kind *ist* vor dem Hund *erschrocken.*
löschen, löschte, hat gelöscht Die Männer *haben* das Feuer *gelöscht.*	erlöschen (erlischt), erlosch, ist erloschen Das Feuer *ist erloschen.*
senken, senkte, hat gesenkt Der Händler *hat* die Preise *gesenkt.*	sinken, sank, ist gesunken Die Preise *sind gesunken.*
sprengen, sprengte, hat gesprengt Die Soldaten *haben* die Brücke *gesprengt.*	zerspringen, zersprang, ist zersprungen Das Glas *ist zersprungen.*

transitive schwache Verben	*intransitive starke Verben*
versenken, versenkte, hat versenkt Das U-Boot *hat* das Schiff *versenkt.*	versinken, versank, ist versunken Die Insel *ist* im Meer *versunken.*
verschwenden, verschwendete, hat verschwendet Der Sohn *hat* das Geld *verschwendet.*	verschwinden, verschwand, ist verschwunden Das Geld *ist verschwunden.*

1. Die transitiven Verben zeigen eine Handlung.
2. Die intransitiven Verben zeigen das Ergebnis einer Handlung oder den Zustand, in den jemand oder etwas dadurch geraten ist:
   Die Kinder haben sich hinter der Kellertür versteckt und erschrecken die alte Dame.
   Die alte Dame erschrickt.
   Wütend griff er nach seinem Weinglas. Das Glas zersprang.

4 Wählen Sie das passende Verb und setzen Sie es in der richtigen Form in den Satz.

1. „löschen" oder „erlöschen"?
   a) Sie ... das Licht und ging schlafen. (Prät.)
   b) Meine Liebe zu Gisela ... (Perf.)
   c) Nach dem langen Marsch mussten alle ihren Durst ...
   d) Die Pfadfinder ... das Feuer, bevor sie das Lager verließen. (Prät.)
   e) Siehst du das Licht dort? Es geht immer an und ... wieder. (Präs.)
   f) Der Vulkan ..., jedenfalls ist er seit 200 Jahren nicht mehr tätig. (Perf.)
2. *„(ver)senken" oder „(ver)sinken"?*
   a) Der Angeklagte ... den Blick bei den strengen Fragen des Richters. (Prät.)
   b) Der Wert des Autos ... von Jahr zu Jahr. (Präs.)
   c) Schon nach dem dritten Jahr ... der Wert des Wagens auf die Hälfte ... (Perf.)
   d) Der Fallschirmspringer ... langsam zu Boden. (Präs.)
   e) Die Steuern werden hoffentlich bald ...
   f) Während der letzten 24 Stunden ... die Temperatur um 12 Grad ... (Perf.)
   g) Die „Titanic" stieß auf ihrer ersten Fahrt mit einem Eisberg zusammen und ... innerhalb von drei Stunden. (Prät.)
   h) Die Kinder ... bis zu den Knien im Schnee. (Prät.)
   i) 1960 ... die Stadt Agadir bei einem Erdbeben in Schutt und Asche ... (Perf.)
   j) Der Feind ... das Schiff mit einer Rakete. (Prät.)
3. *„sprengen" oder „springen"?*
   a) Man ... die alten Burgmauern ... (Perf.)
   b) Das Wasser gefriert und ... das Glas. (Präs.)
   c) Der Polizeihund ... über den Zaun ... (Perf.)
   d) Man muss die baufällige Brücke ...
   e) Die Feder der Uhr ...; sie muss repariert werden. (Perf.)
   f) Jede Minute ... der Zeiger der Uhr ein Stück vor. (Präs.)
   g) Der Sportler ... 7,10 Meter weit ... (Perf.)

4. *„verschwenden" oder „verschwinden"?*
   a) ..., und lass dich hier nicht mehr sehen! (Imperativ)
   b) Die Donau ... in ihrem Oberlauf plötzlich im Boden und kommt erst viele Kilometer weiter wieder aus der Erde. (Präs.)
   c) Die Sonne ... hinter den Wolken. (Prät.)
   d) „Tu das Geld in die Sparbüchse und ... es nicht wieder für Süßigkeiten!" (Imperativ)
   e) Mit diesem Mittel ... jeder Fleck sofort. (Präs.)
   f) Er ... sein ganzes Vermögen. (Prät.)
   g) Der Bankräuber ... spurlos ... (Perf.)
5. *„erschrecken, erschreckt" oder „erschrecken, erschrickt"?*
   a) ... er dich mit seiner Maske sehr ...? (Perf.)
   b) Ja, ich ... furchtbar ... (Perf.)
   c) Bei dem Unfall ist nichts passiert, aber alle ... sehr ... (Perf.)
   d) ... bitte nicht! Gleich knallt es. (Imperativ)
   e) Der Schüler ... den Lehrer mit seiner Spielzeugpistole. (Prät.)
   f) Sie ... bei jedem Geräusch. (Präs.)
   g) „Wenn du mich nochmal so ..., werde ich böse!" (Präs.)
   h) „Ich ... dich bestimmt nicht mehr!" (Präs.)

§ 14 Rektion der Verben

Vorbemerkung

Rektion der Verben bedeutet, dass bestimmte Verben einen bestimmten Kasus fordern.

Es gibt keine festen Regeln, welches Verb welchen Kasus „regiert". Besonders schwierig ist die Unterscheidung zwischen Verben mit dem Akkusativobjekt und Verben mit dem Dativobjekt.

Ich frage *ihn.* – Ich antworte *ihm.*
Er trifft *ihn.* – Er begegnet *ihm.*

I Verben mit dem Akkusativ

1. Die meisten deutschen Verben werden mit dem Akkusativ gebraucht:
   Er baut *ein Haus.*
   Er pflanzt *einen Baum.*
   Der Bauer pflügt *den Acker.*
   Ich erreiche *mein Ziel.*
   Wir bitten *unseren Nachbarn.*
   Ich liebe *meine Geschwister.*
   Der Professor lobt *den Studenten.*
   Sie kennen *die Probleme.*

2. Einige unpersönliche Verben haben das unpersönliche Subjekt *es* und ein Akkusativobjekt, meist ein Akkusativpronomen. Es folgt meistens ein *dass*-Satz oder eine Infinitivkonstruktion (siehe § 16, II, 4):
   Es ärgert *mich,* dass ...
   Es beleidigt *uns,* dass ...
   Es langweilt *den Schüler,* dass ...
   Es macht *mich* froh (traurig, fertig), dass ...

Es beunruhigt *ihn,* dass ...
Es erschreckt *mich,* dass ...
Es freut *den Kunden,* dass ...
Es stößt *mich* ab, dass ...
Es wundert *mich,* dass ...
usw.

3. Die meisten untrennbaren Verben, besonders mit den Vorsilben *be-, ver-, zer-* verlangen den Akkusativ:
   Er *bekommt die Stellung* nicht.
   Wir *besuchen unsere Freunde.*
   Er *bereiste viele Länder.*
   Sie *verließ das Zimmer.*
   Wir *verstehen dich* nicht.
   Er *zerreißt die Rechnung.*
   Der Sturm *zerbrach die Fenster.*
   usw.

4. Die Wendung *es gibt* und *haben* als Vollverb verlangen den Akkusativ:
   Es gibt *keinen Beweis* dafür.
   Es gibt heute *nichts* zu essen.
   Wir haben *einen Garten.*
   Er hatte *das beste Zeugnis.*

1 Nennen Sie die Akkusativobjekte im Singular.

1. Auf einer Busreise besichtigen die Touristen Burgen (f), Schlösser (n), Dome (m), Klöster (n) und Denkmäler (n).
2. Die Ballonfahrer sehen von oben Wälder (m), Wiesen (f), Äcker (m), Dörfer (n), Städte (f) und Stauseen (m).
3. Der Student befragt nicht nur die Professoren und Kommilitonen, sondern auch die Professorinnen und Kommilitoninnen.
4. Neben Arbeitern braucht die Firma Fachleute für Computertechnik, Schreiner, Schlosser und LKW-Fahrer oder -Fahrerinnen.
5. Der Bastler bastelt nicht nur Drachen (m) und Flugzeuge (n), sondern auch Lampenschirme (m) und Möbelstücke (n).

II Verben mit dem Dativ

Die Verben mit Dativ drücken oft eine persönliche Beziehung aus.
Ihre Zahl ist begrenzt.

Die folgende Liste enthält die gebräuchlichsten Verben mit Dativ.

ähneln	Sie ähnelt *ihrer Mutter* sehr.
antworten	Antworte *mir* schnell!
befehlen	Der Zöllner befiehlt *dem Reisenden* den Koffer zu öffnen.
begegnen	Ich bin *ihm* zufällig begegnet.
beistehen	Meine Freunde stehen *mir* bestimmt bei.
danken	Ich danke *Ihnen* herzlich für die Einladung.
einfallen	Der Name fällt *mir* nicht ein.
entgegnen	Der Minister entgegnete *den Journalisten,* dass ...
erwidern	Er erwiderte *dem Richter,* dass ...
fehlen	Meine Geschwister fehlen *mir.*
folgen	Der Jäger folgt *dem Wildschwein.*
gefallen	Die Sache gefällt *mir* nicht.
gehören	Dieses Haus gehört *meinem Vater.*
gehorchen	Der Junge gehorcht *mir* nicht.
gelingen	Das Experiment ist *ihm* gelungen.

genügen	Zwei Wochen Urlaub genügen *mir* nicht.
glauben	Du kannst *ihm* glauben.
gratulieren	Ich gratuliere *Ihnen* herzlich zum Geburtstag.
helfen	Könnten Sie *mir* helfen?
missfallen	Der neue Film hat *den Kritikern* missfallen.
misslingen	Der Versuch ist *dem Chemiker* misslungen.
sich nähern	Der Wagen näherte sich *der Unfallstelle.*
nützen	Der Rat nützt *ihm* nicht viel.
raten	Ich habe *ihm* geraten gesünder zu essen.
schaden	Lärm schadet *dem Menschen.*
schmecken	Schokoladeneis schmeckt *allen Kindern.*
vertrauen	Der Chef vertraut *seiner Sekretärin.*
verzeihen	Ich verzeihe *dir.*
ausweichen	Der Radfahrer ist *dem Auto* ausgewichen.
widersprechen	Ich habe *ihm* sofort widersprochen.
zuhören	Bitte hör *mir* zu!
zureden	Wir haben *ihm* zugeredet die Arbeit anzunehmen.
zusehen	Wir haben *dem Meister* bei der Reparatur zugesehen.
zustimmen	Die Abgeordneten stimmten *dem neuen Gesetz* zu.
zuwenden	Der Verkäufer wendet sich *dem neuen Kunden* zu.

2 Finden Sie das passende Substantiv und setzen Sie es in den Dativ.

1. Das Gras schmeckt	a) der Jäger
2. Das Medikament nützt	b) die Blumen
3. Die Kinder vertrauen	c) der Hund
4. Der Sportplatz gehört	d) das Geburtstagskind
5. Wir gratulieren	e) der Gastgeber
6. Die Gäste danken	f) die Patientin
7. Der Jäger befiehlt	g) die Eltern
8. Der Hund gehorcht	h) der Ladendieb
9. Die Trockenheit schadet	i) die Gemeinde
10. Der Detektiv folgt	j) die Kühe

3 Üben Sie die Verben mit dem Dativ. Das Subjekt steht immer vorn.

1. er / sein Vater / immer mehr ähneln (Präs.)
2. der Angeklgte / der Richter / nicht antworten (Prät.)
3. ich / gestern / mein Freund / begegnen (Perf.)
4. sein Vater / er / finanziell beistehen (Fut.)
5. meine Telefonnummer / mein Nachbar / nicht einfallen (Perf.)
6. das Geld für das Schwimmbad / die Gemeinde / leider fehlen (Präs.)
7. mein Hund / ich / aufs Wort folgen (= gehorchen) (Präs.)
8. das Wetter / die Wanderer / gar nicht gefallen (Prät.)
9. die Villa / ein Bankdirektor / gehören (Präs.)
10. die Lösung der Aufgabe / die Schüler / nicht gelingen (Perf.)

III Verben mit Dativ und Akkusativ

Im Allgemeinen ist das Dativobjekt eine Person, das Akkusativobjekt eine Sache.
Die folgenden Verben können mit Dativ- und Akkusativobjekt gebraucht werden.
Oft steht allerdings nur das Akkusativobjekt.
Er beantwortet dem Sohn die Frage.
Er beantwortet die Frage.

Die folgende Liste enthält die gebräuchlichsten Verben mit Dativ- und Akkusativobjekt.

anvertrauen	Er hat dem Lehrling die Werkstattschlüssel anvertraut.
beantworten	Ich beantworte dir gern die Frage.
beweisen	Er bewies dem Schüler den mathematischen Lehrsatz.
borgen	Ich habe ihm das Buch nur geborgt, nicht geschenkt.
bringen	Er brachte mir einen Korb mit Äpfeln.
empfehlen	Ich habe dem Reisenden ein gutes Hotel empfohlen.
entwenden	Ein Unbekannter hat dem Gast die Brieftasche entwendet.
entziehen	Der Polizist entzog dem Fahrer den Führerschein.
erlauben	Wir erlauben den Schülern das Rauchen in den Pausen.
erzählen	Ich erzähle dir jetzt die ganze Geschichte.
geben	Er gab mir die Hand.
leihen	Er hat mir das Handy geliehen.
liefern	Die Fabrik liefert der Firma die Ware.
mitteilen	Er teilt mir die Geburt seines Sohnes mit.
rauben	Die Räuber raubten dem Boten das Geld.
reichen	Er reichte den Gästen die Hand.
sagen	Ich sagte ihm deutlich meine Meinung.
schenken	Ich schenke ihr ein paar Blumen.
schicken	Meine Eltern haben mir ein Paket geschickt.
schreiben	Er schrieb dem Chef einen unfreundlichen Brief.
senden	Wir senden Ihnen anliegend die Antragsformulare.
stehlen	Unbekannte Täter haben dem Bauern zwölf Schafe gestohlen.
überlassen	Er überließ mir während der Ferien seine Wohnung.
verbieten	Er hat seinem Sohn das Motorradfahren verboten.
verschweigen	Der Angeklagte verschwieg dem Verteidiger die Wahrheit.
versprechen	Ich habe ihm 100 Euro versprochen.
verweigern	Die Firma verweigert den Angestellten das Urlaubsgeld.
wegnehmen	Er hat mir die Schreibmaschine wieder weggenommen.
zeigen	Er zeigte dem Besucher seine Bildersammlung.

4 Üben Sie nach folgendem Muster:

Hast du deinem Freund das Auto geliehen?
Ja, ich hab' ihm das Auto geliehen.

Hast du

1. ... dem Chef die Frage beantwortet?
2. ... deinen Eltern deinen Entschluss mitgeteilt?
3. ... den Kindern das Fußballspielen verboten?
4. ... deiner Wirtin die Kündigung geschickt?
5. ... deinem Sohn das Rauchen gestattet?

6. ... deiner Freundin den Fernseher überlassen?
7. ... deinem Bruder die Wahrheit gesagt?
8. ... deinem Vater deine Schulden verschwiegen?
9. ... den Kindern den Ball weggenommen?
10. ... deinen Freunden die Urlaubsbilder schon gezeigt?
11. ... deiner Familie einen Ausflug versprochen?
12. ... deinen Eltern einen Gruß geschickt?

5 Bilden Sie Sätze im Präteritum und Perfekt. Setzen Sie dabei die Substantive in den richtigen Kasus.

der Arzt / der Mann / das Medikament / verschreiben
Der Arzt verschrieb dem Mann das Medikament.
Der Arzt hat dem Mann das Medikament verschrieben.

1. die Hausfrau / der Nachbar / die Pflege der Blumen / anvertrauen
2. die Tochter / der Vater / die Frage / beantworten
3. der Angeklagte / der Richter / seine Unschuld / beweisen
4. Udo / mein Freund / das Moped / borgen
5. der Briefträger / die Einwohner / die Post / jeden Morgen gegen 9 Uhr / bringen
6. er / die Kinder / Märchen / erzählen
7. der Bürgermeister / das Brautpaar / die Urkunden / geben
8. Gisela / der Nachbar / das Fahrrad / gern leihen
9. das Versandhaus / die Kunden / die Ware / ins Haus liefern
10. sie / die Tante / das Geburtstagsgeschenk / schicken
11. Hans / der Chef / die Kündigung / aus Frankreich / schicken
12. das Warenhaus / der Kunde / der Kühlschrank / ins Haus senden
13. der Angestellte / der Chef / seine Kündigungsabsicht / verschweigen
14. die Zollbehörde / der Ausländer / die Einreise / verweigern
15. eine Diebesbande / die Fahrgäste im Schlafwagen / das Geld / entwenden
16. die Polizei / der Busfahrer / der Führerschein / entziehen
17. der Motorradfahrer / die Dame / die Tasche / im Vorbeifahren rauben
18. meine Freundin / die Eltern / dieses Teeservice / zu Weihnachten / schenken
19. ein Dieb / der Junggeselle / die ganze Wohnungseinrichtung / stehlen
20. der Vater / der Sohn / zum Abitur / das Geld für eine Italienreise / versprechen

6 Akkusativ und/oder Dativ? Bilden Sie Sätze im Präteritum.

1. der Pfleger / die Kranke / das Medikament / reichen
2. er / ihre Angehörigen / ein Brief / schreiben
3. die Verwandten / die Kranke / besuchen
4. die Angehörigen / die Patientin / bald wieder / verlassen müssen
5. der Arzt / die Dame / nicht erlauben aufzustehen
6. der Chefarzt / die Kranke / noch nicht entlassen wollen
7. die Frau / der Arzt / nicht widersprechen wollen
8. die Pfleger / die Frau / beistehen müssen
9. mein Bruder / die Touristen / in der Stadt / treffen

10. die Touristen / der Bus / verlassen
11. ich / die Touristen / begegnen
12. das Informationsbüro / die Touristen / das „Hotel Ritter" / empfehlen
13. die Touristen / der Vorschlag / zustimmen
14. die Leute / das Hotel / suchen
15. ein Fußgänger / die Reisenden / der Weg / zeigen
16. der Bus / das Hotel / sich nähern
17. das Musikstück / die Besucher / missfallen
18. der Vater / der Junge / eine Belohnung / versprechen
19. die Lügen / die Politiker / nicht helfen
20. das Parlament / ein Gesetz / beschließen

7 Verwenden Sie nun die Sätze 1–14 aus Übung 5 und üben Sie nach folgendem Muster:

Der Arzt hat dem Mann das Medikament verschrieben.
Nein, das stimmt nicht, er hat ihm das Medikament nicht verschrieben!

Statt „Nein, das stimmt nicht" können Sie auch sagen: Nein, ganz im Gegenteil, … ; Nein, das ist nicht wahr, … ; Nein, da irren Sie sich, … ; Nein, da sind Sie im Irrtum, …

IV Verben mit zwei Akkusativen

Nur wenige Verben werden mit zwei Akkusativen gebraucht.
Die wichtigsten sind: *kosten, lehren, nennen, schelten, schimpfen.*
Er nennt / schilt / schimpft ihn einen Dummkopf.
Das Essen kostet mich 50 Euro.
Er lehrt mich das Lesen.

V Verben mit Akkusativ und Genitiv

Diese Verben werden meistens vor Gericht gebraucht:

anklagen	Man klagt *ihn des Meineids* an.
bezichtigen	Er bezichtigt *ihn der Unehrlichkeit.*
überführen	Die Polizei überführte *den Autofahrer der Trunkenheit* am Steuer.
verdächtigen	Man verdächtigte *den Zeugen der Lüge.*

VI Verben mit dem Genitiv

Diese Verben werden heute nur noch selten gebraucht:

sich erfreuen	Sie erfreute sich *bester Gesundheit.*
bedürfen	Der Krankenbesuch bedurfte *der Genehmigung* des Chefarztes.

VII Verben mit dem Prädikatsnominativ

Die Verben *sein* und *werden,* auch *bleiben, heißen, scheinen* können mit einem zweiten Nominativ, dem Prädikatsnominativ, gebraucht werden:
Die Biene ist ein Insekt.
Mein Sohn wird später *Arzt.*
Er blieb sein Leben lang *ein armer Schlucker.*
Der Händler scheint *ein Betrüger* zu sein.

Anmerkung

Die Verben *sein* und *werden* können nicht allein stehen. Sie brauchen immer eine Ergänzung. Beispiele (außer mit Prädikatsnominativ):
Bienen sind *fleißig.* Du bist *tapfer.* Der Musiker wurde *berühmt.* Er blieb immer *freundlich.* Er scheint *geizig* zu sein. (= Adverb, siehe § 42)
Sein Geburtstag ist am 29. Februar. Wir bleiben in der Stadt. Er scheint zu Hause zu sein. (= Orts- und Zeitangabe)
Das sind meine Haustiere. Das wird eine schöne Party. Das bleibt Wiese, das wird kein Bauland. (Siehe § 36, III, 4 b)

VIII Verben, die mit einem Akkusativobjekt in einer festen Verbindung stehen

Diese festen Verbindungen werden im Deutschen sehr häufig gebraucht.
Die jeweiligen Verben haben kaum noch eine eigene Bedeutung: Sie ergänzen das Akkusativobjekt und bilden mit ihm zusammen eine Einheit.
die Flucht ergreifen
eine Erklärung abgeben
eine Entscheidung treffen
Listen mit Beispielen und Übungen finden Sie in § 62.

§ 15 Verben mit präpositionalem Objekt

Vorbemerkungen

1. Viele Verben werden mit einer festen Präposition gebraucht, der ein Objekt in einem bestimmten Kasus (Dativ oder Akkusativ) folgt. Die Präposition und das Objekt bilden zusammen das Präpositionalobjekt.
2. Es gibt keine Regel dafür, welches Verb mit welcher Präposition gebraucht wird und in welchem Kasus das Objekt steht. Verb, Präposition und Kasus sollten deshalb zusammen geübt werden (siehe Tabelle unter III).

I Gebrauch

Die Nachtschwester sorgt für den Schwerkranken.
Wir haben an dem Ausflug nicht teilgenommen.
Das Verb ist mit einem Präpositionalobjekt verbunden.

Sie erinnert sich gern an die Schulzeit.
Wir beschäftigen uns schon lange mit der Grammatik.
Viele reflexiv gebrauchte Verben haben ein präpositionales Objekt (siehe § 10).

Der Reisende dankt dem Schaffner für seine Hilfe.
Der Einheimische warnt den Bergsteiger vor dem Unwetter.
Einige Verben mit einem Präpositionalobjekt brauchen noch ein weiteres Objekt (Dativ oder Akkusativ), das nicht fehlen darf. Es steht vor dem Präpositionalobjekt.

Er beschwert sich bei den Nachbarn über den Lärm.
Wir haben uns bei dem Beamten nach der Ankunft des Zuges erkundigt.
Einige Verben brauchen sogar zwei Präpositionalobjekte. Im Allgemeinen steht das Präpositionalobjekt im Dativ vor dem im Akkusativ.

II Gebrauch bei Fragen, *dass*-Sätzen und Infinitivkonstruktionen

Die Präposition steht fest mit dem Verb und dem Objekt zusammen; sie wird deshalb auch bei Fragen nach einem präpositionalen Objekt (Beispiele a + b), bei Pronomen anstelle eines präpositionalen Objekts (Beispiele c + d) und meist beim Gebrauch von *dass*-Sätzen und Infinitivkonstruktionen (Beispiele e + f) miterwähnt.

a) Er denkt *an seine Freundin.* — Frage: *An wen* denkt er? (= Person)
b) Er denkt *an seine Arbeit.* — Frage: *Woran* denkt er? (= Sache)

Bei Fragen nach einem Präpositionalobjekt muss man zwischen Personen und Sachen unterscheiden.
Bei Personen steht die Präposition vor dem persönlichen Fragewort, z.B. *bei wem?, an wen?* usw.
Bei Sachen wird die Präposition mit *wo* verbunden, z.B. *wofür?, wonach?*
Wenn die Präposition mit einem Vokal anfängt, wird ein *r* eingeschoben, z.B. *woran?*

c) Denkst du *an deine Freundin*? — Antwort: Ich denke immer *an sie*.
d) Denkst du *an deine Arbeit*? — Antwort: Ich denke immer *daran*.

Bei der Bildung von Pronomen anstelle eines Präpositionalobjekts muss man auch zwischen Personen und Sachen unterscheiden:
Bei Personen steht die Präposition vor dem Personalpronomen, z.B. *vor ihm, an ihn* usw.
Bei Sachen wird die Präposition mit *da* verbunden, z.B. *damit, davon* usw.
Wenn die Präposition mit einem Vokal anfängt, wird ein *r* eingeschoben, z.B. *daran, darauf* usw.

e) Er denkt *daran*, dass seine Eltern bald zu Besuch kommen.
f) Er denkt *daran*, sich eine neue Stellung zu suchen.

Das Präpositionalobjekt kann zu einem *dass*-Satz oder einer Infinitivkonstruktion erweitert werden (siehe § 16, II, 2). Im Allgemeinen steht die Präposition mit *da-* oder *dar-* am Ende des Hauptsatzes oder des Beziehungssatzes.

1 Bilden Sie Fragen nach folgendem Beispiel:

Ich freue mich auf die Ferien. — *Worauf freust du dich?*
Ich freue mich auf Tante Vera. — *Auf wen freust du dich?*

1. Der Diktator herrschte grausam über sein Volk.
2. Ich habe auf meinen Freund gewartet.
3. Er bereitet sich auf sein Examen vor.
4. Wir sprachen lange über die Politik des Landes.
5. Er schimpfte laut über den Finanzminister.
6. Alle beklagten sich über die hohen Steuern.
7. Bei dem Betrug geht es um 12 Millionen Dollar.
8. Er unterhielt sich lange mit seinem Professor.
9. Sie schützten sich mit einer Gasmaske vor dem Rauch. (2 Fragen)
10. Heute sammeln sie wieder fürs Rote Kreuz.

III Auswahl der gebräuchlichsten Verben mit Präposition

abhängen	von + D	den Eltern	
es hängt ab	von + D	den Umständen	davon, dass... / ob... / wie... / wann...
achten	auf + A	die Fehler	darauf, dass... / ob... / Inf.-K.
anfangen	mit + D	dem Essen	(damit), Inf.-K.
sich anpassen	an + A	die anderen	
sich ärgern	über + A	den Nachbarn	(darüber), dass... / Inf.-K.
jdn. ärgern	mit + D	dem Krach	damit, dass...
aufhören	mit + D	dem Unsinn	(damit), Inf.-K.
sich bedanken	für + A	das Geschenk	dafür, dass ...
	bei + D	den Eltern	
sich / jdn. befreien	von + D	den Fesseln	
	aus + D	der Gefahr	
beginnen	mit + D	der Begrüßung	(damit), Inf.-K.
sich beklagen	bei + D	dem Chef	
	über + A	die Mitarbeiter	(darüber), dass... / Inf.-K.
sich bemühen	um + A	die Zulassung	(darum), dass... / Inf.-K.
sich / jdn. beschäftigen	mit + D	dem Problem	(damit), dass... / Inf.-K.
sich beschweren	bei + D	dem Direktor	
	über + A	den Kollegen	(darüber), dass... / Inf.-K.
sich bewerben	um + A	ein Stipendium	darum, dass... / Inf.-K.

jdn. bitten	um + A	einen Rat	(darum), dass... / Inf.-K.
bürgen	für + A	den Freund die Qualität	dafür, dass...
jdm. danken	für + A	die Blumen	(dafür), dass...
denken	an + A	die Schulzeit	(daran), dass... / Inf.-K.
sich entschuldigen	bei + D	dem Kollegen	
	für + A	den Irrtum	(dafür), dass...
sich / jdn. erinnern	an + A	die Reise	(daran), dass... / Inf.-K.
jdn. erkennen	an + D	der Stimme	daran, dass...
sich erkundigen	bei + D	dem Beamten	
	nach + D	dem Pass	(danach), ob... / wann... / wie ... / wo ...
jdn. fragen	nach + D	dem Weg	(danach), ob... / wann... / wo...
sich freuen	auf + A	die Ferien	(darauf), dass... / Inf.-K.
	über + A	das Geschenk	(darüber), dass... / Inf.-K.
sich fürchten	vor + D	der Auseinander-setzung	(davor), dass... / Inf.-K.
jdm. garantieren	für + A	den Wert der Sache	(dafür), dass...
gehören	zu + D	einer Gruppe	es gehört dazu, dass...
es geht	um +A	die Sache	darum, dass ...
geraten	in + A	eine schwierige Lage; Wut	
	unter + A	die Räuber	
sich / jdn. gewöhnen	an + A	das Klima	daran, dass... / Inf.-K.
glauben	an + A	Gott; die Zukunft	daran, dass ...
jdn. halten	für + A	einen Betrüger	
etwas / nichts halten	von + D	dem Mann; dem Plan	davon, dass... / Inf.-K.
es handelt sich	um + A	das Kind; das Geld	darum, dass... / Inf.-K.
herrschen	über + A	ein Land	
hoffen	auf + A	die Geldsendung	(darauf), dass... / Inf.-K.
sich interessieren	für + A	das Buch	dafür, dass... / Inf.-K.
sich irren	in + D	dem Datum; dem Glauben, dass...	
kämpfen	mit + D	den Freunden	
	gegen + A	die Feinde	dagegen, dass...
	für + A	den Freund	dafür, dass... / Inf.-K.
	um + A	die Freiheit	darum, dass... / Inf.-K.
es kommt an	auf + A	die Entscheidung	darauf, dass... / ob... /
es kommt jdm. an	auf + A	diesen Termin	wann... / Inf.-K.
sich konzentrieren	auf + A	den Vortrag	darauf, dass... / Inf.-K.
sich kümmern	um + A	den Gast	darum, dass...
lachen	über + A	den Komiker	(darüber), dass...
leiden	an + D	einer Krankheit	daran, dass...
	unter + D	dem Lärm	darunter, dass... / Inf.-K.
jdm. liegt	an + D	seiner Familie	daran, dass... / Inf.-K.
es liegt	an + D	der Leitung	daran, dass...

nachdenken	über + A	den Plan	darüber, dass... / wie... / wann...
sich rächen	an + D	den Feinden	
	für + A	das Unrecht	dafür, dass...
jdm. raten	zu + D	diesem Studium	(dazu), dass... / Inf.-K.
rechnen	auf + A	dich	darauf, dass...
	mit + D	deiner Hilfe	damit, dass... / Inf.-K.
schreiben	an + A	den Vater	
	an + D	einem Roman	
	über + A	ein Thema	darüber, wie... / wann...
sich / jdn. schützen	vor + D	der Gefahr	davor, dass... / Inf.-K.
sich sehnen	nach + D	der Heimat	danach, dass... / Inf.-K.
sorgen	für + A	die Kinder	dafür, dass...
sich sorgen	um + A	die Familie	
sprechen	mit + D	der Freundin	
	über + A	ein Thema	darüber, dass... / ob... / wie... / was...
	von + D	einem Erlebnis	davon, dass... / wie... / was...
staunen	über + A	die Leistung	(darüber), dass... / wie... / was...
sterben	an + D	einer Krankheit	
	für + A	eine Idee	
sich streiten	mit + D	den Erben	
	um + A	das Vermögen	darum, wer... / wann... / ob...
teilnehmen	an + D	der Versammlung	
etwas zu tun haben	mit + D	dem Mann; dem Beruf	damit, dass... / wer... / was... / wann...
sich unterhalten	mit + D	dem Freund	
	über + A	ein Thema	darüber, dass... / ob... / wie ... / was...
sich verlassen	auf + A	dich; deine Zusage	darauf, dass... / Inf.-K.
sich verlieben	in + A	ein Mädchen	
sich vertiefen	in + A	ein Buch	
vertrauen	auf + A	die Freunde; die Zukunft	darauf, dass... / Inf.-K.
verzichten	auf + A	das Geld	darauf, dass... / Inf.-K.
sich / jdn. vorbereiten	auf + A	die Prüfung	darauf, dass... / Inf.-K.
jdn. warnen	vor + D	der Gefahr	(davor), dass... / Inf.-K.
warten	auf + A	den Brief	(darauf), dass... / Inf.-K.
sich wundern	über + A	die Technik	(darüber), dass... / Inf.-K.
zweifeln	an + D	der Aussage des Zeugen	(daran), dass... / Inf.-K.

Anmerkungen

jd. = jemand (Nominativ); jdm. = jemandem (Dativ); jdn. = jemanden (Akkusativ)
Inf.-K. = Infinitivkonstruktion

Die Angaben in der rechten Spalte bedeuten, dass sich die folgenden Konstruktionen anschließen lassen, z.B. sich ärgern (darüber), dass... / Inf.-K.:
Ich ärgere mich darüber, dass ich nicht protestiert habe.
nicht protestiert zu haben.
Ich ärgere mich, dass ich nicht protestiert habe.
nicht protestiert zu haben.

Wenn ein Pronominaladverb (z.B. *darüber*) nicht in Klammern steht, darf es nicht weggelassen werden.

sich erkundigen (danach), ob … / wie … / wann … bedeutet, dass sich ein Nebensatz mit *ob* oder mit irgendeinem Fragepronomen anschließen lässt.
Ich erkundige mich (danach), ob sie noch im Krankenhaus ist.
wann sie entlassen wird.
wer sie operiert hat.
wie es ihr geht.

2 Ergänzen Sie die Präpositionen und Präpositionaladverbien (*darauf, davon* etc.)

Gespräch zwischen einem Chef (C) und seiner Sekretärin (S)

S: Abteilungsleiter Müller möchte … Ihnen sprechen; es geht … seine Gehaltserhöhung.
C: Im Augenblick habe ich keine Zeit mich … diese Sorgen zu kümmern.
S: Wollen Sie … dem Kongress der Textilfabrikanten teilnehmen?
C: Schreiben Sie, dass ich … die Einladung danke, meine Teilnahme hängt aber d… ab, wie ich mich gesundheitlich fühle.
S: Hier ist eine Dame, die sich … die Stelle als Büroangestellte bewirbt.
C: Sagen Sie ihr, sie möchte sich schriftlich … die Stelle bewerben. Ich kann ja nicht … alle Zeugnisse verzichten.
S: Vorhin hat sich Frau Lahner … ihre Arbeitsbedingungen beklagt. Sie kann sich nicht d… gewöhnen in einem Zimmer voller Zigarettenqualm zu arbeiten.
C: Sagen Sie ihr, sie kann sich d… verlassen, dass in den nächsten Tagen ein Rauchverbot ausgesprochen wird.
S: Der Betriebsleiter hält nichts d…, dass die Arbeitszeiten geändert werden.
C: O.k.
S: Ich soll Sie d… erinnern, dass Sie Ihre Medizin einnehmen.
C: Ja, danke; man kann sich doch … Sie verlassen.
S: Unsere Abteilungsleiterin entschuldigt sich … Ihnen; sie kann … der Besprechung nicht teilnehmen, sie leidet … starken Kopfschmerzen.
C: Ich hoffe … baldige Besserung!
S: Sie hatten die Auskunftei Detex … Informationen über die Firma Schüssler gebeten. Die Auskunftei warnt Sie d…, mit dieser fast bankrotten Firma Geschäfte zu machen.

C: Man muss sich doch d... wundern, wie gut die Auskunftei ... die Firmen Bescheid weiß!
S: Die Frauen unseres Betriebes beschweren sich d..., dass die Gemeinde keinen Kindergarten einrichtet. Sie bitten Sie d..., einen betriebseigenen Kindergarten aufzumachen.
C: Das hängt natürlich d... ab, wie viele Kinder dafür in Frage kommen.
S: Ich habe mich d... erkundigt; es handelt sich ... 26 Kinder.
C: D... muss ich noch nachdenken.
S: Ich möchte jetzt d... bitten, mich zu entschuldigen. Um 14 Uhr schließt die Kantine und ich möchte nicht gern ... mein Mittagessen verzichten.

3 Setzen Sie die fehlenden Präpositionen, Pronominaladverbien (*darum* usw.) und die fehlenden Endungen ein.

1. Du kannst dich d... verlassen, dass ich ... dies_ Kurs teilnehme, denn ich interessiere mich ... dies_ Thema.
2. Wie kannst du dich nur ... d_ Direktor fürchten? Ich halte ihn ... ein_ sehr freundlichen Menschen.
3. Wenn ich mich d... erinnere, wie sehr er sich ... meine Fehler (m) gefreut hat, gerate ich immer ... Wut.
4. Hast du dich ... _ Professor erkundigt, ob er ... dir ... dein_ Doktorarbeit sprechen will?
5. Er hatte d... gerechnet, dass sich seine Verwandten ... d_ Kinder kümmern, weil er sich d... konzentrieren wollte, eine Rede zum Geburtstag seines Chefs zu schreiben.
6. Er kann sich nicht ... unser_ Gewohnheiten anpassen; er gehört ... d_ Menschen, die sich nie d... gewöhnen können, dass andere Menschen anders sind.
7. Seit Jahren beschäftigen sich die Wissenschaftler ... dies_ Problem (n) und streiten sich d... , welches die richtige Lösung ist. Man kann ihnen nur d... raten, endlich ... dies_ Diskussion (f) aufzuhören.
8. Die Angestellte beklagte sich ... _ Personalchef d... , dass sie noch immer keine Lohnerhöhung bekommen hat.

4 Setzen Sie die richtige Präposition bzw. das richtige Pronominaladverb (*darüber, darauf* usw.) ein.

Eine Hausfrau redet ... ihre Nachbarin: „Das ist eine schreckliche Person! Sie gehört ... den Frauen, die erst sauber machen, wenn der Staub schon meterhoch liegt. Man kann sich ... verlassen, dass sie den Keller noch nie geputzt hat, und dann wundert sie sich ... , dass sie böse Briefe vom Hauswirt bekommt. Ich kann mich nicht ... besinnen, dass sie ihre Kinder jemals rechtzeitig zur Schule geschickt hat. Jeden Abend zankt sie sich ... ihrem Mann ... das Wirtschaftsgeld. Sie denkt gar nicht ... , sparsam zu sein. Ihre Kinder warten ... eine Ferienreise und freuen sich ... , aber sie hat ja immer alles Geld verschwendet. Sie sorgt nur ... sich selbst und kümmert sich den ganzen Tag nur ... ihre Schönheit. Ich habe meinen Sohn ... ihr gewarnt. Er hatte sich auch schon ... sie verliebt, aber jetzt ärgert er sich nur noch ... ihren Hochmut. Neulich hat sie mich doch tatsächlich ... etwas Zucker gebeten. Ich werde mich mal ... der Polizei erkundigen, ob das nicht Bettelei ist. – Die dumme Gans leidet ja ... Größenwahn!" – Gott schütze uns ... solchen Nachbarinnen!

IV Feste Verb-Akkusativ-Verbindungen mit präpositionalem Objekt

Bezug nehmen auf
sich Hoffnung machen auf
Bescheid wissen über

Das Verb bildet mit seinem Akkusativobjekt zusammen eine Einheit (siehe § 62, I). Dieser feste Ausdruck ist mit einem Präpositionalobjekt verbunden. Auch der Gebrauch oder das Fehlen eines Artikels ist meistens festgelegt.

Sonst gelten alle vorher genannten Regeln (siehe § 15 II).

Listen mit Beispielen und Übungen finden Sie in § 62.

§ 16 Verben mit *dass*-Sätzen oder Infinitivkonstruktionen

I Allgemeine Regeln

dass-Sätze und Infinitivkonstruktionen hängen von bestimmten Verben ab. Diese Verben können in Haupt- oder Nebensätzen (= Beziehungssätzen) stehen.

Er glaubt, dass *er* sich richtig verhält.
Ich hoffe, dass *ich* dich bald wiedersehe.
Weil *wir* befürchten, dass *wir* Ärger bekommen, stellen wir das Radio leiser.

dass-Sätze sind Nebensätze (siehe § 25), d.h., das konjugierte Verb steht am Ende des Satzes. Sie brauchen die Konjunktion *dass* und haben immer ein eigenes Subjekt.

Er glaubt sich richtig zu verhalten.
Ich hoffe dich bald wiederzusehen
Weil *wir* befürchten Ärger zu bekommen, stellen wir das Radio leiser.

Infinitivkonstruktionen haben nie ein eigenes Subjekt; sie beziehen sich auf eine Person oder Sache, die im Beziehungssatz genannt ist.

Weil Infinitivkonstruktionen kein Subjekt haben, kann auch das Verb nicht in der konjugierten Form erscheinen; es steht als Infinitiv am Ende des Satzes. Vor dem Infinitiv steht *zu*. Bei trennbaren Verben steht *zu* zwischen Verbzusatz und Stammverb:
Ich beabsichtige das Haus *zu kaufen*.
Ich beabsichtige das Haus *zu verkaufen*. (= untrennbares Verb)
Ich beabsichtige ihm das Haus *abzukaufen*. (= trennbares Verb)

Bei mehreren Infinitiven muss *zu* jedesmal wiederholt werden:
Ich hoffe ihn *zu* sehen, *zu* sprechen und mit ihm *zu* verhandeln.

II Verben, von denen *dass*-Sätze oder Infinitivkonstruktionen abhängen können

1. Gruppe

dass-Sätze und Infinitivkonstruktionen können aus der Erweiterung eines Akkusativobjekts entstehen.
Ich erwarte die Zusage. (= Akkusativobjekt)
Ich erwarte, dass *mein Bruder* die Zusage erhält.
Man gebraucht einen *dass*-Satz, wenn das Subjekt im Beziehungssatz und das Subjekt im *dass*-Satz verschiedene Personen oder Sachen bezeichnen.

Ich erwarte, dass *ich* die Zusage erhalte.
Ich erwarte, die Zusage zu erhalten.
Wenn das Subjekt in beiden Sätzen gleich ist, verwendet man meistens eine Infinitivkonstruktion.

Zu dieser Gruppe gehören folgende Verben:

1. Verben, die eine persönliche Haltung, z.B. einen Wunsch, ein Gefühl oder eine Absicht ausdrücken:

annehmen = vermuten	gestehen	verlangen
beabsichtigen	fordern	versprechen (+D)
erwarten	hoffen	sich weigern
fürchten / befürchten	meinen	wünschen
glauben = annehmen	vergessen	zugeben u.a.

2. Verben, die nur mit einer Infinitivkonstruktion gebraucht werden. Um den Zusammenhang zu betonen, wird oft ein *es* eingefügt:
Wir haben *es* mit Absicht unterlassen, ihn zu benachrichtigen.

ablehnen (es)	fortfahren	versuchen
anfangen	unterlassen (es)	wagen (es)
aufhören	vermeiden (es)	u.a.
beginnen	versäumen (es)	

Anmerkungen

1. Einige Verben können mit *es* im Beziehungssatz gebraucht werden.

2. Nach den Verben *annehmen, fürchten, glauben, hoffen, meinen, wünschen* u.a. kann auch ein Hauptsatz anstelle des *dass*-Satzes stehen:
   Ich nehme an, es gibt morgen Regen.
   Ich befürchte, er kommt nicht rechtzeitig.

3. Nicht aufgeführt sind Verben des Sagens: *sagen, antworten, berichten* u.a. Sie können mit einem *dass*-Satz gebraucht werden, aber auch hier kann ein Hauptsatz stehen (siehe auch indirekte Rede, § 56, I).
   Er berichtete, dass die Straße gesperrt sei.
   Er berichtete, die Straße sei gesperrt.

4. Die Verben *brauchen, drohen, pflegen, scheinen* können selbstständig gebraucht werden.
   Ich *brauche* einen neuen Anzug.
   Er *drohte* seinem Nachbarn.
   Sie *pflegte* die kranken Kinder.
   Die Sonne *scheint*.

   Wenn diese Verben aber mit einem Infinitiv + *zu* zusammenstehen, ändern sie ihre Bedeutung.
   Er *braucht* nicht / nur wenig / kaum *zu arbeiten*.
   (= er muss nicht ... ; immer negativ oder mit Einschränkung)
   Die schwefelhaltigen Abgase *drohen* die Steinfiguren an der alten Kirche *zu zerstören*. (= es besteht die Gefahr)
   Er *pflegt* jeden Tag einen Spaziergang *zu machen*. (= er hat die Gewohnheit)
   Der Kellner *scheint* uns nicht *zu sehen*. (= vielleicht ist es so; es sieht so aus)

1 *dass*-Satz oder Infinitivkonstruktion?

Haustiere müssen artgerecht gehalten werden. (Das Tierschutzgesetz verlangt,)
Das Tierschutzgesetz verlangt, dass Haustiere artgerecht gehalten werden.

Sie ziehen die Kälber *nicht* in dunklen Ställen groß. (Manche Bauern lehnen es ab,)
Manche Bauern lehnen es ab, die Kälber in dunklen Ställen großzuziehen.

Von der Tierhaltung

1. Die Kälber werden nicht von ihren Muttertieren getrennt. (Viele Menschen nehmen an,)
2. Die meisten Eier auf dem Markt stammen von Hühnern in Käfigen. (Ich befürchte,)
3. Die Hühner laufen wie früher auf Äckern und Wiesen frei herum. (Viele Menschen nehmen an,)
4. Die Eier von Hühnern in Käfighaltung werden *nicht* gekauft. (Immer mehr Menschen weigern sich,)
5. Fleisch von Tieren aus der Massentierhaltung esse ich *nicht*. (Ich vermeide es,)
6. Sie können langsam immer mehr landwirtschaftliche Erzeugnisse verkaufen. (Die Biobauern erwarten,)

7. Die Tierschutzgesetze sollen strenger angewendet werden. (Ich meine,)
8. Rindern werden Injektionen gegeben, damit sie schneller wachsen. (Es ist abzulehnen,)

2 Bilden Sie Sätze mit und ohne „dass".

ich / annehmen / morgen / regnen
Ich nehme an, dass es morgen regnet.
Ich nehme an, es regnet morgen.

1. ich / fürchten / unsere Wanderung / ausfallen / dann
2. a) wir / glauben / die Theateraufführung / ein großer Erfolg werden
   b) wir / annehmen / nicht alle Besucher / eine Karte / bekommen
3. a) ich / befürchten / der Bäcker an der Ecke / seinen Laden / bald aufgeben
   b) ich / glauben / wir / unser Brot dann / wohl oder übel im Supermarkt / kaufen müssen
4. a) wir / fürchten / wir / nächste Woche / viel Arbeit / haben
   b) wir / annehmen / wir / zu nichts anderem / Zeit haben
5. a) ich / annehmen / das hier / ein sehr fruchtbarer Boden / sein
   b) ich / glauben / verschiedene Arten Gemüse / hier / gut / wachsen
6. a) du / glauben / der FC Bayern / das Fußballspiel / gewinnen
   b) ich / annehmen / die Chancen / eins zu eins / stehen
7. a) ihr / meinen auch / wir / den 30-Kilometer-Fußmarsch / an einem Tag / schaffen
   b) wir / fürchten / einige / dazu / nicht in der Lage sein

2. Gruppe

dass-Sätze und Infinitivkonstruktionen können aus der Erweiterung eines präpositionalen Objekts entstehen.
Der Kollege hat nicht *an die Besprechung* gedacht. (= präpositionales Objekt)
Der Kollege hat nicht *daran* gedacht, dass *wir* eine Besprechung haben.
(*Der Kollege* hat nicht *daran* gedacht, dass *er* zur Besprechung kommt.)
Der Kollege hat nicht *daran* gedacht zur Besprechung zu kommen.

da(r)- + Präposition steht im Beziehungssatz. Sonst gelten die Regeln wie bei den Verben der ersten Gruppe.

Zur zweiten Gruppe gehören folgende Verben:

sich bemühen um + A	sich gewöhnen an + A
denken an + A	sich verlassen auf + A
sich fürchten vor + D	verzichten auf + A u.a. (siehe § 15, III)

3 Verwandeln Sie die Sätze in Sätze mit „dass" oder, wenn möglich, in Sätze mit einer Infinitivkonstruktion.

Von der Arbeit einer Chefdolmetscherin

1. Die Chefdolmetscherin bemüht sich um eine möglichst genaue Wiedergabe der Rede des Außenministers. (die Rede ... wiedergeben)
2. Die anwesenden Politiker müssen sich auf die Zuverlässigkeit und Vollständigkeit der Übersetzung verlassen können. (zuverlässig und vollständig sein)
3. Die Dolmetscherin denkt an die schlimmen Folgen eines Übersetzungsfehlers. (Folgen haben können)
4. Sie gewöhnt sich an das gleichzeitige Hören und Übersetzen einer Rede.
5. Der Politiker kann während seiner Rede auf Übersetzungspausen verzichten. (Übersetzungspausen machen)
6. Viele Zuhörer wundern sich über die Fähigkeit der Dolmetscherin, gleichzeitig zu hören und zu übersetzen. (hören und übersetzen können)
7. Niemand wundert sich über die notwendige Ablösung einer Dolmetscherin nach ein bis zwei Stunden. (abgelöst werden müssen)
8. Auch eine gute Dolmetscherin kann sich nie ganz an die ständige hohe Konzentration gewöhnen. (ständig hoch konzentriert sein müssen)
9. Sie fürchtet sich vor einer frühzeitigen Ablösung als Chefdolmetscherin. (abgelöst werden)
10. Wer wundert sich über das gute Gehalt einer Chefdolmetscherin? (ein gutes Gehalt bekommen)

3. Gruppe

Verben des Bittens und Befehlens haben ein persönliches Objekt bei sich.
Er bat *die Sekretärin*, dass *der Chef* ihn rechtzeitig anruft.
Man gebraucht einen *dass*-Satz, wenn das Objekt im Beziehungssatz und das Subjekt im *dass*-Satz verschiedene Personen oder Sachen bezeichnen.

Er bat *die Sekretärin*, dass *sie* ihn rechtzeitig anruft.
Er bat *die Sekretärin* ihn rechtzeitig anzurufen.
Wenn das Objekt im Beziehungssatz und das Subjekt im *dass*-Satz gleich sind, verwendet man meistens eine Infinitivkonstruktion.

Zu dieser Gruppe gehören folgende Verben:

ich befehle ihm (D)	ich fordere ihn (A) ... auf
ich bitte ihn (A)	ich rate ihm (D)
ich empfehle ihm (D)	ich überzeuge ihn (A)
ich erlaube ihm (D)	ich verbiete ihm (D)
ich ermahne ihn (A)	ich warne ihn (A)
ich ersuche ihn (A)	ich zwinge ihn (A) u.a.

4. Gruppe

dass-Sätze und Infinitivkonstruktionen können aus der Erweiterung eines Subjekts entstehen. Sie hängen von unpersönlichen Verben ab (Verben mit *es*).

1. *Die Zusammenarbeit* freut mich. (= Subjekt)
   Es freut *mich*, dass *du* mit mir zusammenarbeitest.
   Es freut *mich*, dass *ich* mit dir zusammenarbeite.
   Es freut *mich*, mit dir zusammenzuarbeiten.

Bei unpersönlichen Verben mit einem persönlichen Objekt steht ein *dass*-Satz, wenn das Subjekt des *dass*-Satzes eine andere Person oder Sache bezeichnet. Wenn beide gleich sind, wird im Allgemeinen eine Infinitivkonstruktion gebraucht.

Zu dieser Gruppe gehören folgende Verben:

es ärgert mich (A)	es gelingt mir (D)
es ekelt mich (A)	es genügt mir (D)
es freut mich (A)	es scheint mir (D), dass ...
es gefällt mir (D)	es wundert mich (A) u.a.

2. *Entwicklungshilfe* ist notwendig. (= Subjekt)
   Es ist notwendig, dass *wir* Ländern der Dritten Welt helfen.
   Es ist notwendig, dass *man* Ländern der Dritten Welt hilft.
   Es ist notwendig, Ländern der Dritten Welt zu helfen.

Man gebraucht einen *dass*-Satz, wenn ein persönliches Subjekt vorhanden ist. Bei unpersönlichen Aussagen mit *man* verwendet man meistens eine Infinitivkonstruktion.

Zu dieser Gruppe gehören folgende Adverbien mit *sein*:

es ist angenehm	es ist unangenehm
es ist erfreulich	es ist unerfreulich
es ist erlaubt	es ist verboten
es ist möglich	es ist unmöglich
es ist nötig / notwendig	es ist unnötig / nicht notwendig
es ist verständlich	es ist unverständlich u.a.

Anmerkungen

1. Infinitivkonstruktionen oder *dass*-Sätze können auch vor dem Haupt- oder Beziehungssatz stehen. Durch diese Umstellung wirken sie stark betont:
   Dass du den Brief geöffnet hast, hoffe ich.
   Deinen Pass rechtzeitig abzuholen verspreche ich dir.

2. Auch bei unpersönlichen Verben oder Adverbien (Gruppe 4) können *dass*-Sätze oder Infinitivkonstruktionen voranstehen. Dann fällt *es* immer weg. Diese Konstruktionen sind stilistisch meist besser:
   Dass er mich nicht erkannt hat, ärgert mich.
   Den Abgeordneten anzurufen war leider unmöglich.

3. Wenn aber ein anderer Nebensatz am Anfang in der Position I steht (siehe § 25), folgt der vollständige Hauptsatz mit *es*:
   Weil das Telefon des Abgeordneten immer besetzt war, war es unmöglich ihn anzurufen.

4 Formulieren Sie die Sätze mit einer Infinitivkonstruktion.

Kauf dir bitte endlich einen neuen Anzug. (Frau Kunz bat ihren Mann sich ...)
Frau Kunz bat ihren Mann sich endlich einen neuen Anzug zu kaufen.

1. Geh zum Bekleidungsgeschäft Müller und Co. (Sie empfahl ihm ...)
2. Schauen Sie sich die Anzüge in Ruhe an. (Der Verkäufer schlug ihm vor sich ...)
3. Probieren Sie an, was Ihnen gefällt. (Er riet ihm ...)
4. Nehmen Sie keins der Billigangebote dort drüben. (Der Verkäufer warnte ihn davor ... [ohne Negation])
5. Kaufen Sie den Anzug mit dem Streifenmuster. (Er überzeugte den Käufer ...)
6. Du musst dir auch bald ein Paar neue Schuhe kaufen. (Frau Kunz ermahnte ihren Mann sich ... [ohne *müssen*])

III Gebrauch der Tempusformen in der Infinitivkonstruktion

1. In der Infinitivkonstruktion Aktiv gibt es nur zwei Tempusformen (Passiv siehe § 19, IV):
   a) Infinitiv Präsens: *zu machen, zu tragen, zu wachsen*
   b) Infinitiv Perfekt: *gemacht zu haben, getragen zu haben, gewachsen zu sein*

   Gleichzeitigkeit Der Schwimmer *versucht* das Ufer *zu erreichen.*
   Der Schwimmer *versuchte* das Ufer *zu erreichen.*
   Der Schwimmer *hat versucht* das Ufer *zu erreichen.*

   Wenn die Aussagen in beiden Satzteilen gleichzeitig sind, steht in der Infinitivkonstruktion der Infinitiv Präsens. Die jeweilige Zeit (Präsens, Perfekt usw.) steht im Beziehungssatz.

   Vorzeitigkeit Der Angeklagte *leugnet* das Auto *gestohlen zu haben.*
   Der Angeklagte *leugnete* das Auto *gestohlen zu haben.*
   Der Angeklagte *hat geleugnet* das Auto *gestohlen zu haben.*

   Wenn die Aussage der Infinitivkonstruktion zeitlich vor der des Beziehungssatzes liegt, braucht man den Infinitiv Perfekt. Auch hier ist die Zeit im Beziehungssatz unabhängig; in jedem Fall liegt die Handlung der Infinitivkonstruktion früher.

2. Nach folgenden Verben steht oft ein Infinitiv Perfekt, z.B. *Er behauptet das Geld verloren zu haben.*

bedauern	bekennen	sich erinnern	gestehen	versichern
behaupten	bereuen	erklären	leugnen	u.a.

5 Üben Sie den *dass*-Satz. Beginnen Sie mit „Wussten Sie schon ...?"

Die am häufigsten gesprochene Sprache der Welt ist Chinesisch.
Wussten Sie schon, dass die am häufigsten gesprochene Sprache der Welt Chinesisch ist?

1. Über 90 Millionen Menschen auf der Welt sprechen Deutsch als Muttersprache.
2. Die deutsche Sprache steht an neunter Stelle in der Liste der am meisten gesprochenen Sprachen auf der Welt.

3. Saudi-Arabien, die Vereinigten Staaten und Russland zusammen fördern mehr als ein Drittel der gesamten Weltförderung an Erdöl.
4. Die größten Erdöllieferanten der Bundesrepublik Deutschland sind Russland (31,5 %), Norwegen (18,4 %), Großbritannien (15,6 %) und Libyen (11,1 %).
5. Der längste Eisenbahntunnel Europas ist der rund 50 Kilometer lange Eurotunnel unter dem Kanal zwischen Frankreich und Großbritannien.
6. Österreich ist seit Jahren das bevorzugte Reiseziel der deutschen Auslandsurlauber.
7. Nach Österreich sind Italien, die Schweiz, Spanien und Frankreich die beliebtesten Urlaubsländer der Deutschen.
8. Die meisten ausländischen Besucher der Bundesrepublik kommen aus den Niederlanden.
9. 65 Prozent der Schweizer sprechen Deutsch als Muttersprache.
10. Nur 18,4 Prozent der Schweizer sprechen Französisch und 9,8 Prozent Italienisch als Muttersprache.

Gesamtübungen

6 Üben Sie die Infinitivkonstruktion.

Warum übernachtest du im „Hotel Stern"?
(meine Bekannten / jdm. empfehlen)
Meine Bekannten haben mir empfohlen im „Hotel Stern" zu übernachten.

Sie können die Fragen in einer freundlicheren, vertraulicheren Form stellen:
Sag mal, warum übernachtest du eigentlich im „Hotel Stern"?

1. Warum fährst du nach London? (mein Geschäftsfreund / jdn. bitten)
2. Warum fährst du mit seinem Wagen? (mein Freund / es jdm. erlauben)
3. Warum besuchst du ihn? (er / jdn. dazu auffordern)
4. Warum fährst du im Urlaub an die Nordsee? (das Reisebüro / jdm. dazu raten)
5. Warum zahlst du so viel Steuern? (das Finanzamt / jdn. dazu zwingen)
6. Warum stellst du das Radio leiser? (mein Nachbar / jdn. dazu auffordern)
7. Warum gehst du abends nicht durch den Park? (ein Bekannter / jdn. davor warnen) [ohne „nicht"!]
8. Warum fährst du nicht in die Berge? (meine Bekannten / jdm. davon abraten) [ohne „nicht"!]

7 Was passt zusammen? Mit welchen vier Sätzen kann man auch eine Infinitivkonstruktion bilden?

1. Ich kann mich nicht daran gewöhnen, ...
2. Warum kümmert sich der Hausbesitzer nicht darum, ...
3. Wie soll der Briefträger sich denn davor schützen, ...
4. Kann ich mich auf Sie verlassen, ...

a) dass Sie mir den Teppich heute noch bringen?
b) dass ich jeden Morgen um fünf Uhr aufstehen muss.
c) dass ich euch eure Ferienreise finanzieren kann.
d) dass wir immer noch auf einen Telefonanschluss warten.

5. Wie sehne ich mich danach, ...
6. Du musst bei der Telekom Bescheid geben, ...
7. Denkt bitte im Lebensmittelgeschäft daran, ...
8. Ich habe leider nicht so viel Geld, ...

e) dass die Mieter das Treppenhaus reinigen?
f) dass ihr euch eine Quittung über die Getränke geben lasst!
g) dass ich dich endlich wiedersehe!
h) dass ihn immer wieder Hunde der Hausbewohner anfallen?

8 Ergänzen Sie die Sätze selbstständig.

1. Ich habe mich darüber geärgert, dass ...
2. Meine Eltern fürchten, dass ...
3. Wir alle hoffen, dass ...
4. Meine Schwester glaubt, dass ...
5. Ich kann nicht leugnen, dass ...
6. Mein Bruder freut sich darüber, dass ...
7. Ich freue mich darauf, dass ...
8. Ich danke meiner Freundin dafür, dass ...

9 Ein Interview mit dem Bürgermeister

Sprechen Sie auf der Versammlung über das geplante Gemeindehaus?
(Ja, ich habe vor / Inf.-K.)
Ja, ich habe vor auf der Versammlung über das geplante Gemeindehaus zu sprechen.

Treten bei dem Bau finanzielle Schwierigkeiten auf?
(Nein, ich glaube nicht, dass ...)
Nein, ich glaube nicht, dass bei dem Bau finanzielle Schwierigkeiten auftreten.

1. Kommen Sie heute Abend zu der Versammlung? (Ja, ich habe vor / Inf.-K.)
2. Sprechen Sie auch über den neuen Müllskandal?
   (Nein, vor Abschluss der Untersuchungen beabsichtige ich nicht / Inf.-K.)
3. Kommen weitere Firmen in das neue Industriegebiet?
   (Ja, ich habe Nachricht, dass ...)
4. Hat sich die Stadt im vergangenen Jahr noch weiter verschuldet?
   (Nein, ich freue mich Ihnen mitteilen zu können, dass ...)
5. Setzen Sie sich für den Bau eines Flughafens in Stadtnähe ein?
   (Nein, ich bin wegen des Lärms nicht bereit / Inf.-K.)
6. Berichten Sie heute Abend auch über Ihr Gespräch mit der Landesregierung?
   (Ja, ich habe die Absicht / Inf.-K.)
7. Bekommen die Stadtverordneten regelmäßig freie Eintrittskarten fürs Theater?
   (Es ist mir nichts davon bekannt, dass ...)
8. Muss man die Eintrittspreise für das Hallenbad unbedingt erhöhen?
   (Ja, ich fürchte, dass ...)

10 Bilden Sie aus dem Satz in Klammern, wenn es möglich ist, eine Infinitivkonstruktion, andernfalls einen *dass*-Satz.

Er unterließ es ... (Er sollte den Antrag rechtzeitig abgeben.)
Er unterließ es, den Antrag rechtzeitig abzugeben.

Das Kind hofft ... (Vielleicht bemerkt die Mutter den Fleck auf der Decke nicht.)
Das Kind hofft, dass die Mutter den Fleck auf der Decke vielleicht nicht bemerkt.

Ich warne dich ... (Du sollst dich nicht unnötig aufregen.)
Ich warne dich, dich unnötig aufzuregen.

1. Er vergaß ... (Er sollte den Schlüssel mitnehmen.)
2. Wir lehnen es ab ... (Man soll Singvögel nicht fangen und essen.)
3. Ich habe ihn gebeten ... (Er soll uns sofort eine Antwort geben.)
4. Die Behörde ersucht die Antragsteller ...
(Sie sollen die Formulare vollständig ausfüllen.)
5. Der Geschäftsmann befürchtet ... (Vielleicht betrügt ihn sein Partner.)
6. Jeder warnt die Autofahrer ... (Sie sollen nicht zu schnell fahren.)
7. Ich habe ihm versprochen ... (Ich will seine Doktorarbeit korrigieren.)
8. Er hat mich ermahnt ...
(Ich soll Flaschen und Papier nicht in den Mülleimer werfen.)
9. Meinst du ... (Hat er wirklich im vorigen Jahr wieder geheiratet?)
10. Wir haben ihn überzeugt ... (Er soll sich einen kleinen Hund kaufen.)

11 Bilden Sie Sätze mit dem Infinitiv Perfekt.

nicht früher heiraten (Ich bedaure es ...)
Ich bedaure es, nicht früher geheiratet zu haben.

aus dem Haus ausziehen (Fritz ist froh ...)
Fritz ist froh aus dem Haus ausgezogen zu sein.

1. von dir vorige Woche einen Brief erhalten (Ich habe mich gefreut ...)
2. dir nicht früher schreiben (Ich bedaure es, ...)
3. noch nie zu spät kommen (Ulrike behauptet ...)
4. dich nicht früher informieren (Es tut mir Leid, ...)
5. nicht früher zu einem Architekten gehen (Herr Häberle bereut ...)
6. mit diesem Brief endlich eine Anstellung finden (Es beruhigt mich, ...)
7. Sie mit meinem Vortrag gestern Abend nicht langweilen (Ich hoffe sehr ...)
8. Sie nicht vorher warnen (Es ist meine Schuld, ...)
9. aus dem Gefängnis entfliehen (Er gibt zu ...)
10. gestern verschlafen und zu spät kommen
(Ich ärgere mich ... zu ... und ... zu ...)

§ 17 Fragen

Vorbemerkungen

Es gibt zwei Arten von Fragen

a) Fragen ohne Fragewort (= Entscheidungsfragen).

b) Fragen mit Fragewort (= Bestimmungsfragen).

I Fragen ohne Fragewort

Einfache Entscheidungsfragen

a)	*Kennst* du den Mann?	Ja, ich kenne ihn. Nein, ich kenne ihn nicht.
b)	*Habt* ihr mich *nicht* verstanden?	*Doch,* wir haben dich verstanden. Nein, wir haben dich nicht verstanden.
	Hast du *keine* Zeit?	*Doch,* ich habe Zeit. Nein, ich habe keine Zeit.

Bei Fragen ohne Fragewort steht das konjugierte Verb am Anfang der Frage. Bei einer Frage mit Verneinung (siehe b) wird eine positive Antwort meist mit *doch* eingeleitet.

1 A liest den Aussagesatz für sich und bildet eine Frage hierzu. B antwortet ihm.

A: *Seid ihr heute abend zu Hause?*
B: Nein, wir sind heute abend nicht zu Hause; wir sind im Garten.

A: *Geht ihr gern in den Garten?*
B: Ja, wir gehen gern in den Garten.

1. Nein, wir haben den Garten nicht gekauft; wir haben ihn geerbt.
2. Nein, die Obstbäume haben wir nicht gepflanzt; sie waren schon da.
3. Ja, die Beete haben wir selbst angelegt.
4. Nein, die Beerensträucher waren noch nicht im Garten; die haben wir gesetzt.
5. Ja, das Gartenhaus ist ganz neu.
6. Ja, das haben wir selbst gebaut.
7. Nein, einen Bauplan haben wir nicht gehabt. (Habt ihr keinen Bauplan … ?)
8. Nein, so ein Gartenhäuschen ist nicht schwer zu bauen.
9. Nein, das Material dazu ist nicht billig.
10. Ja, so ein Garten macht viel Arbeit!

2 Bilden Sie Fragen zu den Aussagesätzen.

Haben Sie dem Finanzamt denn nicht geschrieben?
Doch, ich habe dem Finanzamt geschrieben.

1. Doch, ich habe mich beschwert.
2. Doch, ich habe meine Beschwerde schriftlich eingereicht.
3. Doch, ich habe meinen Brief sofort abgeschickt.
4. Doch, ich bin sofort zum Finanzamt gegangen.
5. Doch, ich habe Steuergeld zurückbekommen.
6. Doch, ich bin zufrieden.
7. Doch, ich bin etwas traurig über den Verlust.
8. Doch, ich baue weiter.

3 Geben Sie auf die Frage eine negative Antwort und darauf eine positive Entgegnung. Üben Sie, wenn möglich, zu dritt.

Backt dieser Bäcker auch Kuchen? *Nein, er backt keinen Kuchen.*
Doch, er backt auch Kuchen.

1. Verkauft der Metzger auch Hammelfleisch?
2. Macht dieser Schuster auch Spezialschuhe?
3. Ist Herr Hase auch Damenfrisör?
4. Arbeitet Frau Klein als Sekretärin?
5. Holt man sich in der Kantine das Essen selbst?
6. Bedient der Ober auch draußen im Garten?
7. Bringt der Briefträger auch am Samstag Post?
8. Ist die Bank am Freitag auch bis 17 Uhr geöffnet?
9. Hat der Busfahrer der Frau eine Fahrkarte gegeben?
10. Hat die Hauptpost auch einen Sonntagsdienst eingerichtet?
11. Ist der Kindergarten am Nachmittag geschlossen?
12. Gibt es in der Schule auch am Samstag Unterricht?

Differenzierte Entscheidungsfragen

a)	Sind Sie *erst* heute angekommen?	Ja, wir sind *erst* heute angekommen. Nein, wir sind *schon* gestern angekommen.
b)	Hat er den Brief *schon* beantwortet?	Ja, er hat den Brief *schon* beantwortet. Nein, er hat den Brief *noch nicht* beantwortet.
c)	Hat er *schon* 3000 Briefmarken?	Ja, er hat *schon* 3000 Briefmarken. Nein, er hat *erst* etwa 2500 Briefmarken.
d)	Hat er *noch nichts* erzählt?	Doch, aber er hat *noch nicht alles* erzählt. Nein, er hat *noch nichts* erzählt.
e)	Lebt er *noch*?	Ja, er lebt *noch*. Nein, er lebt *nicht mehr*.
f)	Bleibst du *nur* drei Tage hier?	Ja, ich bleibe *nur* drei Tage hier. Nein, ich bleibe *noch länger* hier.
g)	Liebt er dich etwa *nicht mehr*?	Doch, er liebt mich *noch*. Nein, er liebt mich *nicht mehr*.

Genauer und differenzierter kann man fragen und antworten mit Hilfe von *schon, erst, noch* usw.

4 A stellt Fragen, B antwortet entsprechend den Angaben in Klammern.

1. Geht Gustav noch in den Kindergarten? (nicht mehr)
2. Hat Dagmar schon eine Stelle? (noch kein_)
3. Hat Waltraut schon ihr Examen gemacht? (noch nicht)
4. Arbeitet Hilde noch in dem Anwaltsbüro? (nicht mehr)
5. Bleibt Ulli noch länger bei der Firma? (nicht mehr lange)
6. Hat er schon gekündigt? (noch nicht)
7. Hat Andreas immer noch keine Anstellung gefunden? (noch kein_)
8. Kommt dein Bruder denn nicht mehr von Amerika zurück? (nur noch im Urlaub)
9. Hat er dort eine gut bezahlte Stelle gefunden? (noch keine)
10. Bekommt er denn keine Aufenthaltsgenehmigung? (erst in vier Wochen)
11. Hat Ulrich noch keinen Bescheid über das Ergebnis seiner Bewerbung? (… kommt erst im nächsten Monat …)
12. Hat sich Gisela denn noch nicht um die Stelle beworben? (schon seit langem)
13. Musst du schon wieder nach China reisen? (erst in zwei Wochen ...)
14. Sind wir bald in Hamburg? (erst in drei Stunden …)
15. Ist Herr Müller schon gegangen? (schon vor zehn Minuten...)

5 … schon …? – … erst … / … erst …? – … schon … – Üben Sie nach Beispiel a oder b.

a) Habt ihr die Wohnung schon renoviert? (anfangen)
   Nein, wir haben erst angefangen.

b) Habt ihr erst ein Zimmer tapeziert? (zwei Zimmer)
   Nein, wir haben schon zwei Zimmer tapeziert.

1. Habt ihr schon alle Fenster geputzt? (die Fenster im Wohnzimmer)
2. Habt ihr das Treppenhaus schon renoviert? (den Hausflur)
3. Habt ihr erst eine Tür gestrichen? (fast alle Türen)
4. Habt ihr die neuen Waschbecken schon installiert? (die Spüle in der Küche)
5. Habt erst den Fußboden im Wohnzimmer erneuert? (alle Fußböden)
6. Habt ihr schon alle Lampen aufgehängt? (die Lampe im Treppenhaus)

6 … schon …? – noch nicht / noch nichts / noch kein …
Üben Sie nach Beispiel a, b oder c.

a) Waren Sie *schon* mal in Hamburg? *Nein, ich war noch nicht dort.*
b) Haben Sie *schon etwas* von ihrem Freund gehört? *Nein, ich habe noch nichts von ihm gehört.*
c) Haben Sie *schon eine* Fahrkarte? *Nein, ich habe noch keine.*

1. Haben Sie schon eine Einladung?
2. Hat Horst das Fahrrad schon bezahlt?
3. Hast du ihm schon geschrieben?
4. Hast du schon eine Nachricht von ihm?

5. Hat er dir schon gedankt?
6. Bist du schon müde?
7. Habt ihr schon Hunger?
8. Hast du deinem Vater etwas von dem Unfall erzählt?

7 … noch … ? – nicht mehr / nichts mehr / kein … mehr – Üben Sie nach Beispiel a, b oder c.

a) Erinnerst du dich *noch* an seinen Namen? *Nein, ich erinnere mich nicht mehr daran.*
b) Hat Gisela *noch etwas* gesagt? *Nein, sie hat nichts mehr gesagt.*
c) Haben Sie *noch* Zeit? *Nein, ich habe keine Zeit mehr.*

1. Hast du noch Geld?
2. Hast du noch einen Bruder?
3. Hast du vom Nachtisch noch etwas übrig?
4. Habt ihr noch Fotos von euren Klassenkameraden?
5. Hast du heute noch Unterricht?
6. Haben Sie noch besondere Wünsche?
7. Bleiben Sie noch lange hier?
8. Möchten Sie noch etwas Wein?

II Fragen mit Fragewort

Einfache Fragewörter

temporal	*Wann* kommt ihr aus Kenia zurück?	Im November.
kausal	*Warum* schreibt ihr so selten?	Weil wir so wenig Zeit haben.
modal	*Wie* fühlt ihr euch dort?	Ausgezeichnet.
lokal	*Wo* habt ihr die Elefanten gesehen?	Im Nationalpark.
	Wohin reist ihr anschließend?	Nach Ägypten.
Subjekt	*Wer* hat euch das Hotel empfohlen?	Der Reiseleiter. (= Person)
	Was hat euch am besten gefallen?	Die Landschaft. (= Sache)
Akk.-Objekt	*Wen* habt ihr um Rat gebeten?	Einen Arzt. (= Person)
	Was hat er euch gegeben?	Tabletten. (= Sache)
Dat.-Objekt	*Wem* habt ihr 100 Euro borgen müssen?	Einer Zoologiestudentin.
Gen.-Attribut	*Wessen* Pass ist verloren gegangen?	Der Pass der Studentin.

Der Fragesatz beginnt mit dem Fragewort (Position I), dann folgt das konjugierte Verb (Position II) und das Subjekt (Position III bzw. IV); siehe § 22 ff.

Fragewörter mit Substantiven

Wie viele Stunden seid ihr gewandert?	Sieben Stunden.
Wie viel Geld habt ihr schon ausgegeben?	Erst 80 Dollar.

wie viele oder *wie viel* fragt nach einer bestimmten Zahl. Nach *wie viele* folgt meistens ein Substantiv im Plural ohne Artikel, nach *wie viel* ein Substantiv im Singular ohne Artikel (siehe § 3, III, 2 und § 39, IV).

Welches Hotel hat euch am besten gefallen? Das „Hotel zum Stern".

welcher, -e, -es Pl. *-e* fragt nach einer bestimmten Person oder Sache, wenn man unter verschiedenen Personen oder Sachen auswählen kann. Die Endungen sind dieselben wie beim bestimmten Artikel (siehe § 39, I).

Was für ein Zimmer habt ihr genommen? Ein Doppelzimmer mit Bad.

was für ein, -e, -; Pl. *was für* (Substantiv ohne Artikel) fragt nach der Eigenschaft einer Person oder Sache.

„wie" + Adverb

Wie lange seid ihr schon in Nairobi?	Einen Monat. (Akk.)
Wie oft hört ihr Vorträge?	Dreimal in der Woche.

wie lange fragt nach der Zeitdauer, *wie oft* fragt nach der Häufigkeit einer Handlung oder eines Zustands.

Wie lang war die Schlange?	Einen Meter. (Akk.)
Wie hoch war das Gebäude?	Fünf Stockwerke hoch. (Akk.)

Nach *wie* können Adjektive wie *alt, dick, groß, hoch, lang, schwer, tief, weit* usw. stehen. Man fragt nach dem Maß, Gewicht, Alter usw. einer Person oder Sache. Die Angaben in der Antwort stehen dann im Akkusativ (siehe § 43, II).

Fragewörter mit Präpositionen

Mit wem habt ihr euch angefreundet?	Mit einer dänischen Familie.
An wen erinnert ihr euch am liebsten?	An den witzigen Fremdenführer.
Womit habt ihr euch beschäftigt?	Mit Landeskunde.
Worüber habt ihr euch gewundert?	Über die Fortschritte des Landes.

Bei Fragen nach einem Präpositionalobjekt muss man zwischen Personen und Sachen unterscheiden (siehe § 15, II). Bei Personen steht die Präposition vor dem Fragewort, bei Sachen oder allgemeinen Zuständen gebraucht man *wo(r)-* + Präposition.

In welche Länder fahrt ihr noch?	Nach Ägypten und Tunesien.
Bis wann wollt ihr dort bleiben?	Bis Ende März.

Auch vor temporalen, lokalen usw. Fragewörtern können Präpositionen stehen.

8 Frage und Antwort

Wie... ; – Ich heiße Franz Wehner.
Wie heißen Sie? – Ich heiße Franz Wehner.

1. Wo ... ?	Ich wohne in Kassel, Reuterweg 17.
2. Wann ... ?	Ich bin am 13. 12. 1962 geboren.
3. Um wie viel Uhr ... ?	Gegen 20 Uhr bin ich durch den Park gegangen.
4. Wer ... ?	Ein junger Mann hat mich angefallen.

5. Was … ?	Er hat mir die Brieftasche abgenommen.
6. Woher … ?	Er kam aus einem Gebüsch rechts von mir.
7. Wohin … ?	Er ist tiefer in den Park hineingelaufen.
8. Weshalb … ?	Ich war so erschrocken; deshalb habe ich nicht um Hilfe gerufen.
9. Wie groß … ?	Der Mann war ungefähr 1,80 Meter groß.
10. Wie … ?	Er sah schlank aus, hatte dunkle Haare, aber keinen Bart.
11. Was … ?	Er hatte eine blaue Hose und ein blaues Hemd an.
12. Was für … ?	Er trug ein Paar alte Tennisschuhe.
13. Wie viel Geld … ?	Ich hatte einen Hunderteuroschein in der Brieftasche.
14. Was … ?	Außerdem hatte ich meinen Personalausweis, meinen Führerschein und ein paar Notizzettel in der Brieftasche.
15. Wie viele … ?	Zwei Personen haben den Überfall gesehen.
16. Was für … ?	Ich habe keine Verletzungen erlitten.

9 Ebenso.

1. An wen … ?	Ich habe an meine Schwester geschrieben.
2. Von wem … ?	Den Ring habe ich von meinem Freund.
3. Hinter welchem Baum … ?	Der Junge hat sich hinter dem dritten Baum versteckt.
4. Was für ein … ?	Mein Freund hat sich ein Fahrrad mit Dreigangschaltung gekauft.
5. Wo … ?	Der Radiergummi liegt in der zweiten Schublade.
6. Zum wie vielten Mal … ?	Ich fahre dieses Jahr zum siebten Mal nach Österreich in Urlaub.
7. Wessen … ?	Das ist das Motorrad meines Freundes.
8. In welchem Teil … ?	Meine Großeltern liegen im unteren Teil des Friedhofs begraben.
9. Von welcher Seite … ?	Die Bergsteiger haben den Mont Blanc von der Südseite bestiegen.
10. Am wie vielten April … ?	Mutter hat am 17. April ihren sechzigsten Geburtstag.
11. Um wie viel Uhr … ?	Der Schnellzug kommt um 17.19 Uhr hier an.
12. Wie viele … ?	Wir sind vier Geschwister.
13. Welches Bein … ?	Mir tut das linke Bein weh.
14. Von wem … ?	Den Teppich habe ich von meinen Eltern.
15. Wie oft … ?	Ich fahre dreimal in der Woche nach Marburg in die Klinik.

10 Fragen Sie nach dem schräg gedruckten Satzteil.

Meine Schwester wohnt im *Stadtteil Bornheim.*
In welchem Stadtteil wohnt Ihre Schwester?

1. Sie wohnt *im 5. Stockwerk.*
2. Sie hat eine *Drei-Zimmer*-Wohnung mit *Balkon.*

3. Die Wohnung kostet *520 Euro*.
4. Die Wohnung darunter gehört *mir*.
5. Sie ist *genauso* groß.
6. Ich wohne hier schon *seit drei Jahren*.
7. Wir wohnen *mit drei Personen* in der Wohnung.
8. Unser Vorort hat *3000 Einwohner*.
9. Er ist *nur 5 Kilometer* von der Großstadt entfernt.
10. Ich brauche *eine halbe Stunde* bis zu meinem Dienstort.
11. Ich fahre *mit der Linie 7*.
12. *Um fünf Uhr abends* bin ich wieder zu Hause.

11 Bilden Sie zu den Sätzen möglichst viele Fragen, die Ihr Lernpartner beantwortet.

In den Sommerferien fährt Familie Bug mit ihren zwei Söhnen und einer Tochter für zwei Wochen zum Wandern und Bergsteigen in die Alpen.

Wer fährt in die Berge?	*Eine Familie.*
Wie heißt die Familie?	*Sie heißt Bug.*
Wann fährt die Familie in die Berge?	*In den Sommerferien.*
Fährt die Familie nicht in die Alpen?	*Doch, sie fährt in die Alpen.*
Aus wie viel Personen besteht die Familie?	*Aus den Eltern, zwei Söhnen und einer Tochter.*
Wie lange machen sie dort Urlaub?	*Zwei Wochen.*
Wollen die Bugs dort Städte besichtigen?	*Nein, sie wollen wandern und bergsteigen.*
Fährt die Familie nach Österreich?	*Das weiß ich nicht, auf jeden Fall in die Alpen.*

1. Die Familie fährt schon seit sieben Jahren jeden Sommer zur Familie Moosbichl in dieselbe Pension, wo sie schon so herzlich wie Familienmitglieder begrüßt wird.
2. Manchmal machen sie gemeinsam eine Wanderung von zwanzig bis dreißig Kilometern, manchmal geht Vater Bug mit den Kindern zum Bergsteigen in den Fels, während Frau Bug in der nahen Stadt Einkäufe tätigt oder sich in der Sonne ausruht.
3. Mutter Bug freut sich, wenn alle wieder heil nach Hause gekommen sind, denn Bergsteigen ist bekanntlich nicht ungefährlich.

§ 18 Modalverben

Vorbemerkung

Mit Hilfe der Modalverben kann man ausdrücken, wie jemand zu einer Handlung steht, z.B.
ob jemand etwas machen *will*
ob jemand etwas machen *kann,*
ob jemand etwas machen *muss* usw.

Deshalb braucht ein Modalverb ein weiteres Verb: das Vollverb. Das Vollverb steht im Infinitiv ohne *zu*:
Er *muss* heute länger *arbeiten.*

I Die Bedeutung der Modalverben

dürfen

a) eine Erlaubnis oder ein Recht
In diesem Park dürfen Kinder spielen.
b) ein Verbot (immer mit Negation)
Bei Rot darf man die Straße nicht überqueren.
c) eine negative Anweisung
Man darf Blumen in der Mittagshitze nicht gießen.

können

a) eine Möglichkeit oder Gelegenheit
In einem Jahr können wir das Haus bestimmt teurer verkaufen.
b) eine Fähigkeit
Er kann gut Tennis spielen.

mögen

a) eine Zuneigung oder Abneigung
Ich mag mit dem neuen Kollegen nicht zusammenarbeiten.
b) dasselbe als Vollverb
Ich mag keine Schlagsahne!

ich möchte, du möchtest usw.

c) ein Wunsch
Wir möchten ihn gern kennen lernen.
d) eine höfliche Aufforderung
Sie möchten nach fünf bitte noch einmal anrufen.

müssen

a) ein äußerer Zwang
Mein Vater ist krank, ich muss nach Hause fahren.
b) eine Notwendigkeit
Nach dem Unfall mussten wir zu Fuß nach Hause gehen.
c) die nachträgliche Feststellung einer Notwendigkeit
Das musste ja so kommen, wir haben es geahnt.

d) Negation von *müssen* = *nicht brauchen* + *zu* + Infinitiv (siehe § 16 II Anm. 4):
Mein Vater ist wieder gesund, ich brauche nicht nach Hause zu fahren.

sollen

a) ein Gebot, ein Gesetz
Du sollst nicht töten.
b) eine Pflicht, eine moralische Forderung
Jeder soll die Lebensart des anderen anerkennen.
c) ein Befehl, ein Auftrag eines anderen
Ich soll nüchtern zur Untersuchung kommen. Das hat der Arzt gesagt.

wollen

a) ein Wunsch, ein Wille
Ich will dir die Wahrheit sagen.
b) eine Absicht, ein Plan (auf Personen bezogen)
Im Dezember wollen wir in das neue Haus einziehen.

Weitere Bedeutungen der Modalverben siehe § 20 und § 54, VI.

Anmerkungen

1. In einzelnen Fällen kann das Vollverb auch weggelassen werden:
Ich muss nach Hause (gehen). Sie kann gut Englisch (sprechen).
Er will in die Stadt (fahren). Ich mag keine Schlagsahne (essen).

2. Wenn der Zusammenhang klar ist, können Modalverben auch als selbstständige Verben gebraucht werden:
Ich *kann* nicht gut *kochen.*
Meine Mutter *konnte* es auch nicht.
Wir haben es beide nicht gut *gekonnt.*

II Formen und Gebrauch

Präsens (Sonderformen im Singular)

dürfen	*können*	*mögen*	*müssen*	*sollen*	*wollen*
ich **darf**	ich **kann**	ich **mag**	ich **muss**	ich **soll**	ich **will**
du **darfst**	du **kannst**	du **magst**	du **musst**	du **sollst**	du **willst**
er **darf**	er **kann**	er **mag**	er **muss**	er **soll**	er **will**
wir dürfen	wir können	wir mögen	wir müssen	wir sollen	wir wollen
ihr dürft	ihr könnt	ihr mögt	ihr müsst	ihr sollt	ihr wollt
sie dürfen	sie können	sie mögen	sie müssen	sie sollen	sie wollen

Stellung der Modalverben im Hauptsatz

Präsens	Der Arbeiter *will*	den Meister *sprechen.*
Präteritum	Der Arbeiter *wollte*	den Meister *sprechen.*
Perfekt	Der Arbeiter *hat*	den Meister *sprechen wollen.*
Plusquamperfekt	Der Arbeiter *hatte*	den Meister *sprechen wollen.*

1. Im Präsens und Präteritum steht das konjugierte Modalverb in der Position II.
2. Im Perfekt und Plusquamperfekt steht das konjugierte Hilfsverb in der Position II. Das Hilfsverb ist immer *haben*. Das Modalverb steht dann im Infinitiv am Ende des Satzes, also hinter dem Vollverb.

Stellung der Modalverben im Nebensatz

Präsens	Es ist schade, dass er uns nicht	*besuchen kann.*
Präteritum	Es ist schade, dass er uns nicht	*besuchen konnte.*
Perfekt	Es ist schade, dass er uns nicht *hat*	*besuchen können.*
Plusquamperfekt	Es ist schade, dass er uns nicht *hatte*	*besuchen können.*

1. Im Präsens und Präteritum steht das Modalverb in der konjugierten Form am Ende des Nebensatzes.
2. Im Perfekt und Plusquamperfekt steht das Modalverb wieder im Infinitiv am Ende des Nebensatzes. Das konjugierte Hilfsverb steht dann *vor* den beiden Infinitiven. (Passiv mit Modalverben siehe § 19, III)

1 Setzen Sie das richtige Modalverb ein.

A *In diese Straße dürfen keine Fahrzeuge hineinfahren.*

B *Hier müssen Sie halten.*

C *Achtung! Hier können Tiere über die Straße laufen.*

1. Hier ... man auf Kinder aufpassen.
2. Hier ... Sie den Verkehr auf der Hauptstraße vorlassen.
3. Hier ... wilde Tiere (= Rehe, Wildschweine etc.) die Straße überqueren.

4. Diese Straße ... man nur in einer Richtung befahren.

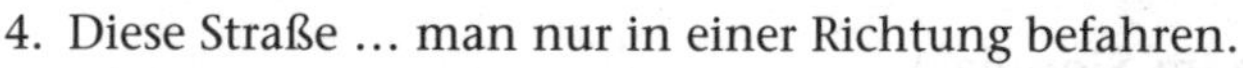

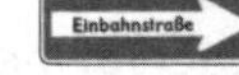

5. In diese Straße ... keine Kraftfahrzeuge hineinfahren.

6. Von dieser Seite ... man nicht in die Straße hineinfahren.
7. Hier ... Sie links abbiegen.

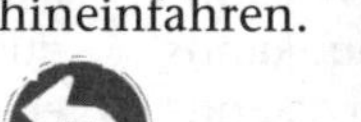

8. In diese Straße ... keine Lastwagen hineinfahren.

9. Hier ... Sie geradeaus fahren oder rechts abbiegen. Sie ... nicht links abbiegen.

10. In dieser Straße ... man nicht schneller als 30 km/h fahren.

11. Hier ... man nicht überholen.

2 Setzen Sie das passende Modalverb in der richtigen Form in die Lücke ein.

1. Leider ... ich nicht länger bei dir bleiben, denn ich ... um 17 Uhr mit dem Zug nach München fahren.
2. Eis oder Kaffee? Was ... du?
3. Ich ... keinen Kaffee trinken; der Arzt hat's mir verboten.
4. Ich ... täglich dreimal eine von diesen Tabletten nehmen.
5. Wo ... du denn hin? ... du nicht einen Moment warten, dann gehe ich gleich mit dir?
6. „Guten Tag! Wir ... ein Doppelzimmer mit Bad; aber nicht eins zur Straße. Es ... also ein ruhiges Zimmer sein." – „Ich ... Ihnen ein Zimmer zum Innenhof geben. ... Sie es sehen?" – „Ja, sehr gern." – „... wir Sie morgen früh wecken?" – „Nein, danke, wir ... ausschlafen."

3 Setzen Sie den Text ins Präteritum.

Herr Müller will ein Haus bauen. Er muss lange sparen. Auf den Kauf eines Grundstücks kann er verzichten, denn das hat er schon.
Er muss laut Vorschrift einstöckig bauen. Den Bauplan kann er nicht selbst machen. Deshalb beauftragt er einen Architekten; dieser soll ihm einen Plan für einen Bungalow machen. Der Architekt will nur 750 Euro dafür haben; ein „Freundschaftspreis", sagt er.
Einen Teil der Baukosten kann der Vater finanzieren. Trotzdem muss sich Herr Müller noch einen Kredit besorgen. Er muss zu den Banken, zu den Ämtern und zum Notar laufen. – Endlich kann er anfangen.

4 Setzen Sie den Text jetzt ins Perfekt. Beginnen Sie so:

Mein Freund erzählte mir: „Herr Müller hat ein Haus bauen wollen. Er hat ... "

5 a Üben Sie die Modalverben.

Gehst du morgen in deinen Sportklub?
Nein, morgen kann ich nicht in meinen Sportklub gehen.

1. Bezahlst du die Rechnung sofort?
2. Kommst du morgen Abend zu unserer Party?
3. Reparierst du dein Motorrad selbst?
4. Fährst du im Urlaub ins Ausland?
5. Kaufen Sie sich diesen Ledermantel?
6. Sprechen Sie Türkisch?

b Kannst du mich morgen besuchen? (in die Bibliothek gehen)
Nein, morgen muss ich in die Bibliothek gehen.

1. Hast du morgen Zeit für mich? (Wäsche waschen)
2. Fährst du nächste Woche nach Hamburg? (nach München fahren)
3. Machst du nächstes Jahr die Amerikareise? (mein Examen machen)
4. Kommst du heute Abend in die Disko? (meine Mutter besuchen)
5. Gehst du jetzt mit zum Sportplatz? (nach Hause gehen)
6. Machst du am Sonntag die Wanderung mit? (zu Hause bleiben und lernen)

c Lösen Sie diese mathematische Aufgabe!
Ich soll diese mathematische Aufgabe lösen? Aber ich kann sie nicht lösen.

1. Schreiben Sie einen Aufsatz über die Lage der Behinderten in der Bundesrepublik!
2. Machen Sie eine Reise durch die griechische Inselwelt!
3. Verklagen Sie Ihren Nachbarn wegen nächtlicher Ruhestörung!
4. Geben Sie Ihre Reisepläne auf!
5. Lassen Sie Ihren Hund für die Dauer der Reise bei Ihrem Nachbarn!
6. Kaufen Sie sich einen schnellen Sportwagen!

6 Gartenarbeit

Wollten Sie nicht Rasen (m) säen?
Doch, aber ich konnte ihn noch nicht säen.

Wollten Sie nicht ...
1. Unkraut (n) ausreißen?
2. Salat (m) pflanzen?
3. Blumen (Pl.) gießen?
4. ein Beet (n) umgraben?
5. ein Blumenbeet anlegen?
6. die Obstbäume beschneiden?
7. neue Beerensträucher setzen?
8. Kunstdünger (m) streuen?

7 Üben Sie mit den Sätzen der Übung 6 jetzt das Perfekt nach folgendem Muster:

Wollten Sie nicht Rasen (m) säen?
Ja schon, aber ich habe ihn noch nicht säen können.

8 „müssen – nicht brauchen" – Verneinen Sie die Fragen mit „nicht brauchen".

Musst du heute ins Büro *gehen?* *Nein, ich brauche heute nicht ins Büro zu gehen.*

Musst du ...
1. ... aus der Wohnung ausziehen?
2. ... die Wohnung gleich räumen?
3. ... die Möbel verkaufen?
4. ... eine neue Wohnung suchen? (keine neue Wohnung)
5. ... die Wohnungseinrichtung bar bezahlen?
6. ... den Elektriker bestellen?
7. ... ein neues Schloss in die Tür einbauen? (kein)
8. ... einen Wohnungsmakler einschalten? (keinen)
9. ... eine Garage mieten? (keine)
10. ... den Hausbesitzer informieren?

III Verben, die wie Modalverben gebraucht werden

hören, lassen, sehen, helfen

a) im Hauptsatz	Präsens	Er *hört* mich Klavier *spielen.*
	Präteritum	Er *ließ* den Taxifahrer *warten.*
	Perfekt	Du hast die Gefahr *kommen sehen.*

b) im Nebensatz	Präsens	Ich weiß, dass er mich Klavier *spielen hört.*
	Präteritum	Ich weiß, dass er den Taxifahrer *warten ließ.*
	Perfekt	Ich weiß, dass du die Gefahr *hast kommen sehen.*

Wenn die Verben *hören, lassen, sehen, helfen* zusammen mit einem Vollverb gebraucht werden, verhalten sie sich im Haupt- und Nebensatz genauso wie Modalverben (siehe unter II).

bleiben, gehen, lehren, lernen

a) im Hauptsatz	Präsens	Er *bleibt* bei der Begrüßung *sitzen.*
	Perfekt	Er *ist* bei der Begrüßung *sitzen geblieben.*
	Präsens	Sie *geht* jeden Abend *tanzen.*
	Perfekt	Sie *ist* jeden Abend *tanzen gegangen.*
	Präsens	Er *lehrt* seinen Sohn *lesen* und *schreiben.*
	Perfekt	Er *hat* seinen Sohn *lesen* und *schreiben gelehrt.*
b) im Nebensatz	Präsens	Ich weiß, dass sie nicht gern *einkaufen geht.*
	Präteritum	Ich weiß, dass er noch mit 80 Rad *fahren lernte.*
	Perfekt	Ich weiß, dass dein Mantel im Restaurant *hängen geblieben ist.*

Wenn die Verben *bleiben, gehen, lehren, lernen* zusammen mit einem Vollverb gebraucht werden, verhalten sie sich im Präsens und Präteritum im Haupt- und Nebensatz genauso wie Modalverben (siehe unter II). Im Perfekt und Plusquamperfekt aber werden sie wieder in der gewöhnlichen Satzstellung mit Hilfsverb und Partizip Perfekt gebraucht.

Anmerkung

Das Verb *bleiben* wird mit nur wenigen Verben zusammen verwendet:
jemand / etwas bleibt ... liegen / hängen / sitzen / stehen / stecken / haften / kleben / wohnen

IV Modalverben mit zwei Infinitiven

a) im Hauptsatz	Präsens	Ich kann dich nicht weinen sehen.
		Du musst jetzt telefonieren gehen.
	Präteritum	Er musste nach seinem Unfall wieder laufen lernen.
		Er konnte den Verletzten nicht rufen hören.
	Perfekt*	Sie hat ihn nicht weggehen lassen wollen.
		Der Wagen hat dort nicht stehen bleiben dürfen.
b) Nebensatz	Präsens	Ich weiß, dass er sich scheiden lassen will.
	Präteritum	Ich weiß, dass er das Tier nicht leiden sehen konnte.
	Perfekt*	Ich weiß, dass er mit uns hat essen gehen wollen.

* Das Perfekt mit drei und mehr Verben am Satzende ist kompliziert und stilistisch problematisch. Meist wird das Präteritum vorgezogen.

1. Wenn ein Modalverb und ein Verb, das wie ein Modalverb gebraucht werden kann (siehe unter III), in einem Satz vorkommen, hat das Modalverb die wichtigste Position im Satz. Es gelten alle Regeln für den Gebrauch von Modalverben. Das Hilfsverb im Perfekt und Plusquamperfekt ist immer *haben.*

2. Das Verb, das wie ein Modalverb gebraucht werden kann, steht hinter dem Vollverb, beide stehen im Infinitiv.

Anmerkungen

1. Die Verben *helfen, lehren* und *lernen* werden im Allgemeinen nur dann als Modalverben gebraucht, wenn ein Infinitiv allein folgt oder wenn er nur durch wenige, kurze Zusätze erweitert wird:
   Wir helfen euch die Koffer packen.
   Er lehrte seinen Enkel schwimmen.

2. Wenn der Infinitiv zu einem längeren Satz erweitert wird, steht eine Infinitivkonstruktion mit *zu.*
   Ich *habe* ihm *geholfen* ein Haus für seine fünfköpfige Familie und seine Anwaltspraxis zu finden.
   Endlich *haben* wir *gelernt,* die Erläuterungen zur Lohnsteuer *zu verstehen.*

3. Auch die Verben *fühlen* und *spüren* können mit einem Vollverb im Infinitiv stehen:
   Ich spüre den Schmerz wiederkommen.
   Er fühlt das Gift wirken.

   Häufiger sagt man aber:
   Ich spüre, wie der Schmerz wiederkommt.
   Er fühlt, wie das Gift wirkt.

4. Das Verb *brauchen* steht mit einem Infinitiv mit *zu.* Die Negation von *müssen* ist *nicht brauchen* (siehe § 16, II, Anm. 4):
   Musst du heute kochen? – Nein, heute brauche ich nicht zu kochen.

9 Zwei Modalverben im Satz – Üben Sie nach folgendem Muster:

Der Hausbesitzer lässt das Dach nicht reparieren. (müssen)
A: Muss der Hausbesitzer das Dach nicht reparieren lassen?
B: Doch, er muss es reparieren lassen.

1. Die Autofahrer sehen die Kinder dort nicht spielen. (können)
2. Müllers gehen heute nicht auswärts essen. (wollen)
3. Der kleine Junge lernt jetzt nicht lesen. (wollen)
4. Herr Gruber lässt sich keinen neuen Anzug machen. (wollen)
5. Man hört die Kinder auf dem Hof nicht rufen und schreien. (können)
6. Die Studenten bleiben in dem Haus nicht länger wohnen. (dürfen)
7. Sie lässt sich nach 35-jähriger Ehe nicht plötzlich scheiden. (wollen) (Nein, ...)
8. Die Krankenschwestern lassen die Patienten nicht gern warten. (wollen) (Nein, ...)
9. Der Autofahrer bleibt nicht am Straßenrand stehen. (dürfen)
10. Er hilft ihm nicht suchen. (wollen)

10 Setzen Sie die Fragen und Antworten der Übung 9 jetzt ins Perfekt.

A: Hat der Hausbesitzer das Dach reparieren lassen müssen?
B: Nein, er hat es nicht reparieren lassen müssen.

11 Bilden Sie aus den Antworten der Übung 10 Nebensätze, indem Sie einen Hauptsatz davor setzen, z. B. *Es ist (mir) klar, dass …; Ich weiß, dass…; Es ist verständlich, dass…; Es ist (mir) bekannt, dass …*

Ich weiß, dass er es nicht hat reparieren lassen müssen.

12 Feuer! – hören / sehen. Üben Sie nach den folgenden Mustern:

Die Sirenen heulen. *Hörst du die Sirenen heulen?*
Die Feuerwehrleute rennen zu den Wagen. *Siehst du die Feuerwehrleute zu den Wagen rennen?*

1. Das Haus brennt.
2. Rauch quillt aus dem Dach.
3. Die Feuerwehr eilt herbei.
4. Die Leute rufen um Hilfe.
5. Das Vieh brüllt in den Ställen.
6. Ein Mann steigt auf die Leiter.
7. Die Kinder springen aus dem Fenster.

13 In der Jugendherberge helfen.

Ich packe jetzt den Rucksack! *Ich helfe dir den Rucksack packen.*
Wir tragen die Rucksäcke jetzt zum Bus! *Wir helfen euch die Rucksäcke zum Bus tragen.*

1. Wir machen jetzt die Betten!
2. Wir decken jetzt den Tisch!
3. Wir kochen jetzt den Kaffee!
4. Ich teile jetzt das Essen aus!
5. Ich spüle jetzt das Geschirr!
6. Wir räumen jetzt das Zimmer auf!

14 Beim Hausbau – lassen

das Dach decken *Deckst du das Dach selbst?*
Nein, ich lasse es decken.

1. die Elektroleitungen verlegen
2. die Heizung installieren
3. die Fenster streichen
4. die Schränke einbauen
5. die Wohnung mit Teppichen auslegen
6. die Möbel aufstellen

15 Bilden Sie von den Sätzen der Übung 12 jetzt auch das Perfekt.

Ich habe die Sirenen heulen hören.
Ich habe die Feuerwehrleute zu den Wagen springen sehen.

16 Ebenso mit Übung 13.

Ich habe den Rucksack packen helfen.

17 Ebenso mit Übung 14.

Ich habe das Dach decken lassen.

18 bleiben, gehen, lehren, lernen

schwimmen gehen — *Gehst du schwimmen?*
Nein, aber die anderen sind schwimmen gegangen.

1. Maschine schreiben lernen
2. hier wohnen bleiben
3. Tennis spielen gehen
4. Gitarre spielen lernen
5. tanzen gehen
6. hier sitzen bleiben

§ 19 Das Passiv

I Konjugation

	Präsens			*Präteritum*		
Singular	ich	werde	gefragt	ich	wurde	gefragt
	du	wirst	gefragt	du	wurdest	gefragt
	er	wird	gefragt	er	wurde	gefragt
Plural	wir	werden	gefragt	wir	wurden	gefragt
	ihr	werdet	gefragt	ihr	wurdet	gefragt
	sie	werden	gefragt	sie	wurden	gefragt

	Perfekt			*Plusquamperfekt*		
Singular	ich	bin	gefragt worden	ich	war	gefragt worden
	du	bist	gefragt worden	du	warst	gefragt worden
	er	ist	gefragt worden	er	war	gefragt worden
Plural	wir	sind	gefragt worden	wir	waren	gefragt worden
	ihr	seid	gefragt worden	ihr	wart	gefragt worden
	sie	sind	gefragt worden	sie	waren	gefragt worden

1. Man bildet das Passiv mit dem Hilfsverb *werden* und dem Partizip Perfekt des Vollverbs.
2. Im Perfekt und Plusquamperfekt Passiv ist das Hilfsverb immer *sein*; nach dem Partizip Perfekt des Vollverbs steht *worden*.

Anmerkung

Die Stammformen von *werden* lauten: *werden – wurde – geworden*. Nur im Perfekt und Plusquamperfekt Passiv steht die verkürzte Form *worden*.

1a Bilden Sie Sätze im Passiv Präsens.

Von den Aufgaben des Kochs: *Kartoffeln schälen*

Was ist los in der Küche? *Kartoffeln werden geschält.*

1. Kartoffeln reiben
2. Salz hinzufügen
3. Fleisch braten
4. Reis kochen
5. Salat waschen
6. Gemüse schneiden
7. Würstchen (Pl.) grillen
8. Milch, Mehl und Eier mischen
9. Teig rühren
10. Kuchen backen
11. Sahne schlagen
12. Brötchen (Pl.) streichen und belegen

b Die Küchenarbeit ist beendet. Was wurde gemacht? Üben Sie mit obigen Wörtern.

Kartoffeln schälen *Kartoffeln wurden geschält.*

2a Was ist alles im Büro los? Nehmen Sie die Übung § 7, Nr. 1 und üben Sie damit das Passiv Präsens.

Telefonate weiterleiten *Telefonate werden weitergeleitet.*

b Was war los im Büro? Nehmen Sie die Übung § 7, Nr. 1 und bilden Sie Sätze im Passiv Präteritum.

Telefonate weiterleiten *Telefonate wurden weitergeleitet.*

3 Bilden Sie das Passiv. Die Verben am Ende der Übung helfen Ihnen, wenn Sie nicht weiterkommen.

In der Fabrik wird gearbeitet.

Was geschieht ...

1. in der Kirche?
2. in der Schule?
3. an der Kasse?
4. auf dem Sportplatz?
5. im Gesangverein?
6. in der Küche?
7. in der Bäckerei?
8. auf der Jagd?
9. beim Frisör?
10. im Schwimmbad?
11. auf dem Feld?
12. beim Schuster?
13. auf dem Eis?
14. in der Wäscherei?

Verben hierzu: schießen, säen und ernten, Haare schneiden, kochen, schwimmen, singen, Fußball spielen, lernen, beten, zahlen, Schuhe reparieren, Wäsche waschen, Schlittschuh laufen, Brot backen.

II Gebrauch

Vorbemerkungen

1. In einem Aktivsatz ist das Subjekt, die handelnde Person, wichtig:
Der Hausmeister schließt abends um 9 Uhr die Tür ab.

In einem Passivsatz steht die Handlung im Vordergrund; die handelnde Person (das Subjekt des Aktivsatzes) ist oft unwichtig oder uninteressant und wird meist weggelassen:
Abends um 9 Uhr wird die Tür abgeschlossen.

2. Oft ist der Urheber einer Handlung nicht bekannt; dann gebraucht man einen Aktivsatz mit *man* oder einen Passivsatz, wobei *man* immer wegfällt:
Man baut hier eine neue Straße.
Hier *wird* eine neue Straße *gebaut.*

Passivsätze mit Subjekt

Präsens Aktiv	Die Ärztin untersucht *den Patienten* vor der Operation.
Präsens Passiv	*Der Patient* wird vor der Operation untersucht.
Perfekt Aktiv	Die Ärztin hat *den Patienten* vor der Operation untersucht.
Perfekt Passiv	*Der Patient* ist vor der Operation untersucht worden.

Das Akkusativobjekt des Aktivsatzes wird Subjekt (= Nominativ) des Passivsatzes.
Das Subjekt des Aktivsatzes – außer *man* – kann mit *von* + Dativ in den Passivsatz aufgenommen werden:
Die Ärztin untersucht den Patienten vor der Operation.

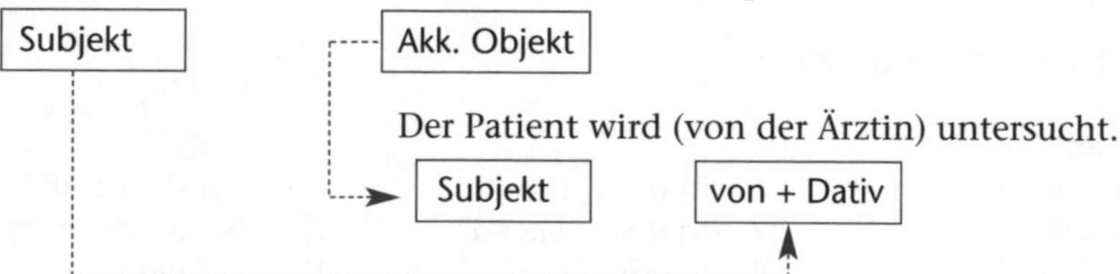

Das ist aber meist unnötig, denn wenn die handelnde Person wichtig ist, bevorzugt man einen Aktivsatz:
Die berühmte Ärztin Frau Professor Müller untersuchte den Patienten vor der Operation.

Aktiv	Man renoviert jetzt endlich die alten Häuser am Marktplatz.
Passiv	Die alten Häuser am Marktplatz werden jetzt endlich renoviert.

Beachten Sie: Alle Angaben (z.B. Genitivattribut, Zeit-, Ortsangaben), die beim Akkusativobjekt im Aktivsatz stehen, gehören auch zum Subjekt des Passivsatzes.

Subjektlose Passivsätze (Hauptsätze)

Aktiv — Man arbeitet sonntags nicht.
Passiv — *Es wird* sonntags nicht *gearbeitet.*
Aktiv — Man half den Verunglückten erst nach zwei Tagen.
Passiv — *Es wurde* den Verunglückten erst nach zwei Tagen *geholfen.*

Wenn der Aktivsatz kein Akkusativobjekt enthält, kann es auch kein Subjekt im Passivsatz geben. Man nimmt dann *es* zu Hilfe. Dieses *es* kann nur am Anfang des Hauptsatzes in der Position I stehen.

Sonntags *wird* nicht *gearbeitet.*
Den Verunglückten *wurde* erst nach zwei Tagen *geholfen.*
Erst nach zwei Tagen *wurde* den Verunglückten *geholfen.*

Wenn ein anderes Satzglied an diese Stelle tritt – was stilistisch meist besser ist –, fällt das *es* weg.
Subjektlose Passivsätze stehen immer im Singular, auch wenn *es* wegfällt und andere Satzglieder im Plural stehen.

Anmerkung

1. Im Deutschen ist es möglich, einen Passivsatz mit *es* zu beginnen, auch wenn ein Subjekt folgt:
   Es wurden in diesem Jahr viele Äpfel geerntet.
   einfacher: In diesem Jahr wurden viele Äpfel geerntet.

2. Diese stilistische Möglichkeit verwendet man gerne bei Passivsätzen mit einem unbestimmten Subjekt, das meistens und besser weiter hinten im Satz steht:
   Warum sind Sie so aufgeregt? Es wird eine neue Müllverbrennungsanlage gebaut!
   Es wurde ein anderer Termin für die Abstimmung festgelegt!
   Es sind Geheimdokumente veröffentlicht worden!

Subjektlose Passivsätze (Nebensätze)

Aktiv — Er wird immer böse, wenn man ihm sagt, dass er unordentlich ist.
Passiv — Er wird immer böse, *wenn ihm gesagt wird,* dass er unordentlich ist.
Aktiv — Ich war ratlos, als mir der Arzt von einer Impfung abriet.
Passiv — Ich war ratlos, *als mir von einer Impfung abgeraten wurde.*

In Nebensätzen mit Passiv fällt das unpersönliche *es* immer weg, weil die Konjunktionen (*weil, als, nachdem, wenn, dass* usw.) den Anfang des Nebensatzes besetzen.

4 Üben Sie das Passiv.

Beim Fernsehhändler
Wir beraten die Kunden — *Die Kunden werden beraten.*

1. Wir holen den Fernseher ab und reparieren ihn.
2. Wir bringen die Geräte ins Haus.
3. Wir installieren Satellitenschüsseln.
4. Wir führen die neuesten Apparate vor.
5. Wir bedienen die Kunden höflich.
6. Wir machen günstige Angebote.

5 Was in einem Unrechtsstaat geschieht

Man belügt das Volk. *Das Volk wird belogen.*

1. Man bedroht Parteigegner.
2. Man enteignet Leute.
3. Man verurteilt Unschuldige.
4. Man verteufelt die Andersdenkenden.
5. Man schreibt alles vor.
6. Man zensiert die Zeitungen.
7. Man beherrscht Rundfunk und Fernsehen.
8. Man steckt Unschuldige ins Gefängnis.
9. Man misshandelt die Gefangenen.
10. Man unterdrückt die freie Meinung.

6a Was war in letzter Zeit los in der Stadt?

Wiedereröffnung des Opernhauses *Das Opernhaus wurde wiedereröffnet.*

1. Ausstellung von Gemälden von Picasso
2. Aufführung zweier Mozartopern
3. Eröffnung der Landesgartenschau
4. Ehrung eines Komponisten und zweier Dichter
5. Ernennung des Altbürgermeisters zum Ehrenbürger der Stadt
6. Errichtung eines Denkmals zur Erinnerung an einen Erfinder
7. Einweihung des neuen Hallenbades
8. Veranstaltung eines Sängerwettstreits
9. Vorführung von Kulturfilmen
10. Start eines Rennens über 50 Jahre alter Automobile

b Machen Sie Übung 6 a jetzt im Perfekt.

Wiedereröffnung des Opernhauses *Das Opernhaus ist wiedereröffnet worden.*

7 Was stand gestern in der Zeitung? – Formen Sie die gegebenen Teilsätze um und ergänzen Sie sie selbstständig.

Man gab bekannt, ...
Es wurde bekannt gegeben, dass die Tiefgarage nun doch gebaut wird.

1. Man berichtete, ...
2. Man gab bekannt, ...
3. Man behauptete, ...
4. Man befürchtete, ...
5. Man stellte die Theorie auf, ...
6. Man nahm an, ...
7. Man äußerte die Absicht, ...
8. Man stellte die Behauptung auf, ...

8 Üben Sie mit den Sätzen der Übung 5.

Man belügt das Volk.
Warum ist das Volk belogen worden?

9 Antworten Sie nach folgendem Muster:

Warum sagst du nichts? (fragen) *Ich bin nicht gefragt worden.*

1. Warum gehst du nicht mit? (bitten)
2. Warum singst du nicht mit? (auffordern)
3. Warum wehrst du dich nicht? (bedrohen)
4. Warum kommst du nicht zur Party? (einladen)
5. Warum verklagst du ihn nicht vor Gericht? (schädigen)
6. Warum gehst du nicht zu dem Vortrag? (informieren)
7. Warum sitzt du immer noch hier? (abholen)
8. Wie kommst du denn hier herein? (kontrollieren)
9. Warum hast du das kaputte Auto gekauft? (warnen)
10. Warum bist du so enttäuscht? (befördern)

10 Backen Sie Ihren Obstkuchen selbst! Setzen Sie das folgende Rezept ins Passiv.

Mehl mit Backpulver mischen und auf ein Brett legen.
Mehl wird mit Backpulver gemischt und auf ein Brett gelegt.

Mehl mit Backpulver mischen und auf ein Brett legen. In der Mitte des Mehls eine Vertiefung machen. Zucker und Eier mit einem Teil des Mehls schnell zu einem Brei verarbeiten. Auf diesen Brei die kalte Butter in kleinen Stücken geben und etwas Mehl darüber streuen. Alles mit der Hand zusammendrücken und möglichst schnell zu einem glatten Teig verarbeiten. Den Teig vorläufig kalt stellen. Dann etwas Mehl auf das Brett geben, den Teig ausrollen und in die Form legen.

Auf dem Teigboden viel Semmelmehl ausstreuen und das Obst darauf legen. Im Backofen bei 175–200 Grad den Kuchen etwa 30 bis 35 Minuten backen.

III Passiv mit Modalverben

Im Hauptsatz

Präsens	Aktiv	Man muss den Verletzten sofort operieren.
	Passiv	Der Verletzte *muss* sofort *operiert werden*.
Präteritum	Aktiv	Man musste den Verletzten sofort operieren.
	Passiv	Der Verletzte *musste* sofort *operiert werden*.
Perfekt	Aktiv	Man hat den Verletzten sofort operieren müssen.
	Passiv	Der Verletzte *hat* sofort *operiert werden müssen*.

Im Nebensatz

Präsens	Passiv	Es ist klar, dass der Verletzte sofort *operiert werden muss*.
Präteritum	Passiv	Es ist klar, dass der Verletzte sofort *operiert werden musste*.
Perfekt	Passiv	Es ist klar, dass der Verletzte sofort *hat operiert werden müssen*.

1. Auch im Passivsatz gelten die allgemeinen Regeln zum Gebrauch der Modalverben (siehe § 18 II).

2. Anstelle des Infinitivs Aktiv steht im Passivsatz der Infinitiv Passiv (= Partizip Perfekt + *werden*), z.B.:

Infinitiv Aktiv:	operieren	anklagen	zerstören
Infinitiv Passiv:	operiert werden	angeklagt werden	zerstört werden

Anmerkungen

1. Passiv-Ersatz (für Passivsätze mit *können):*
   Die Schuld des Angeklagten *kann* nicht *bestritten werden.*
   a) Die Schuld des Angeklagten *ist* nicht *zu bestreiten.* (Siehe § 48)
   b) Die Schuld des Angeklagten *ist unbestreitbar.*
   c) Die Schuld des Angeklagten *lässt sich* nicht *bestreiten.* (Siehe § 10, § 48)

2. Das Modalverb *wollen* im Aktivsatz wird im Passiv-Ersatz zu *sollen.*
   Man *will* am Stadtrand eine neue Siedlung errichten.
   Am Stadtrand *soll* eine neue Siedlung errichtet werden.

11a Passiv mit Modalverb

Umweltschützer stellen fest:
Die Menschen verschmutzen die Flüsse.

Umweltschützer fordern:
Die Flüsse dürfen nicht länger verschmutzt werden!

Wenn Sie ausdrücken wollen, dass die Dinge schon seit langem und immer weiter geschehen, setzen Sie *nach wie vor* oder *immer noch* ein. *Die Menschen verschmutzen nach wie vor die Flüsse.* Wenn Sie Ihre Forderung verstärken wollen, setzen Sie *auf keinen Fall* oder *unter (gar) keinen Umständen* an die Stelle von *nicht. Die Flüsse dürfen auf keinen Fall länger verschmutzt werden!*

1. Sie verunreinigen die Seen.
2. Sie verpesten die Luft.
3. Sie verseuchen die Erde.
4. Sie vergiften Pflanzen und Tiere.
5. Sie vernichten bestimmte Vogelarten.
6. Sie werfen Atommüll ins Meer.
7. Sie vergraben radioaktiven Müll in der Erde.
8. Sie ruinieren die Gesundheit der Mitmenschen durch Lärm.

b

Der Landwirt berichtet von der Tagesarbeit:
Ich muss das Vieh füttern.

Von der Tagesarbeit auf dem Bauernhof:
Das Vieh muss gefüttert werden.

Ich muss
1. die Felder pflügen
2. die Saat aussäen
3. die Äcker düngen
4. die Ställe säubern
5. die Melkmaschine reinigen
6. Bäume fällen
7. Holz sägen
8. ein Schwein schlachten

9. Gras schneiden
10. Heu wenden
11. Äpfel und Birnen pflücken

c Eine Krankenschwester erzählt von ihren Aufgaben:
Ich muss einige Patienten waschen und füttern.

Von den Aufgaben einer Krankenschwester:
Einige Patienten müssen gewaschen und gefüttert werden.

1. Ich muss die Patienten wiegen.
2. Ich muss die Größe der Patienten feststellen.
3. Ich muss den Puls der Kranken zählen und das Fieber messen.
4. Ich muss beides auf einer Karte einzeichnen.
5. Ich muss Spritzen geben und Medikamente austeilen.
6. Ich muss Blut abnehmen und ins Labor schicken.
7. Ich muss Karteikarten ausfüllen.
8. Ich muss die Kranken trösten und beruhigen.

12 Von den Plänen der Stadtverwaltung. Üben Sie mit den Wörtern der Übung § 8 Nr. 3.

Man will den Park erweitern. *Der Park soll erweitert werden.*

IV Passiv in der Infinitivkonstruktion

Infinitivkonstruktionen im Passiv sind nur möglich, wenn das Subjekt im Haupt- oder Beziehungssatz und das Subjekt im *dass*-Satz die gleiche Person oder Sache bezeichnen.

Ich fürchte, dass ich bald entlassen werde.
Ich fürchte, bald *entlassen zu werden.*
Sie hofft, dass sie vom Bahnhof abgeholt wird.
Sie hofft vom Bahnhof *abgeholt zu werden.*

Bei Gleichzeitigkeit gebraucht man in der Infinitivkonstruktion den Infinitiv Präsens im Passiv mit *zu: gezwungen zu werden, erkannt zu werden, angestellt zu werden.*

Er behauptet, dass er niemals vorher gefragt worden ist.
Er behauptet, niemals vorher *gefragt worden zu sein.*

Wenn die Aussage in der Infinitivkonstruktion zeitlich deutlich vor der Aussage im Haupt- oder Beziehungssatz liegt, gebraucht man den Infinitiv Perfekt im Passiv mit *zu: gelobt worden zu sein, verstanden worden zu sein, überzeugt worden zu sein.*

Anmerkung

Das Komma vor der Infinitivkonstruktion ist nach der Rechtschreibreform nicht mehr obligatorisch, es kann aber zur deutlicheren Gliederung oder zur Vermeidung von Missverständnissen stehen bleiben. Es muss stehen bleiben, wenn die Infinitivkonstruktion den Satz unterbricht oder im übergeordneten Satz durch ein Bezugswort angekündigt ist.

Gesamtübungen

13 Brand in der Großmarkthalle – Setzen Sie den folgenden Text ins Passiv. Nennen Sie den „Täter" nicht, wenn er hier schräg gedruckt ist. Achten Sie auf das Tempus!

Gestern Abend meldete man der Feuerwehr einen leichten Brandgeruch in der Nähe der Großmarkthalle. Sofort schickte man drei Feuerwehrwagen an den Ort, aber man konnte zunächst den Brandherd nicht feststellen, weil *die Geschäftsleute* den Eingang zur Großmarkthalle mit zahllosen Kisten und Handwagen versperrt hatten. Als man die Sachen endlich weggeräumt hatte, musste man noch das eiserne Gitter vor dem Hallentor aufsägen, denn man hatte in der Eile vergessen die Schlüssel rechtzeitig zu besorgen. Immer wieder mussten *die Polizeibeamten* die neugierigen Zuschauer zurückdrängen. Nachdem man endlich die Türen aufgebrochen hatte, richteten *die Feuerwehrleute* die Löschschläuche in das Innere der Halle. Erst nach etwa zwei Stunden konnten *die Männer* das Feuer unter Kontrolle bringen. *Die Polizei* gab bekannt, dass *das Feuer* etwa die Hälfte aller Waren in der Markthalle vernichtet hat. Erst spät in der Nacht rief man die letzten Brandwachen vom Unglücksort ab.

14 Jugendliche aus Seenot gerettet – Setzen Sie den folgenden Text ins Passiv.

Gestern Morgen alarmierte man den Seenotrettungsdienst in Cuxhaven, weil man ein steuerlos treibendes Boot in der Nähe des Leuchtturms Elbe I gesehen hatte. Wegen des heftigen Sturms konnte man die Rettungsboote nur unter großen Schwierigkeiten zu Wasser bringen. Über Funk gab man den Männern vom Rettungsdienst den genauen Kurs bekannt. Mit Hilfe von starken Seilen konnte man die drei Jugendlichen aus dem treibenden Boot an Bord ziehen, wo man sie sofort in warme Decken wickelte und mit heißem Tee stärkte. Vorgestern Nachmittag hatte der scharfe Ostwind die drei Jungen in ihrem Segelboot auf die Elbe hinausgetrieben, wo sie bald die Kontrolle über ihr Fahrzeug verloren (Aktiv). Erst bei Anbruch der Dämmerung konnte man sie sichten. Niemand hatte ihre Hilferufe gehört. Wegen Verdachts einer Lungenentzündung musste man den Jüngsten der drei in ein Krankenhaus einliefern; die anderen beiden brachte man auf einem Polizeischnellboot nach Hamburg zurück, wo ihre Eltern sie schon erwarteten.

§ 20 Modalverben zur subjektiven Aussage

Vorbemerkungen

1. Die besprochenen Modalverben (siehe § 18) geben an, wie eine Handlung objektiv beurteilt wird:
   „Wie geht es dem alten Herrn?“ – „Er war schwerkrank, aber er *kann* sich wieder erholen.“
   = Er ist dazu fähig, er ist kräftig genug, die Krankheit zu überstehen.

   Ein Professor *soll* alles verständlich *erklären.*
   = Das ist seine Pflicht.
2. Dieselben Sätze können aber auch eine subjektive Aussage ausdrücken:
   Der alte Herr ist schwerkrank, aber er kann sich (vermutlich) wieder erholen.
   = Das hoffe / vermute ich.

   „Zu welchem Professor gehst du?“ – „Zu Professor M., er *soll* alles verständlich *erklären.“*
   = Das haben mir andere Studenten gesagt, das habe ich gehört.
3. Bei Aussagen in der Gegenwart kann man den Unterschied zwischen der objektiven Bedeutung der Modalverben und der subjektiven Aussage nur aus dem Zusammenhang eines Textes oder eines Gesprächs entnehmen oder aus der Betonung beim Sprechen.
4. Bei einer Aussage über ein Geschehen in der Vergangenheit gibt es formale Unterschiede zwischen der objektiven und der subjektiven Aussage.

I Formen und Gebrauch

1. a) Die Modalverben zur subjektiven Aussage werden im Präsens gebraucht. Im Präteritum kommen sie nur in Erzählungen oder Berichten vor. Sie stehen im Hauptsatz in der Position II, im Nebensatz am Ende des Satzes:
   Er *kann* mich gesehen haben.
   Ich bin beunruhigt, weil er mich gesehen haben *kann.*

   b) Bei subjektiven Aussagen über ein Geschehen in der Vergangenheit gebraucht man den Infinitiv Perfekt.
   Infinitiv Perfekt Aktiv: *gemacht haben, gekommen sein*
   Infinitiv Perfekt Passiv: *gemacht worden sein*
   Vor 300 Jahren *sollen* Soldaten das Schloss völlig *zerstört haben.*
   Vor 300 Jahren *soll* das Schloss völlig *zerstört worden sein.*

   Eine Freundin fragt: „Warum ist deine Schwiegermutter nicht zu deinem Geburtstag gekommen?“ Darauf sind folgende Antworten möglich:
   a) Du weißt doch, wie beschäftigt sie ist. Sie *muss* einen dringenden Termin in ihrem Betrieb *gehabt haben.* = Das ist sehr wahrscheinlich.

Du weißt doch, dass sie kein Zeitgefühl hat. Sie *kann* wieder mal den Zug *verpasst haben*. = Das ist möglich.
Du weißt doch, dass sie Familienfeiern nicht schätzt. Wir verstehen uns gut, aber sie *mag* einfach keine Lust *gehabt haben*. = Vielleicht ist das so, aber es ist nicht so wichtig.

b) Du weißt doch, dass jetzt weniger gebaut wird, aber sie *soll* einen wichtigen Auftrag *bekommen haben*. = Das habe ich gehört, Bekannte haben es mir erzählt, aber ich weiß es nicht genau.

c) Du weißt doch, wie empfindlich sie ist. Ich habe ihr die Einladung ein bisschen zu spät geschickt, aber sie *will* sie erst nach meinem Geburtstag *erhalten haben*. = Das behauptet sie, ich glaube es aber nicht.

2. zu a) *müssen, können, mögen* drücken in der subjektiven Aussage eine Vermutung aus.

Lernhilfe: Das subjektive Modalverb *müssen* zeigt eine hohe Wahrscheinlichkeit an (etwa 90 %).
Das subjektive Modalverb *können* zeigt eine Sicherheit oder Unsicherheit von 50 % zu 50 % an.
Das subjektive Modalverb *mögen* drückt ebenfalls eine Sicherheit oder Unsicherheit von 50% zu 50% aus, wobei es gleichgültig ist, ob etwas so oder anders ist.

zu b) *sollen* zeigt, dass die Aussage ein Gerücht ist: *Man* sagt, berichtet, erzählt etwas, aber genauere Informationen fehlen. Auch in Zeitungsmeldungen wird diese Aussageform oft gebraucht:
In Italien *sollen* die Temperaturen auf minus 20 Grad *gesunken sein*.

zu c) *wollen* zeigt, dass die Aussage eine unbewiesene Behauptung ist: *Jemand* sagt etwas über sich selbst, er kann es nicht beweisen und man kann ihm auch nicht das Gegenteil beweisen. Oft wird diese Aussageform vor Gericht gebraucht:
Der Angeklagte *will* die Zeugin nie *gesehen haben*.

II Gebrauch der subjektiven Modalverben im Konjunktiv

Zur besseren Unterscheidung bei subjektiven Aussagen in der Gegenwart (siehe Vorbemerkung, 3.) benutzt man das Modalverb oft im Konjunktiv II (siehe § 54, VI).

Jemand fragt: „Wo ist Frau M.? In ihrem Büro ist sie nicht.“ Darauf sind folgende Antworten möglich:

a) Sie *müsste* beim Chef sein, denn dort ist eine wichtige Besprechung.
= Das ist sehr wahrscheinlich.
Sie *könnte* auch in der Kantine sein, denn dort ist sie meistens um die Mittagszeit.
= Das ist möglich.

b) Sie *sollte* (eigentlich) an ihrem Arbeitsplatz sein, denn die Mittagszeit ist schon vorbei.
= Das ist im Allgemeinen Pflicht, aber anscheinend wird die Regel nicht befolgt.

c) Sie arbeitet nicht mehr bei uns; sie *dürfte* schon über 65 sein.

zu a) Der subjektive Gebrauch von *können* und *müssen* im Konjunktiv II entspricht in seiner Bedeutung den Regeln zu § 20, I, a).

zu b) *sollte / sollen* wird oft mit „eigentlich" verbunden. Damit drückt man aus, dass man ein anderes Verhalten für besser hält.

zu c) *dürfte* wird meistens in Bezug auf Zahlen und Daten verwendet, die man nicht so genau kennt. Es kommt aber auch in folgender Bedeutung vor:
Das *dürfte* ihn interessieren. = Wahrscheinlich interessiert es ihn.
Der Witz *dürfte* schon bekannt sein. = Wahrscheinlich ist er schon bekannt.

1 Formen Sie die Sätze mit dem angegebenen Modalverb so um, dass die Ausdrücke der Vermutung oder Überzeugung „wohl", „sicherlich", „angeblich", „er behauptet", „so wird gesagt" usw. wegfallen können.

Ich habe gehört, dass der Schriftsteller sich zur Zeit in Südamerika aufhält. (sollen)
Der Schriftsteller soll sich zur Zeit in Südamerika aufhalten.

1. Man hat den Mann verurteilt; aber er war unschuldig, so wird gesagt. (sollen)
2. Sie hat vielleicht Recht. (mögen)
3. Er hat angeblich sein ganzes Vermögen an eine Hilfsorganisation verschenkt. (sollen)
4. Der Zeuge behauptet, dass er den Unfall genau gesehen hat. (wollen)
5. Wie war das nur möglich? Es war doch 22 Uhr und wahrscheinlich stockdunkel. (müssen)
6. Er behauptet, dass er die 20 Kilometer lange Strecke in zweieinhalb Stunden gelaufen ist. (wollen)
7. Der Angeklagte behauptet, von zwei betrunkenen Gästen in der Wirtschaft angegriffen worden zu sein. (wollen)
8. Man ist überzeugt, dass der Angeklagte sich in großer Angst und Aufregung befunden hat. (müssen)
9. Ich frage mich, wie dem Angeklagten wohl zumute war. (mögen)
10. Sicherlich hat der Angeklagte die Tat nur im ersten Schrecken begangen. (können)

2 Aus der Zeitung – Erklären Sie die Bedeutung der schräg gedrucken Modalverben.

Wieder ist der Polizei ein Raubüberfall gemeldet worden. Drei Unbekannte *sollen* in der Zuckschwerdtstraße einen 26 Jahre alten Brückenbauer aus Frankfurt überfallen und niedergeschlagen haben. Nach Angaben der Polizei *soll* einer der Täter dem Brückenbauer in die Jackentasche gegriffen und Ausweispapiere sowie Schlüssel entwendet haben. Vorher *will* der Überfallene in einer Gaststätte in der Bolongarostraße gewesen sein, in der sich auch die Täter befunden haben *sollen*. Beim Bezahlen *können* die Täter gesehen haben, dass er einen größeren Geldbetrag – es *soll* sich um etwa 500 Euro gehandelt haben – bei sich führte. „Das *muss* der Anlass gewesen sein, dass die Kerle mir folgten und mich dann überfielen", meinte der Brückenbauer.

3 Setzen Sie das passende Modalverb in der richtigen Form ein und erklären Sie, warum Sie dieses subjektive Modalverb gewählt haben.

1. Der Mann hat doch eine Verletzung! Wer das nicht sieht, ... blind sein.
2. Du ... Recht haben; aber es klingt sehr merkwürdig.
3. Diese Schauspielerin ... 80 Jahre alt sein, so steht es in der Zeitung. Sie sieht doch aus wie fünfzig!
4. Der Junge ... die Geldbörse gefunden haben; dabei habe ich gesehen, wie er sie einer Frau aus der Einkaufstasche nahm.
5. „Er ... ein Vermögen von zwei bis drei Millionen besitzen, glaubst du das?" – „Also das ... übertrieben sein. Es ... sein, dass er sehr reich ist, aber so reich sicher nicht!"
6. In Griechenland ... gestern wieder ein starkes Erdbeben gewesen sein.
7. Es ist schon zehn Uhr. Der Briefträger ... eigentlich schon da gewesen sein.
8. Eben haben sie einen Fernsehbericht über Persien angekündigt, jetzt zeigen sie Bilder über Polen. Da ... doch wieder ein Irrtum passiert sein!
9. Wir haben dein Portmonee in der Wohnung nicht gefunden. Du ... es nur unterwegs verloren haben. Wenn du es nicht verloren hast, ... es dir gestohlen worden sein.
10. Den Ring ... sie geschenkt bekommen haben, aber das glaube ich nicht.
11. Er ist vor einer halben Stunde weggegangen. Er ... eigentlich schon im Büro sein.
12. Es ... heute Nacht sehr kalt gewesen sein, die Straßen sind ganz vereist.

4 Ersetzen Sie das Modalverb durch den angegebenen Ausdruck.

1. Der Vater mag 72 Jahre alt gewesen sein, als er starb. (vielleicht)
2. Der Sohn soll das Millionenerbe seines Vaters, Häuser und Grundstücke, verkauft haben. (wie man sich erzählt)
3. Sein Onkel will davon nichts gewusst haben. (sagt er selbst)
4. Es mag sein, dass der Sohn alles verkauft hat; aber warum bezieht er jetzt Sozialhilfe? (möglicherweise)
5. Er soll Spieler gewesen sein. (habe ich gehört)
6. Er muss das ganze Geld in der Spielbank verjubelt (= leichtsinnig ausgegeben) haben. (mit großer Wahrscheinlichkeit)
7. Ein Bekannter will ihn als Straßenmusikanten gesehen haben. (Ein Bekannter glaubt ...)
8. Er soll ungepflegt ausgesehen haben. (angeblich)

5 Ebenso wie Nr. 1 – Gebrauchen Sie selbstständig die Modalverben zur subjektiven Aussage.

1. Man sagt, dass im Krankenhaus der Stadt B. im letzten Jahr viele Millionen Euro veruntreut worden sind.
2. Ein junger Arzt sagt, dass er gehört habe, dass die Medikamente für das Krankenhaus gleich wieder verkauft worden seien.

3. Die Krankenschwestern und Pfleger haben davon vielleicht gar nichts gewusst.
4. Die Leute erzählen, dass der Chefarzt vor kurzem die hässliche Tochter des Gesundheitsministers geheiratet hat.
5. Sehr wahrscheinlich waren die Beamten des Gesundheitsministeriums über die Unterschlagungen im Krankenhaus schon seit langem informiert.
6. Vielleicht sind einige Beamte sogar bestochen worden.
7. Außerdem wird berichtet, dass alle Akten aus den Geschäftsräumen des Krankenhauses verschwunden sind.
8. Vielleicht waren unter den verschwundenen Medikamenten auch Drogen.
9. Ein verhafteter Drogenhändler sagt, dass er seinen „Stoff" immer an der Hintertür des Krankenhauses abgeholt habe.
10. Möglicherweise sind auch Verbandszeug und Kopfschmerztabletten verschoben worden.
11. In einem Zeitungsartikel wird berichtet, dass der Chefarzt in der vorigen Woche 450 000 Euro von seinem Konto abgehoben hat.
12. Sehr wahrscheinlich haben die Patienten unter den ungeordneten Zuständen in diesem Krankenhaus sehr gelitten.
13. Vielleicht wird der Prozess gegen den Chefarzt und den Gesundheitsminister noch in diesem Jahr eröffnet.

6 Ersetzen Sie die Modalverben durch Ausdrücke des Zweifels, der Vermutung und Überzeugung.

1. a) Äsop, bekannt durch seine Fabeln, *soll* ein Sklave gewesen sein.
   b) Er *dürfte* im 6. Jahrhundert vor unserer Zeitrechnung in Kleinasien gelebt haben.
2. a) Der Graf von Sandwich *soll* das nach ihm benannte Sandwich 1762 erfunden haben.
   b) Er *soll* auf die Idee gekommen sein, weil er wegen des Essens nicht vom Spieltisch aufstehen wollte.
3. Der Hund *kann* schon vor 10 000 Jahren dem Menschen zur Jagd gedient haben.
4. Die fruchtbare Lösserde in Norddeutschland *kann* vom Wind von China nach Europa herübergetragen worden sein, sagen Wissenschaftler.
5. a) Der Vogel Strauß *soll* in Angstsituationen seinen Kopf in den Sand stecken
   b) Das *muss* aber ein Märchen sein.
6. Um ein Straußenei essen zu können, *soll* man es 40 Minuten kochen müssen.
7. a) Der Wanderfalke, ein Raubvogel, *soll* etwa 320 km/h schnell fliegen können.
   b) Das *mag* stimmen, aber sicher nur über sehr kurze Zeit.
8. Die Seeschwalbe, ein Meeresvogel, *soll* jahrelang pausenlos übers Meer fliegen.
9. a) Über Robin Hood, den Helfer der Armen, gibt es viele Geschichten.
   b) Es *kann* ihn tatsächlich gegeben haben; bewiesen ist es nicht.

§ 21 Futur I und II zum Ausdruck der Vermutung

Vorbemerkung

1. Im Gegensatz zu anderen europäischen Sprachen, in denen die Zukunft mit einer festen Futurform des Verbs ausgedrückt werden muss, wird im Deutschen Präsens + Zeitangabe verwendet, wenn eine Handlung, ein Vorgang oder ein Zustand in der Zukunft gewiss ist:
   Ich *komme morgen früh* zu dir und *bringe* dir die Fotos *mit.*
   Heute Abend gibt es bestimmt noch ein Gewitter.
2. Wenn eine solche Handlung in der Zukunft schon beendet ist, gebraucht man Perfekt + Zeitangabe:
   Wenn ihr morgen erst um 10 Uhr kommt, *haben* wir schon *gefrühstückt.*
3. Wird für eine Handlung in der Zukunft trotzdem das Futur benutzt, bringt der Schreiber/Sprecher damit zum Ausdruck, dass er sich ganz sicher ist, dass etwas passieren wird. Deshalb nennt man diese Verwendung manchmal auch „prophetisches Futur".
   Ist es schon entschieden, dass man alle Bäume dieser Allee fällt? –
   Ja, kein einziger Baum *wird stehen bleiben.*
4. Wenn eine Handlung, ein Vorgang oder ein Zustand in der Zukunft oder Gegenwart noch ungewiss ist, gebraucht man *werden* mit dem Infinitiv. *werden* ist hier eigentlich keine Zeitform, sondern steht – ähnlich wie ein Modalverb – für eine subjektive Einstellung zu einem Geschehen. Durch Einfügen von *wohl, vielleicht, wahrscheinlich* kann man den Ausdruck der Vermutung verstärken, beim Futur I kann man nur durch diese Wörter oder den Kontext entscheiden, ob es sich um ein Futur zum Ausdruck der Vermutung handelt. Das Futur II drückt Ungewissheit bei Vorgängen und Zuständen in der Vergangenheit aus.

I Hauptsätze

Futur I Aktiv	Er *wird* die neue Stellung wahrscheinlich *annehmen.*
Futur II Aktiv	Er *wird* bei seiner Suche nach einer besseren Stellung (wohl) keinen Erfolg *gehabt haben.*
Futur I Passiv	Das Gesetz *wird* wohl bald *geändert werden.*
Futur II Passiv	Das Gesetz *wird* (wohl) inzwischen *geändert worden sein.*

werden wird im Aktiv und Passiv wie ein Modalverb zur subjektiven Aussage gebraucht.

Futur I Aktiv mit Modalverb	Meine Freunde *werden* das Auto wohl *reparieren können.*
Futur II Aktiv mit Modalverb	In der kurzen Zeit *werden* die Gäste (wohl) nicht alles *gesehen haben können.*

Futur I Passiv mit Modalverb — Das Auto *wird* (wohl) nicht mehr *repariert werden können.*

Tritt ein Modalverb hinzu, so steht dieses im Infinitiv am Ende des Satzes.
Im Futur II Passiv wird diese komplizierte Form nicht mehr gebraucht.

II Nebensätze

Futur I Aktiv — Es ist ärgerlich, dass das Flugzeug wohl nicht planmäßig *landen wird.*

Futur II Aktiv — Ich mache mir Sorgen, obwohl das Flugzeug inzwischen in Rom *gelandet sein wird.* (oder: ... inzwischen wahrscheinlich in Rom gelandet ist.)

Futur I Aktiv mit Modalverb — Der Geschäftsmann regt sich auf, weil er sein Reiseziel wohl nicht rechtzeitig *wird erreichen können.* (oder: ... rechtzeitig erreichen kann.)

1. Im Nebensatz steht *werden* zum Ausdruck der Vermutung in der konjugierten Form am Ende des Satzes.
2. Tritt ein Modalverb hinzu, so steht dieses im Infinitiv am Ende des Satzes. Die konjugierte Form von *werden* steht vor dem Vollverb (siehe § 18, II).
3. Bei Nebensätzen im Passiv, die eine Vermutung ausdrücken, ist es im Allgemeinen besser, das einfache Präsens oder Perfekt zu gebrauchen. Die Angaben *wohl* oder *wahrscheinlich* machen den Zusammenhang deutlich.

   Präsens Passiv:
   Die alten Formulare gelten noch, obwohl das Gesetz wohl bald *geändert wird.* (statt: ..., obwohl das Gesetz wohl bald *geändert werden wird.*)

   Perfekt Passiv:
   Die alten Formulare gelten noch bis zum 1. Januar, obwohl das Gesetz wohl inzwischen schon *geändert worden ist.* (statt: ..., obwohl das Gesetz wohl inzwischen schon *geändert worden sein wird.)*

4. Auch bei Nebensätzen mit einem Modalverb, die eine Vermutung ausdrücken, ist es besser, das einfache Präsens oder Perfekt zu verwenden.

   Präsens Aktiv mit Modalverb:
   Es ist beruhigend, dass der Meister das Auto vielleicht schon bis übermorgen *reparieren kann.* (statt: ..., dass der Meister das Auto vielleicht schon bis übermorgen *wird reparieren können.*)

   Perfekt Aktiv mit Modalverb:
   Am 1. Mai wollen wir nach Spanien fahren. Es ist beruhigend, dass der Meister das Auto wohl schon vorher *hat reparieren können.* (statt: ... , dass der Meister das Auto wohl schon vorher *wird repariert haben können.*)

Präsens Passiv mit Modalverb:
Es ist beruhigend, dass unser Auto vielleicht schon übermorgen *repariert werden kann.* (statt: ..., dass unser Auto vielleicht schon übermorgen *wird repariert werden können.*)

Perfekt Passiv mit Modalverb:
Am 1. Mai wollen wir nach Spanien fahren. Es ist beruhigend, dass unser Auto schon vorher *hat repariert werden können.* (Eine Konstruktion mit *werden* ist nicht mehr gebräuchlich.)

Anmerkung

werden + Infinitiv wird bei einer Drohung oder drohenden Voraussage verwendet (auch in der Frageform):
Du *wirst* jetzt zu Hause *bleiben* und nicht in den Club *gehen.*
Wirst du endlich deine Hausaufgaben *machen*?

1 Zeigen Sie in Ihrer Antwort, dass Sie die Frage nicht mit Bestimmtheit beantworten können.

Kommt Ludwig auch zu der Besprechung?
Ja, er wird wahrscheinlich auch zu der Besprechung kommen.

Statt *wahrscheinlich* können Sie auch *wohl* oder *vielleicht* einsetzen.

1. Gibt Hans seine Stellung als Ingenieur auf?
2. Geht er ins Ausland?
3. Will er in Brasilien bleiben?
4. Fliegt er noch in diesem Jahr rüber?
5. Nimmt er seine Familie gleich mit?
6. Besorgt ihm seine Firma dort eine Wohnung?

2 Hans und Inge haben einen langen Weg von Andreas Party nach Hause. Bis sie zu Hause sind, wird Andrea schon viel erledigt haben.

schon alle Gläser in die Küche bringen
Sie wird schon alle Gläser in die Küche gebracht haben.

1. die Schallplatten wieder einordnen
2. die Wohnung aufräumen
3. die Möbel an den alten Platz stellen
4. das Geschirr spülen und in den Schrank räumen
5. den Teppich absaugen
6. sich ins Bett legen
7. einschlafen

3 Müllers waren lange von zu Hause weg. Wie wird es wohl aussehen, wenn sie zurückkommen?

der Gummibaum / vertrocknen *Wird der Gummibaum vertrocknet sein?*

1. die Zimmerpflanzen / eingehen (= sterben)
2. die Möbel / sehr verstauben
3. die Teppiche / nicht gestohlen werden
4. die Blumen im Garten / verblühen
5. die Pflanzen auf dem Balkon / vertrocknen
6. die Nachbarin / die Post aufheben

4 Äußern Sie in Ihrer Antwort eine Vermutung. Verwenden Sie das Futur II.

Hat er noch Geld? (sicher alles ausgeben) *Er wird sicher alles ausgegeben haben.*

1. Sind die Gäste noch da? (wahrscheinlich schon nach Hause gehen)
2. Geht es ihm noch schlecht? (sich sicher inzwischen erholen)
3. Hat sie ihre Bücher mitgenommen? (ganz sicher mitnehmen)
4. Haben sie den letzten Bus noch gekriegt? (wahrscheinlich noch bekommen)
5. Ist Heinrich noch zum Zug gekommen? (sich bestimmt ein Taxi zum Bahnhof nehmen)

5 Bringen Sie Ihre Vermutung durch die Verwendung des Futurs II zum Ausdruck.

Ich vermute, dass der Weg inzwischen gesperrt worden ist.
Der Weg wird inzwischen gesperrt worden sein.

1. Ich nehme an, dass der Lastwagen inzwischen aus dem Graben gezogen worden ist.
2. Ich vermute, dass die Polizei sofort benachrichtigt worden ist.
3. Ich glaube, dass niemand ernstlich verletzt worden ist.
4. Es ist anzunehmen, dass dem betrunkenen Fahrer der Führerschein entzogen worden ist.
5. Ich nehme an, dass die Ladung inzwischen von einem anderen Lastwagen übernommen worden ist.

Teil II

§ 22 Die Satzstellung im Hauptsatz

I Allgemeine Regeln

1. Ein Satz besteht aus bestimmten *Satzgliedern*: Subjekt, Prädikat, Objekten, adverbialen Angaben usw.

2. Die Satzglieder stehen in jeder Sprache in einer bestimmten Reihenfolge.

3. Der deutsche Satz ist bestimmt durch die Stellung des konjugierten Verbs: das ist die Verbform mit einer Personalendung, z.B. ich geh*e*, du geh*st*.

4. Die Stellung des konjugierten Verbs ist im Hauptsatz und im Nebensatz grundsätzlich verschieden.

5. Der Hauptsatz ist ein unabhängiger, vollständiger Satz. Das konjugierte Verb steht immer in der Position II.

6. Im Hauptsatz kann das Subjekt von der Position I auf die Position III (IV) wechseln, d.h. es bewegt sich um das konjugierte Verb (Position II) wie um eine Achse.

Anmerkungen

1. Die Positionszahlen I, II, III (IV) werden im Folgenden zur Erklärung der Satzstellung im Hauptsatz verwendet.

2. Der Wechsel des Subjekts von der Position I zur Position III wird im Folgenden *Umstellung* genannt.

3. Die Reihenfolge aller weiteren Satzglieder nach dem Subjekt ändert sich je nach dem Sinn oder dem Zusammenhang des Satzes; deshalb ist eine Zählung nicht mehr möglich.

4. Zur Negation: Wenn der ganze Satzinhalt negiert werden soll, steht *nicht* möglichst weit am Ende des Satzes, jedoch vor dem zweiten Teil des Verbs. Wenn nur ein Satzglied negiert werden soll, steht *nicht* vor diesem Satzglied.
   Der Postbote kommt heute *nicht.* (= Satznegation)
   Der Postbote ist heute *nicht* gekommen. (= Satznegation)
   Der Postbote kommt *nicht* heute, sondern morgen.
   (= Negation der adverbialen Angabe)
   Nicht der Postbote kommt heute, sondern die Postbotin.
   (= Negation des Subjekts)

II Satzstellung mit Objekten

	I	II		Dativobjekt	Akkusativobjekt		Partizip
a)	Die Firma	liefert	heute			nicht.	
b)	Die Firma	lieferte	gestern			nicht.	
c)	Die Firma	liefert	morgen			nicht.	
d)	Die Firma	hat	gestern			nicht	geliefert.
e)	Die Firma	liefert		dem Kunden	die Ware	nicht.	
f)	Die Firma	hat		dem Kunden	die Ware	nicht	geliefert.

Das Subjekt steht in der Position I, dann folgt das konjugierte Verb in der Position II.

zu a + b + c) Im Präsens, Präteritum und in der Zukunftsform (= Präsens mit Zeitangabe, vgl. § 21, Vorbemerkung) steht das konjugierte Vollverb in der Position II.

zu d) Im Perfekt und Plusquamperfekt steht das konjugierte Hilfsverb in der Position II. Das Partizip Perfekt des Vollverbs steht am Ende des Satzes.

zu e) Bestimmte Verben werden mit einem Dativobjekt oder mit einem Akkusativobjekt oder mit beiden gebraucht (siehe § 14, I–III).
Wenn beide Objekte im Satz vorkommen, steht im Allgemeinen das Dativobjekt vor dem Akkusativobjekt (siehe Abschnitt IV).

III Umstellung

	I	II	III	Dativobjekt	Akkusativobjekt		Partizip
a)	***Der Postbote***	kommt	***heute***			nicht.	
	Heute	kommt	***der Postbote***			nicht.	
b)	***Der Postbote***	ist	***heute***			nicht	gekommen.
	Heute	ist	***der Postbote***			nicht	gekommen.
c)	***Die Firma***	liefert	***wahrscheinlich***	dem Kunden	die Ware	nicht.	
	Wahrscheinlich	liefert	***die Firma***	dem Kunden	die Ware	nicht.	
	Die Firma	hat	***wahrscheinlich***	dem Kunden	die Ware	nicht	geliefert.
	Wahrscheinlich	hat	***die Firma***	dem Kunden	die Ware	nicht	geliefert.

1. Bei der Umstellung steht ein anderes Satzglied in der Position I, dann folgt das konjugierte Verb in der Position II und das Subjekt in der Position III. Man kann fast jedes andere Satzglied in die Position I stellen.

2. Der Sinn des Satzes ändert sich durch die Umstellung kaum. Die Position I bezieht sich oft auf eine vorangegangene Aussage und betont den Fortgang der Handlung:
Wir frühstücken immer um 8 Uhr. Heute haben wir verschlafen.
Einstein emigrierte nach Amerika. Dort konnte er weiterarbeiten.
Man stellte den Zeugen einige Männer vor. Den Täter erkannte niemand.
Mein Fotoapparat ist nicht in Ordnung. Damit kannst du nichts anfangen.

zu a + b + c) Bei der Umstellung wechseln nur die Positionen I und III; sonst ändert sich die Satzstellung nicht.

IV Satzstellung mit Pronomen im Akkusativ und Dativ

	I	*II*	*Pronomen*	*Objekte*
a)	Der Lehrer	gab		dem Schüler das Buch vor dem Unterricht.
b)	Der Lehrer	gab	***ihm***	das Buch vor dem Unterricht.
	Der Lehrer	gab	***es***	dem Schüler vor dem Unterricht.
	Der Lehrer	gab	***es ihm***	vor dem Unterricht.

zu a) Das Dativobjekt steht vor dem Akkusativobjekt (siehe unter II).

zu b) Pronomen stehen direkt hinter dem konjugierten Verb. Das Akkusativpronomen steht vor dem Dativpronomen.

V Umstellung

a) *I*	*II*	*Pronomen (III)*	*Subjekt (Substantiv) IV*	
Um 7 Uhr	bringt	***mir***	***der Briefträger***	die Post.
Aus Kairo	ruft	***mich***	***der Chef***	bestimmt nicht an.
Zum Glück	hat	***es ihm***	***der Professor***	noch mal erklärt.

b) *I*	*II*	*Subjekt (Pron.) III*	*Akk./Dat.-Pronomen*	
Vorgestern	hat	***er***	mir	das Buch geliehen.
Vorgestern	hat	***er***	es	dem Schüler geliehen.
Vorgestern	hat	***er***	es ihm	geliehen.

zu a) Auch bei der Umstellung gilt im Allgemeinen die Regel, dass die Akkusativ- und Dativpronomen direkt hinter dem konjugierten Verb stehen. In diesem Fall kann das Subjekt, wenn es ein Substantiv ist, in die Position IV verschoben werden.

zu b) Aber wenn das Subjekt ein Pronomen ist, bleibt es in der Position III.

VI Stellung der Reflexivpronomen

I	*II*			
Ich	habe	mich		gewaschen.
Ich	habe	***mir***	***die Hände***	gewaschen.
Ich	habe	***sie***	***mir***	gewaschen.

(siehe § 10.5)

Umstellung

I	*II*	*III*	*Pronomen*		
Vor dem Essen	hat	***er***	sich	die Hände	gewaschen.
Vor dem Essen	hat	***er***	sie sich		gewaschen.

Die Satzstellung mit dem Reflexivpronomen entspricht den Regeln im Abschnitt IV und V.

1 Üben Sie die Wortstellung.

Hat der Hotelgast der Schauspielerin den Pelzmantel gestohlen?
Ja, er hat ihn ihr gestohlen.

1. Hast du deiner Freundin dein Geheimnis verraten? (Ja, ich ...).
2. Hat Maria dir deine Frage beantwortet?
3. Hat der Reiseleiter Ihnen das Hotel Ritter empfohlen?
4. Hat die Gemeindeverwaltung deinen Freundinnen die Pensionsadressen zugeschickt?
5. Hat der Chef den Bewerbern schon eine Nachricht zugesandt?
6. Hat Ursula der Hauswirtin einen Blumenstock zum Geburtstag geschenkt?
7. Hat der Verlag dem Verfasser das Manuskript zurückgesandt?
8. Hat Angela dir ihre Ankunft verschwiegen?
9. Hat dir der Kaufmann die Lieferung versprochen?
10. Liefert diese Firma den Kunden die Ware kostenlos ins Haus?
11. Leihst du deinem Freund dein Auto?
12. Hat der Postbeamte dem Kunden den Scheck zurückgegeben?
13. Haben die Jungen den Eltern das Abenteuer erzählt?
14. Borgst du der Familie Schulz das Auto?
15. Hat der Taxifahrer den Beamten seine Unschuld bewiesen?
16. Teilst du deinen Verwandten deine Ankunft mit?
17. Hat der Mann den Kindern den Fußball weggenommen?
18. Verbietet die Stadt den Studenten die Demonstration?

2 Üben Sie mit den Fragen der Übung § 14 Nr. 5.

der Arzt / der Mann / das Medikament / verschreiben
Hat der Arzt dem Mann das Medikament verschrieben?
Ja, er hat es ihm verschrieben.

3 Üben Sie mit den Fragen der Übung § 14 Nr. 4.

Hast du deinem Freund das Auto geliehen?
Ja, ich hab' es ihm geliehen.

4 Setzen Sie das schräg gedruckte Satzglied auf die Position I und achten Sie auf die Stellung der Pronomen.

1. Er hat mich *heute* wieder furchtbar geärgert.
2. Dein Vater hat es dir *gestern* doch ganz anders dargestellt.
3. Wir haben ihn *zufällig* auf dem Weg nach Hause getroffen.
4. Er hat mir *die Frage* leider immer noch nicht beantwortet.
5. Der Koffer steht *seit zehn Jahren* bei uns im Keller.
6. Ihr habt *mich* überhaupt nicht beachtet.
7. Der Zeuge hat ihn *trotz der Sonnenbrille* sofort erkannt.
8. Sie hat ihm *wütend* die Tür vor der Nase zugeschlagen.
9. Es hat *in der Nacht* stark geregnet.
10. Sie hat es mir *bis heute* verschwiegen.
11. Er hat *den Jugendlichen* mit seinem Zeitungsartikel nur geschadet.
12. Der Bäcker bringt mir *seit drei Monaten* die Brötchen ins Haus.
13. Sie ist *natürlich* immer vorsichtig gefahren.
14. Der Bauer schlug *vor Ärger* mit der Faust auf den Tisch.
15. Er gibt mir die Papiere *übermorgen* zurück.
16. Sie erklärte uns *vorsichtshalber* die ganze Sache noch einmal.
17. Der Nachbar hat ihnen *schon seit langem* misstraut.
18. Es geht *mir* eigentlich gut.
19. Das Gold liegt *aus Sicherheitsgründen* im Keller der Bank.
20. Der Beamte hat es euch *bestimmt* gesagt.

5 Ergänzen Sie die Pronomen.

1. Der Museumsdirektor zeigte den Gästen die Ausstellung. In einem zweistündigen Vortrag führte … … jedes einzelne Bild vor.
2. Der Vater hatte dem Sohn nach dem Abitur eine Skandinavienreise versprochen. … wollte … … voll finanzieren.
3. Der Landwirt musste das Gebäude wieder abreißen. Das Bauamt hatte … … nicht genehmigt.
4. Die Studentin hatte sich von ihrem Freund ein Armband gewünscht. … schenkte … … zu ihrem Geburtstag.
5. Der Gefangene bat um seine Uhr, aber man gab … … nicht.
6. Ein Dieb hatte einer Rentnerin die Handtasche gestohlen. Nach einer Stunde konnte man … …, allerdings ohne Geld und Papiere, zurückgeben.
7. Ein Bauer hatte den Wanderern den Weg zur Berghütte erklärt. Sie fanden ihr Ziel leicht, denn … hatte … … sehr gut beschrieben.
8. In ihrem Testament vermachte (= schenkte) die alte Dame ihren Nichten und Neffen ihr ganzes

Vermögen. Der Notar ließ … … durch die Bank überweisen.

9. Die Polizei hatte dem Kaufmann den Führerschein entzogen. Nach einem Jahr gab … … … zurück.
10. Der Gast hatte bei der Kellnerin noch ein Bier bestellt, aber … brachte … … nicht.
11. Alle Kinder hören gern Märchen und Großmütter erzählen … … gern.
12. Sie bat die Ärztin um den Termin für die Operation, aber … teilte … … nicht mit.

VII Satzstellung mit adverbialen und präpositionalen Angaben

Subjekt	*II*	*wann? (temporal)*	*warum? (kausal)*	*wie? (modal)*	*wo? wohin? (lokal)*
Ich	komme	morgen		mit Vergnügen	zu eurer Party.
Sie	schlief	gestern	vor Ärger	sehr schlecht.	
Sie	ging	heute früh	wegen der Prüfung	voller Furcht	zur Schule.

Für die Stellung der adverbialen Angaben gibt es zwar keine festen Reglen, im Allgemeinen gilt aber die Anordnung **T K M L** (= **t**emporal, **k**ausal, **m**odal, **l**okal).

VIII Satzstellung mit Objekten und adverbialen Angaben

I	*II*	*Spalte A wann?*	*Dat.-objekt*	*Spalte B warum?*	*wie?*	*Spalte C Akk.-obj.*	*wo? wohin? woher?*
Er	hilft	abends	seinem Vater		gerne		im Büro.
Ich	schreibe	morgen	meinem Mann	wegen der Rechnung		einen Brief	nach Italien.
Sie	riss		dem Kind		voller Angst	das Messer	aus der Hand.

Für die Stellung der Satzglieder gibt es keine festen Regeln. Im Allgemeinen gilt folgende Anordnung:

a) Hinter dem konjugierten Verb (Spalte A) steht die temporale Angabe und das Dativobjekt oder umgekehrt.
b) In der Mitte des Satzes steht die kausale und die modale Angabe.
c) Hinten im Satz (Spalte C) steht das Akkusativobjekt und die lokale Angabe, besonders die *wohin*-Angabe.

IX Umstellung

	I	II	III	
a) temporale Angabe	***Heute***	fährt	mein Vetter	nach Köln.
b) kausale Angabe	***Wegen der Hitze***	arbeiteten	die Angestellten	nur bis 14 Uhr.
c) konzessive Angabe	***Trotz des Verbots***	rauchte	der Kranke	zwanzig Zigaretten pro Tag.
d) modale Angabe	***Höflich***	öffnete	der Herr	der Dame die Tür.
e) lokale Angabe (wo?)	***Im Garten***	fand	der Junge	sein Taschenmesser wieder.
f) Akkusativobjekt	***Den Lehrer***	kennen	alle Bauern	seit ihrer Kindheit.
g) Dativobjekt	***Dem Gast***	hat	das Essen	leider nicht geschmeckt.
h) Akkusativpronomen	***Mich***	sieht	die Schwiegermutter	niemals wieder.
i) Dativpronomen	***Mir***	tut	das Missverständnis	noch immer Leid.

zu a–e) 1. Temporale, kausale, konzessive und modale Angaben können jederzeit in die Position I gestellt werden, aber immer nur eine Angabe derselben Art.

Wann? Am Sonntag, dem 22. Juli, einem Sommertag, verließ er sein Elternhaus.

Wo? Auf dem Busbahnhof, direkt vor der Sparkasse, treffen wir uns morgen um 7 Uhr.
(Falsch ist: Auf dem Busbahnhof, um 7 Uhr treffen wir uns.)

2. Die lokale Angabe auf die Frage *wo?* wird gerne in der Position I gebraucht, während die lokale Angabe auf die Frage *wohin?* im Allgemeinen am Ende des Satzes steht.

zu f–i) Substantive und Pronomen können als Akkusativ- oder Dativobjekt in der Position I stehen. Sie werden dann beim Sprechen stärker betont. Oft ist die Voranstellung für den Zusammenhang von Aussagen nötig.
Nur das Akkusativpronomen *es* steht nie in der Position I.

Anmerkungen

1. Die *wann-wo*-Angaben: Zur Information über Zeit und Ort einer Handlung, z.B. in Nachrichten und Berichten, gebraucht man diese beiden Angaben gerne vorn im Satz.
   Im Frankfurter Hauptbahnhof fuhr *gestern Nachmittag* eine Lokomotive auf einen voll besetzten Zug.
   Am Ostersonntag fand *in Rom* ein feierlicher Gottesdienst statt.

2. Die lokale Angabe auf die Frage *woher?* steht meistens – ebenso wie die *wohin*-Angabe – ganz hinten im Satz. Wenn beide Angaben nötig sind, steht die *woher*-Angabe im Allgemeinen vor der *wohin*-Angabe:
   Er kam gestern mit einer Reisegesellschaft *aus Polen* zurück.
   Die Angestellten strömten *aus den Büros* (woher?) *auf die Straße* (wohin?).

X Satzstellung mit präpositionalen Objekten

Er schrieb seit Jahren zum ersten Mal wieder einen Brief *an seinen Vater.*
Die alte Dame dachte später oft mit freundlichen Gefühlen *an ihn.*
Natürlich ärgert er sich schon lange *darüber.*
Der Wissenschaftler beschäftigt sich seit langem intensiv *mit diesem Problem.*

1. Das präpositionale Objekt, sein persönliches Pronomen und die sachliche Angabe mit *da(r)* + Präposition stehen im Allgemeinen ganz hinten im Satz.

2. Präpositionale Objekte, ihre persönlichen und sachlichen Pronomen stehen je nach dem Zusammenhang und der Betonung oft in der Position I.
   Über ihn haben wir uns schon lange gewundert.
   Darüber haben wir uns schon lange gewundert.

6 Bringen Sie die einzelnen Satzteile in die richtige Reihenfolge.

Sie hat ... mitgeteilt. (ihre Kündigung zum 31. Mai / ihrem Arbeitgeber / schon am Jahresanfang)
Sie hat ihrem Arbeitgeber ihre Kündigung zum 31. Mai schon am Jahresanfang mitgeteilt.

1. Ich habe ... geliehen. (leider / mein neues Auto / meinem Freund)
2. Der Unglückliche hat ... gefahren. (gestern / gegen einen Baum / es)
3. Er teilte ... mit. (seine Ankunft / mir / in New York / mit einem Fax / gestern)
4. Die Firma wird ... liefern. (den neuen Kühlschrank / mir / wahrscheinlich erst am kommenden Montag)
5. Die Lehrer sprachen ... (über die neuen Bestimmungen / heute / mit den Schülern)
6. Der Hausherr hat ... gekündigt. (die Wohnung / zum 31.12. / mir)
7. Die Eltern bezahlten ... (in England / einen Studienaufenthalt / ihrer Tochter)
8. Die Firma hat ... geschenkt. (zum 70. Geburtstag / ihrem Angestellten / eine Kiste Sekt)
9. Er hat ... mitgegeben. (mir / für seine Schwester / ein Paket)
10. Meine Kollegen haben ... geschickt. (aus Rom / eine Ansichtskarte / dem Chef)

7 Beginnen Sie die Sätze der Übung 6 mit folgendem Satzteil:

1. Leider
2. Gestern
3. Mit einem Fax
4. Den neuen Kühlschrank
5. Heute
6. Die Wohnung
7. Ihrer Tochter
8. Zum 70. Geburtstag
9. Für seine Schwester
10. Aus Rom

Gesamtübungen

8 Stellen Sie die Satzglieder in die richtige Reihenfolge.

1. Er kam ...
   a) ins Büro
   b) aufgeregt
   c) gegen 9 Uhr
2. Sie hat ... geantwortet.
   a) aus dem Sanatorium
   b) bis jetzt noch nicht
   c) uns
3. Er teilt ... mit.
   a) das Ergebnis der Besprechung
   b) erst morgen
   c) mir
4. Sie steigt ... ein.
   a) jetzt immer langsam und vorsichtig
   b) wegen ihrer Verletzung
   c) in die Straßenbahn
5. Der Bus fährt ... vorbei.
   a) an unserem Haus
   b) ab heute
   c) wegen der Umleitung
6. Er hat ... gelegt.
   a) voller Wut
   b) den Brief
   c) auf den Schreibtisch
   d) ihr
7. Sie hat ... vergessen.
   a) im Zug c) ihre Tasche
   b) gestern d) dummerweise
8. Er hat ... vorgestellt.
   a) immer c) es
   b) genau so d) sich
9. Er gab ... zurück.
   a) das falsche Buch
   b) mit Absicht
   c) dem Professor
   d) nach dem Examen
10. Sie hat ... verlassen.
    a) die Wohnung
    b) wegen der bösen Bemerkungen ihres Mannes
    c) heute Morgen
    d) wütend
11. Er brachte ...
    a) mit einer Entschuldigung
    b) ins Hotel
    c) mir
    d) den geliehenen Mantel
    e) erst gegen Mitternacht

9 Ebenso.

1. Ein Bauer hat ... getreten.
   a) bei einer Jagdgesellschaft
   b) aus Versehen
   c) auf den Fuß
   d) seinem Fürsten
2. Der Gast überreichte ...
   a) einen Blumenstrauß
   b) an der Wohnungstür
   c) mit freundlichen Worten
   d) der Dame des Hauses
   e) zu ihrem 75. Geburtstag
3. Die junge Frau gab ...
   a) zum Abschied
   b) an der Autotür
   c) einen Kuss
   d) ihrem Mann
4. Der Arzt legte ...
   a) prüfend
   b) auf die Stirn
   c) dem Fieberkranken
   d) vor der Untersuchung
   e) die Hand
5. Die Versammelten verurteilten ...
   a) in ein unabhängiges Land
   b) einstimmig
   c) den Einmarsch fremder Truppen
   d) Anfang Februar

6. Der Verfolgte sprang ...
   a) mit letzter Kraft
   b) über den Gebirgsbach
   c) kurz vor seiner Verhaftung
7. Der Motorradfahrer riss ...
   a) die Einkaufstasche
   b) aus der Hand
   c) einer alten Dame
   d) gestern gegen 17 Uhr
8. Der Vater zog ... weg.
   a) die Bettdecke
   b) wütend
   c) um 11 Uhr
   d) dem schlafenden Sohn
9. Du hast ... erzählt.
   a) schon gestern
   b) mir
   c) in der Mensa
   d) diese Geschichte
10. Er bot ... an.
    a) mit freundlichen Worten
    b) ihm
    c) es
    d) zum zweiten Mal
11. Ich habe ... vorgestellt.
    a) auf der Party
    b) ihm
    c) selbstverständlich
    d) mich

10 Üben Sie die Umstellung.

Nehmen Sie die Übung 8 und beginnen Sie Satz 1 mit b; 2 mit a; 3 mit a; 4 mit b; 5 mit c; 6 mit a; 7 mit d; 8 mit b; 9 mit d; 10 mit b; 11 mit e.

§ 23 Satzverbindungen: Konjunktionen in der Position Null

Hauptsatz			Konjunktion	Hauptsatz		
I	II	III	0	I	II	
...	Verb	...	...	...	Verb	...

I Satzstellung

	0	I	II	
Die Eltern fahren nach Italien	und	die Tante	sorgt	für die Kinder.
Die Eltern fahren nach Italien,	aber	die Kinder	bleiben	zu Hause.
Die Eltern fahren unbeschwert ab,	denn	die Tante	sorgt	für die Kinder.
Entweder fahren die Eltern allein	oder	sie	nehmen	die Kinder mit.
Die Eltern fahren nicht weg,	sondern	sie	bleiben	bei den Kindern.

Die Konjunktionen *und, aber, denn, oder, sondern* stehen in der Position Null. Danach folgt ein Hauptsatz mit normaler Satzstellung: Das Subjekt steht in der Position I und das konjugierte Verb wie immer in der Position II. (Zu *aber* siehe auch Abschnitt V.)
Nach der Rechtschreibreform steht vor *und* und *oder* kein Komma mehr.

II Umstellung

	0	*I*	*II*	*III*	
Ich habe heute die Prüfung bestanden	und	morgen	bekomme	ich	das Zeugnis.
Ich habe das Zeugnis abgeholt,	aber	***leider***	war	***mein Name***	falsch geschrieben.
Ich habe das Zeugnis zurückgegeben,	denn	***so***	ist	***es***	nicht brauchbar.
Entweder hat sich die Sekretärin verschrieben	oder	***in meinem Pass***	steht	***der Name***	falsch.
So habe ich nicht nur Ärger,	sondern	***bestimmt***	gibt	***es***	auch Streit mit der Sekretärin.

Nach *und, aber, oder, denn, sondern* kann, wie in jedem Hauptsatz, auch die Umstellung erfolgen: Ein anderes Satzglied steht in der Position I, darauf folgt das konjugierte Verb in der Position II und dann das Subjekt in der Position III.

III Umstellung mit Pronomen

	0	*I*	*II*	*III Pronomen*	*IV Subjekt (Substantiv)*
Er hatte gut geschlafen	und	am Morgen	weckten	ihn	die Vögel.
Er wollte aus dem Zug springen,	aber	im letzten Augenblick	hielt	ihn	ein Reisender zurück.

Wenn ein Pronomen vorkommt, steht es hinter dem konjugierten Verb.
Das Subjekt wird dann in die Position IV verschoben.

IV Weglassen des Subjekts nach „und"

	0	I	II	III
Ich ließ ihn stehen	und	ich	rannte	davon.
besser: Ich ließ ihn stehen	und		rannte	davon.
Der Verkäufer irrte sich	und	er	schrieb	eine zu hohe Rechnung aus.
besser: Der Verkäufer irrte sich	und		schrieb	eine zu hohe Rechnung aus.

1. Wenn zwei Hauptsätze das gleiche Subjekt haben und mit *und* verbunden sind, dann ist es stilistisch besser das Subjekt nach *und* wegzulassen. Es entsteht ein Hauptsatz mit zwei Satzaussagen.

2. Man kann auch mehrere Satzaussagen reihen. Wenn das Subjekt gleich ist, wird es nicht wiederholt.
   Er kam nach Hause, *sagte* kein Wort, *holte* eine Flasche Bier aus dem Kühlschrank und *setzte sich* vor den Fernsehapparat.

3. Wenn das Subjekt nach *und* nicht in der Position I steht, also bei einer Umstellung, muss es wiederholt werden:

	0	I	II	III	
Er hörte nur kurz zu	und	sofort	war	***er***	dagegen.
Heute packe ich	und	morgen	fahre	***ich***	fort.

4. Nach *aber, oder, sondern* sollte man das Subjekt wiederholen, auch wenn es gleich ist:
   Er verlor sein Vermögen, aber *er* war nicht unglücklich.
   Entweder helft *ihr* ihm oder *ihr* lasst ihn in Ruhe.
   Sie beklagten sich nicht, sondern *sie* begannen von vorn.

5. Nach *denn* muss das Subjekt in jedem Fall stehen:
   Er ist nicht mehr ausgegangen, denn *er* war müde.

1 Verbinden Sie die Sätze mit „und". Wiederholen Sie das Subjekt nicht, wenn es nicht nötig ist.

Ich bleibe hier. *Du* gehst fort. *Ich bleibe hier und du gehst fort.*
Ich bleibe hier. *Ich* erledige meine Arbeit. *Ich bleibe hier und erledige meine Arbeit.*
Wir bleiben hier. Abends machen *wir* noch einen Besuch.
Wir bleiben hier und abends machen wir noch einen Besuch.
Wir bleiben hier und machen abends noch einen Besuch.

Aus der Zeitung

a) *Nachtwächter zerstört drei Wohnungen*

1. Ein Nachtwächter übte Pistolenschießen. Er zerstörte mit einem Schuss drei Wohnungen.
2. Der Mann hatte Dosen auf die Gasuhr seiner Wohnung gestellt. Er versuchte sie zu treffen.
3. Dabei traf er die Gasuhr. Gas strömte in großen Mengen aus.
4. Das Gas entzündete sich an einer Zigarette. Es entstand eine furchtbare Explosion.
5. Drei Wohnungen wurden zerstört. Der Nachtwächter musste mit schweren Verbrennungen ins Krankenhaus gebracht werden.

b) *Frau jagt Haus in die Luft*

1. Eine Frau wollte ihre Kleidung in der Waschmaschine reinigen. Sie zerstörte dabei ihr Haus.
2. Sie war sehr sparsam. Sie wollte das Geld für die Reinigung sparen.
3. Sie schüttete Benzin in die Waschmaschine. Sie stellte den Schalter auf 60 Grad.
4. Schließlich schaltete sie die Maschine an. Dann ging sie aus dem Zimmer.
5. Plötzlich gab es eine starke Explosion. Ein Teil des Hauses brach zusammen und brannte.
6. Die Feuerwehr wurde gerufen. Die Löscharbeiten begannen.
7. Die Frau war gerade in den Keller gegangen. Dort wurde sie von der Explosion überrascht.
8. Sie erlitt einen schweren Schock. Deshalb musste sie sofort ins Krankenhaus gebracht werden.

c) *Hund erschießt Hund*

1. Die Jäger hatten ihre Jagd beendet. Nun saßen sie an einer Waldecke am Feuer.
2. Es war schon kalt. Die Jäger waren halb erfroren.
3. Jetzt freuten sie sich über die Wärme. Sie legten immer wieder Holz auf das Feuer.
4. Natürlich erzählten sie ganz unglaubliche Jagdgeschichten. Niemand achtete auf die Hunde.
5. Die Gewehre hatten sie an einen Baum gestellt. Die Hunde waren angebunden.
6. Aber plötzlich kamen die Tiere in Streit. Ein Gewehr fiel um.
7. Dabei löste sich ein Schuss. Er traf einen der Hunde tödlich.
8. Nun standen die Jäger um den toten Hund. Sie waren sehr erschrocken.
9. Nachdenklich packten sie zusammen. Sie fuhren nach Hause.

d) *Dackel frisst Haschisch*
(der Dackel = kleine Hunderasse)

1. Spaziergänger gingen durch einen Frankfurter Park. Sie beobachteten einen lustigen, kleinen Dackel, der auf einer Wiese herumsprang.
2. Der Hund hatte die Nase immer dicht am Boden. Er schnüffelte. Er suchte anscheinend etwas. Er begann plötzlich zu graben.
3. Auf einmal hatte der Dackel ein weißes Päckchen zwischen den Zähnen. Er spielte damit. Er biss darauf herum.
4. Da kam ein Mann angelaufen. Er jagte den Hund. Er packte und schüttelte ihn. Er riss ihm das Päckchen aus den Zähnen.
5. Die Besitzerin des Dackels, eine ältere Dame, lief sofort aufgeregt auf die Wiese. Die Spaziergänger folgten ihr.
6. Der Mann ließ den Dackel los. Er lief mit dem Päckchen ins Gebüsch.

7. Die Dame nahm den Hund auf den Arm. Sie tröstete und beruhigte ihn. Sie brachte ihn nach Hause.
8. Dort benahm sich der Dackel wie ein Betrunkener. Er lief von einer Ecke des Zimmers zur anderen. Er schlief plötzlich mitten im Zimmer auf dem Teppich ein.
9. Die Dame war beunruhigt. Sie telefonierte nach einem Taxi. Sie fuhr mit dem Hund zum Tierarzt.
10. Der Tierarzt untersuchte das kranke Tier. Er stellte eine Haschischvergiftung fest. Er gab der Dame den Rat, den Dackel ausschlafen zu lassen.
11. Die Dame rief bei der Polizei an. Sie erzählte ihr Erlebnis. Sie erhielt die Auskunft, dass man schon lange einen Haschischhändler in dem Park vermutete.
12. Die Dame beschrieb den Mann. Sie gab den Ort und die Uhrzeit genau an. Vier Polizisten machten sich auf die Suche nach dem Rauschgifthändler.

V Erläuterungen zu den Konjunktionen „aber, oder, denn, sondern"

1. *aber* verbindet gegensätzliche Satzglieder oder Sätze, *aber erst, aber doch* kann auch eine Einschränkung ausdrücken (siehe § 24, II, 3c):
   Er bot mir Kekse und Schokolade an, *aber* keinen Kaffee.
   Sie kamen endlich an, *aber erst* nach langem Suchen.
   Gewiss, er hat sein Ziel erreicht, *aber doch* nicht ohne unsere Hilfe.

   aber muss nicht in der Position Null stehen. Es kann auch frei im Satz stehen, je nach der Betonung.

	0	*I*	*II*		
Du kannst zu uns kommen,	***aber***	du	kannst	hier	nicht übernachten.
Du kannst zu uns kommen,		du	kannst	***aber*** hier	nicht übernachten.
Du kannst zu uns kommen,		hier ***aber***	kannst	du	nicht übernachten.
Du kannst zu uns kommen,		du	kannst	hier ***aber***	nicht übernachten.

2. Im gleichen Sinn wie *aber* werden *allein, doch* und *jedoch* gebraucht. Dabei steht *allein* immer in der Position Null, *doch* und *jedoch* in der Position Null oder hinter dem konjugierten Verb:
   Er versuchte, den Gipfel des Berges zu erreichen, *allein* er schaffte es nicht. (veraltet, literarisch)
   Er beeilte sich sehr, er kam *(aber) doch* zu spät.
   Er wollte gern Maler werden, er hatte *jedoch* zu wenig Talent.

3. *oder* verbindet alternative Satzglieder oder Sätze. Entweder ist etwas so *oder* es ist anders:
   Er bringt immer Blumen *oder* Süßigkeiten mit.
   Ist er wirklich krank *oder* tut er nur so?
4. *denn* ist eine kausale Konjunktion, die einen vorangegangenen Satz begründet:
   Ich konnte nicht mit ihm sprechen, *denn* er war verreist.
5. *sondern* berichtigt eine vorangegangene negative Aussage. Zur Ergänzung gebraucht man oft *nicht nur …, sondern auch:*
   Ich habe *nicht* dich gefragt, *sondern* ihn.
   Sein Verhalten ist *keine* Hilfe, *sondern* es bringt nur zusätzlichen Ärger.
   Er war *nicht nur* arm, *sondern* (er war) *auch* krank und einsam.

2 „aber" auf der Position Null oder frei im Satz.

Seine Frau hatte zu ihm gesagt:
Fahr nicht so schnell! *Aber er ist doch zu schnell gefahren.*
Er ist aber doch zu schnell gefahren.

1. Gib nicht so viel Geld aus!
2. Schreib nicht so undeutlich!
3. Komm nicht zu spät!
4. Lauf nicht so schnell!
5. Lass dir nicht so viel gefallen!
6. Iss nicht so hastig!
7. Zieh dich nicht zu leicht an!
8. Fotografier nicht so viel!

3 Üben Sie nach folgendem Muster:

(n) Stahlmesser / Brotmesser (zum B.)
Das Stahlmesser ist ein Messer aus Stahl, das Brotmesser aber ist ein Messer zum Brotschneiden.

1. (m) Eisenofen / Holzofen (für H.)
2. (m) Porzellanteller / Suppenteller (für S.)
3. (m) Holzkasten / Kohlenkasten (für K.)
4. (f) Ledertasche / Schultasche (für die S.)
5. (n) Papiertaschentuch / Herrentaschentuch (für H.)
6. (n) Baumwollhemd / Sporthemd (für den S.)
7. (Pl.) Lederschuhe / Wanderschuhe (zum W.)
8. (m) Plastikbeutel / Einkaufsbeutel (zum E.)

4 Verbinden Sie die Sätze mit „denn", „aber" oder „sondern".
Wählen Sie die passende Konjunktion.

In einer Großgärtnerei können die Kunden ihre Erdbeeren selber pflücken. Folgende Anzeige steht in der Zeitung:

Erdbeeren vom Feld!

1. Sie kaufen die Erdbeeren nicht fertig im Korb. Sie pflücken sie selbst!
2. Sie haben nur erstklassige Beeren. Was Ihnen nicht gefällt, pflücken Sie nicht.
3. Wir können Sie billig bedienen. Wir zahlen keine Ladenmiete!

4. Besuchen Sie uns bald! Wir sind am Ende der Saison.
5. Viele kommen nicht allein. Sie bringen ihre Familie mit.
6. Bringen Sie auch die Kleinen mit. Sie sind in unserem Kindergarten gut aufgehoben.
7. Sie sparen nicht nur Geld. Sie machen beim Sammeln gleich ein bisschen Gymnastik.
8. Sie sind nicht einsam. Die Sammler haben sich immer etwas zu erzählen.
9. Erdbeermarmelade kann man jeden Tag essen. Auch Erdbeersaft ist erfrischend zu jeder Jahreszeit!
10. Essen Sie mal ein paar Tage nur Erdbeeren! Das ist gesund.

5 Urlaubssorgen – Verbinden Sie die Sätze mit „denn", „aber", „oder", „sondern", „und". Wählen Sie die passende Konjunktion.

1. Ilse möchte im Urlaub in den Süden fahren. Sie liebt die Sonne und das Meer.
2. Willi und Helga möchten auch in Urlaub fahren. Sie müssen dieses Jahr zu Hause bleiben. Ihr Junge ist krank.
3. Ich verbringe dieses Jahr meinen Urlaub nicht auf einem Bauernhof. Ich bleibe zu Hause. Ich muss sparen.
4. Fritz macht keinen Urlaub auf dem Bauernhof. Er arbeitet lieber in seinem eigenen Garten.
5. Ruth bleibt dieses Jahr zu Hause. Sie will im nächsten Jahr zu ihrer Schwester nach Kanada fliegen. Dafür muss sie fleißig sparen.
6. Wolfgang und Heidi fliegen nicht nach Spanien. Sie fahren mit ihren Kindern an die Nordsee. Für die Kinder ist ein raues Klima besser, sagt der Arzt.
7. Eberhard will ins Hochgebirge. Er klettert gern. Seine Mutter ist davon nicht begeistert.
8. Rosemarie fährt zu ihrem Bruder nach Wien. Sie besucht ihre Verwandten in Leipzig.

§ 24 Satzverbindungen: Konjunktionen in der Position I

Vorbemerkung

Außer den in § 23 genannten Konjunktionen in der Position Null stehen alle anderen satzverbindenden Konjunktionen in der Position I. Konjunktionen in der Position I leiten einen Hauptsatz ein. Sie geben die Sinnrichtung dieses Satzes an.

I Satzstellung

Konjunktionen in der Position I (= a) und Umstellung (= b)

	I	II	III	IV	
1. Er will abreisen,	a) ***darum***	hat	er		sein Zimmer
	b) er	hat	***darum***		gekündigt.
2. Du schuldest mir noch 20 Euro,	a) ***folglich***	gebe	ich	dir	nur 10 Euro
	b) ich	gebe	dir	***folglich***	zurück.
3. Er hatte sich sehr beeilt,	a) ***trotzdem***	kam	er		zu spät.
	b) er	kam	***trotzdem***		
4. Wir mussten ihn anrufen,	a) ***dann***	kam	er		endlich.
	b) er	kam	***dann***		
5. Einerseits wollte er mitkommen,	a) ***andererseits***	fürchtete	er	sich	vor den Unkosten.
	b) er	fürchtete	sich	***andererseits***	
6. Er hat bestimmt viel Arbeit,	a) ***sonst***	wäre	er		gekommen.
	b) er	wäre	***sonst***		

zu a) Die Konjunktionen stehen meistens zwischen den Sätzen in der Position I, dann folgt das konjugierte Verb in der Position II und das Subjekt in der Position III.

zu b) Die meisten Konjunktionen in der Position I können auch nach den Regeln der Umstellung in der Position III stehen oder in der Position IV, wenn ein Pronomen im Satz nötig ist.

II Erläuterungen zu den Konjunktionen

1. Kausale Konjunktionen sind *darum, deshalb, deswegen, daher* u.a. Sätze mit diesen Konjunktionen folgen auf einen Satz, der angibt, warum etwas ist oder geschieht:
   Warum ging er zur Polizei? *Er hatte seinen Pass verloren, darum* ging er zur Polizei.
   Weshalb musst du jetzt gehen? *Wir erwarten Gäste, deshalb* muss ich jetzt gehen.
   Weswegen zog er sich zurück? *Man hatte ihn belogen, deswegen* zog er sich zurück.
   Aus welchem Grund interessiert er sich für griechische Kultur? *Seine Mutter stammt aus Griechenland, daher* interessiert er sich für griechische Kultur.

2. Konsekutive Konjunktionen sind *also, so, folglich, infolgedessen, demnach, insofern* u.a. Sätze mit diesen Konjunktionen geben die Folge einer Aussage an:
Die alte Dame war erblindet, *also (so)* war sie gezwungen in ein Heim zu gehen.
In dem Geschäft hat man mich betrogen, *folglich* kaufe ich dort nicht mehr.
Der Kassierer hatte Geld aus der Kasse genommen, *infolgedessen* wurde er entlassen.
Er fuhr bei Rot über die Kreuzung, *demnach* handelte er verkehrswidrig.
Er war immer pünktlich und fleißig, *insofern* ist die Kündigung nicht gerechtfertigt.

3. a) Konzessive Konjunktionen sind u.a. *trotzdem, dennoch, allerdings, indessen.* Sätze mit diesen Konjunktionen geben eine Einschränkung oder einen Gegensatz zu einer vorangehenden Aussage an:
Sie war ein freundliches und hübsches Mädchen, *trotzdem* liebte er sie nicht.
Er hatte die besten Zeugnisse, *dennoch* bekam er die Stelle nicht.
Er ist ein großartiger Mathematiker, *allerdings* verrechnet er sich immer wieder.
Er spielte leidenschaftlich gern, er hatte *indessen* nur selten Glück.

b) Zur stärkeren Betonung kann man konzessive Satzgefüge mit *zwar* beginnen. *Zwar* steht im ersten Teilsatz entweder in der Position I oder III (bzw. IV):
Zwar war das Zimmer ungeheizt, *trotzdem* liefen die Kinder barfuß umher.
Er kennt mich *zwar* vom Sehen, *allerdings* grüßt er mich nicht.

c) Zu den konzessiven Konjunktionen gehört auch *aber doch,* wobei *aber* entweder am Anfang des Satzes in der Position Null steht oder mit *doch* zusammen in der Position III (bzw. IV):
Zwar hatte er seit langem Kopfschmerzen, *aber* er wollte *doch* keinen Arzt aufsuchen.
Er hatte *zwar* seit langem Kopfschmerzen, er wollte *aber doch* keinen Arzt aufsuchen.

4. Temporale Konjunktionen sind u.a. *dann, da, danach, daraufhin, inzwischen.* Sätze mit diesen Konjunktionen zeigen an, wie eine Handlung in der Zeit weitergeht:
Er begrüßte sie anfangs sehr feierlich, *dann* lachte er und umarmte sie.
Ich kam zuerst an, *danach* kam mein Bruder.
Wir waren kaum zehn Schritte aus dem Haus, *da* begann es plötzlich heftig zu regnen.
Sie hatte nur eine unbedeutende Bemerkung gemacht, *daraufhin* rannte er aus dem Zimmer.
Die Touristen füllten die Formulare aus, *inzwischen* brachte der Hoteldiener die Koffer in die Zimmer.

Anmerkung

Die Bedeutung der temporalen Konjunktionen ist verschieden:
1. *danach* und *dann* zeigen die jeweils nächste Handlung im Zeitablauf an.
2. *da* zeigt eine plötzlich eintretende Handlung an.

3. *daraufhin* zeigt an, welche Folge eine Handlung im Zeitablauf hat.
4. *inzwischen* oder *unterdessen* zeigen an, was in der Zwischenzeit geschieht oder geschehen ist.

Alternative Konjunktionen sind zweiteilig: *entweder – oder, nicht nur – sondern … auch, weder – noch, einerseits – andererseits, mal – mal, bald – bald* u.a. Im ersten Satz wird die eine Möglichkeit gezeigt, im zweiten die andere Möglichkeit.

a) entweder – oder

I	*II*	*III*		*0*	*I*	*II*	
Entweder	kommt	er	noch heute	***oder***	er	kommt	überhaupt nicht mehr.

entweder steht in der Position I oder III, *oder* wie immer in der Position Null.

b) nicht nur – sondern … auch

I	*II*	*III*	*0*	*I*	*II*		
Er	hatte	***nicht nur*** private Sorgen,	***sondern***	er	war	***auch***	finanziell am Ende.

nicht nur steht fast immer in der Position III, *sondern* wie immer in der Position Null. Nach dem konjugierten Verb folgt meistens *auch*.

c) weder – noch

I	*II*	*III*		*I*	*II*	*III*	
Er	war	***weder***	zu Hause	***noch***	konnten	wir	ihn in seinem Büro erreichen.

weder – noch drückt eine doppelte Negation aus: Das eine ist nicht so und das andere auch nicht. *weder* steht meistens in der Position III, seltener in der Position I; im zweiten Satz folgt *noch* in der Position I.

d) einerseits – andererseits, mal – mal, bald – bald
Einerseits ist er geizig und rechnet mit jedem Pfennig, *andererseits* gibt er das Geld mit vollen Händen aus.
Mal putzt sie das Treppenhaus, *mal* tut er es.
Bald ist die Patientin optimistisch, *bald* ist sie verzweifelt.

1 darum, deshalb, deswegen, daher – trotzdem, dennoch, allerdings: Wählen Sie eine passende Konjunktion aus und setzen Sie sie in die Lücken ein.

1. Mein Bruder hat tausend Hobbys, … hat er nur selten Zeit dafür.
2. Herr M. geht nicht gern ins Theater, … tut er es seiner Frau zuliebe.

3. Herr K. macht nicht gern große Reisen, ... hat er sich jetzt einen Garten gekauft.
4. Ich habe ihm erst kürzlich wieder 50 Euro gegeben, ... soll er mich jetzt mal in Ruhe lassen.
5. Frau H. hat sich so viel Mühe mit dem Essen gegeben, es schmeckte ... nicht besonders gut.
6. Gisela hat heute Nacht bis drei Uhr gearbeitet, ... braucht sie jetzt Zeit zum Schlafen.
7. Die Ärzte haben alles versucht, ... konnten sie den Patienten nicht retten.
8. Dem Professor hört kein Mensch mehr zu, er spricht ... ruhig weiter.
9. Der Vortrag war schrecklich langweilig, ... schliefen die Zuhörer langsam ein.
10. Mein Freund hatte sich das Bein gebrochen, ... hat ihm der Arzt das Tennisspielen verboten, ... spielt er natürlich längst wieder mit.
11. Herr Z. ist Diabetiker, ... darf er bestimmte Speisen nicht essen.
12. Die Kinder sollen nicht an dem gefährlichen Fluss spielen, sie tun es ... immer wieder.
13. Das ganze Haus schläft, ... stellt Herr N. das Radio auf volle Lautstärke.
14. Mein Schreibpapier ist zu Ende, ... höre ich jetzt auf zu schreiben.

2 Verbinden Sie die Sätze sinngemäß mit einer Konjunktion aus Übung 1.

Er läuft gern Ski. a) Er fährt diesen Winter nicht in Urlaub.
b) Er legt seinen Urlaub in den Winter.

Er läuft gern Ski, allerdings fährt er diesen Winter nicht in Urlaub.
Er läuft gern Ski, darum legt er seinen Urlaub in den Winter.

1. Die Kartoffeln sind noch nicht gar. a) Wir essen sie jetzt. b) Sie müssen noch fünf Minuten kochen.
2. Das Eis auf dem See ist noch nicht fest. a) Der Junge läuft darauf Schlittschuh. b) Das Betreten der Eisfläche ist gefährlich.
3. Die Familie kennt die Pilze nicht. a) Sie lässt sie stehen. b) Sie nimmt sie mit nach Hause.
4. Der kleine Kerl friert sehr. a) Er geht jetzt raus aus dem Wasser. b) Er bleibt stundenlang im Wasser.
5. Die Wanderer sind längst müde vom Laufen. a) Sie wollen die restliche Strecke noch schaffen. b) Sie machen erst einmal Pause.
6. Rauchen ist in diesem Gebäude verboten. a) Einige Leute rauchen ruhig weiter. b) Die meisten Leute machen ihre Zigarette aus.
7. Benzin wird immer teurer. a) Die meisten Autobesitzer wollen nicht auf ihr Fahrzeug verzichten. b) Immer mehr Personen fahren mit dem Zug.
8. Sie hat hohes Fieber. a) Sie bleibt im Bett liegen. b) Sie geht in den Dienst.
9. Er kann nicht schwimmen. a) Er geht gern segeln. b) Er hat immer Angst auf dem Wasser.
10. Er verdient sehr viel. a) Er kann sich die Villa kaufen. b) Er ist immer unzufrieden.
11. Kein Mensch will dick sein. a) Viele Menschen essen zu viel. b) Viele Leute sind vorsichtig mit dem Essen.
12. Sie isst sehr wenig. a) Sie wiegt noch zu viel. b) Sie ist immer müde.

3 Vervollständigen Sie die Sätze selbstständig.

1. Die Kellner in dem Restaurant waren recht unhöflich; infolgedessen ...
2. Die Kinder bekamen auf der Geburtstagsfeier von jedem Kuchen ein Stück; so ...
3. Die Autobahn war zwischen Kassel und Göttingen gesperrt; folglich ...
4. In der Studentengruppe waren Anhänger der verschiedensten politischen Parteien; infolgedessen ...
5. Der Redner beschimpte die Anwesenden immer von neuem; insofern ...
6. Nach kurzer Zeit sahen die Wanderer wieder ein Wanderzeichen; also ...
7. Das Wasser war eiskalt; insofern ...
8. Die Zahl der Brände in Hochhäusern nimmt zu; infolgedessen ...
9. Die Kinokarten waren ausverkauft; folglich ...
10. Die Strecke a ist so lang wie die Strecke c, die Strecke b ist ebenfalls so lang wie c; demnach ...

4 Verbinden Sie die Sätze mit „zwar ... aber (doch)".

Das Heizen mit Strom ist bequem. Es ist teuer.
Zwar ist das Heizen mit Strom bequem, aber es ist (doch) teuer.
Das Heizen mit Strom ist zwar bequem, es ist aber (doch) teuer.

1. Das Wasser ist kalt. Wir gehen schwimmen.
2. Das Bild ist teuer. Das Museum kauft es.
3. Ich wollte jetzt schlafen. Ich helfe dir erst.
4. Genf ist 600 Kilometer von Frankfurt entfernt. Wir schaffen die Strecke in fünf bis sechs Stunden.
5. Der Patient ist sehr schwach. Er muss sofort operiert werden.
6. Ich habe dir meinen Plan neulich erklärt. Ich erkläre dir jetzt alles noch einmal.
7. Du bist ein kluger Kopf. Alles verstehst du auch nicht.
8. Meine Eltern tun alles für mich. Meinen Studienaufenthalt können sie nicht bezahlen.
9. Deutschland gefällt mir ganz gut. Die Schweiz gefällt mir besser.
10. Die Schweiz ist schön. In Österreich lebt man billiger.

5 „da", „dann" oder „daraufhin"?

1. Zunächst gab es eine Wirtschaftskrise, ... kam die Geldentwertung; ... verlor die Regierungspartei die nächste Wahl.
2. Ich beende erst mein Studium, ... muss ich zum Militärdienst.
3. Wir waren gerade beim Essen, ... klingelte das Telefon.
4. Die Vorstellung war zu Ende, ... schrie plötzlich jemand „Feuer!"
5. Er wollte bezahlen, ... merkte er, dass er sein Geld vergessen hatte.
6. Er musste sich nun erst Geld besorgen, ... konnte er weiterreisen.
7. Alles war still, ... fiel plötzlich ein Schuss.
8. Erst waren alle ganz erschrocken, ... redeten alle durcheinander.
9. Die beiden Alten gingen durch den Wald, ... trat plötzlich ein Mann mit einer Pistole in der Hand hinter einem Baum hervor und sagte: „Erst das Geld, ... können Sie weitergehen." ... gaben ihm die beiden ihr gesamtes Geld. ... zog der Alte, ein pensionierter Polizeibeamter, seine Pistole und sagte: „Erst die Pistole und ... kommen Sie mit!"

6 Setzen Sie sinnvoll ein: „da", „dann", „daraufhin", „also", „darum", „trotzdem".

Es war nachts gegen halb vier. Der Wächter im Kaufhaus war beinah eingeschlafen, ... hörte er ein verdächtiges Geräusch. Er lauschte einige Zeit, ... schlich er sich vorsichtig in die Lebensmittelabteilung hinunter. Die Nachtbeleuchtung war merkwürdigerweise ausgeschaltet, ... knipste er seine Taschenlampe an und bemerkte sofort, dass die Bürotür nicht geschlossen war. Er wusste genau, dass die Tür vorher verschlossen war, ... war ein Fremder in das Haus eingedrungen. Der Wächter zog seinen Revolver und atmete einmal tief durch, ... riss er die Tür auf und schrie: „Hände hoch!" Die beiden Männer im Büro waren schwer bewaffnet, ... verlor der Wächter keinen Augenblick die Ruhe und es gelang ihm, den Alarmknopf neben dem Schreibtisch zu erreichen. Seine Tat wurde in der Presse groß herausgebracht, ... erhöhte die Geschäftsleitung sein Gehalt.

7 Ausbildungs- und Berufsfragen – Bilden Sie mit den angegebenen Wörtern Sätze mit „entweder ... oder".

der Student / jetzt / die Prüfung / bestehen // er / in sein Heimatland / zurückkehren müssen
Entweder besteht der Student jetzt die Prüfung oder er muss in sein Heimatland zurückkehren.

1. Helga / Medizin / studieren // sie / die Musikhochschule / besuchen
2. er / jetzt / die Stelle als Ingenieur in Stuttgart / erhalten // er / eine Stelle in der Schweiz / annehmen
3. mein Bruder / den Facharzt / machen // er / praktischer Arzt / werden
4. der Arbeitslose / die angebotene Stelle / annehmen // er / die Arbeitslosenunterstützung / verlieren
5. Fritz / jetzt / das Abitur / bestehen // er / die Schule / verlassen müssen
6. meine Mutter / jetzt / eine Stelle als Sekretärin / erhalten // sie / eine neue Stellenanzeige in der Zeitung / aufgeben
7. ich / ab Januar / eine Gehaltserhöhung / bekommen // ich / meine Stellung kündigen
8. der Schüler / einen Notendurchschnitt von 1,7 / erhalten // er / keine Zulassung zur Universität / bekommen

8 „Jedes Ding hat seine zwei Seiten" – Bilden Sie mit den angegebenen Wörtern Sätze mit „einerseits ... andererseits".

Felix / ein sehr guter Schüler / sein // er / überhaupt kein Selbstvertrauen / besitzen
Felix ist einerseits (oder: *Einerseits ist Felix) ein sehr guter Schüler, andererseits besitzt er* (oder: ..., *er besitzt andererseits) überhaupt kein Selbstvertrauen.*

1. Klaus / ein sehr langsamer Schüler / sein // er / immer / gute Noten / nach Hause bringen
2. das Institut / genug Lehrer für 200 Schüler / haben // nicht genügend Räume / für den Unterricht / vorhanden sein

3. der Mann / ein Vermögen / verdienen // er / keine Zeit haben / das Leben zu genießen
4. das Land / sehr gute Möglichkeiten zur Förderung des Tourismus / haben // dazu / das Geld / fehlen
5. man / immer mehr elektrischen Strom / benötigen // die Leute / keine Kraftwerke / in ihrer Nähe / haben wollen
6. jeder / mehr Geld / haben wollen // alle / weniger arbeiten wollen
7. er möchte ein Haus bauen // er / Angst vor den hohen Kosten / haben
8. sie / möchten / heiraten und Kinder haben // sie / ihre Freiheit / nicht verlieren wollen

9 Beim Radiohändler – Bilden Sie mit den angegebenen Wörtern Sätze mit „nicht nur ..., sondern ... auch".

an diesem Fernseher / der Lautsprecher / kaputt sein // er / schwer zu bedienen sein
An diesem Fernseher ist nicht nur der Lautsprecher kaputt, sondern er ist auch schwer zu bedienen.

1. diese Musik / viel zu laut sein // sie / ganz verzerrt / klingen
2. mit diesem Radiogerät / Sie / Mittelwelle und UKW / empfangen können // Sie / die Kurzwellensender im 41- und 49-Meter-Band hören können
3. dieser Apparat / Ihnen / Stereoempfang / bieten // er / einen eingebauten Kassettenrekorder / enthalten
4. wir / Ihnen / ein Fernsehgerät / zu einem günstigen Preis / verkaufen // wir / es / ins Haus bringen und / es einstellen
5. dieser Videorekorder / jedes Fernsehprogramm / aufzeichnen // er / in Ihrer Abwesenheit / sich automatisch an- und abstellen
6. der Kassettenrekorder / viel zu teuer sein // er / einen schlechten Klang / haben
7. der Apparat / mit 220 Volt arbeiten // er / mit eingebauter Batterie oder mit den 12 Volt aus dem Auto / funktionieren
8. ich / einen Fernseher / kaufen // ich / eine neue Satellitenschüssel / brauchen

10 Gesundheit und Krankheit – „entweder ... oder", „nicht nur ... , sondern ... auch" oder „einerseits ... , andererseits"? Verbinden Sie die Sätze mit der passenden Konjunktion. (Manchmal gibt es zwei Möglichkeiten.)

1. Ich muss ständig Tabletten nehmen. Ich muss mich operieren lassen.
2. Ich fühle mich müde. Ich kann nicht schlafen.
3. Sie brauchen viel Schlaf. Sie müssen viel an die frische Luft.
4. Sie nehmen Ihre Medizin jetzt regelmäßig. Ich kann Ihnen auch nicht helfen.
5. Sie haben Übergewicht. Sie sind zuckerkrank.
6. Sie wollen gesund werden. Sie leben sehr ungesund.
7. Sie sind stark erkältet. Sie haben hohes Fieber.
8. Dieses Medikament gibt es in Tropfenform. Sie können es auch als Tabletten bekommen.
9. Es wird Ihnen Ihre Schmerzen nehmen. Sie werden auch wieder Appetit bekommen.

10. Ihnen fehlt der Schlaf. Sie brauchen unbedingt Erholung.
11. Sie hören sofort auf zu rauchen. Ich behandle Sie nicht mehr.
12. Ihr Kind leidet an Blutarmut. Es ist sehr nervös.
13. Sie müssen sich natürlich viel bewegen. Sie dürfen den Sport nicht übertreiben.
14. Sie trinken keinen Alkohol mehr. Sie werden nie gesund.

§ 25 Nebensätze

Allgemeine Regeln

1. Nebensätze sind inhaltlich unvollständige Sätze. Sie ergänzen einen Hauptsatz und dürfen in der Regel nicht allein stehen.
2. Grammatisch sind Nebensätze aber vollständige Sätze, d.h. sie brauchen immer ein Subjekt und ein konjugiertes Verb. Auch wenn das Subjekt im Haupt- und Nebensatz gleich ist, muss es wiederholt werden:
   Er sprang in den Fluss, als *er* Hilferufe hörte.
3. Nebensätze werden mit einer Nebensatz-Konjunktion eingeleitet, die dem Satz eine bestimmte Sinnrichtung gibt:
   …, *als* er nach Hause kam.
   …, *obwohl* er nicht schwimmen konnte.
4. In Nebensätzen steht das Subjekt meistens hinter der Konjunktion. Das konjugierte Verb steht am Ende des Nebensatzes.
5. Nebensätze können vor oder hinter einem Haupt- oder Beziehungssatz stehen.
   a) Der Nebensatz steht hinter dem Hauptsatz:
      Er schrieb an seine Tante, *als er Geld brauchte.*
   b) Wenn der Nebensatz vor dem Hauptsatz steht, gilt er so viel wie die Position I. Das konjugierte Verb des Hauptsatzes steht dann in der Position II, also direkt hinter dem Komma; dann folgt das Subjekt in der Position III (IV):

I	*II*	*III*	
Als er Geld brauchte,	schrieb	er	an seine Tante.

6. Die Pronomen stehen auch im Nebensatz so weit wie möglich vorne, meistens direkt hinter der Konjunktion:
   Nachdem *sich* meine Freundin die Wohnung angesehen hatte, machte sie ein unzufriedenes Gesicht.
   „Wenn *dir* die Wohnung nicht gefällt, brauchst du sie nicht zu nehmen.“

Wenn aber das Subjekt selbst ein Pronomen ist, stehen die weiteren Pronomen im Akkusativ und Dativ dahinter:
„Wenn *du dich* für eine andere Wohnung entscheidest, bin ich dir nicht böse."
„Bevor *ich es dir* endgültig sage, muss ich es mir genau überlegen."

7. Nebensätze können aber auch von anderen Nebensätzen, von Infinitivkonstruktionen oder Relativsätzen abhängen.
   Er ärgerte sich, *weil sie ihn nicht begrüßte, als er ankam.*
   Der Besucher fürchtet, *die Gastgeber zu kränken, wenn er das Hammelfleisch zurückweist.*
   Es gibt Medikamente, *die frei verkäuflich sind, obwohl sie schädliche Stoffe enthalten.*
   Beachten Sie: In den folgenden Erklärungen wird der Nebensatz zur Vereinfachung immer nur auf einen Hauptsatz bezogen.

§ 26 Temporale Nebensätze (Nebensätze der Zeit)

I wenn, als

Wenn der Wecker klingelt, stehe ich sofort auf.

Man gebraucht *wenn* im Präsens und Futur bei einmaligen Handlungen (siehe auch Bedingungssätze, § 28).

Jedesmal (Immer) wenn es an der Tür läutete, erschrak er furchtbar.

Man gebraucht *wenn* im Präsens und in allen Vergangenheitsformen bei wiederholten Handlungen.
Zur stärkeren Betonung kann man *jedesmal* oder *immer* vor den *wenn*-Satz stellen.
Bei einer wiederholten Handlung kann man auch die Nebensatz-Konjunktion *sooft* verwenden: *Sooft* es an der Tür läutete…

Als er das Feuer bemerkte, rannte er sofort zur Tür.
Als ich jung war, gab es noch keine Videogeräte.

als steht bei einmaligen Handlungen in der Vergangenheit.

	Gegenwart	*Vergangenheit*
einmalige Handlung	wenn	als
wiederholte Handlung	wenn	wenn

1 An der Grenze – „wenn" oder „als"? Setzen Sie die richtige Konjunktion ein.

1. Haben dich die Zollbeamten auch so gründlich untersucht, ... du nach Litauen gefahren bist?
2. Ja, sie sind immer besonders genau, ... junge Leute im Auto sitzen.
3. ... ich neulich über die Grenze fuhr, musste ich jeden Koffer aufmachen.
4. ... ich früher in Urlaub fuhr, habe ich nie ein Gepäckstück öffnen müssen.
5. Ja, ... du damals in Urlaub gefahren bist, gab's noch keine Terroristen!
6. ... ich neulich in Basel über die Grenze fuhr, haben sie einem Studenten das halbe Auto auseinander genommen!
7. Im vorigen Jahr haben sie immer besonders genau geprüft, ... ein Auto aus dem Orient kam.
8. Ich glaube, sie haben immer nach Rauschgift gesucht, ... sie diese Wagen so genau untersucht haben.
9. Hast du auch jedesmal ein bisschen Angst, ... du an die Grenze kommst?
10. Ja, ... mich neulich der deutsche Zollbeamte nach Zigaretten fragte, fing ich gleich an zu stottern.
11. Aber jetzt nehme ich keine Zigaretten mehr mit, ... ich über die Grenze fahre.
12. Und ich habe es den Zollbeamten immer lieber gleich gesagt, ... ich etwas zu verzollen hatte.

2 Bilden Sie aus den ersten Sätzen Nebensätze mit „wenn" oder „als".

1. Ich war im vorigen Sommer in Wien. Ich besuchte meine Schwester.
2. Der Junge war sechs Jahre alt. Da starben seine Eltern.
3. Die Menschen waren früher unterwegs. Sie reisten immer mit einem Pferdewagen.
4. Man senkte den Vorhang. Ich verließ das Theater.
5. Ich hatte in den Semesterferien Zeit. Ich ging immer Geld verdienen.
6. Er hatte ein paar Glas Bier getrunken. Er wurde immer sehr laut.
7. Sie dachte an ihre Seereise. Es wurde ihr jedes Mal beinahe schlecht.
8. Ich traf gestern meinen Freund auf der Straße. Ich freute mich sehr.
9. Der Redner schlug mit der Faust auf den Tisch. Alle Zuhörer wachten wieder auf.
10. Er kam aus dem Urlaub zurück. Er brachte immer Räucherfisch mit.

3 „wenn" oder „als"? Beantworten Sie die Fragen nach folgendem Muster:

Wann wurde J.F. Kennedy ermordet? (1963 / im offenen Auto durch die Stadt Dallas fahren)
J.F. Kennedy wurde ermordet, als er 1963 im offenen Auto durch die Stadt Dallas fuhr.

1. Wann verschloss man früher die Stadttore? (es / abends dunkel werden)
2. Wann brachen früher oft furchtbare Seuchen aus? (Krieg / herrschen und Dörfer und Städte / zerstört sein)

3. Wann mussten sogar Kinder 10 bis 15 Stunden täglich arbeiten? (in Deutschland / die Industrialisierung beginnen)
4. Wann fand Robert Koch den Tuberkulosebazillus? (er / 39 Jahre alt sein)
5. Wann wurden früher oft Soldaten in fremde Länder verkauft? (die Fürsten / Geld brauchen)
6. Wann mussten die Kaufleute jedesmal unzählige Zollgrenzen passieren? (sie / vor 200 Jahren z.B. von Hamburg nach München fahren)
7. Wann wanderten früher oft viele Menschen nach Amerika aus? (sie / in Europa / aus religiösen oder politischen Gründen / verfolgt werden)
8. Wann kam es zum Zweiten Weltkrieg? (die deutschen Truppen unter Hitler im August 1939 in Polen einmarschieren)

II während, solange, bevor

Während er am Schreibtisch arbeitete, sah sie fern.
Solange er studierte, war sie berufstätig.

Man gebraucht *während* und *solange* bei zwei (oder mehr) gleichzeitig ablaufenden Handlungen. Die Tempusformen im Haupt- und Nebensatz sind immer gleich.

Bevor er studieren konnte, musste er eine Prüfung machen.

Man gebraucht *bevor* bei einer Handlung, die zeitlich nach der Handlung im Hauptsatz geschieht. Trotzdem wird im Deutschen im Allgemeinen im Haupt- und Nebensatz die gleiche Tempusform gebraucht.
Im gleichen Sinne wie *bevor* kann man auch *ehe* benutzen:
Ehe er studieren konnte...

Anmerkung

1. *während* kann auch einen Gegensatz bezeichnen (= adversative Bedeutung):
   Ich habe mich sehr gut unterhalten, *während* er sich gelangweilt hat.
   Sie schickte ihm seine Briefe zurück, *während* sie die Geschenke behielt.
2. *solange* braucht man nur in Sätzen, in denen das Ende der Handlung oder des Zustands gemeint oder aus dem Zusammenhang erkennbar ist:
   Solange er studierte, war sie berufstätig. (Aber nur bis er fertig war, dann gab sie ihren Beruf auf.)
   Solange der Schriftsteller in Brasilien lebte, war er unglücklich. (Aber nur bis er wieder nach Frankreich übersiedelte.)

4 Im Restaurant – Verbinden Sie die Sätze mit „während" oder „bevor".

Ich betrete das Lokal. Ich schaue mir die Preise auf der Speisekarte vor der Tür an.
Bevor ich das Lokal betrete, schaue ich mir die Preise auf der Speisekarte vor der Tür an.

1. Ich bestelle mein Essen. Ich studiere die Speisekarte.
2. Ich warte auf das Essen. Ich lese die Zeitung.

3. Ich esse. Ich wasche mir die Hände.
4. Ich warte auf den zweiten Gang. Ich betrachte die Gäste und suche nach alten Bekannten.
5. Ich esse. Ich unterhalte mich mit den Gästen an meinem Tisch.
6. Ich bezahle. Ich bestelle mir noch einen Kaffee.
7. Ich trinke meinen Kaffee. Ich werfe noch einen Blick in die Tageszeitung.
8. Ich gehe. Ich zahle.

5 Verwandeln Sie den schräg gedruckten Satzteil in einen Nebensatz mit „bevor" oder „während", ähnlich dem Muster der Übung 4.

Vor den Semesterferien muss sie eine Klausur schreiben.
Bevor die Semesterferien beginnen, muss sie eine Klausur schreiben.

1. *Während des Studiums* arbeitet sie bereits an ihrer Doktorarbeit.
2. Sie hatte *vor dem Studium* eine Krankenschwesternausbildung mitgemacht.
3. *Vor ihrem Examen* will sie ein Semester in die USA gehen. (Examen machen)
4. *Während ihres Aufenthalts in den USA* kann sie bei ihrer Schwester wohnen. (sich aufhalten)
5. Ihren Mann kannte sie schon *vor dem Studium.*
6. *Vor ihrer Heirat* wohnte sie in einem möblierten Zimmer.
7. *Vor Verlassen der Universität* will sie promovieren.
8. *Während ihrer Arbeit fürs Examen* findet sie wenig Zeit für ihre Familie.
9. *Während ihrer Hausarbeit* denkt sie immer an ihre wissenschaftliche Tätigkeit. (Hausarbeit machen)
10. *Vor Sonnenaufgang* steht sie schon auf und setzt sich an ihren Schreibtisch.
11. *Während ihres Examens* muss ihr Mann für die Kinder sorgen.
12. *Vor Eintritt in die Firma ihres Mannes* will sie ein Jahr Pause machen.

6 Welche Bedeutung hat „während" in den folgenden Sätzen: temporal oder adversativ? – Formen Sie die Sätze um, die einen Gegensatz bezeichnen, indem Sie „dagegen" oder „aber" gebrauchen.

Während er sich über die Einladung nach Australien freute, brach sie in Tränen aus.
Er freute sich über die Einladung nach Australien, dagegen brach sie in Tränen aus.

1. Während die öffentlichen Verkehrsmittel, Busse und Bahnen oft nur zu zwei Dritteln besetzt sind, staut sich der private Verkehr auf Straßen und Autobahnen.
2. Der Forscher entdeckte, während er sein letztes Experiment prüfte, dass seine gesamte Versuchsreihe auf einem Irrtum beruhte.
3. Obwohl er sich sehr anstrengte, schaffte er es kaum, 20 Kilometer pro Tag zu wandern, während trainierte Sportler mühelos 60 bis 80 Kilometer täglich laufen.
4. Die Mieter der Häuser in der Altstadt hoffen immer noch auf eine gründliche Renovierung, während der Abriss des gesamten Stadtviertels schon längst beschlossen ist.

5. Während ich anerkennen muss, dass deine Argumente richtig sind, ärgere ich mich darüber, dass du mich immerzu persönlich beleidigst.
6. Während er in seine Arbeit vertieft ist, hört er weder die Klingel noch das Telefon.
7. In dem Scheidungsurteil bestimmte der Richter, dass die Frau das Haus und das Grundstück behalten sollte, während der Ehemann leer ausging.
8. Während früher die Post zweimal am Tag ausgetragen wurde, kommt der Briefträger jetzt nur noch einmal und samstags bald überhaupt nicht mehr.
9. Ich habe genau gesehen, dass er, während wir spielten, eine Karte in seinen Ärmel gesteckt hat.

III nachdem, sobald

Nachdem er gefrühstückt hat, beginnt er zu arbeiten.
Nachdem er gefrühstückt hatte, begann er zu arbeiten.
Sobald er eine Flasche ausgetrunken hat, öffnet er gleich eine neue.
Sobald er eine Flasche ausgetrunken hatte, öffnete er gleich eine neue.

Die Handlung im Nebensatz mit *nachdem* und *sobald* liegt vor der Handlung des Hauptsatzes; bei Satzgefügen mit *nachdem* ist immer Tempuswechsel nötig.

Nebensatz	*Hauptsatz*
Perfekt	→ Präsens
Plusquamperfekt	→ Präteritum

Bei *nachdem* kann eine gewisse Zeitspanne zwischen den beiden Handlungen liegen; bei *sobald* folgt eine Handlung sofort auf die andere.
In Sätzen mit *sobald* ist im Haupt- und Nebensatz auch Gleichzeitigkeit möglich:
Sobald ein Streit *ausbricht, zieht* er sich *zurück.*
Sobald ein Streit *ausbrach, zog* er sich *zurück.*

7 Auf dem Kongress – Setzen Sie das in Klammern stehende Verb mit der richtigen Endung in die richtige Zeit.

1. Nachdem der Präsident die Gäste (begrüßen), begeben sich alle in den Speiseraum.
2. Alle Teilnehmer der Konferenz begaben sich in den Versammlungsraum, nachdem sie (essen).
3. Nachdem alle Gäste Platz genommen haben, (beginnen) der erste Redner seinen Vortrag.
4. Nachdem der Redner seinen Vortrag (beenden), setzte eine lebhafte Diskussion ein.
5. Nachdem man dann eine kurze Pause gemacht hatte, (halten) ein Teilnehmer einen Lichtbildervortrag.
6. Nachdem alle Gäste zu Abend gegessen hatten, (sitzen) sie noch eine Zeit lang zusammen und (sich unterhalten).
7. Nachdem man so drei Tage (zuhören, lernen und diskutieren), fuhren alle Teilnehmer wieder nach Hause.

8 Der Briefmarkensammler – Verwandeln Sie den schräg gedruckten Satzteil in einen Nebensatz mit „nachdem".

Nach dem Kauf der Briefmarken beim Briefmarkenhändler steckt sie der Sammler in sein Album.
Nachdem der Sammler die Briefmarken beim Briefmarkenhändler gekauft hat, steckt er sie in sein Album.

1. *Nach einer halben Stunde in einem Wasserbad* kann man die Briefmarken leicht vom Papier ablösen. (in einem Wasserbad liegen)
2. *Nach dem Ablösen der Briefmarken von dem Brief* legt sie der Sammler auf ein Tuch und lässt sie trocknen.
3. *Nach dem Trocknen der Briefmarken* prüft er jede Marke genau auf Beschädigungen.
4. *Nach dem Aussortieren der schon vorhandenen Briefmarken* steckt er die anderen in sein Briefmarkenalbum.
5. *Nach dem Einsortieren jeder einzelnen Briefmarke* stellt er ihren Wert in einem Katalog fest.
6. *Nach der Beendigung dieser Arbeit* sortiert er die doppelten in Tüten, die nach Ländern geordnet sind, um sie mit seinen Freunden zu tauschen.

9 Aufgabe wie bei Übung 8. Achten Sie auf die Tempusform!

1. *Nach dem Ende der Demonstration* wurde es still in den Straßen.
2. *Nach der gründlichen Untersuchung des Patienten* schickte der Arzt ihn ins Krankenhaus.
3. *Nach einem dreistündigen Aufenthalt in Zürich* reisten die Touristen nach Genua weiter. (sich aufhalten)
4. *Nach der Lösung aller Probleme* konnten die Architekten mit dem Bau des Hochhauses beginnen.
5. *Nach dem Bestehen des Staatsexamens* tritt Herr M. eine Stelle als Assistenzarzt in einem Krankenhaus an.
6. *Nach der Auflösung der verschiedenen Mineralien* wurde die Säure auf ihre Bestandteile untersucht. (sich auflösen)
7. *Nach dem Ende des Unterrichts* geht er in die Mensa.
8. *Nach dem Beginn der Vorstellung* wird kein Besucher mehr eingelassen.
9. *Nach der Entdeckung Amerikas* kehrte Columbus nach Europa zurück.
10. *Nach dem Regen* steigt Nebel aus dem Wald. (... es geregnet ...)

IV bis, seit, seitdem

Bis er aus Amsterdam anruft, bleibe ich im Büro.
Er *war* immer vergnügt und lustig, *bis er heiratete.*

Die Konjunktion *bis* gebraucht man meist für Handlungen, die in die Zukunft weisen. Die Hauptsatz-Handlung endet zu einem bestimmten Zeitpunkt, an dem die Nebensatz-Handlung anfängt. Wenn beide Handlungen direkt aufeinander treffen, gebraucht man im Haupt- und Nebensatz die gleiche Zeit.

Bis unsere Tochter heiratet, haben wir etwa 10 000 Euro gespart.

Wenn eine zeitlich frühere Handlung eindeutig abgeschlossen ist, kann Zeitenwechsel eintreten = Präsens (Futur I) ⟷ Perfekt (Futur II).

Seitdem ich in Hamburg bin, habe ich eine Erkältung.

Die Konjunktionen *seit* oder *seitdem* gebraucht man bei gleichzeitigen Handlungen, die in der Vergangenheit begonnen haben und bis jetzt andauern. In diesem Fall ist das Tempus im Haupt- und Nebensatz gleich.

Seit man das Verkehrsschild hier aufgestellt hat, passieren weniger Unfälle.

Wenn in der Vergangenheit eine einmalige Handlung geschehen ist, die bis jetzt weiterwirkt, gebraucht man einen Tempuswechsel.

10 „bis" oder „seit"? Setzen Sie die passende Konjunktion ein.

... seine Eltern gestorben waren, lebte der Junge bei seiner Tante. Dort blieb er, ... er 14 Jahre alt war. ... er die Hauptschule verlassen hatte, trieb er sich in verschiedenen Städten herum. Er lebte von Gelegenheitsarbeiten, ... er in die Hände einiger Gangster fiel. ... er bei diesen Leuten lebte, verübte er nur noch Einbrüche, überfiel Banken und stahl Autos, ... er dann schließlich von der Polizei festgenommen wurde. ... er nun im Gefängnis sitzt, schreibt er an seiner Lebensgeschichte. ... er in drei Jahren entlassen wird, will er damit fertig sein.

11 Verwandeln Sie den schräg gedruckten Satzteil in einen Nebensatz mit „seit" (oder „seitdem") oder „bis".

Seit der Fertigstellung der Bahnstrecke zwischen Stuttgart und Mannheim können die Züge hier viel schneller fahren.
Seitdem die Bahnstrecke zwischen Stuttgart und Mannheim fertig gestellt (worden) ist, können die Züge hier viel schneller fahren.

1. *Seit der Einführung der 5-Tage-Woche* ist die Freizeitindustrie stark angewachsen.
2. *Seit der Erfindung des Buchdrucks* sind über 500 Jahre vergangen.
3. *Seit dem Bau des Panamakanals* brauchen die Schiffe nicht mehr um Kap Horn zu fahren.
4. *Seit der Verlegung des ersten Telefonkabels von Europa nach Nordamerika im Jahr 1956* ist der Telefonverkehr sicherer und störungsfreier geworden.
5. *Bis zum Bau des Tunnels* ging der ganze Verkehr über den 2500 m hohen Pass.
6. *Bis zur Entdeckung des ersten Betäubungsmittels* mussten die Menschen bei Operationen große Schmerzen aushalten.
7. *Bis zur Einrichtung von sogenannten Frauenhäusern* wussten manche Frauen nicht, wo sie Schutz vor ihren aggressiven Männern finden konnten.
8. *Bis zur Einführung der 25-Stunden-Woche* werden wohl noch viele Jahre vergehen.

12 Nach einem Unfall – Verwandeln Sie den präpositionalen Ausdruck in einen Nebensatz.

Vor dem Eintreffen des Krankenwagens ...
Bevor der Krankenwagen eintraf, ...

Während des Transports des Patienten ins Krankenhaus ...
Während der Patient ins Krankenhaus transportiert wurde, ...

Nach der Ankunft des Verletzten im Krankenhaus ...
Nachdem der Verletzte im Krankenhaus angekommen war, ...

Sofort nach der Untersuchung ...
Sobald man den Patienten untersucht hatte, ...

Bei der Untersuchung des Patienten ...
Als der Patient untersucht wurde, ...

Seit der Operation des Patienten ...
Seitdem man den Patienten operiert hat, ...

1. Vor der Ankunft des Krankenwagens an der Unfallstelle wurde der Verletzte von einem Medizinstudenten versorgt.
2. Während des Transports des Verletzten in ein Krankenhaus wurde er bereits von einem Notarzt behandelt.
3. Sofort nach der Ankunft des Verletzten im Krankenhaus haben Fachärzte ihn untersucht.
4. Bei der Untersuchung des Verletzten stellte man innere Verletzungen fest.
5. Vor der Operation des Patienten gab man ihm eine Bluttransfusion.
6. Vor dem Beginn der Operation legte man alle Instrumente bereit.
7. Nach der Operation brachte man den Patienten auf die Intensivstation. (die Operation beenden)
8. Nach einigen Tagen brachte man den Patienten in ein gewöhnliches Krankenzimmer. (Tage vergehen)
9. Vor seiner Entlassung hat man ihn noch einmal gründlich untersucht.
10. Nach seiner Rückkehr in seine Wohnung musste der Patient noch vierzehn Tage im Bett liegen bleiben.
11. Seit seinem Unfall kann der Verletzte nicht mehr Tennis spielen. (einen Unfall haben)

13 Ebenso.

Ein Fußballspiel

1. *Vor dem Beginn des Fußballspiels* loste der Schiedsrichter die Spielfeldseiten aus.
2. *Während des Spiels* feuerten die Zuschauer die Spieler durch laute Rufe an.
3. *Bei einem Tor* gab es jedesmal großen Jubel.
4. *Sofort nach einem Foul* zeigte der Schiedsrichter einem Spieler die gelbe Karte.
5. *Seit dem Austausch eines Spielers* wurde das Spiel deutlich schneller.
6. *Nach der Beendigung des Spiels* tauschten die Spieler ihre Trikots.

§ 27 Kausale Nebensätze (Nebensätze des Grundes)

weil, da, zumal

Weil man starke Schneefälle vorausgesagt hatte, mussten wir unseren Ausflug verschieben.
Da eine Bergwanderung im Schnee gefährlich ist, hat man uns geraten darauf zu verzichten.

1. Die kausalen Konjunktionen *weil* und *da* werden oft gleichbedeutend gebraucht. In der Antwort auf eine direkte Frage muss jedoch *weil* gebraucht werden:
   Warum fährst du nicht mit uns? – Weil ich keine Zeit habe.
2. Die Zeitenfolge in Satzgefügen mit *weil* und *da* richtet sich ganz nach dem Sinn der Aussage. Es sind sowohl gleichzeitige Handlungen möglich als auch Handlungen mit verschiedenen Tempora (= Tempuswechsel).

Bei solchem Wetter bleiben wir lieber im Hotel, *zumal* unsere Ausrüstung nicht gut ist.
Der Nebensatz mit *zumal* gibt zu einem vorhergehenden Grund noch einen weiteren Grund an. *zumal* wird beim Sprechen betont.

1 Die Gruppe feiert abends. Alle sind froh, aber jeder hat einen anderen Grund. – Bilden Sie Sätze mit „weil".

A.: Ich habe eine gute Arbeit geschrieben; deshalb bin ich froh.
A. ist froh, weil er eine gute Arbeit geschrieben hat.

B.: Ich habe eine nette Freundin gefunden. (B. ist froh, weil…)
C.: Hier kann ich mal richtig tanzen.
D.: Ich kann mich mal mit meinen Freunden aussprechen.
E.: Ich kann mich hier mal in meiner Muttersprache unterhalten.
F.: Ich brauche mal keine Rücksicht zu nehmen.
G.: Ich habe mal Gelegenheit meine Sorgen zu vergessen.
H.: Ich bin so verliebt.

2 Am nächsten Tag ist die Gruppe nicht rechtzeitig zum Unterricht gekommen. Jeder hatte eine andere Ausrede. – Bilden Sie Sätze mit „weil".

A. ist nicht gekommen, weil er Kopfschmerzen hat.

B.: Der Autobus hatte eine Panne.
C.: Der Wecker hat nicht geklingelt.
D.: Die Straßenbahn war stehen geblieben.
E.: Der Zug hatte Verspätung.
F.: Die Mutter hat verschlafen.
G.: Das Motorrad ist nicht angesprungen.

H.: Die Straße war wegen eines Verkehrsunfalls gesperrt.
I.: Er musste seinen Bruder ins Krankenhaus fahren.
J.: Sie ist in den falschen Bus gestiegen.

3 Einige konnten beim Fußballspiel nicht mitspielen.

Ich konnte nicht mitspielen, weil…
A.: Ich hatte keine Zeit.
B.: Ich habe mir den Fuß verletzt.
C.: Ich habe zum Arzt gehen müssen.
D.: Ich habe mir einen Zahn ziehen lassen müssen.
E.: Ich habe das Auto in die Werkstatt bringen müssen.
F.: Ich bin entlassen worden und habe mir einen neuen Job suchen müssen.
G.: Ich habe mich bei meiner neuen Firma vorstellen müssen.
H.: Ich habe zu einer Geburtstagsparty gehen müssen.
I.: Ich habe auf die Kinder meiner Wirtin aufpassen müssen.

4 Bilden Sie aus dem zweiten Satz einen *weil*-Satz.

Frau Müller hat wieder als Sekretärin gearbeitet. Die Familie hat mehr Geld für den Hausbau sparen wollen.
Frau Müller hat wieder als Sekretärin gearbeitet, weil die Familie mehr Geld für den Hausbau hat sparen wollen.

1. Herr Müller hat mit dem Bauen lange warten müssen. Er hat das notwendige Geld nicht so schnell zusammensparen können.
2. Er und seine Familie haben fünf Jahre auf alle Urlaubsreisen verzichtet. Sie haben mit dem Bau nicht so lange warten wollen.
3. Herr Müller hatte das Haus zweistöckig geplant. Er hat durch Vermietung einer Wohnung schneller von seinen Schulden herunterkommen wollen.
4. Er hat dann aber doch einstöckig gebaut. Das Bauamt hat ihm eine andere Bauart nicht erlauben wollen.
5. Herr Müller war zunächst ziemlich verärgert. Er hat einstöckig bauen müssen.
6. Später war er sehr froh. Sie haben alle Kellerräume für sich benutzen können.

5 In einem Möbelhaus – Üben Sie nach folgendem Muster:

einen Schrank zum Kunden bringen
Unser Kundendienst ist nicht da, weil ein Schrank zu einem Kunden gebracht werden muss.

Unser Kundendienst ist nicht da, weil…

1. neue Möbel abholen
2. bei einem Kunden einen Schrank aufbauen
3. bei einer Kundin die Esszimmermöbel austauschen
4. in einem Vorort ein komplettes Schlafzimmer ausliefern
5. in der Innenstadt eine Küche einrichten
6. einer Firma sechs Ledersessel liefern
7. in einem Hotel einen Elektroherd installieren
8. in einer Neubauwohnung Teppiche verlegen

6 Arbeit bei der Stadtverwaltung – Bilden Sie mit den Wörtern der Übung § 19 Nr. 6 Sätze nach folgendem Muster.

Wiedereröffnung des Opernhauses
Ich habe noch viel zu tun, *weil das* Opernhaus *wieder eröffnet wird.*
Ich habe noch viel zu tun, *weil das* Opernhaus *wieder eröffnet werden soll.*

7 Bilden Sie mit den Wörtern der Übung § 19 Nr. 9 Sätze nach folgendem Muster:

Sagst du nichts, *weil* du nicht *gefragt worden bist?*

§ 28 Konditionale Nebensätze (Bedingungssätze)

I wenn, falls

Wenn ich das Stipendium bekomme, kaufe ich mir als Erstes ein Fahrrad.

1. Konditionale Satzgefüge mit *wenn* zeigen an, dass zunächst eine Bedingung erfüllt sein muss, bevor die Aussage im Hauptsatz Wirklichkeit werden kann.
2. Konditionale Satzgefüge stehen im Präsens und Futur. Im Deutschen sind die temporalen und konditionalen Satzgefüge mit *wenn* kaum zu unterscheiden.

Bekomme ich das Stipendium, kaufe ich mir als Erstes ein Fahrrad.

Bedingungssätze können auch ohne *wenn* gebraucht werden. Dann steht das konjugierte Verb am Anfang des Satzes und *wenn* fällt weg.

Falls ich ihn noch treffe, was ich aber nicht glaube, will ich ihm das Päckchen gern geben.
Treffe ich ihn noch, was ich aber nicht glaube, will ich ihm das Päckchen gern geben.

Bei eindeutig konditionalen Sätzen wird die Konjunktion *falls* gebraucht. *Falls* kann auch wegfallen, wobei das konjugierte Verb an den Anfang des Satzes gestellt werden kann.

Du kannst dir eine Decke aus dem Schrank nehmen, *wenn* du frierst.

Wenn der Nebensatz mit *wenn* oder *falls* hinter dem Hauptsatz steht, gebraucht man im Allgemeinen den vollständigen Nebensatz mit der Konjunktion.

Anmerkungen

1. Bedingungssätze in der Vergangenheit sind nur irreal möglich. Sie werden mit dem Konjunktiv II gebraucht (siehe § 54, II).
2. Abweichend von der üblichen Satzstellung kann bei vorangestellten Bedingungssätzen ein *dann* oder *so* am Anfang des Hauptsatzes eingefügt werden.
   dann oder *so* darf nur in der Position I stehen und verstärkt die Aussage.
   Wenn deine Katze Junge kriegt, *dann* ertränke ich sie im Teich.
   Ertränkst du meine Kätzchen, *so* verlasse ich dich.

II Differenzierte Bedingungssätze

Um eine Bedingung auszudrücken, können auch folgende Wendungen gebraucht werden:

angenommen

a) *Angenommen, dass* der Angeklagte die Wahrheit sagt, *so* muss er freigesprochen werden.
b) *Angenommen*, der Angeklagte sagt die Wahrheit, *so* muss er freigesprochen werden.

vorausgesetzt

a) *Vorausgesetzt, dass* ich den Zug erreiche, *(so)* komme ich morgen.
b) *Vorausgesetzt*, ich erreiche den Zug, *so* komme ich morgen.

gesetzt den Fall

a) *Gesetzt den Fall, dass* Herr H. unser Chef wird, *so / dann* gibt es viel Ärger im Büro.
b) *Gesetzt den Fall*, Herr H. wird unser Chef, *so / dann* gibt es viel Ärger im Büro.

es sei denn

a) Ich gehe nicht zu ihm, *es sei denn, dass* er mich um Verzeihung bittet.
b) Ich gehe nicht zu ihm, *es sei denn*, er bittet mich um Verzeihung.

unter der Bedingung

a) *Unter der Bedingung, dass* dein Onkel für den Kredit bürgt, können wir bauen, sonst nicht.
b) (ein Hauptsatz ist hier selten)

im Fall

a) *Im Fall, dass* die elektrischen Leitungen nicht erneuert werden, miete ich diese Wohnung nicht.
b) (ein Hauptsatz ist hier ungebräuchlich)

Der Gebrauch dieser Wendungen ist in der Satzstellung variabel. Statt des *dass*-Satzes kann auch ein Hauptsatz stehen. Meistens wird *so*, seltener *dann* eingefügt.

1 Postangelegenheiten – Verbinden Sie die Sätze.

Der Brief ist unterfrankiert. Der Empfänger zahlt eine „Einziehungsgebühr".
Wenn der Brief unterfrankiert ist, zahlt der Empfänger eine Einziehungsgebühr.
Der Empfänger zahlt eine Einziehungsgebühr, wenn der Brief unterfrankiert ist.

1. Der Empfänger nimmt den Brief nicht an. Der Brief geht an den Absender zurück.
2. Der Brief soll den Empfänger möglichst schnell erreichen. Man kann ihn als Eilbrief schicken.
3. Es handelt sich um sehr wichtige Mitteilungen oder Dokumente. Sie schicken den Brief am besten per Einschreiben.
4. Ein Brief oder eine Postkarte ist größer oder kleiner als das Normalformat. Die Sendung kostet mehr Porto.
5. Eine Warensendung ist über zwei Kilogramm schwer. Man kann sie nicht als Päckchen verschicken.
6. Nützen Sie die verkehrsschwachen Stunden im Postamt. Sie sparen Zeit.
7. Sie telefonieren in der Zeit von 18 Uhr bis 8 Uhr. Sie zahlen wesentlich weniger für das Gespräch.
8. Sie wollen die Uhrzeit, das Neueste vom Sport oder etwas über das Wetter vom nächsten Tag erfahren. Sie können den Telefonansagedienst benützen.
9. Sie wollen ein Glückwunschtelegramm versenden. Die Postämter halten besondere Schmuckblätter für Sie bereit.
10. Sie haben ein Postsparbuch. Sie können fast überall in Deutschland Geld abheben.

2 Bilden Sie Konditionalsätze ohne „wenn". Verwenden Sie die Sätze der Übung 1.

Ist der Brief unterfrankiert, so zahlt der Empfänger eine „Einziehungsgebühr".

Statt „so" kann man auch „dann" setzen; der Satz kann auch ohne „so", bzw. „dann" stehen.

3 Bilden Sie aus dem schräg gedruckten Satzteil einen *wenn*-Satz.

Bei der Reparatur einer Waschmaschine muss man vorsichtig sein.
Wenn man eine Waschmaschine repariert, muss man vorsichtig sein.

1. *Beim Motorradfahren* muss man einen Sturzhelm aufsetzen. (Wenn man ...)
2. *Bei Einnahme des Medikaments* muss man sich genau an die Vorschriften halten.
3. *Beim Besuch des Parks* muss man ein Eintrittsgeld bezahlen. (... besuchen will ...)
4. *Bei großer Hitze* fällt der Unterricht in der 5. und 6. Stunde aus. (es / sehr heiß sein)
5. *Bei einigen Französischkenntnissen* kann man an dem Sprachkurs teilnehmen. (Wenn man ... hat)
6. *Bei achtstündigem Schlaf* ist ein Erwachsener im Allgemeinen ausgeschlafen. (acht Stunden lang)
7. *Bei entsprechender Eile* kannst du den Zug noch bekommen. (sich entsprechend beeilen)
8. *Bei Nichtgefallen* kann die Ware innerhalb von drei Tagen zurückgegeben werden. (Wenn ... einem nicht gefällt)

9. *Bei unvorsichtigem Umgang mit dem Pulver* kann es explodieren. (unvorsichtig umgehen)
10. *Bei sorgfältiger Pflege* werden Ihnen die Pflanzen jahrelang Freude bereiten. (Wenn Sie ... sorgfältig pflegen)
11. *Bei unerlaubtem Betreten des Geländes* erfolgt Strafanzeige. (unerlaubt betreten werden)
12. *Beim Ertönen der Feuerglocke* müssen alle Personen sofort das Gebäude verlassen.

4 Bilden Sie Bedingungssätze.

(Sie / die Reise nicht antreten können) ..., so müssen Sie 80 Prozent der Fahrt- und Hotelkosten bezahlen. (gesetzt den Fall)
Gesetzt den Fall, Sie können die Reise nicht antreten, so müssen Sie 80 Prozent der Fahrt- und Hotelkosten bezahlen.

1. (ich / krank werden) ..., so muss ich von der Reise zurücktreten. (angenommen)
2. (der Hausbesitzer / mir die Wohnung kündigen) ..., so habe ich immer noch ein Jahr Zeit um mir eine andere Wohnung zu suchen. (angenommen)
3. Ich gehe nicht zu ihm, ... (er mich rufen) (es sei denn)
4. (ihr alle / den Protestbrief auch unterschreiben) ..., so bin ich bereit ebenfalls zu unterschreiben. (vorausgesetzt)
5. (das Telefon / klingeln) ..., so bin ich jetzt nicht zu sprechen. (gesetzt den Fall)
6. (er / den Unfall verursacht haben) ..., so wird man ihm eine Blutprobe entnehmen. (gesetzt den Fall)
7. (Sie / den Leihwagen eine Woche vorher bestellen) ..., so können Sie sicher sein, dass Sie einen bekommen. (unter der Voraussetzung)
8. (Sie / den Leihwagen zu Bruch fahren) ..., so zahlt die Versicherung den Schaden. (gesetzt den Fall)
9. Wir fahren auf jeden Fall in die Berge, ... (es / in Strömen regnen) (es sei denn)
10. (ich / gleich im Krankenhaus bleiben sollen) ..., so muss ich dich bitten, mir Verschiedenes herzubringen. (angenommen)

5 Bilden Sie mit den Beispielen der Übung 4 Bedingungssätze mit „dass".

Gesetzt den Fall, dass Sie die Reise nicht antreten können, so müssen Sie 80 Prozent der Fahrt- und Hotelkosten bezahlen.

6 Ergänzen Sie selbstständig.

1. Angenommen, dass er mir das Geld nicht zurückgibt, ...
2. Gesetzt den Fall, dass ich das gesamte Erbe meiner Tante bekomme, ...
3. Im Fall, dass es Krieg gibt, ...
4. Unter der Bedingung, dass du mich begleitest, ...
5. Vorausgesetzt, dass ich bald eine Anstellung erhalte, ...
6. ..., es sei denn, dass ich wieder diese starken Rückenschmerzen bekomme.

§ 29 Konsekutive Nebensätze (Nebensätze der Folge)

so dass; so ..., dass

Der Gast stieß die Kellnerin an, *so dass* sie die Suppe verschüttete.

Nebensätze mit *so dass* geben die Folge an, die sich aus einer vorangehenden Handlung ergibt. Der Nebensatz mit *so dass* steht also immer hinter dem Hauptsatz.

Er fuhr *so* rücksichtslos durch die Pfütze, *dass* er alle Umstehenden bespritzte.

1. Wenn im Hauptsatz ein Adverb steht, wird *so* meistens vor dieses Adverb gestellt. *So* und auch das Adverb werden dann beim Sprechen betont. Statt *so* kann man auch *derart/dermaßen* gebrauchen, wodurch die Betonung noch verstärkt wird.
   Sie war *derart* aufgeregt, dass sie nicht mehr wusste, was sie tat.
   Die Maus hat sie *dermaßen* erschreckt, dass sie in Ohnmacht fiel.

2. Wenn man aber die Folge betonen will, kann es auch heißen:
   Er fuhr rücksichtslos durch die Pfütze, *so dass* er alle Umstehenden bespritzte.

3. Manchmal kann *so* auch ohne Adverb im Hauptsatz stehen, weil man das Adverb leicht ergänzen kann:
   Sein Bart wächst *so, dass* er sich zweimal am Tag rasieren muss.
   Sein Bart wächst *so* (schnell), *dass* ...

Er war ein *so erfolgreicher* Geschäftsmann, *dass* er in kurzer Zeit ein internationales Unternehmen aufbaute.

1. Wenn man im Hauptsatz ein Adjektivattribut hat, wird *so* meistens direkt davorgestellt. Dadurch wird das Adjektivattribut betont.
   Er war ein *so erfolgreicher* Geschäftsmann, dass... (= Singular)
   Sie waren *so erfolgreiche* Geschäftsleute, dass... (= Plural)

2. Zur Betonung der Folge kann es auch heißen:
   Er war ein erfolgreicher Geschäftsmann, *so dass* er in kurzer Zeit ...

Anmerkungen

1. *solch-* siehe § 39, I und V
   Es herrschte *solche* Kälte / *solch eine* Kälte, dass die Tiere im Wald erfroren.

2. Folgesätze mit *zu ..., als dass* werden mit dem irrealen Konjunktiv gebraucht (siehe § 54, V).

1 Verbinden Sie die Sätze mit „so dass" oder „so ..., dass".

Das Haus fiel zusammen. Die Familie war plötzlich ohne Unterkunft.
Das Haus fiel zusammen, so dass die Familie plötzlich ohne Unterkunft war.

Das Erdbeben war stark. Es wurde noch in 300 Kilometer Entfernung registriert.
Das Erdbeben war so stark, dass es noch in 300 Kilometer Entfernung registriert wurde.

Erdbeben

1. Die Erde bebte plötzlich stark. Die Menschen erschraken zu Tode und rannten aus ihren Häusern.
2. Immer wieder kamen neue Erdbebenwellen. Die Menschen wollten nicht in ihre Häuser zurückkehren.
3. Viele Häuser wurden durch das Erdbeben zerstört. Die Familien mussten bei Freunden und Bekannten Unterkunft suchen.
4. Die Zerstörungen waren groß. Das Land bat andere Nationen um Hilfe.
5. Das Militär brachte Zelte und Decken. Die Menschen konnten notdürftig untergebracht werden.
6. Es wurden auch Feldküchen vom Roten Kreuz aufgestellt. Die Menschen konnten mit Essen versorgt werden.
7. Die Menschen in den benachbarten Ländern waren von den Bildern erschüttert. Sie halfen mit Geld, Kleidung und Decken.
8. Bald war genug Geld zusammen. Es konnten zahlreiche Holzhäuser gebaut werden.

2 Verbinden Sie die Sätze mit „so ..., dass".

1. Der Clown machte komische Bewegungen. Wir mussten alle lachen.
2. Die Seiltänzerin machte einen gefährlichen Sprung. Die Zuschauer hielten den Atem an.
3. Der Jongleur zeigte schwierige Kunststücke. Die Zuschauer klatschten begeistert Beifall.
4. Ein Löwe brüllte laut und böse. Einige Kinder fingen an zu weinen.
5. Ein Zauberkünstler zog viele Blumen aus seinem Mantel. Die Manege (– der Platz in der Mitte des Zirkus) sah aus wie eine Blumenwiese.
6. Die Musikkapelle spielte laut. Einige Leute hielten sich die Ohren zu.
7. Man hatte viele Scheinwerfer installiert. Die Manege war taghell beleuchtet.
8. Einige Hunde spielten geschickt Fußball. Die Zuschauer waren ganz erstaunt.

3 Übertreibungen mit „so ... dass"

Das Schiff war sehr lang. Der Kapitän fuhr mit dem Motorrad darauf herum.
Das Schiff war so lang, dass der Kapitän mit dem Motorrad darauf herumfuhr.

1. Der Tisch war sehr breit. Man konnte die Gegenübersitzenden kaum erkennen.
2. Er war sehr groß. Man musste eine Leiter anstellen, wenn man seine Nasenspitze sehen wollte.

3. Er war sehr fett. Man brauchte einen Schnaps, wenn man ihn gesehen hatte.
4. Sie war sehr hässlich. Das Feuer im Ofen ging aus, wenn sie hineinsah.
5. Es war sehr heiß und trocken. Die Bäume liefen den Hunden nach.
6. Das Schiff war riesig. Der Koch musste zum Umrühren mit einem Motorboot durch den Suppenkessel fahren.
7. Die Gassen in Venedig sind sehr eng. Die Hunde können nur senkrecht mit dem Schwanz wedeln.

Finden Sie weitere Übertreibungen mit *so ... dass*

§ 30 Konzessive Nebensätze (Nebensätze der Einschränkung)

I obwohl, obgleich, obschon

Obwohl wir uns ständig streiten, sind wir doch gute Freunde.
Obgleich wir uns schon seit zwanzig Jahren kennen, hast du mich noch niemals besucht.
Obschon der Professor nur Altgriechisch gelernt hatte, verstanden ihn die griechischen Bauern.

1. *obwohl, obgleich, obschon* werden gleichbedeutend gebraucht (*obschon* ist nur noch selten).
2. Diese drei Konjunktionen zeigen an, dass die Handlung des Nebensatzes im Gegensatz oder in einer gewissen Einschränkung zur Hauptsatz-Handlung steht.
3. Die Tempusfolge in konzessiven Nebensätzen richtet sich nach dem Sinn der Aussage.

Anmerkung

obwohl leitet einen Nebensatz ein, *trotzdem* leitet einen Hauptsatz ein. Beide Konjunktionen dürfen nicht verwechselt werden (in der älteren Literatur findet man manchmal *trotzdem* anstelle von *obwohl*):
Obwohl wir uns ständig *streiten,* sind wir doch gute Freunde.
Wir sind gute Freunde; *trotzdem streiten wir uns* ständig.

1 Verbinden Sie die Sätze mit „obwohl", „obgleich" oder „obschon".

1. Er ist nicht gekommen, ...
   a) Ich hatte ihn eingeladen.
   b) Er hatte fest zugesagt.
   c) Er wollte kommen.
   d) Ich benötige seine Hilfe.
   e) Er wollte uns schon seit langem besuchen.
   f) Er wusste, dass ich auf ihn warte.

2. Sie kam zu spät, ...
   a) Sie hatte ein Taxi genommen.
   b) Sie hatte sich drei Wecker ans Bett gestellt.
   c) Sie hatte sich übers Telefon wecken lassen.
   d) Die Straße war frei.
   e) Sie hatte pünktlich kommen wollen.
   f) Sie hatte einen wichtigen Termin.
   g) Sie hatte mir versprochen rechtzeitig zu kommen.
3. Ich konnte nicht schlafen, ...
   a) Ich hatte ein Schlafmittel genommen.
   b) Ich war nicht aufgeregt.
   c) Niemand hatte mich geärgert.
   d) Ich hatte bis spät abends gearbeitet.
   c) Ich war sehr müde.
   f) Das Hotelzimmer hatte eine ruhige Lage.
   g) Kein Verkehrslärm war zu hören.
   h) Ich hatte eigentlich gar keine Sorgen.
4. Das Hallenbad wurde nicht gebaut, ...
   a) Es war für dieses Jahr geplant.
   b) Die Finanzierung war gesichert.
   c) Der Bauplatz war vorhanden.
   d) Der Bauauftrag war bereits vergeben worden.
   e) Die Bürger der Stadt hatten es seit Jahren gefordert.
   f) Auch die Schulen benötigen es dringend.
   g) Auch die Randgemeinden waren daran interessiert.
   h) Man hatte es schon längst bauen wollen.

2 Verbinden Sie die Sätze der Übung 1 mit „zwar ..., aber", „zwar ..., aber doch", „zwar ... allerdings", „(aber) dennoch" oder „(aber) trotzdem" in wechselnder Form (siehe § 24 II, 3).

3 Konzessive und kausale Nebensätze – Bilden Sie mit der Übung § 24 Nr. 2 Sätze nach folgendem Muster (siehe § 24 II, 3):

Obwohl er gern Ski läuft, fährt er diesen Winter nicht in Urlaub.
Weil er gern Ski läuft, legt er seinen Urlaub in den Winter.

4 Verbinden Sie die Sätze mit den angegebenen Konjunktionen.

1. Er war unschuldig. Er wurde bestraft. (dennoch; obwohl)
2. Die Familie wohnte weit von uns entfernt. Wir besuchten uns häufig. (zwar... , aber doch; obgleich)
3. Wir mussten beide am nächsten Tag früh zur Arbeit. Wir unterhielten uns bis spät in die Nacht. (trotzdem; dennoch; obwohl)
4. Wir stritten uns häufig. Wir verstanden uns sehr gut. (allerdings; obschon)
5. Die Gastgeber waren sehr freundlich. Die Gäste brachen frühzeitig auf und gingen nach Hause. (zwar... , dennoch; obwohl)
6. Die Arbeiter streikten lange Zeit. Sie konnten die geforderte Lohnerhöhung nicht durchsetzen. (obwohl; trotzdem)
7. Er hatte anfangs überhaupt kein Geld. Er brachte es durch seine kaufmännische Geschicklichkeit zu einem großen Vermögen. (indessen; obgleich)
8. Die Jungen waren von allen Seiten gewarnt worden. Sie badeten im stürmischen Meer. (dennoch; obwohl)

II wenn ... auch noch so

Wenn er *auch noch so* schlecht schlief, so weigerte er sich eine Tablette zu nehmen.

1. Dieses schwierige Satzgefüge drückt den Gegensatz noch etwas betonter aus als der *obwohl*-Satz.

2. Der Nebensatz beginnt zwar mit *wenn*, nach dem Subjekt steht aber *auch noch so*, wodurch der Satz einen konzessiven Sinn erhält. Der Hauptsatz beginnt meist mit *so*, was auf den vorangehenden Nebensatz zurückweist. Zur Verstärkung kann *doch* oder *aber* eingefügt werden.

   Wenn er *auch noch so* schlecht schlief, *er weigerte sich doch* eine Tablette zu nehmen.

   Nach dem Nebensatz kann der Hauptsatz auch ohne Umstellung stehen (= Subjekt in der Position I, dann das konjugierte Verb in Position II); diese Satzstellung ist nach anderen Nebensätzen nicht möglich.

Schlief er *auch noch so* schlecht, *er weigerte sich* eine Tablette zu nehmen.

Auch bei diesen konzessiven Nebensätzen kann *wenn* wegfallen. Das konjugierte Verb tritt dann an seine Stelle.

5 Verbinden Sie die Sätze mit der Konjunktion „wenn ... auch noch so"

Die Bergsteiger strengten sich an. Sie konnten den Gipfel nicht erreichen.
Wenn die Bergsteiger sich auch noch so anstrengten, so konnten sie doch den Gipfel nicht erreichen. oder: *Die Bergsteiger strengten sich noch so an, sie ...*

1. Der Junge bat seine Eltern darum. Er bekam das Fahrrad doch nicht.
2. Der Student wurde von allen Seiten gewarnt. Er reiste doch in das Krisengebiet.
3. Die Eltern sparten eisern. Das Geld reichte hinten und vorne nicht.
4. Der Reisende hatte das Haschisch gut versteckt. Die Spürhunde fanden es aber sofort.
5. Du kannst dich beeilen. Du wirst den Zug nicht mehr erreichen. (können entfällt)

§ 31 Modale Nebensätze (Nebensätze der Art und Weise)

I wie, als (Vergleichssätze)

In Vergleichssätzen mit *wie* und *als* steht oft Tempuswechsel, denn meistens wird eine vorherige Erwartung oder Vermutung mit einer Tatsache verglichen.

Er ist *so reich, wie* ich vermutet habe.
Er machte *einen so hohen Gewinn* bei seinen Geschäften, *wie* er gehofft hatte.

Wenn eine Tatsache und die Ansicht darüber übereinstimmen, gebraucht man einen Nebensatz mit *wie*. Im Hauptsatz steht *so (genauso, ebenso, geradeso)* vor dem Adverb oder dem Adjektivattribut in der Grundform.

Er verhielt sich *(genau)so, wie* wir gedacht hatten.

Manchmal kann *so (genauso, ebenso, geradeso)* auch ohne Adverb im Hauptsatz stehen. Dann wird *so* stark betont.

Er ist noch *reicher, als* ich erwartet habe.
Er machte *einen höheren Gewinn, als* er angenommen hatte.

Wenn eine Tatsache und die Ansicht darüber nicht übereinstimmen, gebraucht man einen Nebensatz mit *als*. Im Hauptsatz steht der Komparativ (siehe § 40 I).

Er verhielt sich ganz *anders, als* wir uns vorgestellt hatten.

Nach *anders, ander-* (z.B. Er hat gewiss *andere Pläne, als…*) steht ein Vergleichssatz mit *als*.

1 „als" oder „wie"? Welcher Teilsatz der Spalten II + III gehört zum Teilsatz in Spalte I?

I	II	III
1. Es bleibt uns nichts anderes übrig		a) im Allgemeinen angenommen wird.
2. Der Bauer erntete mehr,		b) der Busfahrer geplant hatte.
3. Er erntete so dicke Äpfel,		c) wieder von vorn anzufangen.
4. Der Patient erholte sich schneller,		d) die Ärzte angenommen hatten.
5. Die Steuernachzahlung war nicht so hoch,	als	e) er sie in den Wintern zuvor gehabt hatte.
6. Im letzten Jahr hatte er eine höhere Heizölrechnung,	wie	f) er sie noch nie geerntet hatte.
7. Das Haus ist nicht so alt,		g) der Kaufmann befürchtet hatte.
8. Die Reise verlief anders,		h) er je zuvor geerntet hatte.

2 Üben Sie den Vergleichssatz.

War das Konzert gut?
Ja, es war besser, als ich erwartet hatte.
Es war nicht so gut, wie ich angenommen hatte.

Ergänzen Sie sinngemäß: als ich gedacht / erwartet / angenommen / gehofft / befürchtet / vermutet / geglaubt hatte.

1. Waren die Eintrittskarten teuer?
2. War der Andrang groß?
3. Waren die Karten schnell verkauft?
4. Spielten die Künstler gut?
5. Dauerte das Konzert lange?
6. War der Beifall groß?
7. Hast du viele Bekannte getroffen?
8. Bist du spät nach Hause gekommen?

3 Ebensø:

1. War die Tagung lohnend?
2. War das Hotel gut eingerichtet?
3. War euer Zimmer ruhig?
4. War das Essen reichhaltig?
5. Waren die Vorträge interessant?
6. Wurde lebhaft diskutiert?
7. Habt ihr viel gestritten?
8. Habt ihr viele Kollegen getroffen?

II je ..., desto (Vergleichssätze)

Nebensatz	*Hauptsatz* *I*	*II*	*III*	
a) Je schlechter die Wirtschaftslage ist,	**desto schneller** **umso schneller**	steigen steigen	die Preise. die Preise.	
b)	**desto höhere Steuern**	müssen		gezahlt werden.
c)	**desto mehr Geld** **desto mehr Menschen**	fließt werden		ins Ausland. arbeitslos.
d)	**eine desto höhere Inflationsrate**	ist		die Folge.

1. Sätze mit *je ..., desto* oder *je ..., umso* zeigen einen Vergleich zwischen zwei Steigerungsformen (Komparativen), wobei beide voneinander abhängen, in der Aussage aber selbstständig sind.
2. Satzstellung: Zuerst steht ein Nebensatz mit *je* und einem Komparativ; das konjugierte Verb steht am Ende des Satzes. Dann folgt ein Hauptsatz mit *desto* und einem Komparativ in der Position I. Das konjugierte Verb steht in der Position II und das Subjekt in der Position III (IV).
   zu a) Die gebräuchlichste Form. Zum Vergleich gebraucht man Adverbien im Komparativ.
   zu b) Zum Vergleich können auch Adjektivattribute im Komparativ gebraucht werden, meistens vor artikellosen Substantiven.
   zu c) Wenn kein Attribut vorhanden ist, verwendet man die endungslose Steigerungsform *mehr* oder *weniger* vor artikellosen Substantiven.
   zu d) Eine selten gebrauchte Form: Bei Substantiven im Singular, die einen Artikel brauchen, steht immer der unbestimmte Artikel vor *je* oder *desto.*
3. Alle diese Formen sind im *je-* oder *desto-*Satz variabel. Die jeweils nötigen Substantive können als Subjekt oder als Objekt verwendet werden; sogar als präpositionale Objekte:
   Je schlechter die Wirtschaftslage ist, *mit desto höheren Steuern* muss man rechnen.

4 Verbinden Sie die Sätze mit „je ..., desto".

Wir stiegen hoch; wir kamen langsam vorwärts.
Je höher wir stiegen, desto langsamer kamen wir vorwärts.

1. Er trank viel; er wurde laut.
2. Er isst wenig; er ist schlecht gelaunt.
3. Du arbeitest gründlich; dein Erfolg wird groß sein.
4. Das Hotel ist teuer; der Komfort ist zufriedenstellend.
5. Der Ausländer sprach schnell; wir konnten wenig verstehen.
6. Die Sekretärin spricht viele Fremdsprachen; sie findet leicht eine gute Stellung.
7. Das Herz ist schwach; eine Operation ist schwierig.
8. Du sprichst deutlich; ich kann dich gut verstehen.
9. Es ist dunkel; die Angst der Kleinen ist groß.
10. Das Essen ist gut gewürzt; es schmeckt gut.

5 Ebenso.

1. Es wurde spät; die Gäste wurden fröhlich.
2. Du arbeitest sorgfältig; du bekommst viele Aufträge.
3. Die Musik ist traurig; ich werde melancholisch.
4. Ich bekomme wenig Geld; ich muss sparsam sein.
5. Der Vertreter muss beruflich weit fahren; er kann viel von der Steuer absetzen.
6. Ihre Schüler waren klug und fleißig; die Arbeit machte ihr viel Spaß.
7. Hans wurde wütend; Gisela musste laut lachen.
8. Die Künstler, die im Theater auftraten, waren berühmt; viele Zuschauer kamen, aber die Plätze wurden teuer. (desto... , aber desto)
9. Er hält sich lange in Italien auf; er spricht gut Italienisch.
10. Du fährst schnell; die Unfallgefahr ist groß.

6 Ergänzen Sie selbst.

1. Je leiser du sprichst,...
2. Je stärker der Kaffee ist,...
3. Je schlechter die Wirtschaftslage des Landes wird,...
4. Je größer ein Krankenhaus ist,...
5. Je mehr sie über ihn lachten,...
6. Je länger ich sie kannte,...
7. Je öfter wir uns schrieben,...
8. Je frecher du wirst, ...
9. Je mehr du angibst, ...
10. Je strenger die Grenzkontrollen werden, ...

7 Verbinden Sie die Sätze nach folgendem Muster:

Seine Ausbildung ist *gut;* er bekommt ein hohes Gehalt.
Je besser seine Ausbildung ist, ein desto höheres Gehalt bekommt er.

1. Du schreibst höflich; du erhältst eine höfliche Antwort.
2. Du triffst ihn oft; du wirst mit ihm ein gutes Verhältnis haben.
3. Du willst schnell fahren; du musst einen teuren Wagen kaufen.
4. Das Geld ist knapp; du musst einen hohen Zinssatz zahlen.
5. Wir kamen dem Ziel nah; ein starkes Hungergefühl quälte mich.

III wie (Modalsätze)

Wie es mir geht, weißt du ja.
Du weißt ja, *wie* es mir geht.
Wie ich ihn kennen gelernt habe, habe ich dir schon geschrieben.
Ich habe dir schon geschrieben, *wie* ich ihn kennen gelernt habe.

Modale Nebensätze können aus der Frage nach der Art und Weise entstehen:
Wie geht es dir? Wie es mir geht, weißt du ja.

Wie gut er sich verteidigt hat, haben wir alle gehört.
Wir haben alle gehört, *wie gut* er sich verteidigt hat.

Die modale Konjunktion *wie* kann durch ein Adverb ergänzt werden.

Wie ich annehme, wird er trotzdem verurteilt.
Wie ich gehört habe, hat er sein gesamtes Vermögen verloren.

Nebensätze mit *wie* können auch zeigen, wie jemand zu einer Handlung eingestellt ist:
Wie ich annehme, kommt er morgen.
Wie ich glaube, ...
Wie er sagte,...
Wie ich erfahren habe,...

Seltener steht dieser modale Nebensatz hinter dem Hauptsatz:
Meine Verwandten sind schon lange umgezogen, *wie ich annehme.*

8 Üben Sie den *wie*-Satz nach folgendem Muster:

Ich werde morgen nach München fahren.
Wie ich Ihnen schon sagte, werde ich morgen nach München fahren.

Setzen Sie sinngemäß ein: Wie ich schon erwähnte... ; Wie ich hoffe / geplant habe; Wie Sie wissen...

1. Ich werde dort mit Geschäftsfreunden zusammentreffen.
2. Wir werden uns sicher einig werden.
3. Ich werde interessante Aufträge für die Firma erhalten.
4. Von München aus werde ich meinen Urlaub antreten.
5. Ich werde zwei Wochen wegbleiben.
6. Die Ruhe wird mir gut tun.

IV indem (Modalsätze)

Sie gewöhnte ihm das Rauchen ab, *indem* sie seine Zigaretten versteckte.
Er kann den Motor leicht reparieren, *indem* er die Zündkerzen auswechselt.

Der modale Nebensatz mit *indem* zeigt die Art und Weise oder das Mittel, wie jemand etwas macht. Die Frage ist: Wie wird eine Handlung ausgeführt?

9 Verbinden Sie die Sätze mit „indem" wie in folgendem Muster:

Wie kann man Heizkosten sparen? – Man ersetzt die alten Fenster durch Doppelglasfenster.
Man kann Heizkosten sparen, indem man die alten Fenster durch Doppelglasfenster ersetzt.

1. Wie kann man die Heizkosten auch noch senken? – Man lässt die Temperaturen abends nicht über 20 Grad steigen und senkt die Zimmertemperatur in der Nacht auf etwa 15 Grad.
2. Wie kann man ferner die Wohnung vor Kälte schützen? – Man bringt Isoliermaterial an Decke, Fußboden und Wänden an.
3. Wie können wir Rohstoffe sparen? – Im so genannten Recycling verwendet man bereits gebrauchte Materialien wieder.
4. Wie kann man Benzin sparen? – Man fährt kleinere, sparsamere Autos und geht öfter mal zu Fuß.
5. Wie kann die Regierung die Luft vor industrieller Verschmutzung schützen? – Sie schreibt Rauch- und Abgasfilter gesetzlich vor.
6. Wie kann man die Stadtbewohner vor Lärm schützen? – Man richtet mehr Fußgängerzonen ein und baut leisere Motorräder und Autos.

10 Ersetzen Sie die schräg gedruckten Wendungen mit „durch ..." durch einen Nebensatz mit „indem".

Die Bauern zeigten *durch Demonstrationen mit Traktoren und schwarzen Fahnen* ihren Protest gegen die neuen Gesetze.
Die Bauern zeigten ihren Protest gegen die neuen Gesetze, indem sie mit Traktoren und schwarzen Fahnen demonstrierten.

1. Die ständigen Überschwemmungen an der Küste können *durch den Bau eines Deiches* verhindert werden. (indem man...)
2. Die Ärzte konnten das Leben des Politikers *durch eine sofortige Operation nach dem Attentat* retten. (indem sie ihn...)
3. Als ich meinen Schlüssel verloren hatte, half mir ein junger Mann, *durch die Verwendung eines gebogenen Drahts* die Wohnungstür zu öffnen.
4. Manche Wissenschaftler werden *durch die Veröffentlichung falscher oder ungenauer Forschungsergebnisse* berühmt.
5. Der Chef einer Rauschgiftbande konnte *durch die rechtzeitige Information aller Zollstellen* an der Grenze verhaftet werden.
6. *Durch die Weitergabe wichtiger Informationen an das feindliche Ausland* hat der Spion seinem Land sehr geschadet. (Indem der Spion...)
7. Als die Räuber mit Masken und Waffen in die Bank eindrangen, konnte der Kassierer *durch den Druck auf den Alarmknopf* die Polizei alarmieren.
8. Kopernikus hat *durch die Beobachtung der Sterne* erkannt, dass die Erde eine Kugel ist, die sich um die Sonne dreht.

9. Es hat sich gezeigt, dass man *durch das Verbot der Werbung für Zigaretten im Fernsehen* den Tabakkonsum tatsächlich verringern kann.
10. Viele Menschen können *durch den Verzicht auf Bier und fette Speisen* sehr schnell abnehmen.
11. Die Menschen in den Industrieländern schaden der Umwelt *durch den Kauf von modischen, aber unbrauchbaren Dingen,* die bald wieder weggeworfen werden.

§ 32 Finalsätze (Absichtssätze)

damit; um … zu (siehe § 33)

Damit der Arzt nichts merkte, versteckte *der Kranke* die Zigaretten.

Der Nebensatz mit *damit* gibt den Zweck oder die Absicht an, die mit einer Handlung verfolgt wird. Man verwendet einen *damit*-Satz, wenn das Subjekt im Haupt- und Nebensatz verschieden ist.
Im *damit*-Satz sind die Modalverben *sollen* und *wollen* nicht möglich, weil die Konjunktion *damit* ihrer Bedeutung nach schon eine Absicht, einen Wunsch oder Willen ausdrückt.

Er nahm eine Schlaftablette, *damit er* leichter einschlafen kann.
Er nahm eine Schlaftablette, *um* leichter einschlafen *zu* können.
Er nahm eine Schlaftablette, *um* leichter ein*zu*schlafen.

Wenn das Subjekt im Haupt- und Nebensatz gleich ist, gebraucht man besser die Infinitivkonstruktion mit *um … zu*. Das Modalverb *können* ist möglich, aber oft nicht notwendig.

1 Verbinden Sie die beiden Sätze – wenn möglich – mit „um … zu", andernfalls mit „damit". Beachten Sie, dass das Modalverb in der Position II wegfällt.

Ich habe sofort telefoniert. Ich wollte die Wohnung bekommen.
Ich habe sofort telefoniert, *um* die Wohnung *zu bekommen.*

Ich habe sofort telefoniert. Mein Bruder soll die Wohnung bekommen.
Ich habe sofort telefoniert, *damit* mein Bruder die Wohnung *bekommt.*

1. Ich habe die Anzeigen in der Zeitung studiert. Ich wollte eine schöne Wohnung finden.
2. Ich bin in die Stadt gefahren. Ich wollte eine Adresse erfragen.
3. Ich beeilte mich. Niemand sollte mir zuvorkommen.
4. Viele Vermieter geben aber eine Anzeige unter Chiffre auf. Die Leute sollen ihnen nicht das Haus einrennen.
5. Wir haben die Wohnung genau vermessen. Die Möbel sollen später auch hineinpassen.

6. Ich habe viele kleine Sachen mit dem eigenen Wagen transportiert. Ich wollte Umzugskosten sparen.
7. Wir haben das Geschirr von der Transportfirma packen lassen. Die Versicherung bezahlt dann auch, wenn ein Bruchschaden entsteht.
8. Wir haben den Umzug an den Anfang des Urlaubs gelegt. Wir wollen die neue Wohnung in aller Ruhe einrichten (… zu können).
9. Schließlich haben wir noch eine Woche Urlaub gemacht. Wir wollten uns ein bisschen erholen.

2 Machen Sie aus den schräg gedruckten Sätzen *um … zu*-Sätze, oder wenn dies nicht geht, einen *damit*-Satz. Beachten Sie, dass das Modalverb in der Position II wegfällt.

1. Franz Häuser war von Wien nach Steyr gezogen. *Er sollte dort eine Stelle in einer Papierfabrik annehmen.*
2. Eines Tages beschloss Franz, im alten Fabrikschornstein hochzusteigen. *Er wollte sich seine neue Heimat einmal von oben anschauen.* Natürlich war der Schornstein schon lange außer Betrieb.
3. Franz nahm eine Leiter. *Er wollte den Einstieg im Schornstein erreichen.* Dann kroch er hindurch und stieg langsam hinauf.
4. Das war nicht schwer, denn innen hatte man eiserne Bügel angebracht; *die Schornsteinfeger sollten daran hochklettern können.*
5. Fast oben angekommen, brach ein Bügel aus der Mauer. Schnell ergriff er den nächsten Bügel. *Er wollte nicht in die Tiefe stürzen.*
6. Aber auch dieser brach aus und Franz fiel plötzlich mit dem Eisen in seiner Hand 35 Meter tief hinunter. Dennoch geschah ihm nichts weiter, nur der Ruß, der sich unten im Schornstein etwa einen Meter hoch angesammelt hatte, drang ihm in Mund, Nase und Augen. Er schrie und brüllte, so laut er konnte. *Seine Kameraden sollten ihn hören.*
7. Aber es war erfolglos, er musste einen anderen Ausweg finden. *Er wollte nicht verhungern.*
8. Er begann, mit der Spitze des Eisenbügels, den er immer noch in der Hand hielt, den Zement aus den Fugen zwischen den Backsteinen herauszukratzen. *Er wollte die Steine herauslösen.*
9. In der Zwischenzeit hatten seine Kameraden sich aufgemacht. *Sie wollten ihn suchen.*
10. Aber sie fanden ihn nicht. Nach ein paar Stunden hatte Franz eine Öffnung geschaffen, die groß genug war. *Er konnte hindurchkriechen.*
11. Man brachte ihn in ein Krankenhaus. *Er sollte sich von dem Schock und den Anstrengungen erholen.*
12. Dort steckte man ihn zuerst in eine Badewanne. *Man wollte ihn dort vom Ruß befreien.*

der Bügel = u-förmig gebogenes Eisen
die Fuge = schmaler Raum, z.B. zwischen zwei Backsteinen
der Ruß = schwarzes Zeug, das sich bei der Verbrennung niederschlägt

3 Antworten Sie, wenn möglich, mit einem *um … zu*-Satz, andernfalls mit einem *damit*-Satz.

Wozu braucht der Bauer einen Traktor? – Zur Bearbeitung der Felder.
Der Bauer braucht einen Traktor um die Felder bearbeiten zu können.

1. Wozu düngt er im Frühjahr die Felder? – Zum besseren Wachstum der Pflanzen.
2. Wozu hält er Kühe? – Zur Gewinnung von Milch.
3. Wozu braucht er eine Leiter? – Zum Ernten der Äpfel und Birnen.
4. Wozu nimmt er einen Kredit von der Bank auf? – Zur Einrichtung einer Hühnerfarm.
5. Wozu annonciert er in der Zeitung? – Zur Vermietung der Fremdenzimmer in seinem Haus.
6. Wozu kauft er eine Kutsche und zwei Pferde? – Zur Freude der Gäste. (sich daran freuen)
7. Wozu richtet er unter dem Dach noch Zimmer ein? – Zur Unterbringung der Gäste. (dort unterbringen)
8. Wozu baut er ein kleines Schwimmbecken? – Zur Erfrischung der Gäste und zu ihrem Wohlbefinden. (sich erfrischen, sich wohl fühlen)

§ 33 Sinngerichtete Infinitivkonstruktion mit „um ... zu, ohne ... zu, anstatt ... zu"

Im Gegensatz zu Infinitivkonstruktionen, die von bestimmten Verben abhängen, sind die Infinitivkonstruktionen mit *um ... zu, ohne ... zu, anstatt (statt) ... zu* unabhängig und haben eine eigene Sinnrichtung.

a) Mit *um ... zu* drückt man einen Wunsch oder eine Absicht aus (siehe § 32):
Ich gehe zum Meldeamt, *um* meinen Pass ab*zu*holen.

b) Mit *ohne ... zu* zeigt man, dass etwas Erwartetes nicht eingetreten ist:
Er ging einfach weg, *ohne* meine Frage *zu* beantworten.

c) Mit *anstatt ... zu* zeigt man, dass sich jemand anders verhält, als es normalerweise erwartet wird:
Die Gastgeberin unterhielt sich weiter mit ihrer Freundin, *anstatt* die Gäste *zu* begrüßen.

Er ging ins Ausland, *um* dort *zu* studieren.
ohne lange *zu* überlegen.
anstatt das Geschäft des Vaters weiter*zu*führen.

Infinitivkonstruktionen mit *um ... zu, ohne ... zu, anstatt ... zu* haben kein eigenes Subjekt. Sie beziehen sich auf die Person oder Sache, die als Subjekt im Hauptsatz genannt ist. Konstruktionen mit *um ... zu, ohne ... zu, anstatt ... zu* können auch vor den Hauptsatz gestellt werden:
Um im Ausland zu studieren verließ er seine Heimat.
Ohne lange zu überlegen begann er sein Studium.
Anstatt das Geschäft seines Vaters weiterzuführen ging er ins Ausland.

Wenn das Subjekt im Hauptsatz und das Subjekt im Nebensatz verschiedene Personen oder Sachen bezeichnen, gebraucht man den vollständigen Nebensatz mit *damit, ohne dass* oder *anstatt dass.*

Anmerkung

Nach *nichts/etwas anderes* oder *alles andere* steht oft eine vergleichende Infinitivkonstruktion mit *als*:
Der Junge hatte *nichts anderes* im Kopf *als* mit dem Motorrad *herumzufahren.*
Er tut alles andere als sich auf die Prüfung vorzubereiten.

1 Bilden Sie aus dem schräg gedruckten Satz eine Infinitivkonstruktion mit „um ... zu", „ohne ... zu" oder „(an)statt ... zu".

Sie haben den Wagen heimlich geöffnet. *Sie wollten ihn stehlen.*
Sie haben den Wagen heimlich geöffnet, um ihn zu stehlen.

Er hat den Wagen gefahren. *Er besaß keinen Führerschein.*
Er hat den Wagen gefahren, ohne einen Führerschein zu besitzen.

Sie hat den Unfall nicht gemeldet. Sie ist einfach weitergefahren.
Anstatt den Unfall zu melden ist sie einfach weitergefahren.

1. Drei Bankräuber überfielen eine Bank. *Sie wollten schnell reich werden.*
2. *Sie zählten das Geld nicht.* Sie packten es in zwei Aktentaschen.
3. Die Bankräuber wechselten zweimal das Auto. *Sie wollten schnell unerkannt verschwinden.*
4. *Sie nahmen nicht die beiden Taschen mit.* Sie ließen eine Tasche im ersten Wagen liegen.
5. *Sie kamen nicht noch einmal zurück.* Die vergesslichen Gangster rasten mit dem zweiten Auto davon.
6. Sie fuhren zum Flughafen. *Sie wollten nach Amerika entkommen.*
7. *Sie zahlten nicht mit einem Scheck.* Sie kauften die Flugtickets mit dem gestohlenen Geld.
8. *Sie wollten in der Großstadt untertauchen.* Sie verließen in Buenos Aires das Flugzeug, wurden aber sofort verhaftet.
9. Sie ließen sich festnehmen. *Sie leisteten keinen Widerstand.*
10. Sie wurden nach Deutschland zurückgeflogen. *Sie sollten vor Gericht gestellt werden.*
11. Sie nahmen das Urteil entgegen. *Sie zeigten keinerlei Gemütsbewegung.* (ohne irgendeine...)

2 Bilden Sie – wenn dies möglich ist – aus dem schräg gedruckten Satz eine Infinitivkonstruktion mit „um ... zu", „ohne ... zu" oder „anstatt ... zu". Verwenden Sie andernfalls „damit", „ohne dass" oder „anstatt dass".

1. Herr Huber hatte in einem Versandhaus ein Armband bestellt. *Er wollte es seiner Frau zum Geburtstag schenken.*
2. Er schickte die Bestellung ab. *Er schrieb aber den Absender nicht darauf.*
3. Er wartete vier Wochen. *Das Armband kam nicht.*
4. *Er rief nicht an.* Er schimpfte auf die langsame Firma.
5. Dann feierte Frau Huber Geburtstag. *Ihr Mann konnte ihr das Armband nicht schenken.*

6. Schließlich schrieb er an das Versandhaus. *Sie sollten ihm das Armband endlich zuschicken.*
7. Herr Huber erhielt das erwartete Päckchen wenige Tage später. *Das Versandhaus gab keine Erklärung für die Verspätung ab.*
8. *Frau Huber wusste nichts von dem Geschenk ihres Mannes.* Am Tag der Zustellung des Päckchens kam Frau Huber aus der Stadt zurück: Sie hatte sich das gleiche Armband gekauft! (Ohne etwas ... kam Frau Huber ...)

3 Verbinden Sie den Hauptsatz einmal mit Satz a), dann mit Satz b). Bilden Sie wenn möglich eine Infinitivkonstruktion oder einen *dass*- bzw. *damit*-Satz.

1. Der Schriftsteller schrieb seinen Roman, ohne ...
   a) Er gönnte sich keine Pause.
   b) Kein Verlag hatte ihm die Abnahme garantiert.
2. An der Grenze zeigte der Reisende seinen Pass, ohne ...
   a) Der Beamte warf keinen Blick hinein.
   b) Er war gar nicht darum gebeten worden.
3. Er machte die Taschenlampe an, *(damit* oder *um ... zu)* ...
   a) Sein Freund konnte ihn sehen.
   b) Er konnte von seinem Freund gesehen werden.
4. Er trug das gesamte Gepäck fünf Stockwerke hoch, statt ...
   a) Seine Kinder halfen ihm nicht dabei.
   b) Er benutzte den Aufzug nicht.
5. Die beiden hatten sich etliche Bücher mit auf die Reise genommen, *(damit* oder *um ... zu)* ...
   a) Die Bahnfahrt sollte nicht zu langweilig werden. (langweilig würde)
   b) Sie wollten sich damit die Langeweile vertreiben.
6. Die Arbeiter forderten mehr Lohn, *(damit* oder *um ... zu)* ...
   a) Sie wollten bei sinkender Kaufkraft des Euro wenigstens keinen Einkommensverlust haben.
   b) Ihr Einkommen sollte wenigstens die alte Kaufkraft behalten.
7. Eine Gruppe Arbeiter streikte, ohne ...
   a) Sie hatte sich nicht mit der Gewerkschaftsleitung abgesprochen.
   b) Die Gewerkschaftsleitung war davon nicht informiert worden.
8. Die Unternehmensleitung erlaubte sich teure private Ausgaben, anstatt ...
   a) Sie dachte nicht an das Wohl der Firma.
   b) Wichtige Investitionen wurden nicht gemacht. (worden wären)
9. Die Eigentümer verkauften die Firma, ohne ...
   a) Der Betriebsrat wurde nicht informiert.
   b) Sie informierten den Betriebsrat nicht davon.
10. Die Arbeiter besetzten ihre bankrotte Firma, *(damit* oder *um ... zu)* ...
    a) Die Maschinen sollten nicht heimlich verkauft werden können.
    b) Sie wollten vom Verkauf der Maschinen den Arbeitslohn finanzieren, den sie noch zu bekommen hatten.

§ 34 Fragesätze als Nebensätze

Wenn ein Fragesatz als Nebensatz gebraucht wird, muss man ihn mit einer Konjunktion einleiten.
Niemand weiß, *ob* wir sie jemals wiedersehen.

Bei Fragen ohne Fragewort steht immer die Konjunktion *ob*.

	Niemand weiß,
temporal	..., *wann* sie weggegangen ist.
kausal	..., *warum* sie sich verstecken muss.
	..., *weswegen* sie uns verlassen hat.
modal	..., *wie* es ihr geht.
	..., *wie* einsam sie jetzt ist.
lokal	..., *wo* sie jetzt ist.
	..., *wohin* sie geflohen ist.
	..., *wer* ihr bei der Flucht geholfen hat.
	..., *was* sie denkt und macht.
	..., *wessen Befehle* sie ausführt.
	..., *wem* sie gehorcht.
	..., *wen* sie kennt.
	..., *an wen* sie sich gewendet hat.
	..., *vor wem* sie sich fürchtet.
	..., *worauf* sie wartet.
	..., *womit* sie sich beschäftigt.
	..., *worunter* sie leidet.

Bei Fragen mit Fragewort gebraucht man das jeweilige Fragewort bzw. die Zusammensetzung mit einer Präposition als Konjunktion.

1 Bilden Sie aus den Fragen der Übung § 17 Nr. 3 Nebensätze, indem Sie folgende Wendungen davorsetzen: „Wissen Sie vielleicht, ...?" „Können Sie mir sagen, ...?" „Ist Ihnen vielleicht bekannt, ...?" usw.

Backt dieser Bäcker auch Kuchen?
Haben Sie eine Ahnung, ob dieser Bäcker auch Kuchen backt?

2 Bilden Sie abhängige Fragesätze mit Hilfe der Übung § 17 Nr. 9 in der folgenden Art:

A: Sag mir bitte, an wen du geschrieben hast!
B: An wen... ? Ich habe an meine Schwester geschrieben.

Üben Sie ggf. zu zweit. A fordert B auf; er beginnt z.B.: *Verrat mir doch, ... ; Erzähl mir mal, ... ; Ich möchte wirklich gern wissen, ...* usw. B gibt eine Antwort.

3 Üben Sie nach folgendem Muster. Verwenden Sie dabei Wendungen wie: „Ich weiß leider auch nicht, ...;" „Ich kann Ihnen auch nicht sagen, ...;" „Mir ist leider auch nicht bekannt, ..."

Wo kann ich hier eine Auskunft bekommen?
Ich kann Ihnen auch nicht sagen, wo Sie hier eine Auskunft bekommen können.

1. Wo kann ich hier ein Flugticket bekommen?
2. Warum können die Flugzeuge heute von hier nicht starten?
3. Wann soll das Flugzeug aus Kairo ankommen?
4. Um wie viel Uhr muss ich wieder hier sein?
5. Wo kann ich mein Gepäck abgeben?
6. Wie viel türkische Pfund darf ich in die Türkei mitnehmen?

4 Bilden Sie aus der Frage einen abhängigen Fragesatz und setzen Sie ihn in den zweiten Satz hinter das Substantiv mit ❥.

Mietest du ein Zimmer oder eine Wohnung?
Die Frage ❥ ist noch nicht geklärt.
Die Frage, ob ich ein Zimmer oder eine Wohnung miete, ist noch nicht geklärt.

1. Ist der Fahrer unaufmerksam gewesen und deshalb gegen einen Baum gefahren? – Das Rätsel ❥ ist noch nicht aufgeklärt.
2. Ist er zu schnell gefahren? – Die Frage ❥ wollte er nicht beantworten.
3. Hat der Verletzte etwas gebrochen? – Von der Feststellung ❥ hängt seine weitere Behandlung ab.
4. Hat der Fahrer Alkohol im Blut gehabt? – Die Frage ❥ wird die Blutuntersuchung beantworten.
5. Verliert der Autofahrer seinen Führerschein? – Die Entscheidung ❥ muss der Richter treffen.
6. Bekommt der Fahrer eine Gefängnisstrafe? – Die Ungewissheit ❥ macht ihn ganz krank.
7. Hat der Angeklagte sich verfolgt gefühlt? – Von der Feststellung des Richters ❥ hängt sehr viel ab.
8. Wird der Mann seine Stelle als Fernfahrer behalten? – Die Entscheidung ❥ hängt ganz vom Ergebnis der Blutuntersuchung ab.

5 Üben Sie nach folgendem Muster:

Kommt er mit uns? – Er hat sich noch nicht geäußert.
Er hat sich noch nicht geäußert, ob er mitkommt.

Wohin fahren wir? – Ich erzähle (es) dir nachher.
Ich erzähle dir nachher, wohin wir fahren.

1. Wer fährt sonst noch mit? – Wir werden (es) sehen.
2. Wann kommen wir zurück? – Ich weiß (es) selbst nicht.
3. Müssen wir einen Pass mitnehmen? – Kannst du mir (das) sagen?
4. Was kostet die Fahrt? – Ich möchte (es) gern wissen.
5. Kann ich vorne beim Fahrer sitzen? – Sag mir (das) bitte.
6. Fahren die Frauen auch mit? – Hans möchte (es) gern wissen.

7. Gehen wir zum Mittagessen in ein Restaurant oder müssen wir das Essen mitnehmen? – Es muss uns doch gesagt werden. (… oder ob)
8. Soll ich mein Fernglas mitnehmen? – Ich weiß (es) nicht.
9. Warum soll er seine Kamera nicht mitnehmen? – Hans will (es) wissen.
10. Hat der Bus eine Klimaanlage? – Kannst du mal nachfragen?

§ 35 Relativsätze

Vorbemerkungen

1. Relativsätze sind Nebensätze, die von einem Substantiv abhängen. Sie geben Erklärungen zu diesem Substantiv. Ohne diese Erklärungen ist ein Satz oft unverständlich:
   Jugendliche, *die einen guten Schulabschluss haben,* finden leichter eine Lehrstelle.

2. Relativsätze werden im Allgemeinen direkt hinter das Substantiv gestellt, auf das sie sich beziehen, d.h. sie werden in einen bestehenden Satz eingeschoben oder ihm angefügt, ohne dass sich die Satzstellung des bestehenden Satzes ändert. Relativsätze können in Hauptsätze, Nebensätze, Infinitivkonstruktionen oder andere Relativsätze eingefügt werden.
   a) Hauptsatz: Der Polizist fragt den Passanten, *der den Unfall gesehen hat,* nach seiner Meinung.
   b) Nebensatz: Der Polizist vermutet, dass der Passant, *der den Unfall gesehen hat,* vor Gericht nicht aussagen will.
   c) Infinitivkonstruktion: Der Polizist hofft den Passanten, *der den Unfall gesehen hat,* wiederzuerkennen.
   d) Relativsatz: Der Polizist verfolgt den Mann, *der* den Unfall, *bei dem* ein Kind *verletzt worden ist, gesehen hat.*
   Oder einfacher: Der Polizist verfolgt den Mann, *der* den Unfall *gesehen hat, bei dem* ein Kind *verletzt worden ist.*

Anmerkungen

1. Zwischen dem Substantiv und dem Relativsatz können auch Verben, Verbzusätze, Adverbien u.Ä. stehen:
   Wir müssen noch den Artikel *durchlesen,* der heute gedruckt werden soll.
   Sie rannte dem Kind *hinterher,* das auf die Straße laufen wollte.

2. Das Relativpronomen *welcher, welche, welches* ist veraltet und wird selten gebraucht.

I Relativsätze mit dem Relativpronomen im Nominativ, Akkusativ, Dativ

Nom. Sg.	m	Der Mann,	***der*** dort steht,	kennt den Weg nicht.
	f	Die Frau,	***die*** dort steht,	
	n	Das Kind,	***das*** dort steht,	
Pl.		Die Leute,	***die*** dort stehen,	kennen den Weg nicht.
Akk. Sg.	m	Der Mann,	***den*** ich gefragt habe,	ist nicht von hier.
	f	Die Frau,	***die*** ich gefragt habe,	
	n	Das Kind,	***das*** ich gefragt habe,	
Pl.		Die Leute,	***die*** ich gefragt habe,	sind nicht von hier.
Dat. Sg.	m	Der Mann,	***dem*** ich geantwortet habe,	versteht mich nicht.
	f	Die Frau,	***der*** ich geantwortet habe,	
	n	Das Kind,	***dem*** ich geantwortet habe,	
Pl.		Die Leute,	***denen*** ich geantwortet habe,	verstehen mich nicht.

1. Das Relativpronomen richtet sich in Genus (= m., f., n.) und Numerus (= Singular, Plural) nach dem Substantiv, von dem es abhängt.

2. Das Relativpronomen richtet sich in seinem Kasus nach der Struktur des Relativsatzes.

Akk. Sg. m. | *Nom.* Sg. m

Die Anwohner können *den Verkehrslärm*, *der* ihren Schlaf stört, kaum noch aushalten.

Nom. Sg. f | *Akk.* Sg. f

Heute hat *die alte Hausmeisterin*, *die* alle sehr schätzen, gekündigt.

Nom. Sg. m | *Dat.* Sg. m

Der Verteidiger, *dem* das Urteil ungerecht schien, protestierte heftig.

Nom. Pl. | *Dat.* Pl.

Die Zuschauer, *denen* die Aufführung nicht gefiel, verließen das Theater.

1 Kunden im Warenhaus – Setzen Sie das Relativpronomen im Nominativ und Akkusativ ein.

1. Ist das der Taschenrechner, ... Sie in der Zeitung annonciert haben?
2. Was kosten die Hosen, ... hier hängen?
3. Haben Sie auch Wanduhren, ... mit einer Batterie betrieben werden?

4. Kann ich das Kleid, ... im Schaufenster ausgestellt ist, mal anprobieren?
5. Ich suche einen Elektrokocher, ... man auf verschiedene Temperaturen einstellen kann.
6. Haben Sie Bürolampen, ... man am Schreibtisch anschrauben kann?
7. Wo haben Sie die Kaffeemaschine, ... kürzlich im Test so gut beurteilt wurde?
8. Was kostet der Lautsprecher, ... hier in der Ecke steht?
9. Ich suche ein Kofferradio, ... man sowohl mit Batterie als auch mit Netzstrom betreiben kann.
10. Haben Sie auch Armbanduhren, ... sich automatisch durch die Armbewegung aufziehen?
11. Das ist das Kästchen mit Spieluhr, ... ein Lied spielt, wenn man den Deckel öffnet.
12. Hier sind die Kerzen, ... nicht nur leuchten, sondern auch Insekten vertreiben.
13. Haben Sie auch einen Kühlschrank, ... man im Campingwagen mitnehmen kann?
14. Haben Sie Batterien, ... wieder aufgeladen werden können?

2 Erklären Sie die Wörter mit einem Relativsatz.

ein Segelflugzeug (ohne Motor durch die Luft fliegen)
Ein Segelflugzeug ist ein Flugzeug, das ohne Motor durch die Luft fliegt.

1. ein Flussschiff (auf Flüssen verkehren)
2. ein Holzhaus (aus Holz gebaut sein)
3. eine Wochenzeitung (jede Woche einmal erscheinen)
4. eine Monatszeitschrift (?)
5. ein Elektromotor (von elektrischem Strom getrieben werden)
6. ein Motorboot (?)
7. eine Mehlspeise (aus Mehl zubereitet werden)
8. ein Kartoffelsalat (?)
9. eine Orgelmusik (mit einer Orgel ausgeführt werden)
10. eine Blasmusik (mit Blasinstrumenten...)
11. ein Holzwurm (im Holz leben)
12. ein Süßwasserfisch (?)

3 Das Relativpronomen im Nominativ oder Akkusativ – Fragen Sie nach den schräg gedruckten Substantiven und beginnen Sie immer so: „Was machst du mit ...?"

Mein Onkel hat mir ein *Haus* vererbt.
Was machst du mit dem Haus, das dir dein Onkel vererbt hat?

1. Ich habe *500 Euro* im Lotto gewonnen.
2. Mein *Hund* bellt von morgens bis abends.
3. Meine Freundin hat das *Bügeleisen* kaputtgemacht.
4. Meine Eltern haben mir eine *Kiste Wein* zum Examen geschickt.
5. Meine Freunde haben mir eine *Palme* gekauft.
6. Mein *Papagei* (m) ruft immer „Faulpelz".
7. Meine Verwandten haben mir ein *Klavier* geschenkt.
8. Meine *Katze* stiehlt mir das Fleisch aus der Küche.

4 Ebenso. Beginnen Sie immer mit „Was hat er / sie denn mit ... gemacht?"

Er hat sich *Nägel* gekauft.
Was hat er denn mit den Nägeln gemacht, die er sich gekauft hat?

1. Er hat sich *Farbe* (f) gekauft.
2. Sie hat sich *Topfpflanzen* besorgt.
3. Der Schriftsteller hat einen *Roman* geschrieben.
4. Die Kinder haben *Kreide* (f) aus der Schule mitgenommen.
5. Die Katze hat eine *Maus* gefangen.
6. Der junge Mann hat das *Auto* kaputtgefahren.
7. Die Nachbarin hat sich *Kleiderstoffe* (Pl.) gekauft.
8. Fritz hat eine *Brieftasche* gefunden.

5 Bilden Sie selbstständig weitere Aussagesätze und Fragen nach dem Muster der Übungen 3 und 4. Beantworten Sie die Fragen auch, z.B.: „Das Haus, das mir mein Onkel vererbt hat, werde ich wahrscheinlich verkaufen."

6 Ergänzen Sie das Relativpronomen im Nominativ, Dativ oder Akkusativ.

1. Wer ist die Frau, ... ?
   a) ... immer so laut lacht
   b) ... du eben begrüßt hast
   c) ... du gestern angerufen hast
2. Kennst du die Leute, ... ?
   a) ... diese Autos gehören
   b) ... da vor der Tür stehen
   c) ... der Bürgermeister so freundlich begrüßt
3. Frau Huber, ... , ist unsere Nachbarin.
   a) ... du ja kennst
   b) ... auch dieses Haus gehört
   c) ... schon fünfzehn Jahre Witwe ist
4. Ich fahre morgen zu meinem Bruder,... .
   a) ... schon seit zehn Jahren in Stuttgart wohnt
   b) ... ich beim Hausbau helfen will
   c) ... ich schon lange nicht mehr gesehen habe
5. Die Fußballspieler, ... , gaben ihr Letztes.
   a) ... ein Tor nicht genügte
   b) ... von der Menge angefeuert wurden
   c) ... aus Belgien kamen

II Relativsätze mit dem Relativpronomen im Genitiv

Sg.	m	Der Turm, ***dessen*** Fundamente morsch sind, soll abgerissen werden.
	f	Die Bibliothek, ***deren*** Räume renoviert werden, ist zur Zeit geschlossen.
	n	Das Gebäude, ***dessen*** Dach schadhaft ist, soll renoviert werden.
Pl.		Die Busse, ***deren*** Motoren zu alt sind, müssen verkauft werden.

1. Das Relativpronomen im Genitiv ist ein Ersatz für ein Genitivattribut:
   Die Fundamente des Turmes = dessen Fundamente
   die Räume der Bibliothek = deren Räume
   die Motoren der Busse = deren Motoren

2. Das Substantiv nach dem Relativpronomen im Genitiv wird ohne Artikel gebraucht; also werden auch die folgenden Adjektive artikellos dekliniert:
   Der Turm, dessen feucht*es* Fundament ...
   Die Busse, deren alt*e* Motoren ...

3. Das Relativpronomen im Genitiv richtet sich in Genus und Numerus nach dem Substantiv, auf das es sich bezieht. Der Kasus des folgenden artikellosen Substantivs hängt von der Struktur des Relativsatzes ab.

Nom. Sg. n — Akk. Sg. m

Das Gebäude, dessen *Keller* man renovieren will, …
(= Man will *den Keller des Gebäudes* renovieren.)

Akk. Sg. n — Dat. Pl.

Wir lieben *das alte Haus, dessen* *Bewohnern* eine Räumungsklage droht.
(= *Den Bewohnern des alten Hauses* droht eine Räumungsklage.)

7 Ergänzen Sie das Relativpronomen im Genitiv.

1. a) Der Baum b) Die Pflanze c) Die Sträucher (Pl.)
   …, … Wurzeln krank waren, musste(n) ersetzt werden.
2. a) Der Reisende b) Die Touristin c) Das Kind
   …, … Ausweis nicht zu finden war, konnte die Grenze nicht passieren.
3. a) Der Student b) Die Studentin c) Die Studenten
   …, … Doktorarbeit in der Fachwelt großes Interesse fand, wurde(n) von der Universität ausgezeichnet.
4. a) Der Architekt b) Die Architektin c) Das Architektenteam
   …, … Brückenkonstruktion plötzlich zusammengebrochen war, wurde vor Gericht gestellt.
5. a) Der Junge b) Das Mädchen c) Die Kinder
   …, … Mutter im Krankenhaus lag, wurde(n) von einer Verwandten versorgt.
6. a) Der Arbeiter b) Die Arbeiterin c) Die Arbeiter
   …, … Betrieb schließen musste, war(en) plötzlich arbeitslos.
7. a) Die jungen Leute b) Die Dame c) Der Herr
   …, … Auto in einen Graben geraten war, bat(en) den Automobilclub telefonisch um Hilfe.
8. a) Der Sportverein b) Die Kleingärtner (Pl.) c) Der Tennisclub
   …, … Gemeinschaftsräume zu klein geworden waren, beschloss(en) den Bau eines neuen Hauses.

8 Verbinden Sie die Sätze. Das Relativpronomen steht immer im Genitiv.

Wir beruhigten die Ausländerin. Ihr Sohn war bei einem Unfall leicht verletzt worden.
Wir beruhigten die Ausländerin, deren Sohn bei einem Unfall leicht verletzt worden war.

1. Der Geiger musste das Konzert absagen. Sein Instrument war gestohlen worden.
2. Der Dichter lebt jetzt in der Schweiz. Seine Romane waren immer große Erfolge.
3. Man hat das Rathaus abreißen wollen. Seine Räume sind dunkel und schlecht zu heizen.
4. Die Bürger jubelten. Ihre Proteste hatten schließlich zum Erfolg geführt.

5. Der Chirurg wurde von Patienten aus aller Welt angeschrieben. Seine Herzoperationen waren fast immer erfolgreich verlaufen.
6. Der Pilot hatte sich mit dem Fallschirm gerettet. Sein Flugzeug hatte zu brennen begonnen.
7. Der Autofahrer hatte sich verfahren. Seine Straßenkarten waren zu ungenau.
8. Die Reisenden wollten mit dem Bus nicht weiterfahren. Sein Fahrer war betrunken.
9. Wir konnten das Auto nicht selbst reparieren. Sein Motor war defekt.
10. Sie versuchten die arme Frau zu beruhigen. Ihr Sohn war mit dem Motorrad verunglückt.
11. Kurz nach 17 Uhr kam ich zur Post. Ihre Schalter waren aber inzwischen geschlossen.
12. Der Richter ließ sich von den Zeugen nicht täuschen. Ihre Aussagen waren widersprüchlich.
13. Die Angeklagte wurde zu zwei Jahren Gefängnis verurteilt. Ihre Schuld war erwiesen.
14. Verärgert stand er vor den verschlossenen Türen der Bank. Ihre Öffnungszeiten hatten sich geändert.
15. Für den Deutschen war es schwer, sich in dem fremden Land zurechtzufinden. Seine Fremdsprachenkenntnisse waren sehr gering.

III Relativsätze mit Präpositionen

Einige Häuser, *für die* die Nachbarn gekämpft haben, sollen erhalten bleiben.
(Die Nachbarn haben für die Häuser gekämpft.)

Man will das Schloss, *in dessen* Park jetzt Festspiele stattfinden, renovieren.
(In dem Park des Schlosses finden jetzt Festspiele statt.)

Wenn zu einem Relativpronomen eine Präposition gehört, steht sie vor dem Relativpronomen.

IV Relativsätze mit „wo(-)"

Man hat das Haus, *in dem* wir zwanzig Jahre gewohnt haben, jetzt abgerissen.
Man hat das Haus, *wo* wir zwanzig Jahre gewohnt haben, jetzt abgerissen.
Die Kleinstadt, *in die* ich umgezogen bin, gefällt mir sehr gut.
Die Kleinstadt, *wohin* ich umgezogen bin, gefällt mir sehr gut.

Die Präposition *in* + Relativpronomen kann bei Ortsangaben durch *wo* (= *in* + Dativ) oder *wohin* (= *in* + Akkusativ) ersetzt werden.

In der Innenstadt von Hamburg, *wo* der Lärm unerträglich ist, möchte ich nicht wohnen.

Nach Städte- oder Ländernamen gebraucht man bei Ortsangaben das Relativpronomen *wo* oder *wohin* (siehe Anmerkung).

Man hat den alten Marktplatz umgebaut, *worüber* sich die Bürger sehr aufgeregt haben.
In der Stadt bleibt nur noch wenig übrig, *woran* sich die Bürger erinnern.

Wenn vor dem Relativpronomen eine Präposition nötig ist und sich der Relativsatz auf die gesamte Aussage des Hauptsatzes bezieht, gebraucht man *wo(r)-* + Präposition.

Anmerkungen

1. Nach Städte- und Ländernamen ohne Artikel (siehe § 3, III) ist das Relativpronomen im Nominativ, Akkusativ oder Dativ neutral:
   Hamburg, *das* 100 Kilometer entfernt liegt, ist meine Heimatstadt.
   Russland, *das* er über 50 Jahre nicht mehr gesehen hatte, blieb ihm unvergesslich.

2. Das Relativpronomen *wo* kann sich auch auf Zeitangaben beziehen:
   In den letzten Jahren, *wo* es der Wirtschaft gut ging, hat man die Renten weiter erhöht. (stilistisch besser: ... , *als* es der Wirtschaft gut ging, ...)

V Relativsätze mit „wer, wen, wem, wessen"

Wer die Ehrlichkeit des Kaufmanns kennt, (der) wird ihm auch glauben.
Wen die Götter verderben wollen, (den) schlagen sie mit Blindheit.
Wessen Herz für die Freiheit schlägt, den nenne ich einen edlen Mann.
Wem die Bergwanderung zu anstrengend wird, der soll jetzt zurückbleiben.

1. Die verkürzten Relativsätze mit *wer, wessen, wem, wen* sind aus Relativsätzen hervorgegangen, die sich auf unbestimmte Personen beziehen:
   Jeder, der die Ehrlichkeit des Kaufmanns kennt, wird ihm auch glauben.
   Denjenigen, den die Götter verderben wollen, schlagen sie mit Blindheit.
   Alle, denen die Bergwanderung zu anstrengend ist, sollen jetzt zurückbleiben.

2. Am Anfang des Hauptsatzes steht oft ein Demonstrativpronomen: *der, den, die* usw. und zwar meistens dann, wenn der Kasus im Relativsatz und im Hauptsatz verschieden ist (*wessen ..., den ...; wem ..., der ...*).

VI Relativsätze mit „was"

Alles, was du mir erzählt hast, habe ich schon gehört.
Nichts, was du mir mitgeteilt hast, ist mir neu.
Das, was mich ärgert, ist der Inhalt deines letzten Briefes.
Das Schönste, was du geschrieben hast, ist die Nachricht von deiner Verlobung.

Nach dem Demonstrativpronomen *das*, nach *alles, nichts, etwas, einiges, weniges* usw. und nach dem neutralen Superlativ *das Schönste, das Letzte* usw. steht zur Erklärung ein Relativsatz mit *was*.

Er rief gestern plötzlich an, *was* wir nicht erwartet hatten.
Er sagt, dass er Geldschwierigkeiten habe, *was* ich nicht glauben kann.

Wenn sich ein Relativsatz auf die gesamte Aussage des Hauptsatzes bezieht, wird er mit *was* angeschlossen.

Er hat niemals *davon* gesprochen, *was* bei dem Unfall geschehen ist.
Er kann sich nicht mehr *daran* erinnern, *was* er alles erlebt hat.

Wenn sich der Relativsatz mit *was* auf eine Aussage mit einem präpositionalen Objekt (z.B. *von etwas sprechen / sich an etwas erinnern)* bezieht, muss *da(r)-* + Präposition im Hauptsatz stehen (siehe § 15, II und § 16, II, 2.).

Zur Verstärkung kann das Demonstrativpronomen *das* am Anfang des Hauptsatzes stehen; *da(r)-* + Präposition muss dagegen immer in der Position I des Hauptsatzes stehen, wenn sich der *was*-Satz auf ein präpositionales Objekt bezieht.

Was sich damals ereignet hat, (das) bleibt unerklärlich.
Was wir an diesem Tag erlebt haben, (das) können wir nie vergessen.
Was die Ursache des Unglücks war, *darüber* wollen wir schweigen.

Wenn der *was*-Satz vorangestellt ist, ersetzt er zum Beispiel ein Subjekt, ein Akkusativobjekt oder ein präpositionales Objekt:

Das damalige Ereignis bleibt unerklärlich. (Subjekt)
Das Erlebnis an diesem Tag können wir nie vergessen. (Akkusativobjekt)
Über die Ursache des Unglücks wollen wir schweigen. (präpositionales Objekt)

Da das Relativpronomen *was* immer Singular ist, muss man aus dem Zusammenhang des Textes erkennen, ob die Aussage im *was*-Satz Singular oder Plural ist. Denkbar wäre bei den oben genannten Beispielen auch:

Die damaligen Ereignisse bleiben unerklärlich. – *Unsere Erlebnisse* können wir nie vergessen.

9 Einige Fragen über die deutschsprachigen Länder – Relativpronomen mit Präposition oder „wo". Die Lösungen finden Sie am Ende des Paragraphen.

In welcher Stadt ist Wolfgang Amadeus Mozart geboren?
Salzburg ist die Stadt, in der Wolfgang Amadeus Mozart geboren ist. (... , wo ...)

1. In welcher Gegend gibt es die meisten Industrieanlagen?
2. An welchem Fluss steht der Lorelei-Felsen?
3. In welchem Wald steht das Hermanns-Denkmal?
4. In welchem Gebirge gibt es die höchsten Berge?
5. Auf welchem Berg wurde der Segelflug zum ersten Mal erprobt?
6. In welcher Stadt ist Ludwig van Beethoven geboren und in welcher Stadt ist er gestorben?
7. In welchem Staat gibt es drei Amtssprachen, aber vier Landessprachen?
8. An welchem See haben drei Staaten einen Anteil?
9. Über welche Leute werden die meisten Witze erzählt?
10. In welcher Stadt standen früher die schönsten Barockbauten Europas?
11. Vor den Mündungen welcher großen Flüsse liegt die Insel Helgoland? (Es sind die Mündungen der ... und der ...)
12. In welchen zwei Städten am Rhein liegen viele deutsche Kaiser und Könige begraben?
13. In der Nähe welcher Stadt wurden die olympischen Winterspiele 1976

ausgetragen? (… ist die Stadt, in + Genitiv)

14. Durch welchen Berg führt die Straße von Basel nach Mailand?
15. Nach welchem Berg ist die Hochalpenstraße in Österreich benannt?

10 Bilden Sie Sätze nach folgendem Muster. Vor dem Relativpronomen steht eine Präposition.

Was ist ein Pass? (Ausweis (m) / mit / in andere Staaten reisen können)
Ein Pass ist ein Ausweis, mit dem man in andere Staaten reisen kann.

1. Was ist ein Holzfass? (Behälter (m) / in / z.B. Wein lagern können)
2. Was ist ein Fahrrad? (Verkehrsmittel (n) / mit / sich mit eigener Kraft fortbewegen können)
3. Was ist eine Dachrinne? (Rohr (n) / durch / das Regenwasser vom Dach leiten)
4. Was ist ein Staubsauger? (Maschine (f) / mit / Teppiche säubern)
5. Was ist ein Videorecorder? (Gerät (n) / mit / Fernsehsendungen aufnehmen und wiedergeben können)
6. Was ist eine Lupe? (Glas (n) / mit / kleine Dinge groß sehen können)
7. Was ist ein Tresor? (Schrank (m) aus Stahl / in / das Geld vor Dieben oder Feuer schützen können)
8. Was ist ein Herd? (Kücheneinrichtung (f) / auf / warme Speisen zubereiten können)

11 Bilden Sie Sätze nach folgendem Muster. Der Nebensatz wird mit „wer", „wen", „wem" oder „wessen" eingeleitet.

Hat noch jemand etwas zu diesem Thema zu sagen? – Melden Sie sich bitte!
Wer noch etwas zu diesem Thema zu sagen hat, (der) soll sich bitte melden!

1. Gefällt jemandem die Lösung nicht? – Sagen Sie es bitte!
2. Steht jemandem noch Geld zu? – Stellen Sie schnell einen Antrag!
3. Ist jemandes Antrag noch nicht abgegeben? – Geben Sie ihn jetzt gleich im Sekretariat ab! (Wessen Antrag …)
4. Interessiert das jemanden nicht? – Gehen Sie ruhig schon weg!
5. Ist jemand an der Bildung einer Fußballmannschaft interessiert? – Kommen Sie bitte um 17 Uhr hierher!
6. Hat jemand noch Fragen? – Bringen Sie sie jetzt vor!
7. Versteht jemand die Aufgabe nicht? Kommen Sie bitte zu mir!
8. Ist jemandem noch etwas Wichtiges eingefallen? – Schreiben Sie es auf einen Zettel und geben Sie ihn mir!
9. Ist jemandes Arbeit noch nicht fertig? – Geben Sie sie nächste Woche ab!
10. Braucht jemand noch Hilfe? – Wenden Sie sich bitte an den Assistenten!

12 Ergänzen Sie. Außer „was" und „wo" soll jedes Wort nur einmal eingesetzt werden: was, wo, wobei, wodurch, wofür, wogegen, womit, woraus, worüber, worunter, wovon, wovor, wozu.

1. Tu das, ... der Arzt gesagt hat! Schlafen ist das Beste, ... du jetzt machen kannst.
2. Der Schlosser öffnete die Tür mit einem Dietrich, ... man einen hakenförmig gebogenen Draht versteht. Die Frau gab dem Schlosser zehn Euro, ... dieser sich sehr freute.
3. Die Jungen gingen auf eine zweiwöchige Wanderung, ... sie sich ein Zelt ausgeliehen hatten. Sie kamen in schlechtes Wetter, ... sie schon gewarnt worden waren. So saßen sie mit ihrem Zelt eine Woche im Regen, ... natürlich nicht so angenehm war.
4. Frau Krüger sammelte Erdbeeren, ... ihr Mann einen sehr guten Wein bereitete. Aber im letzten Jahr hatte er etwas falsch gemacht, ... der Wein zu Essig geworden war.
5. Die Regierung hatte die BAFöG-Gelder heruntergesetzt, ... Studenten und Schüler protestierten. Sie veranstalteten einen Demonstrationsmarsch, ... sie große Protestschilder vor sich hertrugen.
6. Er bastelte ein Bücherregal, ... er Holz im Wert von 250 Euro kaufte. Es war eine Menge Material, ... aber zum Schluss nichts übrig blieb.
7. Herr Spätle hatte eine Alarmanlage gekauft, ... er sein Haus gegen Einbrecher schützen wollte.
8. Bei den Erdbeben verloren die Menschen fast alles, ... sie besaßen. Sie zogen mit dem, ... sie noch retten konnten, zu Verwandten.
9. Rothenburg ob der Tauber, das war das Schönste, ... ich an alten Städten je gesehen habe!
10. ... wir als Kinder Fußball gespielt haben, da steht jetzt ein Hochhaus.

13 Zum Thema Umweltschutz – Bilden Sie Sätze und verwenden Sie die Angaben in Klammern.

Die Autoabgase enthalten Giftstoffe. Das ist schon lange bekannt. (was)
Die Autoabgase enthalten Giftstoffe, was schon lange bekannt ist.

1. Tanker (= Ölschiffe) lassen jährlich mehrere Millionen Liter Ölreste ins Meer ab. Dort bilden sich riesige Ölfelder. (wo)
2. Auch mit den Flüssen wird sehr viel Öl ins Meer transportiert. Darauf machen Umweltschützer immer wieder warnend aufmerksam. (worauf)
3. Die Umweltverschmutzung verursacht immer größere Schäden. Darüber machen sich Fachleute große Sorgen. (worüber)
4. Es müssen strenge Gesetze zum Schutz der Umwelt aufgestellt werden. Darüber müssen die Fachleute aller Länder beraten. (worüber)
5. Das Plankton (= Kleinstlebewesen im Meer) wird mit Krebs erregenden Stoffen angereichert. Dies bedeutet indirekt eine Gefahr für die Ernährung der Menschen. (was)
6. Jährlich verschwindet ein gewisser Prozentsatz Wälder des tropischen Urwaldgürtels. Dadurch wird möglicherweise der Sauerstoffgehalt unserer Luft abnehmen. (wodurch)
7. Immer wieder werden schöne alte Häuser in den Zentren unserer Städte abgerissen. Dagegen protestieren die Bürger der Städte oft heftig. Das hat aber leider nicht immer den gewünschten Erfolg. (wogegen / was)
8. Naturschützer versuchen auch Wale und Robben vor der Ausrottung (= Vernichtung der Art) zu retten. Dabei setzen sie oft ihr Leben aufs Spiel. (wobei)

14 Ein Brief – Bilden Sie *was*-Sätze nach folgendem Muster:

Ich muss dir etwas Wichtiges mitteilen. – Das ist eine schlimme Nachricht für dich.
Was ich dir jetzt mitteilen muss, ist eine schlimme Nachricht für dich.

Vorgestern ist etwas passiert. – Und zwar Folgendes: Unser Vater hat einen Schlaganfall gehabt.
Was vorgestern passiert ist, ist, dass unser Vater einen Schlaganfall gehabt hat.

1. Etwas macht mir Hoffnung. – Und zwar Folgendes: Er steht auf und läuft schon wieder normal.
2. Nach dem Schlaganfall ist leider etwas zurückgeblieben. – Das ist ein leichtes Zittern seiner linken Hand.
3. Sein Arzt hat ihm etwas geraten. – Und zwar Folgendes: Er soll das Rauchen aufgeben.
4. Etwas beunruhigt mich. – Das sind seine kleinen Gedächtnislücken.
5. Während seiner Krankheit muss er etwas vergessen haben. – Und zwar, dass er einige Jahre in Berlin gelebt hat.
6. Mir fiel etwas auf. – Und zwar Folgendes: Er konnte auf alten Fotos seine ehemaligen Nachbarn nicht wiedererkennen.
7. Etwas tröstet mich. – Und zwar, dass er diesen Gedächtnisverlust gar nicht bemerkt.
8. Trotz seiner 89 Jahre hat er etwas behalten. – Das ist seine positive Lebenseinstellung

Gesamtübungen Relativsätze

15 a Bilden Sie Sätze nach folgenden Mustern:

Ist das der Herr, ... ? (*Er* wollte mich sprechen.)
Ist das der Herr, der mich sprechen wollte?

1. Du hast gestern *mit ihm* gesprochen.
2. Du hast *ihn* eben gegrüßt.
3. *Seine* Tochter ist eine Freundin von dir.
4. *Er* ist Journalist bei der Norddeutschen Zeitung.
5. *Seine* Bücher habe ich auf deinem Schreibtisch liegen sehen.
6. Du hast mir neulich schon mal *von ihm* erzählt.

b Hier ist die Uhr, ... !

1. Ich habe *sie* so lange gesucht.
2. Du hast *sie* mir geschenkt.
3. Ich bin *damit* versehentlich ins Wasser gegangen.
4. Ich habe das Glas *der Uhr* verloren.
5. Du hast so *davon* geschwärmt.
6. Ich bin *damit* beim Uhrmacher gewesen.

c Das Buch, … , gehört mir!

1. *Es* hat einen blauen Einband.
2. Du liest *darin*.
3. Du hast *davon* gesprochen.
4. Du hast *es* in deine Mappe gesteckt.
5. Ich habe *es* dir vor einem Jahr geliehen.
6. Du kannst die betreffenden Seiten *daraus* fotokopieren.

d Das Stipendium, … , ist nicht leicht zu bekommen.

1. Man muss *es* bis Ende dieses Monats beantragen.
2. Man muss bestimmte Voraussetzungen *dafür* mitbringen.
3. Ich habe mich *darum* beworben.
4. *Um seinen* Erwerb bemühen sich viele Studenten.
5. *Es* wird von einer privaten Gesellschaft vergeben.
6. Du hast *davon* gehört.

e Den Test, … , habe ich sicher ganz gut bestanden.

1. *Dabei* können auch mehrere Lösungen richtig sein.
2. Einige Assistenten haben *ihn* zusammengestellt.
3. *Er* prüft ein sehr weites Wissensgebiet.
4. Ich habe *ihn* gestern machen müssen.
5. Ich war *von seinem* Schwierigkeitsgrad überrascht.
6. *Von seinem* Ergebnis hängt für mich eine ganze Menge ab.

Gesamtübungen Satzverknüpfungen

16 Verbinden Sie die Hauptsätze bis zum Schrägstrich zu einem sinnvollen Satzgefüge, indem Sie Kausal-, Konzessiv- und Relativsätze verwenden.

Ein alter Mann konnte nicht einschlafen. Sein Haus lag in der Nähe einer Eisenbahnstrecke. Das Geräusch des vorbeifahrenden Zuges klang anders als gewöhnlich. / Er stand auf und zog seinen Wintermantel über seinen Schlafanzug. Er wollte nachsehen. Was hatte dieses seltsame Geräusch hervorgerufen? / Er nahm einen Stock. Sein rechtes Bein war im Krieg verletzt worden und es war Winter. / Der Schnee lag hoch und sein Bein begann schon nach wenigen Schritten zu schmerzen. Er kehrte nicht um, sondern kletterte mit vielen Mühen auf den Eisenbahndamm. / Seine kleine Taschenlampe war gut zu gebrauchen. Er hatte sie vorsichtshalber mitgenommen. Das Licht der Laternen reichte nicht weit. / Nach längerem Suchen fand er endlich die Stelle. Dort war die Schiene gerissen. / Es war spät in der Nacht und der Wind pfiff. Er gab nicht auf und lief den langen Weg bis zur nächsten Bahnstation. Er wollte unbedingt die Menschen retten. Sie saßen ahnungslos im nächsten Schnellzug. Der Schnellzug kam aus München. / Der Bahnhofsvorsteher hielt den alten Mann zunächst für verrückt. Der alte Mann brachte ihm die Nachricht von einer zerrissenen Schiene. Der Beamte kam endlich mit um den Schaden selbst anzusehen. / Der Schnellzug näherte sich mit großer Geschwindigkeit der gefährlichen Stelle. Es gelang dem Beamten im letzten Augenblick dem Zugführer ein Zeichen zu geben. Der Beamte schwenkte eine weithin sichtbare rote Lampe.

17 Ebenso.

Ein junger Mann stand vor Gericht. Er hatte einige Zeit in einer Druckerei gearbeitet. Dort hatte er sich seine Kenntnisse angeeignet. Er hatte falsche Fünfzigeuroscheine hergestellt. / Er war sehr vorsichtig gewesen und hatte nur nachts gearbeitet. Man hatte ihn erwischt. / Der Hausmeister war aufmerksam geworden und hatte ihn bei der Polizei angezeigt. Er hatte ihn einige Male nachts in den Keller schleichen sehen. / Der Richter war dem Angeklagten freundlich gesinnt. Der junge Mann war arbeitslos und hatte sofort alles gestanden. Eine Gefängnisstrafe von zwei bis drei Jahren war ihm sicher. Geldfälschen muss hart bestraft werden. / Zu Beginn der Verhandlung las der Richter die Anklageschrift vor. Darin waren alle Beweisstücke aufgezählt: Der nachgemachte Kellerschlüssel, die Druckplatten und die falschen Fünfzigeuroscheine. / Der Gerichtsdiener war gebeten worden diese Sachen auf den Richtertisch zu legen. Der Gerichtsdiener war ein ordentlicher Mensch. Man musste den Geschworenen* die Sachen einzeln zeigen. Zum großen Erstaunen des Richters fehlte das Falschgeld. / Man konnte das fehlende Beweisstück nicht finden. Es wurde bei der Polizei angerufen. Die Polizei hatte den Fall bearbeitet und das Beweismaterial gesammelt. / Die Antwort war kurz: „Die Fünfzigeuroscheine haben wir Ihnen am 3. dieses Monats durch die Post überweisen lassen."

* der Geschworene = Hilfsrichter, Laienrichter

Lösungen zu Übung 9:

1. das Ruhrgebiet
2. der Rhein
3. der Teutoburger Wald
4. die Alpen (Pl.)
5. die Wasserkuppe
6. Bonn, Wien
7. die Schweiz
8. der Bodensee
9. die Ostfriesen
10. Dresden
11. die Elbe, die Weser
12. Worms und Speyer
13. Innsbruck
14. der St. Gotthard
15. der Großglockner

Teil III

§ 36 Demonstrativpronomen

Vorbemerkung

Demonstrativpronomen weisen genauer auf eine Person oder Sache hin als der bestimmte Artikel und werden auch beim Sprechen stärker betont. Sie stehen anstelle des bestimmten Artikels.

I Deklination „dieser, -e, -es"; „jener, -e, -es"; „solcher, -e, -es"

	Singular *maskulin*	*feminin*	*neutral*	*Plural* *m + f + n*
Nom.	dies**er** Mann	dies**e** Frau	dies**es** Kind	dies**e** Männer/ Frauen /Kinder
Akk.	dies**en** Mann	dies**e** Frau	dies**es** Kind	dies**e** Männer / Frauen/Kinder
Dat.	dies**em** Mann	dies**er** Frau	dies**em** Kind	dies**en** Männern / Frauen /Kindern
Gen.	dies**es** Mannes	dies**er** Frau	dies**es** Kindes	dies**er** Männer / Frauen /Kinder

1. Die genannten Demonstrativpronomen haben die gleichen Endungen wie der bestimmte Artikel.

2. *dieser, -e, -es* bezeichnet eine bestimmte, schon bekannte Person oder Sache; *jener, -e, -es* weist auf eine Unterscheidung oder Gegenüberstellung hin:
   Ich habe *diesen* Roman noch nicht gelesen.
   Wir haben von *diesem und jenem* Problem gesprochen.
   Diesen Herrn kenne ich nicht, aber *jenem* (Herrn) bin ich schon oft begegnet.

3. *solcher, -e, -es* weist darauf hin, wie eine Person oder Sache geartet ist:
   Er hatte *solchen* Hunger, dass ihm fast schlecht wurde.

Anmerkungen

1. *solch* (undekliniert) steht meist vor dem unbestimmten Artikel. Dann kann *solch* durch *so* ersetzt werden:
   solch ein Mann (= so ein Mann) solch eine Frau (= so eine Frau)

2. Steht *solch-* als Adjektivattribut nach dem unbestimmten Artikel, wird es wie ein Adjektiv dekliniert (siehe § 39, II):
   ein solch*er* Mann eine solch*e* Frau

II Deklination „derselbe, dieselbe, dasselbe"; „derjenige, diejenige, dasjenige"

	Singular			*Plural*
	maskulin	*feminin*	*neutral*	*m + f + n*
Nom.	derselbe Mann	dieselbe Frau	dasselbe Kind	dieselben Männer…
Akk.	denselben Mann	dieselbe Frau	dasselbe Kind	dieselben Männer…
Dat.	demselben Mann	derselben Frau	demselben Kind	denselben Männern…
Gen.	desselben Mannes	derselben Frau	desselben Kindes	derselben Männer…

1. Die genannten Demonstrativpronomen werden im ersten Wortteil *(der-, die-, das-)* wie der bestimmte Artikel dekliniert; die Endung entspricht der Adjektivdeklination (siehe § 39, I).
2. *derselbe, dieselbe, dasselbe* bezeichnet eine Person oder Sache, die mit einer vorher genannten identisch ist:
   Heute hast du schon wieder *dasselbe* Kleid an wie gestern und vorgestern.
3. *derjenige, diejenige, dasjenige* weist auf eine Person oder Sache hin, über die in einem nachfolgenden Relativsatz Genaueres gesagt wird. Das Demonstrativpronomen steht ohne Substantiv, wenn der Relativsatz als Information ausreicht:
   Man hatte *denjenigen* Bewerber ausgewählt, der ausreichend Fremdsprachenkenntnisse besaß. – *Diejenigen, die* zuviel rauchen und trinken, schaden sich selbst.

Anmerkung

der gleiche, die gleiche, das gleiche (in zwei Wörtern geschrieben) bezeichnet eine Person oder Sache, die genauso beschaffen ist wie die vorher genannte, die aber nicht mit ihr identisch ist:
Meine Freundin hat sich zufällig *das gleiche* Kleid gekauft wie ich.

III Deklination „der, die, das" (als Demonstrativpronomen)

	Singular			*Plural*
	maskulin	*feminin*	*neutral*	*m + f + n*
Nom.	der	die	das	die
Akk.	den	die	das	die
Dat.	dem	der	dem	denen
Gen.	dessen	deren	dessen	deren (derer)

1. Die Demonstrativpronomen *der, die, das* werden im Nominativ, Dativ und Akkusativ als selbstständiges Subjekt oder Objekt gebraucht. Sie beziehen sich auf ein vorher genanntes Satzglied oder auch auf einen nachfolgenden Relativsatz:
   Sind Ihre Fenster bei der Explosion kaputtgegangen?
   Ja, *die* müssen erneuert werden.
   Haben Ihre Nachbarn wieder so viel Krach gemacht?

Ja, *denen* werde ich bald mal meine Meinung sagen.
Den, der mich gerade so beschimpft hat, kenne ich gar nicht.
Mit *denen,* die Physik studieren wollen, muss ich noch sprechen.

2. Die Demonstrativpronomen *der, die, das* haben die gleichen Formen wie die Relativpronomen, dürfen aber nicht mit ihnen verwechselt werden:
   Kennst du den Film? – Nein, *den kenne* ich nicht.
   Über einen Film, *den* ich nicht *kenne,* kann ich nichts sagen.

3. *der, die, das* werden gebraucht, wenn die Wiederholung eines Substantivs unnötig ist, weil sich im nachfolgenden Satz nur das Attribut ändert:
   Die Sprechweise des jungen Schauspielers ähnelt *der* seines Lehrers.
   Die Treppe in eurem Haus erinnert mich an *die* in Goethes Geburtshaus.

4. a) *das,* verstärkt durch *alles* oder *all,* kann sich auf einen vorher genannten Satz oder Zusammenhang beziehen.
   Habt ihr von seinem Erfolg gehört? – Ja, *das* hat uns sehr erstaunt.
   Er hat zwei Stunden lang geredet, aber *all das* wissen wir doch längst.
   Sieh dir das dicke Buch an. Als Pharmaziestudent muss ich *das alles* (oder: *alles das*) auswendig lernen.

   b) In Sätzen mit *sein* und *werden* steht das Demonstrativpronomen *das,* auch wenn ein maskulines oder feminines Substantiv folgt oder sogar ein Substantiv im Plural, denn *das* bezieht sich auf die vorherige Aussage. (Das Substantiv im Nominativ nach *sein* und *werden* nennt man Prädikatsnominativ; steht dieses im Plural, steht auch das konjugierte Verb im Plural.) (Siehe § 14, VII, Anm.)
   Da geht eine Dame in einem blauen Pelzmantel. *Das* ist meine Chefin.
   Öffentliche Telefonzellen werden häufig demoliert. *Das* ist eine Schande.
   Hier darf man nicht nach links abbiegen, dort nicht nach rechts.
   Das sind unnötige Vorschriften.
   Es regnet schon seit drei Wochen. *Das* wird ein nasser Urlaub.

   c) Unterscheiden Sie *das* und *es.*
   das bezieht sich auf einen vorherigen Zusammenhang; *es* bezieht sich auf eine nachfolgende Erklärung oder Aussage.
   Kannst du diese acht Kisten allein in den 5. Stock hochtragen? – Nein, *das* ist unmöglich.
   Es ist unmöglich, dass ich diese acht Kisten allein in den 5. Stock hochtrage.

5. a) Die Demonstrativpronomen im Genitiv *dessen* und *deren* werden nur selten gebraucht; meistens kann man sie durch Possessivpronomen ersetzen:
   Hast du mit dem Professor selbst gesprochen? –
   Nein, nur mit *dessen (seinem)* Assistenten.
   Kommen Herr und Frau Sommer heute Abend auch? –
   Ja, und *deren (ihre)* älteste Tochter.

   b) Die Demonstrativpronomen *dessen* und *deren* müssen gebraucht werden, wenn mit demselben Possesivpronomen nicht klar wird, von wem gesprochen wird und Verwechslungen auftreten können.
   Heute besuchte uns der Direktor mit seinem Sohn und *dessen* Freund.
   (= der Freund des Sohnes; „... und *seinem* Freund" könnte heißen: der Freund des Direktors)

c) Die Sonderform im Genitiv Plural *derer* weist auf einen nachfolgenden Relativsatz hin, *derer* entspricht dem Demonstrativpronomen *derjenigen* (= Genitiv Plural):
Die Kenntnisse *derer (derjenigen)*, die Physik studieren wollen, sind ausreichend.

Anmerkungen

1. *selbst* bezieht sich auf ein vorangehendes Satzglied und bestätigt die Identität. *selbst* wird nicht dekliniert.

2. *selbst* (oder umgangssprachlich *selber*) steht
   a) direkt hinter seinem Beziehungswort zur stärkeren Betonung:
   Ich selbst habe keine weiteren Fragen.
   Die Sache selbst interessiert mich.
   In der Stadt selbst hat sich wenig verändert.

   b) frei im Satz:
   Die Arbeiter können *selbst* entscheiden.
   Er kam dann endlich *selbst* um nachzusehen.

3. Wenn *selbst* vorangestellt wird hat es die Bedeutung „sogar" (siehe § 51):
Selbst der Dümmste muss das doch einsehen.
Er war *selbst* dann vergnügt, wenn es ihm schlecht ging.
Sie hat immer gearbeitet, *selbst* wenn sie sich krank fühlte.

1 Nennen Sie die weibliche Entsprechung und die Pluralformen der Substantive.

dieser Student: *diese Studentin, diese Studenten, diese Studentinnen*

1. derjenige Schüler
2. mit diesem Schweizer
3. von jenem Österreicher
4. wegen jenes Zollbeamten
5. durch denjenigen Polen
6. ein solcher Student
7. trotz dieses Richters
8. solch ein Schauspieler
   (Pl.: solche Schauspieler)

2a Im Warenhaus

Kühlschrank (m) / klein
Was halten Sie von diesem Kühlschrank hier?
Also diesen Kühlschrank nehme ich nicht, der ist mir zu klein.

1. Waschmaschine (f) / teuer
2. Küchenmöbel (Pl.) / bunt
3. Nähmaschine (f) / unpraktisch
4. Elektroherd (m) / unmodern
5. Dampfbügeleisen (n) / kompliziert
6. Spülbecken (Pl.) / empfindlich

b Schrank (m) / neben / Bett (n) / Bruder
Wie gefällt Ihnen der Schrank neben diesem Bett?
Der gefällt mir recht gut; denselben hat mein Bruder.

1. Einrichtung (f) / in / Küche (f) / Schwester
2. Sessel (m) / an / Kamin (m) / Eltern

3. Bücherregal (n) / in / Flur (m) / Freundin
4. Stehlampe (f) / neben / Sitzecke (f) / Freund
5. Stuhl (m) / vor / Schreibtisch (m) / Nachbar
6. Rauchtischchen (n) / in / Ecke (f) / Untermieter

c

Fernseher (m) / sehr zuverlässig
Welchen Fernseher können Sie mir empfehlen?
Ich empfehle Ihnen diesen Fernseher, der ist sehr zuverlässig.

1. Kofferradio (n) / angenehm leicht
2. Cassettenrecorder (m) / sehr gut
3. Lautsprecher (Pl.) / sehr preiswert
4. Videorecorder (m) / wirklich sehr zuverlässig
5. Taschenrechner (m) / unglaublich preiswert
6. Schreibmaschine (f) / zur Zeit im Sonderangebot

3 Ergänzen Sie – aber nur, wo es nötig ist.

1. Kauf dir doch auch solch_ ein_ Schal (m)! Dann haben wir beide d_ gleich_ Schals.
2. Bist du auch mit dies_ Zug (m) gekommen? Dann haben wir ja in d_selb_ Zug gesessen!
3. Was machst du eigentlich zurzeit? – D_ möchtest du wohl gern wissen? Ich treibe mal dies_, mal jen_, mal lebe ich in dies_ Stadt, mal in jen_.
4. Sie sprachen von dies_ und jen_, aber d_ hat mich alles nicht interessiert.
5. Wird Ladendiebstahl schwer bestraft? – D_ weiß ich nicht; frag doch mal Gisela, d_ Mutter (Giselas Mutter!) ist doch Rechtsanwältin, d_ muss es wissen.
6. Niemand kennt die Namen d_ (Gen.), die hier begraben liegen.
7. Die Angst d_jenig_ (Gen.), die auf dem brennenden Schiff waren, war unbeschreiblich.
8. Von dies_ Bekannten habe ich noch d_ 100 Euro zurückzubekommen, die ich ihm Ostern geliehen habe.
9. Ich spreche von d_jenig_, die immer das letzte Wort haben. Dies_ Leute sind mir nicht sympathisch.
10. D_jenig_, der meine Brieftasche findet, wird gebeten, dies_ gegen Belohnung bei mir abzugeben.
11. Wir sind beide in d_selb_ Ort (m) geboren und auf d_selb_ Schule gegangen.
12. Solch_ ein_ Teppich (m) möchte ich haben! Ein_ solch_ Stück (n) besitzt meine Schwiegermutter; d_ ist ganz stolz darauf.
13. Ich wundere mich, dass er von solch_ ein_ Hungerlohn (m) leben kann und dass er dann ein_ solch_ Wagen fährt.
14. Dies_ Zug fährt abends wieder zurück; wir treffen uns dann wieder in d_selb_ Abteil (n).
15. Es herrscht wieder dies_ Novemberstimmung (f); d_ macht mich ganz krank. An ein_ solch_ Tag möchte ich am liebsten im Bett liegen bleiben.

4 Ergänzen Sie „das" oder „es".

1. Ein betrunkener Autofahrer ist direkt auf mich zugefahren. ... ist der Grund, weswegen ich jetzt im Krankenhaus liege.
2. Wenn Kinder krank sind, soll man ihnen spannende Geschichten erzählen, ... hilft oft mehr als die beste Medizin.
3. Natürlich war ... traurig, dass der begabte Künstler nie Erfolg gehabt hatte.
4. Ich war gestern im Moskauer Staatszirkus. ... war erstaunlich zu sehen, wie exakt die Artisten arbeiten.
5. Glaubt ihr, dass ihr in München so einfach eine Wohnung bekommen könnt? ... müsste schon ein Glücksfall sein.
6. Du musst endlich deine Steuererklärung machen. ... ist unverantwortlich, dass du die Sache noch weiter hinausschiebst.
7. Dass ein 18-jähriger Schüler den Nobelpreis bekommen hat, kann ich nicht glauben. ... ist doch unmöglich.
8. Ich habe viermal angerufen, aber die alte Dame hat sich nicht gemeldet. ... hat mich misstrauisch gemacht und ich bin zur Polizei gegangen.
9. Bitte schreib mir öfters. ... macht mich froh, wenn ich von dir höre.
10. Aber ein Glas Rotwein wirst du doch trinken dürfen. ... macht doch nichts. Du fährst doch erst in zwei Stunden nach Hause.
11. Er war bereits morgens betrunken, wenn er zur Arbeit kam. Deshalb war ... nicht verwunderlich, dass er entlassen wurde.

§ 37 Indefinite Pronomen

Vorbemerkung

Indefinite Pronomen zeigen an, dass Personen oder Sachen unbestimmt, unbekannt oder nicht näher bekannt sind. Sie werden kleingeschrieben.

I Indefinite Pronomen, die selbstständig als Subjekt oder Objekt gebraucht werden

Nom.	man	jemand	einer, -e, -(e)s	irgendwer	etwas / nichts
Akk.	einen	jemand(en)	einen, -e, -(e)s	irgendwen	etwas / nichts
Dat.	einem	jemand(em)	einem, -er, -em	irgendwem	–
Gen.	–	jemandes	–	–	–

1. *man* bezeichnet eine Mehrzahl unbekannter Personen oder eine unbestimmte Allgemeinheit, *man* (Akkusativ: *einen* / Dativ: *einem*) steht im Singular.
   In der Tagesschau kann *man* sich über die Ereignisse des Tages informieren.
   Die Tagesschau gibt *einem* nicht genügend Informationen.
   Das Fernsehprogramm kann *einen* schon manchmal ärgern!

2. *jemand* und *niemand* bezeichnen im positiven wie im negativen Sinn eine oder mehrere unbekannte Personen. Beide Pronomen werden nur im Singular gebraucht. Die Endungen im Dativ und Akkusativ können weggelassen werden:
   Zum Glück hat mir *jemand* beim Einsteigen geholfen.
   Ich wollte, ich wäre auf *niemandes* Hilfe angewiesen.
   Während der Fahrt habe ich mit *niemand(em)* gesprochen.
   Beim Aussteigen habe ich *jemand(en)* um Hilfe gebeten.

3. *einer, eine, eines* bezeichnet eine Person aus einer Gruppe oder eine Sache von vielen (Pl. *welche*); negativ: *keiner, keine, keines* (Pl. *keine*):
   Zehn Leute haben am Seminar teilgenommen, *einer* hat Protokoll geführt.
   Hier soll es günstige Anzüge geben, aber ich habe noch *keinen* gesehen. Hast du *welche* entdeckt?

   Die Form *einander* steht für den Dativ und den Akkusativ:
   Zu Neujahr wünscht man *einander* viel Glück. (= einer *dem* anderen)
   Sie kannten *einander* gut. (= einer *den* anderen)

   einander kann auch mit einer Präposition zusammen stehen und wird dann immer zusammengeschrieben:
   Wir haben *beieinander* gesessen, *miteinander* gesprochen und *voneinander* gelernt.

4. *irgendwer* und *irgendjemand* bezeichnen eine oder mehrere Personen, die beliebig und nicht näher bezeichnet sind:
   Hast du noch *irgendwen* in der Firma erreichen können?
   Das hat *irgendjemand* erzählt, ich weiß nicht mehr, wer.

5. *etwas* und *nichts* werden für Sachen, Begriffe und allgemeine Zusammenhänge gebraucht (siehe auch § 33 Anm.; § 35 VI; § 39 IV 3,4):
   Ich habe dich *etwas* gefragt!
   Er hat bei dem Geschäft *nichts* verdient.

1 Ergänzen Sie sinngemäß „jemand" oder „niemand". Verwenden Sie die deklinierte Form.

1. Er war enttäuscht, denn seine Arbeit wurde von ... anerkannt.
2. Ich kenne ..., der die Reparatur ausführen kann; aber er ist ziemlich teuer!
3. Wenn du ...(Gen.) Rat annehmen willst, ist dir nicht zu helfen.
4. Er langweilte sich auf der Party, denn er kannte ...
5. Wenn ich ... wirklich gern helfen würde, dann bist du es.
6. Ich musste alles allein machen; ... hat mir geholfen.
7. Alte Leute sind oft allein stehend und haben ..., der sich um sie kümmert.

2 Üben Sie „einer" – „keiner"

Hat jemand ein Taschenmesser?	*Ja, ich habe eins.* *Nein, ich habe keins.*

1. Möchte jemand ein Butterbrot?
2. Möchte jemand einen Aperitif?
3. Hat jemand ein Lexikon?
4. Hat jemand vielleicht einen Fünfeuroschein?
5. Backt jemand wieder einen Kuchen?
6. Braucht jemand einen Kalender?
7. Hat jemand einen Fahrplan?

II Indefinite Pronomen, die mit oder ohne Substantiv stehen können

Deklination „jeder, -e, -es", Pl.: „alle"; „sämtliche" – „mancher, -e, -es", Pl.: „manche"

	Singular			*Plural*
	maskulin	*feminin*	*neutral*	*m + f + n*
Nom.	jed**er** Mann	jed**e** Frau	jed**es** Kind	all**e** Männer...
Akk.	jed**en** Mann	jed**e** Frau	jed**es** Kind	all**e** Männer...
Dat.	jed**em** Mann	jed**er** Frau	jed**em** Kind	all**en** Männern...
Gen.	jed**es** Mannes	jed**er** Frau	jed**es** Kindes	all**er** Männer ...

Die genannten indefiniten Pronomen haben die gleichen Endungen wie der bestimmte Artikel und können an seiner Stelle gebraucht werden. Sie können aber auch als selbstständige Substantive stehen.

1. *jeder, -e, -es* wird nur im Singular gebraucht; der entsprechende Plural lautet *alle* oder bei stärkerer Betonung *sämtliche:*
   Zu dem Gartenfest soll *jeder Hausbewohner* etwas mitbringen.
   Jeder muss helfen.
   Alle Hausbewohner feierten bis zum späten Abend. *Alle* waren sehr vergnügt.
   Ich habe bei dieser Gelegenheit *sämtliche Hausbewohner* kennen gelernt.

2. *mancher, -e, -es,* Pl.: *manche* bezeichnet (auch im Singular) mehrere nicht näher bestimmte Personen oder Sachen.
   Die Sozialhelferin hat schon *manchem einsamen Menschen* geholfen.
   Manche (Menschen) wollen sich nicht helfen lassen.
   Wir haben schon so *manches* erlebt.

3. a) Die neutrale Form Singular *alles* (Nom., Akk.), *allem* (Dat.) wird gebraucht, wenn ein verständlicher Zusammenhang besteht:
   Jetzt war *alles* wieder genauso wie vorher.
   Man kann mit *allem* fertig werden, wenn man Mut hat.

b) Der Singular *all-* steht vor substantivierten Adjektiven (Großschreibung!) und artikellosen Substantiven (siehe § 39, Anm.). Er wird wie der bestimmte Artikel dekliniert.
Ich wünsche Ihnen *alles Gute.* (Akk. Sg. n)
Zu *allem Unglück* ist er auch noch krank geworden. (Dat. Sg. n)
Sie trennten sich in *aller Freundschaft.* (Dat. Sg. f)
Sie hat sich *alle Mühe* gegeben. (Akk. Sg. f)

c) Die verkürzte Pluralform *all* steht vor dem bestimmten Artikel, einem Demonstrativpronomen oder einem Possessivpronomen.
Die Kinder freuten sich über *all die vielen Geschenke.*
Wer kann sich schon *all diese Sachen* leisten?
Er hat *all seine Kinder und Enkelkinder* um sich versammelt.

3 Ergänzen Sie „jed-" oder „all-" mit der richtigen Endung.

... Gäste waren pünktlich eingetroffen. Fast ... Gast hatte einen Blumenstrauß mitgebracht. ... einzelne wurde gebeten sich in das Gästebuch einzutragen, aber nicht ... taten es. Das Büfett war schon vorbereitet und ... nahm sich, was er wollte. ... mussten sich selbst bedienen, aber bei ... den guten Sachen wusste mancher nicht, was er zuerst nehmen sollte. Natürlich gab es für ... Geschmack etwas zu trinken: Sekt, Wein, Bier, aber auch verschiedene Säfte, denn nicht ... mochte oder durfte Alkohol trinken. Die Hausfrau hatte sich wirklich ... Mühe gegeben. ... schmeckte es offenbar großartig, denn nach zwei Stunden war so gut wie ... aufgegessen.

Deklination „andere", „einige", „einzelne", „mehrere", „viele", „wenige"

	Plural
Nom.	viel**e** Leute
Akk.	viel**e** Leute
Dat.	viel**en** Leuten
Gen.	viel**er** Leute

1. Die genannten indefiniten Pronomen haben die gleichen Endungen wie das artikellose Adjektiv im Plural (siehe § 39, II). Meistens werden sie im Plural gebraucht:
Es gibt *viele Probleme* in der Landwirtschaft.
Vor *einigen chemischen Substanzen* muss gewarnt werden.
Andere Mittel können ohne Schaden für die menschliche Gesundheit verwendet werden.
Nach dem Streit verließen *einige* den Raum, *andere* diskutierten weiter.
Einzelne teilten die Ansicht des Redners, *mehrere* waren dagegen.
Das Urteil *einiger* wiegt oft schwerer als die Einwände *vieler.*

2. a) *ander-, einzeln-* und *folgend-* können auch als Adjektiv im Singular gebraucht werden.
   Ich habe einen *anderen* Film gesehen.
   Er erzählte den *folgenden* Witz
   Wir müssen jeden *einzelnen* Fall diskutieren.

   b) Die neutralen Formen im Singular *anderes* (Nom. Akk.), *anderem* (Dat.), *einiges, einigem, vieles, vielem, weniges, wenigem* werden gebraucht, wenn ein verständlicher Zusammenhang besteht:
   Vieles war noch zu besprechen.
   Sie war nur mit *wenigem* einverstanden.

3. Die endungslosen Formen *mehr, viel, wenig* werden mit artikellosen Substantiven im Singular gebraucht (siehe § 3, III und § 39, IV):
   Er hatte nur sehr *wenig Geld.*
   Kinder sollten *mehr Obst* essen.

4. Die endungslose Form *mehr* steht auch vor einem Substantiv im Plural. Meistens handelt es sich um einen Vergleich (siehe § 31, II und § 40, III):
   Es werden *mehr Ärzte* ausgebildet, als gebraucht werden.

Anmerkungen

1. Die Form *anders* (Adverb) antwortet auf die Frage *wie*?:
   Sie kleidet sich jetzt *anders* als früher.

2. Unterscheiden Sie *anders* und *anderes*:
   Was meinst du eigentlich? Neulich hast du die Sache *anders* erklärt. (= Wie?)
   Tatsächlich ist aber etwas *anderes* geschehen. (= Was?)

4 Setzen Sie die in Klammer angegebenen Pronomen mit der richtigen Endung ein.

1. a) Er hatte sich mit ... ... zusammengetan und Lotto gespielt. (einige andere) b) Die Gruppe hat gewonnen; was machen sie jetzt mit dem ... Geld? (viel)
2. a) Er hat eine Briefmarkensammlung mit sehr ... Marken. (viel) b) ... Stücke sind ... als 500 Euro wert. (einige / mehr)
3. a) Sie hat ... exotische Pflanzen in ihren Garten eingepflanzt. (viel) b) Mit ... hat sie Glück gehabt, sie sind gut angewachsen; mit ... ... hat sie weniger Glück, sie wollen nicht recht wachsen. (einige / einige andere)
4. a) Die Zollbeamten untersuchten jeden ... Koffer der Schauspielerin. (einzeln) b) Bei ... Leuten waren sie wieder nicht so genau. (andere)
5. a) Die Einwohnerzahlen ... Bundesländer in Deutschland sind in letzter Zeit gestiegen. (viel) b) Die Einwohnerzahlen ... ... Länder sind jedoch gefallen. (einige wenige)

§ 38 Zahlwörter

I Kardinalzahlen

1. Der unbestimmte Artikel *ein, -e, ein* kann als Zahlwort gebraucht werden. Er wird dann beim Sprechen betont:
   Hinter dem Sportplatz steht nur noch *ein* Haus.
   Ich habe *einen* Zentner Kartoffeln gekauft, nicht zwei.

2. Die Kardinalzahl *eins* hat als selbstständiges Zahlwort die Endung des bestimmten Artikels:
   Nur *einer* von zehn Schülern war anwesend.
   Mit nur *einem* allein kann man keinen Unterricht machen.

3. Wird die Zahl *eins* mit dem bestimmten Artikel gebraucht, hat sie die Endung des Adjektivs nach dem bestimmten Artikel:
   Nach dem Streit sprach *der eine* nicht mehr mit *dem anderen.*
   Im Gegensatz zu *dem einen* wird oft *der andere* genannt. (Kleinschreibung!)

4. a) Die Kardinalzahlen *zwei* und *drei* werden nur im Genitiv und im Dativ dekliniert:
      Wir begrüßen die Anwesenheit *zweier / dreier* Präsidenten.
      Sie hatte viele Enkel: mit *zweien / dreien* hatte sie ständig Kontakt.

   b) Alle weiteren Kardinalzahlen bis 999 999 werden nicht dekliniert.

5. Kardinalzahlen können als Substantive gebraucht werden. Sie werden dann großgeschrieben:
   Eine Null hinter einer Ziffer bedeutet einen Zehnerabstand.
   Der Schüler bekam *eine Eins* für seine Arbeit.
   Die Zehn hält da hinten. (Straßenbahn)

6. Ebenfalls großgeschrieben werden *eine Million, zwei Millionen; eine Milliarde, -n; eine Billion, -en*:
   Bei dem Geschäft hat er *eine Million* verdient.

Anmerkungen

1. *beide, beides* entspricht der Zahl *zwei,* bezieht sich aber zurück auf schon erwähnte Personen oder Sachen *(beide)* oder Zusammenhänge *(beides).* Die Endungen sind die des bestimmten Artikels:
   Ich habe mit dem Personalchef und dem Abteilungsleiter gesprochen; *beide* haben mir die Stellung zugesagt.
   Die Politik unserer Partei war schwankend, das Wahlergebnis war schlecht; *beides* enttäuschte mich sehr.

2. *ein Paar* (Großschreibung) bedeutet zwei Personen oder Sachen, die zusammengehören:
   Die beiden heiraten heute; sie sind *ein hübsches Paar.*

   ein paar (Kleinschreibung) bedeutet einige Personen oder Sachen:
   Ich habe für den Balkon *ein paar* Blumen gekauft.

3. *Zwölf* gleichartige Personen oder Sachen nennt man *ein Dutzend:*
   Ein Dutzend Eier sind zwölf Eier.

4. *Hunderte, Tausende* usw. (= mehrmals die Zahl 100 oder 1000) wird als Subjekt oder Objekt gebraucht und dekliniert.
   Seit dem Erdbeben leben noch *Hunderte* in Baracken.
   Zum Oktoberfest kommen *Tausende* nach München.
   Bei der nächsten Demonstration rechnet die Polizei mit *Zehntausenden.*

5. Als Substantiv gebrauchte Zahlen mit der festen Endung *-er* sind deklinierbar:
   Für den Automaten fehlt mir *ein Zehner.* (= 10 Cent oder 10 Euro)
   Man spricht oft von dem raschen Wirtschaftswachstum *in den Fünfzigern.*
   (als Adjektiv aber undeklinierbar: in den fünfziger / 50er Jahren / Fünfzigerjahren)
   Bewundernswert war die sportliche Leistung eines *Achtzigers.* (= eines Mannes zwischen 80 und 90 Jahren)

6. Die Anzahl der Personen kann man auch mit der Konstruktion *zu -t* angeben:
   Gestern waren wir *zu viert* im Kino.
   Meiers fahren dieses Jahr nicht mit der ganzen Familie, sondern nur *zu zweit* in Urlaub.

Beispiele für den mündlichen Gebrauch von Kardinalzahlen

1. Uhrzeiten

9.00	gesprochen:	neun Uhr
8.45		acht Uhr fünfundvierzig oder: Viertel vor neun
13.30		dreizehn Uhr dreißig oder: halb zwei (= nachmittags)
14.50		vierzehn Uhr fünfzig oder: zehn (Minuten) vor drei (= nachmittags)

2. Zahlungsmittel

der Euro (€), der Cent		17,11 = siebzehn Euro elf
der Schweizer Franken (SF), der Rappen		6,10 SF = sechs Franken zehn
weitere Beispiele:		
200,— €	gesprochen:	zweihundert Euro
2,98 €		zwei Euro achtundneunzig
—,55 €		fünfundfünfzig Cent(s)

3. Temperaturen

14°C	gesprochen:	vierzehn Grad Celsius
0°		null Grad
2°–		zwei Grad minus
2°+		zwei Grad plus
29,9°C		neunundzwanzig Komma neun Grad Celsius

4. Rechenarten

2 + 2 = 4	gesprochen:	zwei plus / und zwei ist / gleich vier
3 – 2 = 1		drei minus / weniger zwei ist / gleich eins
3 x 3 = 9		drei mal drei ist / gleich neun
21 : 7 = 3		einundzwanzig dividiert / geteilt durch sieben ist / gleich drei

5. Jahreszahlen

im Jahr(e) 33 v. Chr.	gesprochen:	dreiunddreißig vor Christus
im Jahr 1024 n. Chr.		(ein)tausendvierundzwanzig nach Christus
1492		vierzehnhundertzweiundneunzig
1800		achtzehnhundert
1984		neunzehnhundertvierundachtzig
2000		zweitausend

Anmerkung

Jahreszahlen werden im Deutschen entweder ohne jeden Zusatz gebraucht oder man stellt *im Jahr(e)* davor. Die Endung *-e* ist eine alte Dativendung, die man auch weglassen kann (siehe § 60 IV, Anm.).

II Ordinalzahlen

1. Man schreibt die Ordinalzahlen entweder in Ziffern + Punkt (der 2.) oder in Buchstaben *(der zweite)*. Sie werden immer mit der entsprechenden Adjektivendung gesprochen und gelesen (siehe § 39 I).
2. Die Frage nach einer Ordinalzahl lautet *der, die, das wievielte?*
3. Die Ordnungszahlen werden von 2 bis 19 mit *-t* gebildet (auch 102 bis 119 und 1002 bis 1019 usw.); alle weiteren mit *-st. der/ die/ das erste, der/ die/ das dritte* und *der/ die/ das achte* sind Sonderformen:

der, die, das	*erste*	der, die, das	zwanzigste
	zweite		einundzwanzigste
	dritte		…
	vierte		hundertste
	…		hundert*erste*
	siebente (oder: siebte)		hundert*zweite*
	achte (nur ein *t*)		…
	…		hundertdreißigste
	neunzehnte		tausendste
			tausend*erste*
			…
			tausenddreißigste

4. Ordinalzahlen werden wie Adjektive dekliniert (siehe § 39).

   a) In Verbindung mit einem Substantiv:
   Ich habe heute *mein zweites Examen* bestanden.
   Sie arbeitet mit *ihrem dritten Chef* genauso gut zusammen wie mit *ihrem ersten* und *zweiten* (Chef).

   b) Ohne Artikel und Substantiv:
   Beim Pferderennen wurde er *Erster.*
   Sein Konkurrent kam erst als *Dritter* durchs Ziel.

   c) Datumsangaben:
   Der 2. Mai (= der zweite Mai) ist kein Feiertag.
   Er kommt *am Freitag, dem 13.* (= dem Dreizehnten)
   Wir haben heute *den 7. Juli* (= den siebten Juli)
   Briefkopf: Frankfurt am Main, den 20.8.1984 (= den Zwanzigsten Achten...)
   Heute habe ich Ihren Brief vom 28.8. (= vom Achtundzwanzigsten Achten) dankend erhalten.

   d) Römische Ordinalzahlen:
   Karl I. (= Karl der Erste) wurde im Jahr 800 zum Kaiser gekrönt.
   Unter Kaiser *Karl V.* (= Karl dem Fünften) waren Deutschland und Spanien vereint.

5. Ordinalzahlen ohne Endung nach *zu* zur Angabe der Anzahl der Personen:
   Zu meinem Geburtstag waren wir nur *zu dritt.*
   Er brachte seine gesamte Familie mit; sie waren *zu sechst.*

6. Ordinalzahlen ohne Endung mit einem Superlativ:
   Der *zweitschnellste* Läufer kam aus Argentinien.
   Die besten Skiläufer kamen aus Österreich, die *drittbesten* aus Schweden.

Anmerkungen

1. Am Anfang einer Reihe steht *der erste*; am Ende steht *der letzte*:
   Die ersten Besucher bekamen gute Plätze, *die letzten* mussten stehen.

2. Wenn in einem vorhergehenden Zusammenhang zwei Personen oder Sachen erwähnt werden, gebraucht man zur besseren Unterscheidung *der/die/das Erstere* und *der/die/das Letztere* (auch im Plural):
   Der Geselle und der Meister stritten sich. *Der Erstere* fühlte sich unterdrückt, *der Letztere* (fühlte sich) ausgenutzt.

III Weitere Zahlwörter

1. **Bruchzahlen** bezeichnen einen Teil eines Ganzen.

   a) Die Hälfte des Ganzen ist *ein halb:*
   $\frac{1}{2} \cdot \frac{1}{2} = \frac{1}{4}$ (ein halb mal ein halb ist ein viertel)
   als Adjektiv: Ein *halbes* Kilo Kirschen, bitte.
   Zahl + Bruchzahl: Wir müssen noch ca. *viereinhalb* Kilometer laufen.

Er war *anderthalb* Jahre in Persien.
(= *ein und ein halbes Jahr*)

b) Alle weiteren Bruchzahlen bildet man aus den Ordinalzahlen und *-el*. Sie werden nicht dekliniert.
als Substantiv: Ich gebe *ein Drittel* meines Gehalts für Miete aus.
Ein Fünftel der Einwohner sind Bauern.
Bruchzahl + Substantiv: Sie bearbeitet ein Maschinenteil in einer *achtel* Minute.
Die letzte *viertel* Stunde (oder: Viertelstunde) war quälend.
Zahl + Bruchzahl: Er lernte die Sprache in einem *dreiviertel* Jahr.
Er siegte mit einem Vorsprung von *fünf achtel* Sekunden.

2. **Einteilungszahlen** bezeichnen die Reihenfolge in Aufzählungen. Man bildet sie aus den Ordinalzahlen und *-ens*. Sie werden nicht dekliniert.
Aufzählung in Ziffern: Bei uns herrscht Chaos:
1. Die Waschmaschine ist ausgelaufen.
2. Ich habe meinen Autoschlüssel verloren.
3. Morgen kommt Tante Emma!

Im fortlaufenden Text: Bei uns herrscht Chaos. Erstens ist die Waschmaschine ausgelaufen, zweitens habe ich meine Autoschlüssel verloren und zu allem Unglück kommt drittens morgen Tante Emma!

Zur Satzstellung: Als Ziffern werden 1., 2., 3. etc. meistens vor den Satz gestellt. Als Wörter werden *erstens, zweitens …* als Satzglieder gebraucht. Sie stehen meistens in der Position I.

3. **Wiederholungszahlen** antworten auf die Frage *wie oft? wievielmal?* Als Adverbien werden sie mit *-mal* gebildet und nicht dekliniert. Als Adjektive bildet man sie mit *-malig* und der entsprechenden Adjektivendung.
als Adverb: Ich bin ihm nur *einmal* begegnet.
Wir haben bei euch schon *fünfmal* angerufen.
als Adjektiv: Das war eine *einmalige* Gelegenheit.
Nach *viermaliger* Behandlung war der Patient geheilt.

Anmerkungen

a) Nach *einmal* zählt man oft mit einer Ordinalzahl und *-mal* oder *Mal* weiter:
Wir klingelten einmal, dann zum zweiten Mal, aber erst beim dritten Mal machte jemand die Tür auf.

b) Unbestimmte Wiederholungszahlen sind *vielmals, mehrmals, oftmals:*
Ich bitte *vielmals* um Entschuldigung.
Im Kaufhof ist schon *mehrmals* eingebrochen worden.

4. **Vervielfältigungszahlen** bezeichnen Angaben, die in gleicher Weise immer wieder vorkommen. Man bildet sie aus den Kardinalzahlen und *-fach*. Sie können als Adverb (undekliniert) oder als Adjektiv (dekliniert) verwendet werden.
als Adverb: Die Tür ist *dreifach* gesichert.
als Adjektiv: Man muss den Antrag in *fünffacher* Ausfertigung vorlegen.

Anmerkungen

a) Wenn etwas zweimal vorhanden ist, nennt man es *doppelt*:
Wir müssen *doppelt* so viel arbeiten wie die anderen.
Das nützt nichts, das bringt nur *doppelten* Ärger.

b) Unbestimmte Vervielfältigungszahlen sind *mehrfach, vielfach*:
Man kann Kohlepapier *mehrfach* benutzen.

c) Wenn die Art und Weise besonders hervorgehoben werden soll, gebraucht man *vielfältig*:
Er erhielt eine *vielfältige* Ausbildung.

5. **Gattungszahlen** bezeichnen verschiedene Arten oder Möglichkeiten. Man bildet sie aus den Kardinalzahlen und *-erlei*. Sie werden nicht dekliniert:
Der Schrank ist aus *zweierlei* Holz gebaut.
Es gibt *hunderterlei* Möglichkeiten eine Lösung zu finden.

Anmerkung

einerlei hat zwei Bedeutungen:
Das ist mir *einerlei*. (= egal, gleichgültig)
Hier gilt *einerlei* Recht. (= das gleiche, nur eins)

1 Zahlenvergleiche

Es stehen D für Deutschland, A für Österreich und CH für die Schweiz.
Alle Zahlen sind auf- oder abgerundet. (km² = Quadratkilometer)

	D	A	CH
Fläche in 1000 km²	357	84	41,3
Einwohner in Mill.	82	8	7,2
Einwohner pro km²	230	95	174
Ausländer in Mill.	7,3	0,7	1,4
Ausländer im Verhältnis zur Gesamtbevölkerung	8,9 %	9,3 %	19,8 %

Lesen Sie obige Tabelle laut in folgender Weise:

Deutschland hat eine Fläche von dreihundertsiebenundfünfzigtausend Quadratkilometern und … Millionen Einwohner, das sind … pro …; es leben sieben Komma drei Millionen Ausländer in Deutschland, d.h. auf hundert Einwohner kommen mehr als acht Ausländer.

2 Flächen

(D) ist fast (9) … wie die Schweiz.
Deutschland ist fast neunmal so groß wie die Schweiz.

1. (CH) ist rund (1/9) … (D).
2. (A) ist rund (1/4) … (D).
3. (A) ist mehr als (2) … (CH).
4. (CH) ist weniger als (1/2) … (A).
5. (D) ist etwa (4) wie (A).

3 Einwohnerzahlen

Verglichen mit (CH) hat (D) fast die (12) … Einwohnerzahl.
Verglichen mit der Schweiz hat Deutschland fast die zwölffache Einwohnerzahl.

1. … (A) … (D) … (10). 2. … (A) … (CH) … (1) (fast die gleiche).

4 Bevölkerungsdichte

Die Bevölkerungsdichte in (D) ist etwa (2,5) … (A).
Die Bevölkerungsdichte in Deutschland ist etwa zwei Komma fünf mal so groß wie in Österreich.

1. … (CH) … (1,8) … (A). 2. … (D) … (über 1,3) … (CH).

5 Zahl der Ausländer im Verhältnis zur Gesamteinwohnerzahl

In (D) ist jeder (11) ein Ausländer.
In Deutschland ist jeder Elfte ein Ausländer.

1. (A) (11) 2. (CH) (5)

6 Zahl der Ausländer im Vergleich

Wie viel mehr Ausländer gibt es in Deutschland,
a) verglichen mit Österreich, b) verglichen mit der Schweiz?

7 Große Städte im deutschsprachigen Raum (in Tausend)

Bundesrepublik Deutschland		*Schweiz*	
Berlin	3475	Zürich	343
Hamburg	1702	Basel	175
München	1255	(Genf*)	173
Köln	962	Bern	128
Frankfurt am Main	660		
Essen	622		
Dortmund	602	*Österreich*	
Stuttgart	594	Wien	1539
Düsseldorf	575	Graz	238
Bremen	552	Linz	203

Duisburg	537	Salzburg	144
Hannover	525	Innsbruck	118
Nürnberg	499		
Leipzig	491		
Dresden	479		

(* im französischen Sprachgebiet)

Lesen Sie obige Tabelle laut. Beachten Sie, dass die Zahlen im Tausend angegeben sind.

Zürich hat dreihundertdreiundvierzigtausend Einwohner.

8 Wie heißen die drei größten Städte der angeführten drei Staaten?

Die größte Stadt Österreichs ist Wien, die zweitgrößte ist ...,

9 An wievielter Stelle der Städte des Landes stehen:

München und Köln?
München und Köln stehen an der dritten und vierten Stelle der Städte in der Bundesrepublik.

1. Dortmund und Düsseldorf?
2. Bern?
3. Salzburg und Innsbruck?
4. Wien und Graz?
5. Leipzig und Dresden?

10 Basel ist die zweitgrößte Stadt der Schweiz.

Und Bern? Stuttgart? Leipzig? Salzburg? Innsbruck? Dresden? Essen? Graz?

11 Vergleichen Sie die Größe der angegebenen Städte.

Hamburg – Stuttgart
Hamburg ist ungefähr dreimal so groß wie Stuttgart.

1. Zürich – Basel
2. Köln – Nürnberg
3. Frankfurt – Zürich
4. Berlin – Dortmund
5. Köln – Graz
6. Wien – Innsbruck

12 Ergänzen Sie.

Die Einwohnerzahlen (2) ... Städte in der Bundesrepublik sind ungefähr gleich groß: Frankfurt und Essen. Erst_ hat ..., Letzt_ ... Einwohner.
Nennen Sie die Einwohnerzahlen (3) ... Städte in Österreich. Stuttgart und München sind Großstädte in Süddeutschland; Erst_ ist die Hauptstadt des Landes Baden-Württemberg, Letzt_ ist die Hauptstadt des Landes Bayern.

13 Üben Sie nach folgendem Beispiel. Lassen Sie die schräg gedruckten Wörter weg.

eine Briefmarke *für* 80 *Cent*	*eine achtziger Briefmarke*
eine *Frau von* neunzig *Jahren*	*eine Neunzigerin*

1. eine 40-*Watt*-Birne
2. eine 100-*Watt*-Birne
3. ein Wein *aus dem Jahr* 82
4. ein rüstiger *Mann von* 80 *Jahren*
5. eine freundliche *Dame von* 70 *Jahren*
6. eine Buskarte, *mit der man* sechs*mal fahren kann*
7. ein Fünf-*Cent-Stück*
8. ein Zwanzig-*Euro-Schein*
9. die Jahre *von 70 bis 79*
10. ein *Tennisspiel zu* viert
11. ein *Kanu für* zwei *Personen*

14 Ergänzen Sie sinngemäß: -erlei (z.B. dreierlei), -fach (z.B. sechsfach), -mal (z.B. zigmal).

1. Bei Ihrer Reise gibt es (viel) ... zu bedenken: Sie benötigen einen Impfschein in (3) ... Ausfertigung. (3) ... müssen Sie bedenken: 1. Die Reise birgt (1000) ... Gefahren. 2. Das Benzin ist dort (1 ½) ... so teuer wie bei uns. 3. Sie bekommen (kein) ... Ersatzteile.
2. In diesem vornehmen Hotel zahlst du bestimmt das (3) ... für die Übernachtung. (10) ... Menüs stehen auf der Speisekarte.
3. Wenn du mich besuchen willst, musst du (2) ... an der Haustür klingeln. Das erzähle ich dir jetzt schon zum (3) ... .
4. Der Trapezkünstler im Zirkus machte einen (3) ... Salto. Nach (all-) ... Kunststücken ließ er sich ins Netz fallen.
5. Auf (viel) ... Wunsch wiederholen wir heute das Konzert vom Sonntag.
6. Ich habe nun schon (zig) ... versucht dich zu erreichen; wo warst du bloß so lange?
7. Wenn du so umständlich arbeitest, brauchst du die (3) ... Zeit.
8. Die Bluse gibt es in (2) ... Ausführung: mit kurzem und mit langem Arm.

15 Lesen Sie die folgenden Übung laut und ergänzen Sie dabei die fehlenden Endungen.

1. Bitte schicken Sie mir die Unterlagen bis spätestens Donnerstag, d_ 8.4.
2. Ostern ist ein beweglicher Feiertag. 1983 fiel Ostern auf d_ 11./12.4.
3. Weihnachten hingegen ist immer a_ 25./26.12.
4. Hamburg, d_ 28.2.1996
5. Vielen Dank für Ihren Brief v_ 28.2.!
6. Heute ist d_ 1. Mai!
7. Auf d_ 1. Mai haben wir uns schon gefreut.
8. In der Zeit v_ 27.12. bis 2.1. bleibt unser Geschäft geschlossen.

16 Lesen Sie laut.

1. Karl V., ein Enkel Maximilians I., wurde 1520 in Aachen zum Kaiser gekrönt.
2. Ludwig XIV. ließ das Schloss von Versailles bauen. Viele deutsche Fürsten richteten sich in ihrem verschwenderischen Lebensstil nach Ludwig XIV.
3. Der Preußenkönig Friedrich II., ein Sohn Friedrich Wilhelms I. und Enkel Friedrichs I., erhielt später den Beinamen „der Große".
4. Mit 361 gegen 360 Stimmen des Konvents verurteilte man Ludwig XVI. 1793 zum Tode.

17 Lesen Sie die folgenden Uhrzeiten laut, und zwar in zwei Lesearten:

17.30 12.20 9.15 11.50 23.57 19.45 14.40
0.03 0.45

18 Lesen Sie die folgenden Euro-Beträge laut:

17,20 9,75 376,88 1 022,07 536 307,– 1 054 940,–

19 Lösen Sie die Rechenaufgaben und lesen Sie sie laut.

4 + 7 = … 17 – 8 = … 9 x 17 = … 67 x 44 = …
9 – 5 = … 86 + 14 = … 84 : 12 = … 99 : 11 = …

20 Lesen Sie den folgenden Text laut. Stellen Sie dann nach Beispiel III/2 die Einteilungszahlen in den Satz.

… entzogen, weil er erstens zu …, (er) zweitens …

Ihm wurde der Führerschein entzogen.
Gründe:
1. Er war zu schnell gefahren.
2. Er hatte 0,4 Promille Alkohol im Blut.
3. Er hatte die Kreuzung bei Rot überfahren.
4. Er hatte sechs andere Fahrzeuge beschädigt.

§ 39 Deklination des Adjektivs

I Deklination mit dem bestimmten Artikel

	maskulin	*feminin*	*neutral*
Sg. Nom.	der ***junge*** Mann	die ***junge*** Frau	das ***kleine*** Kind
Akk.	den jungen Mann	die ***junge*** Frau	das ***kleine*** Kind
Dat.	dem jungen Mann	der jungen Frau	dem kleinen Kind
Gen.	des jungen Mannes	der jungen Frau	des kleinen Kindes
Pl. Nom.	die jungen Männer	die jungen Frauen	die kleinen Kinder
Akk.	die jungen Männer	die jungen Frauen	die kleinen Kinder
Dat.	den jungen Männern	den jungen Frauen	den kleinen Kindern
Gen.	der jungen Männer	der jungen Frauen	der kleinen Kinder

1. Im Singular haben die fünf fett gedruckten Adjektivformen die Endung *-e*, alle anderen haben *-en*.
   Im Plural haben alle Formen die Endung *-en*.

2. Anstelle des bestimmten Artikels können gebraucht werden (siehe § 36 und 37):

dieser, diese, dieses; Plural: diese
Dies*es* schön*e* Haus wurde um 1900 gebaut.

jener, jene, jenes; Plural: jene
Jen*e* wirtschaftlich*en* Probleme, die wir diskutiert haben, sind noch ungelöst.

jeder, jede, jedes; Plural: alle
Jed*er* dritt*e* Teilnehmer musste wegen Grippe zu Hause bleiben.
All*e* abwesend*en* Teilnehmer erhalten das Protokoll per Post.

mancher, manche, manches; Plural: manche
Manch*er* alt*e* Rentner bekommt zu wenig Geld.

solcher, solche, solches; Plural: solche
Mit solch*em* alt*en* Werkzeug kann man nicht arbeiten.

welcher, welche, welches; Plural: welche
Welch*es* englisch*e* Wörterbuch möchtest du dir kaufen?

derjenige, diejenige, dasjenige; Plural: diejenigen
Diejenig*en* ausländisch*en* Studenten, die eingeschrieben sind, möchten sich bitte im Zimmer 6 melden.

derselbe, dieselbe, dasselbe; Plural: dieselben
Jeden Morgen steht derselb*e* rothaarig*e* Polizist an der Ecke.

beide kann anstelle des bestimmten Artikels stehen oder als selbstständiges Adjektiv mit dem bestimmten Artikel gebraucht werden:
Beid*e* alt*en* Leute sind am gleichen Tag gestorben.
Die beid*en* alt*en* Leute waren fünfzig Jahre verheiratet.

sämtliche (= *alle*), *irgendwelche* werden im Plural gebraucht:
Wir haben sämtlich*e* undicht*en* Fenster erneuert.
Hast du noch irgendwelch*e* alt*en* Sachen für das Rote Kreuz?

Anmerkungen

1. *All-, sämtlich-, irgendwelch-* stehen im Singular vor einem substantivierten Adjektiv oder einem artikellosen Substantiv anstelle des bestimmten Artikels (siehe § 37, II, 3):
   all*es* Gut*e*, all*er* grau*e* Beton, mit sämtlich*em* schwer*en* Gepäck, irgendwelch*es* unbrauchbar*e* Zeug
2. Ebenso wird *einig-* gebraucht, aber nur im Singular (Plural siehe § 37, II):
   einiges Wesentliche, nach einiger großen Anstrengung
3. Es gibt einige Besonderheiten beim Gebrauch des Adjektivs:

   a) Adjektive auf *-el* (siehe § 40 III 2 Anm. 4):

dunkel	aber:	die dun*kle* Straße
edel		ein e*dler* Wein
eitel		ein ei*tles* Mädchen
nobel		ein no*bles* Geschäft

b) Adjektive auf *-er* (siehe § 40 II 2 Anm. 4):
sauer aber: der sau*re* Apfel
teuer ein teu*res* Auto
dagegen:
bitter ein bitt*er*er Geschmack
finster ein finst*er*er Tunnel

c) hoch aber: ein ho*hes* Gebäude

d) Adjektive auf *-a* werden nicht dekliniert:
eine ros*a* Blume, ein lil*a* Kleid
eine prim*a* Idee

e) Adjektive, die von Städtenamen abgeleitet werden, haben die Endung *-er*.
Sie werden nicht dekliniert und immer großgeschrieben.
der Hamburg*er* Hafen, in der Berlin*er* S-Bahn, zum New York*er* Flughafen
außerdem: der Schweiz*er* Käse, die Schweiz*er* Banken

1 Ergänzen Sie die Endungen.

1. der freundlich_ Herr; die alt_ Dame; das klein_ Mädchen
2. wegen des freundlich_ Herrn; wegen der alt_ Dame; wegen des klein_ Mädchens
3. mit dem freundlich_ Herrn; mit der alt_ Dame; mit dem klein_ Mädchen
4. ohne den freundlich_ Herrn; ohne die alt_ Dame; ohne das klein_ Mädchen
5. dieser alt_ Esel; jene klein_ Hexe; manches groß_ Kamel; wegen ...; von ...; für ...
6. dieser dunkl_ Wald; jene nass_ Wiese; das tief_ Tal; oberhalb ...; gegenüber ...; durch ...
7. der teur_ Mantel; die golden_ Halskette; das wertvoll_ Schmuckstück; statt ...; mit ...; ohne ...
8. derselbe frech_ Junge; dieselbe mutig_ Frau; dasselbe vergesslich_ Mädchen; wegen ...; bei ...; für ...

2 Ergänzen Sie die Endungen.

1. die link_ Politiker; trotz der ...; von den ...; über die ...
2. die recht_ Parteien; wegen der ...; mit den ...; ohne die ...
3. die schwer_ Lastwagen; infolge der ...; zwischen den ...; durch die ...
4. die zu eng_ Schuhe; trotz der ...; mit den ...; ohne die ...
5. sämtliche jung_ Männer; trotz ...; von ...; gegen ...
6. beide alt_ Freunde; von ...; mit ...; für ...

3 Bilden Sie von Übung 1 den Plural, von Übung 2 den Singular.

II Deklination mit dem unbestimmten Artikel

	maskulin	feminin	neutral
Sg. Nom.	ein ***junger*** Mann	eine ***junge*** Frau	ein ***kleines*** Kind
Akk.	einen jungen Mann	eine ***junge*** Frau	ein ***kleines*** Kind
Dat.	einem jungen Mann	einer jungen Frau	einem kleinen Kind
Gen.	eines jungen Mannes	einer jungen Frau	eines kleinen Kindes
Pl. Nom.	junge Männer	junge Frauen	kleine Kinder
Akk.	junge Männer	junge Frauen	kleine Kinder
Dat.	jungen Männern	jungen Frauen	kleinen Kindern
Gen.	junger Männer	junger Frauen	kleiner Kinder

1. Im Singular muss man sich die fünf fett gedruckten Adjektivformen merken, alle anderen haben die Endung *-en*.
   Der Plural wird ohne Artikel gebraucht. Dafür erhalten die Adjektive die Endungen des bestimmten Artikels:

   Nom.: -e (di*e*) Akk.: -e (di*e*) Dat.: -en (d*en*) Gen.: -er (d*er*)

2. Die Adjektivdeklination ohne Artikel im Plural wird auch nach Kardinalzahlen gebraucht:
   Zwei klein*e* Kinder spielen im Hof.
   Ich habe dir *drei* neu*e* Zeitschriften mitgebracht.

3. Wie das Adjektiv ohne Artikel im Plural werden auch folgende unbestimmte Zahlwörter dekliniert: *andere, einige, etliche, folgende, mehrere, verschiedene, viele, wenige:*

Singular:	Plural:
mit *einem* nett*en* Freund	mit *anderen* nett*en* Freunden
das Ergebnis *einer* lang*en* Besprechung	das Ergebnis *einiger* lang*er* Besprechungen
ein alt*er* Baum	*viele* alt*e* Bäume

4 Setzen Sie die Beispiele mit den genannten Präpositionen in den richtigen Kasus.

wegen (+ Gen.) …; außer (+ Dat.) …; durch (+ Akk.) …

1. ein treu_ Hund;
2. ein tief_ Tal (n);
3. ein falsch_ Pass;
4. eine gefährlich_ Kurve (f);
5. ein zerbrochen_ Glas;
6. eine gut_ Freundin;
7. ein wichtig_ Brief

5 Üben Sie nach folgendem Muster:

A: Ein zerbrochener Spiegel!
B: Was soll ich denn mit einem zerbrochenen Spiegel?
Einen zerbrochenen Spiegel kann ich doch nicht gebrauchen!

1. ein zerrissen_ Tischtuch
2. ein kaputt_ Auto
3. ein defekt_ Fernseher
4. ein wacklig_ Stuhl

Einen abgetretenen Teppich kann ich in den Keller gesetzen.

6. Eine durchgebrannte Birne [F] (burnt out bulb)
Was soll ich mit einer durchgebrannten Birne?
Ich soll eine durgebrannte Birne in den Müll werfen.

7. Eine ungenau gehende Uhr [F] (inaccurately going clock)
Was soll ich mit einer gehenden Uhr?
Eine gehende Uhr kann ich zum einem Freund wie Geschenke geben.

8. ein verbogenes Fahrrad [N] (bent bike)
Was soll ich mit einem verbogenen Fahrrad?
Eines verbogenes Fahrrad kann ich nie wieder benutzen.

9. ein uralter Kinderwagen [M]
Was soll ich mit einem uralteren Kinderwagen?
Ich kann einen uralteren Kinderwagen zum Kinder geben.

10. ein stumpfes Messer [N] (blunt knife)
Was soll ich mit einem stumpfen Messer?
Ich soll einen stumpfes Messer ________ (sharpen)

11. ein alter Wecker (bell
Was soll ich mit einem alter Wecker?

12. ein höflicher Mensch M
13. wegen eines schweren Unfalls M
14. infolge einer leichten Verletzung F
15. mit einem hilfsbereiten Schüler M
16. ohne einen schweren Fehler M
17. mit einer kleinen Pause F
18. durch einem starken Schlag M
19. Für einen guten Zweck M
20. infolge eines starken Sturms M
21. ein intelligenter Junge M
22. ein kluges Mädchen N

Einen alten Wecker kann ich klingeln. N

12. ein veraltetes Lexikon (outdated encyclopedia)
Was soll ich mit einem veralteten Lexikon?
Ein veraltetes Lexikon soll ich aufheben.

6
1. mit einem interessanten Bericht m
2. für ein schönes Erlebnis N
3. ohne einen freundlichen Gruß m
4. außer einem kleinen Kind N
5. während einer gefährlichen Fahrt F
6. mit einer tüchtigen Angestellten F
7. gegen einen stärkeren Gegner m
8. durch einen älteren Arbeiter m
9. mit einem zuverlässigen Freund m

5 1. ein zerrissenes Tischtung [N]
Was soll ich denn mit einem zerrissenen Tischtuch?
Ein zerrissenes Tischtuch kann ich nur in den Müll werfen.
2. ein kaputtes Auto
Was soll ich denn mit einem kapputten Auto?
Ein kaputtes Auto soll ich in die Werkstatte einsetzen
3. ein defekter Fernseher [M]
Was soll ich den mit einem defekten Fernseher?
Ich kann einen defektes Fernseher in den Müll werfen.
4. ein wackliger Stuhl [M]
Was soll ich mit einem wackligen Stuhl?
Ein wackligen Stuhl kann ich als Feuerholz benutzen.

5. ein abgetreten_ Teppich (m)
6. eine durchgebrannt_ Birne (f)
7. eine ungenau gehend_ Uhr
8. ein verbogen_ Fahrrad
9. ein uralt_ Kinderwagen
10. ein stumpf_ Messer (n)
11. ein alt_ Wecker (m)
12. ein veraltet_ Lexikon (n)

6 Ergänzen Sie die Endungen.

1. mit ein_ interessant_ Bericht (m)
2. für ein schön_ Erlebnis
3. ohne ein_ freundlich_ Gruß (m)
4. außer ein_ klein_ Kind
5. während ein_ gefährlich_ Fahrt
6. mit ein_ tüchtig_ Angestellten (f)
7. gegen ein_ stärker_ Gegner
8. durch ein_ älter_ Arbeiter
9. mit ein_ zuverlässig_ Freund
10. außer ein_ alt_ Regenschirm (m)
11. statt ein_ freundlich_ Wortes
12. ein höflich_ Mensch
13. wegen ein_ schwer_ Unfalls
14. infolge ein_ leicht_ Verletzung
15. mit ein_ hilfsbereit_ Schüler
16. ohne ein_ schwer_ Fehler
17. mit ein_ klein_ Pause (f)
18. durch ein_ stark_ Schlag (m)
19. für ein_ gut_ Zweck (m)
20. infolge ein_ stark_ Sturms (m)
21. ein intelligent_ Junge
22. ein klug_ Mädchen

7 Setzen Sie die Beispiele der Übungen 5 und 6 in den Plural.

8 Üben Sie Singular und Plural. B gibt eine jeweils passende Antwort, z.B.: *in der Campingabteilung / im 3. Stock* usw.

elektrisch / Kaffeemaschine (f)
A: Ich möchte bitte eine elektrische Kaffeemaschine.
B: Elektrische Kaffeemaschinen gibt es in der Haushaltsabteilung.

1. tragbar / Fernseher (m)
2. vollautomatisch / Waschmaschine (f)
3. unzerbrechlich / Milchflasche (f)
4. waschbar / Schaffell (n)
5. einbändig / Wörterbuch (n)
6. rund / Tischtuch (n)
7. wasserdicht / Taschenlampe (f)
8. lila (!) / Möbelstoff (m)
9. rosa (!) / Handtuch (n)
10. bunt / Kopftuch (n)
11. echt / Perlenkette (f)
12. dreiflammig / Gasherd (m)

III Deklination mit Possessivpronomen

	maskulin	*feminin*	*neutral*
Sg. Nom.	mein ***alter*** Freund	meine ***alte*** Freundin	mein ***altes*** Auto
Akk.	meinen alten Freund	meine ***alte*** Freundin	mein ***altes*** Auto
Dat.	meinem alten Freund	meiner alten Freundin	meinem alten Auto
Gen.	meines alten Freundes	meiner alten Freundin	meines alten Autos
Pl. Nom.	meine alten Freunde	meine alten Freundinnen	meine alten Autos
Akk.	meine alten Freunde	meine alten Freundinnen	meine alten Autos
Dat.	meinen alten Freunden	meinen alten Freundinnen	meinen alten Autos
Gen.	meiner alten Freunde	meiner alten Freundinnen	meiner alten Autos

1. Im Singular entsprechen die Adjektivformen denen nach dem unbestimmten Artikel. Im Plural haben alle Formen die Endung *-en.*

2. Ebenso wie das Possessivpronomen wird *kein, keine, kein*; (Pl.): *keine* dekliniert:

Das ist kein*e* besonder*e* Neuigkeit.	Das sind kein*e* besonder*en* Neuigkeiten.
Wir brauchen kein neu*es* Fahrrad.	Wir brauchen kein*e* neu*en* Fahrräder.

9 Bilden Sie Fragen. Ergänzen Sie dabei die Endungen, wenn dies notwendig ist, und geben Sie selbstständig eine Antwort.

Wo ist denn dein_ alt_ Fernseher?
A: Wo ist denn dein alter Fernseher?
B: Meinen alten Fernseher habe ich verschenkt.

Die Frage klingt verbindlicher, wenn Sie so fragen: *Wo ist eigentlich dein alter Fernseher geblieben?*

Wo ist... / Wo sind...

1. mein_ alt_ Fahrrad?
2. dein_ gestreift_ Kleid?
3. euer_ wertvoll_ Teppich?
4. eur_ chinesisch_ Vase (f)?
5. Ihr krank_ Hund?
6. eur_ gestrig_ Zeitung?
7. Ihr_ herrlich_ Bilder?
8. dein zweit_ Auto?
9. Ihr_ antik_ Tischlampe?

10 Bilden Sie Fragen mit Hilfe des folgenden Schemas und finden Sie eine passende Antwort.

			elegant_ Wagen (m)	
Was hast du		mein_	schnell_ Motorrad (n)	
		dein_	alt_ Wohnung (f)	
Was habt ihr	mit	sein_	viel_ Geld (n)	
		ihr_	früher_ Vertrag (m)	gemacht?
Was haben sie		unser_	schwarz_ Katze (f)	
	ohne	euer_	alt_ Möbel (Pl.)	
Was haben Sie		Ihr_	selten_ Briefmarken (Pl.)	
			hübsch_ Garten (m)	
			zweit_ Garage (f)	

11 Ergänzen Sie, wo es nötig ist, die Endungen im Genitiv Singular und Plural.

1. wegen ihr_ frech_ Bemerkung_
2. trotz unser_ wiederholt_ Anfrag_
3. wegen sein_ interessant_ Bericht_
4. trotz sein_ unfreundlich_ Brief_
5. wegen ihr_ krank_ Kind_
6. während unser_ lang_ Reise_
7. wegen sein_ ungenau_ Aussage_ (f)
8. trotz ihr_ hoh_ Rechnung_

IV Deklination ohne Artikel im Singular

	maskulin	*feminin*	*neutral*
Nom.	guter Wein	klare Luft	reines Wasser
Akk.	guten Wein	klare Luft	reines Wasser
Dat.	gutem Wein	klarer Luft	reinem Wasser
Gen.	gut**en** Weines	klarer Luft	rein**en** Wassers

1. Das Adjektiv der artikellosen Deklination im Singular erhält die Endungen des bestimmten Artikels, mit Ausnahme des Genitivs maskulin und neutral (Endung *-en*).
2. Unbestimmte Mengenbegriffe werden oft ohne Artikel gebraucht. Sie sind nicht zählbar und haben deshalb keinen entsprechenden Plural. Dazu gehören:

   a) Materialangaben und Flüssigkeiten, wie *Holz, Eisen, Beton, Wasser, Öl, Benzin* etc. (siehe § 3 ,III, 2):
   Der Teller ist aus rein*em* Gold.
   Auf dem Bauernhof gibt's frisch*e* Milch.
   Schon der Geruch stark*en* Kaffees belebt mich.

   b) Eigenschaften und Gefühle (oft mit Präposition), wie *Mut, Ehrgeiz, Angst* usw. (siehe § 3, III, 2):
   Alt*e* Liebe rostet nicht.
   Er kämpfte mit groß*em* Mut und zäh*er* Ausdauer für seine Überzeugung.
   Rastlos*er* Ehrgeiz trieb ihn vorwärts.

3. Nach den endungslosen unbestimmten Zahlwörtern *allerlei, etwas, genug, mancherlei, mehr, viel, wenig* stehen oft unbestimmte Mengenbegriffe:
   Im Keller liegt *allerlei* unbrauchbar*es* Zeug.
   Heute trinkt man *mehr* schwarz*en* Tee als früher.
   Ich habe nur noch *etwas* trocken*es* Brot.
4. Nach *nichts* und den oben genannten Zahlwörtern *allerlei* usw. steht oft ein substantiviertes Adjektiv. Es wird dekliniert und großgeschrieben:
   Bei meiner Ankunft habe ich *etwas* Unangenehm*es* erlebt.
   Dabei hatte ich mit *nichts* Bös*em* gerechnet.

Anmerkung

Im Plural haben einige unbestimmte Mengenbegriffe die Bedeutung „verschiedene Sorten/Arten", z.B.
Fette = verschiedene von Tieren oder Pflanzen stammende Fettarten,
z. B. Butter, Schmalz
Hölzer = verschiedene Holzarten
Weine = Weinsorten

Andere unbestimmte Mengenbegriffe haben im Plural eine festgelegte Bedeutung, z.B.
Papiere = Dokumente (Führerschein, Pass etc.)
Gelder = öffentliche Geldzahlungen

Abwässer = schmutziges, verbrauchtes Wasser
Abgase = Rauch oder schädliches Gas

12 Beginnen Sie den Satz mit „Hier steht bzw. liegt ..."

Hier steht kühles Bier.

1. kühl_ Saft	6. warm_ Milch	11. lecker_ Kuchen
2. rot_ Wein	7. erfrischend_ Limonade	12. gesalzen_ Butter
3. kalt_ Sekt (m)	8. schwarz_ Tee	13. geräuchert_ Speck (m)
4. eisgekühlt_ Wasser	9. stark_ Kaffee	14. kalt_ Braten (m)
5. echt_ Obstsaft (m)	10. frisch_ Brot	15. heiß_ Suppe

13 Nehmen Sie Übung 12. Sagen Sie, womit Sie Ihre Gäste bewirten bzw. nicht bewirten wollen, z.B.:

... mit kühl_ Bier, nicht mit warm_ Milch.

14 Fordern Sie jetzt Ihre Gäste auf: Bitte nehmen Sie noch ein Glas (eine Tasse / einen Teller / ein Stück / eine Scheibe) ..., z.B.:

... ein Glas kühles Bier!

Höflicher klingt eine Frage in dieser Form: *Möchten Sie nicht noch ein Glas kühles Bier?*

V Deklination ohne Artikel im Singular und Plural

	maskulin			*feminin*			*neutral*		
Sg. Nom.	Evas	alter	Lehrer	Evas	alte	Lehrerin	Evas	altes	Heft
Akk.	Evas	alten	Lehrer	Evas	alte	Lehrerin	Evas	altes	Heft
Dat.	Evas	altem	Lehrer	Evas	alter	Lehrerin	Evas	altem	Heft
Gen.	–			–			–		
Pl. Nom.	Evas	alte	Lehrer	Evas	alte	Lehrerinnen	Evas	alte	Hefte
Akk.	Evas	alte	Lehrer	Evas	alte	Lehrerinnen	Evas	alte	Hefte
Dat.	Evas	alten	Lehrern	Evas	alten	Lehrerinnen	Evas	alten	Heften
Gen.	–			–			–		

Die Adjektivdeklination ohne Artikel im Singular und Plural wird nur in einigen Ausnahmefällen gebraucht. Die Adjektivendungen im Plural entsprechen denen des unbestimmten Artikels Plural. Die Deklination ohne Artikel steht

a) nach dem vorangestellten Genitiv:
   Ich habe mir Roberts neues Haus angesehen.
   In unserer Bibliothek stehen Goethes gesammelte Werke.

b) nach dem Fragepronomen *wessen*:
Mit *wessen altem Auto* wollt ihr diesmal nach Spanien fahren?
Wessen klugen Ratschlägen bist du gefolgt?

c) nach dem Relativpronomen im Genitiv *dessen, deren, dessen*; Plural: *deren* (siehe § 35, II, 2):
Die Freundin, *in deren gemütlicher Wohnung* ich in den Ferien gewohnt habe, ...
Der Nachbar, *dessen reicher Onkel* aus Amerika gekommen ist, ...

d) nach den selten gebrauchten endungslosen Pronomen *manch, solch, welch*:

manch gut*er* Freund	manch gut*e* Freunde
auf solch fruchtbar*em* Feld	auf solch fruchtbar*en* Feldern

e) nach dem Personalpronomen als Anrede oder Selbstanrede. Im Singular wird das Adjektiv nach der Deklination ohne Artikel dekliniert:
Du arm*es* Kind!
Mir ehrlich*em* Steuerzahler bleibt nichts erspart.

Im Plural dagegen hat das Adjektiv hier immer die Endung *-en*:
wir klein*en* Rentner; mit uns schlecht bezahlt*en* Hilfsarbeitern

15 An der Garderobe ist einiges hangen bzw. liegen geblieben.

rot_ Halstuch (n) ... Ulla
A: Wessen rotes Halstuch ist das?
B: Das ist Ullas rotes Halstuch.

1. hübsch_ Tasche ... Ilse
2. alt_ Hut ... Albert
3. warm_ Mantel ... Uta
4. gelb_ Mütze (f) ... Ruth
5. hölzern_ Armband (n) ... Gisela
6. wollen_ Schal ... Richard
7. weiß_ Handschuhe (Pl.) ... Ingeborg
8. blau_ Jacke ... Hans
9. braun_ Kamm (m) ... Inge
10. klein_ Kalender (m) ... Michael

16a Nehmen Sie Übung 15 und üben Sie nach folgenden Mustern:

Gib mir Ullas rotes Halstuch! Ich bring' es ihr.

b *A: Was machst du denn mit Ullas rotem Halstuch?*
B: Ich will es ihr bringen.

Gesamtübungen Adjektivdeklination

17 Ergänzen Sie die Endungen. Finden Sie zu den Redensarten der linken Seite die passenden Erklärungen auf der rechten Seite.

1. ein salomonisch_ Urteil (n)	a) ein bestimmt_ Geschehen (n) überall weitererzählen
2. in den saur_ Apfel beißen	b) jdm. einen freundlich_ Empfang bereiten

3. jdn. mit offen_ Armen empfangen
4. mit einem blau_ Auge davonkommen
5. jdm. golden_ Berge versprechen
6. wie ein Blitz aus heiter_ Himmel
7. jdm. golden_ Brücken bauen
8. etw. geht nicht mit recht_ Dingen zu
9. dunk_ Geschäfte machen
10. jdn. wie ein roh_ Ei behandeln
11. die erst_ Geige spielen
12. jdm. mit gleich_ Münze (f) heimzahlen
13. etwas an die groß_ Glocke hängen
14. sich keine grau_ Haare wachsen lassen
15. auf keinen grün_ Zweig kommen

c) die wichtigst_ Person in einer Gruppe sein
d) unrechtmäßig_, betrügerisch_ Handel (m) treiben
e) jdm. groß_ Versprechungen machen, aber das gegeben_ Wort nicht halten
f) jdm. großzüg_ Hilfe anbieten
g) eine klug_ Entscheidung
h) sich keine unnötig_ Sorgen machen
i) nur leicht_ Schaden (m) erleiden, obwohl beinah etwas Schlimm_ passiert wäre
j) ein ganz unerwartet_ Ereignis (n)
k) zu einer unangenehm_ Handlung gezwungen sein
l) im Leben keinen recht_ Erfolg haben
m) Gleich_ mit Gleich_ vergelten oder: jdm. etw. mit der gleich_ Härte zurückgeben
n) ein unerklärlich_ Geschehen / eine ungesetzlich_ Handlung
o) mit jdm. mit groß_ Vorsicht (f) umgehen

18 Ergänzen Sie die Endungen und versuchen Sie eine Erklärung für die folgenden Redensarten:

1. Er wirkt wie ein rot_ Tuch auf mich.
2. vor sein_ eigen_ Tür kehren
3. Er ist ein Schuft reinst_ Wassers. (Schuft = böser Mensch)
4. etw. ist für den hohl_ Zahn
5. sauer verdient_ Geld
6. alles in rosig_ Licht sehen
7. am gleich_ Strang (m) ziehen (Strang = dickes Seil)
8. leer_ Stroh (n) dreschen
9. taub_ Ohren predigen (Dat.)
10. rein_ Tisch machen
11. hinter schwedisch_ Gardinen sitzen
12. mit offen_ Augen ins Unglück rennen
13. etw. beim richtig_ Namen nennen
14. auf dem letzt_ Loch pfeifen
15. Er ist mit dem link_ Bein zuerst aufgestanden.
16. wie auf glühend_ Kohlen sitzen
17. jdm. klar_ Wein einschenken
18. Er ist ein schwer_ Junge.
19. im siebent_ Himmel sein
20. frei_ Hand haben
21. nur mit halb_ Ohr zuhören
22. nur ein halb_ Mensch sein

19a Ergänzen Sie die Endungen.

Eine kalifornisch_ Filmgesellschaft wollte einen spannend_ Goldgräberfilm drehen, der zum groß_ Teil in den Wäldern des nördlich_ Kanada spielen sollte. Man hätte natürlich das winterlich_ Goldgräberdorf in den Filmstudios nachbauen können und die nachgemacht_ Holzhäuser, die krumm_ Straßen mit weiß_, glitzernd_ Salz bestreuen können, aber der Regisseur wünschte echt_ Schnee, wirklich_ Kälte und natürlich_ Licht; deshalb brachte man alles Notwendig_ in mehrer_ schwer_ Lastwagen in ein einsam_ Dorf an der kanadisch_ Grenze. Etwas Besser_ hätten sich die Schauspieler nicht vorstellen können, denn es bedeutete für sie einige herrlich_ Tage in den ruhig_ Wäldern Kanadas. Dort war noch kein richtig_ Schnee gefallen und die Schauspieler faulenzten in der warm_ Oktobersonne, angelten in den nah_ Seen und genossen ihre frei_ Zeit. Nach drei lang_ Wochen verlor die Filmgesellschaft endlich die Geduld, denn jeder nutzlos_ Tag kostete eine Menge hart_ Dollars (Gen.); so ließ sie zwanzig groß_ Lastwagen voll von teur_ Salz nach Kanada kommen, was wieder einiges gut_ Geld kostete. Das Salz wurde von kanadisch_ Sportfliegern über das ganz_ Dorf verstreut und es war, als es fertig war, eine wunderschön_ Winterlandschaft. In der nächst_ Nacht begann es zu schneien, am früh_ Morgen lag in den schwarz_ Wäldern ringsum dick_ Schnee, nur in dem Goldgräberdorf war nichts ander_ zu sehen als hässlich_ braun_ Matsch (m).

b Urlaub machen – aber richtig!

Drei lang_ Wochen richtig faul sein, lange schlafen und gut_ Essen genießen, an ein_ schön_ Strand in d_ warm_ Sonne liegen und gelegentlich ein erfrischend_ Bad in sauber_ Meerwasser nehmen, das ist d_ ersehnt_ Urlaubstraum viel beschäftigt_ Menschen (Gen.), die d_ ganz_ Jahr nie Zeit für sich haben.

Doch gerade dies viel geplagt_ Menschen will das plötzlich_ Faulenzen nicht bekommen. Mit d_ gut_ Schlaf ist es nichts. Man fühlt sich zerschlagen und müde. Für solch_ Urlaub suchend_ Menschen, die ein ganz_ Jahr lang unter stark_ Stress standen, ist das „süß_ Nichtstun" nicht erholsam. Und für d_jenig_, die ohnehin ein geruhsam_ Leben führen, ist das Faulenzen in d_ dreiwöchig_ Ferien in der Regel langweilig. Kein Wunder, dass sich der Hobbyurlaub immer großer_ Beliebtheit erfreut; Ferien mit interessant_, abwechslungsreich_ Programm.

Im Aktiv-Urlaub bleibt der Erholung suchend_ Mensch tätig. Aktiv-Urlaub, das kann mit ein_ vormittäglich_ Sprachkurs, tätig_ Mithilfe bei archäologisch_ Ausgrabungen, sportlich_ Segeln, anstrengend_ Bergtouren, konzentriert_ Schachspielen usw. verbunden sein. Körperlich und geistig_ Tätigkeit mildert die ungewohnt_ Belastung durch die plötzlich_ Umstellung im Urlaub. Maßvoll_ Stress, das ist wichtig!

c Wer hat Schuld?

In den südamerikanisch_ und afrikanisch_ Urwäldern hat in den letzt_ Jahren eine ökologisch_ Tragödie begonnen. Die Zerstörung des brasilianisch_ Urwalds soll hier als warnend_ Beispiel stehen: Brasilien, ein Land mit stark zunehmend_ Bevölkerung, braucht für viel_ Millionen unterernährt_ Menschen neu_ Landwirtschaftsgebiete. Nun gibt es am Amazonas riesig_ Urwälder und es ist verständlich, dass man diese unbewohnt_ Gebiete nutzbar machen wollte.

Auf einer Fläche von mehrer_ 10 000 Quadratkilometern wurden sämtliche uralt_ Bäume abgeholzt oder abgebrannt und die neu_ Siedler, arm_ Leute aus den unter_ Schichten der Bevölkerung, begannen mit ihrer schwer_ Arbeit. Im erst_ Jahr bekamen sie reich_

Ernten, das zweit_ Jahr brachte schon geringer_ Erträge und im darauf folgend_ Jahr zeigte sich eine schrecklich_ Katastrophe. Auf dem Boden, der mit so groß_ Mühe bearbeitet worden war, wuchs nichts mehr. Alle jung_ Pflanzen verwelkten, die neugesät_ Saat vertrocknete im unfruchtbar_ Boden. Etwas Unerwartet_ war geschehen? Nein! Der schön_ Plan der brasilianisch_ Regierung war ein schwer_ Irrtum! Erst jetzt begann man mit geologisch_ Untersuchungen des Urwaldbodens und musste feststellen, es ist Sand, locker_, trocken_ Sand!

Die Frage ist nun, wie solche riesig_ Bäume auf diesem sandig_ Boden überhaupt wachsen konnten. Nach unseren neuest_ Erkenntnissen geschieht das so: In dem feucht_ und heiß_ Klima vermodern (= verwesen, verfaulen) herabfallend_ Blätter und Äste sehr schnell und bilden ausreichend_ Dünger für die Bäume, deren weit ausgebreitet_ Wurzeln flach unter dem Sandboden liegen.

Nun hatte man aber alle jahrhundertalt_ Bäume abgeholzt; im weit_ Umkreis von viel_ Kilometern war kein einzig_ Baum stehen geblieben, so dass die täglich_ Sonnenhitze und schwer_ Regenfälle den schutzlos_ Boden zerstörten. Nachdem die Siedler nach Ablauf des dritt_ Jahres ihr unfruchtbar_ Land wieder verlassen hatten, blieb nichts zurück als eine tot_ Wüste.

Etwas ander_ wäre es gewesen, wenn die Experten einig_ Jahre früher genauer_ Bodenuntersuchungen gemacht hätten. Dann hätten sie rechtzeitig festgestellt, dass im Urwaldgebiet groß_ Flächen unbrauchbar sind, dass man aber auf kleiner_ Plätzen, die vom schützend_ Wald umgeben sind, viel_ Menschen ein sinnvoll_ Leben ermöglichen kann.

§ 40 Komparation des Adjektivs

Vorbemerkungen

1. Sowohl attributive Adjektive als auch modale Adverbien kann man steigern, d.h. man kann im Vergleich die höhere Stufe (= Komparativ) und die höchste Stufe (= Superlativ) bilden.
2. Das attributive (hinzugefügte) Adjektiv steht vor dem Substantiv und ist ihm zugeordnet:
   der sonnig*e* Tag; ein regnerisch*er* Sonntag.
3. Modale Adverbien beziehen sich auf das Verb des Satzes. Man fragt *Wie?:*
   Der letzte Sommer war *heiß*.

I Allgemeine Regeln

	Adjektivattribut	*Adverb*
	das ***kalte*** Wetter im Oktober	Im Oktober ist es oft schon ***kalt.***
Komparativ	das ***kältere*** Wetter im November	Im November ist es meistens ***kälter.***
Superlativ	der ***kälteste*** Januar seit zehn Jahren	Im Durchschnitt ist es im Januar ***am kältesten.***

1. Der *Komparativ* ist eine Vergleichsform, die einen Unterschied anzeigt. Nach dem Komparativ steht *als* (niemals *wie*!). Man bildet den Komparativ mit *-er*.
   a) Der attributive Komparativ hat *-er* und die Adjektivendung:
   der *stärkere* Wind; ein *leichteres* Gewitter
   b) Der adverbiale Komparativ hat nur *-er:*
   In Hamburg regnete es *stärker* als in Hannover.
2. Der *Superlativ* bezeichnet die einmalig höchste Stufe; deshalb wird er immer mit dem bestimmten Artikel verwendet. Man bildet den Superlativ mit *-st*.
   a) Der attributive Superlativ hat *-st* und die Adjektivendung:
   der *längste* Tag des Jahres
   b) Der adverbiale Superlativ wird immer mit *am* ... *-sten* gebildet:
   Am 22. Juli war die Sicht auf die Alpen *am klarsten.*

II Gebrauch des Superlativs

1. Der Superlativ ist die höchste Steigerungsstufe:
   Der Äquator ist der *längste* Breitengrad.
2. Meist ist es notwendig, eine Aussage mit einem Superlativ durch Orts- oder Zeitangaben oder durch andere Hinzufügungen einzuschränken.
   Der Mount Everest ist der *höchste* Berg *der Erde.*
   Das war der *wärmste* Maitag *seit zehn Jahren.*
   Wir wohnen in der *hässlichsten* Stadt, *die ich kenne.*
3. Man kann den Superlativ dadurch einschränken, dass man ihn auf eine Gruppe gleichartiger Sachen oder Personen (siehe § 37, I, 3) bezieht. Diese Gruppe im Genitiv Plural (oder seltener mit *von* + Dativ) bestimmt die Endung von *einer, eine, eines.*
   Der Rhein ist *einer der verkehrsreichsten Ströme* (m).
   Die Heuschrecke ist *eines der schädlichsten Insekten* (n).
   Die Königin lebt in *einem der schönsten Schlösser* (n) von England.
   Zum Glück ist meine Wohnung *eine der billigsten* (Wohnungen) in Frankfurt.

III Sonderformen

1. Einige einsilbige Adjektive bilden den Komparativ und den Superlativ mit einem Umlaut:
   arm, *ärmer,* am *ärmsten*
   Ebenso: alt, dumm, grob, hart, jung, kalt, klug, kurz, lang, scharf, stark, schwach, warm; *auch:* gesund.

2. a) Adjektive mit unregelmäßiger Komparation:

hoch	*attributiv*	das ho**h**e Haus	das hö**h**ere Haus	das hö**ch**ste Haus
	adverbial	es ist ho**ch**	es ist hö**h**er	es ist am hö**ch**sten
nah	*attributiv*	das na**h**e Ziel	das nä**h**ere Ziel	das nä**ch**ste Ziel
	adverbial	es ist na**h**	es ist nä**h**er	es ist am nä**ch**sten
gut	*attributiv*	die gute Art	die ***bessere*** Art	die ***beste*** Art
	adverbial	es ist gut	es ist ***besser***	es ist am ***besten***
viel	*attributiv*	viele Angebote	***mehr*** (undeklinierbar) Angebote	die ***meisten*** Angebote
	adverbial	es gibt viel	es gibt ***mehr***	es gibt am ***meisten***
gern	*adverbial*	das tue ich gern	das tue ich ***lieber***	das tue ich am ***liebsten***

Anmerkung

1. *mehr* (undeklinierbar) bezeichnet eine unbestimmte Menge und steht vor artikellosen Substantiven im Singular und Plural. (Siehe § 37, II, 4 und § 39, IV, 3)
2. *mehrere* (deklinierbar) bezeichnet eine unbestimmte Zahl (= einige; mehr als zwei):
   Ich musste mehrere Stunden beim Zahnarzt warten.

b) Unregelmäßige Sonderformen auf *-stens,* die nur adverbial gebraucht werden und eine abweichende Bedeutung haben:

höchstens	Kleine Kinder sollten *höchstens* drei Wochen von ihren Eltern getrennt sein.
nächstens	Wir werden Sie *nächstens* genauer informieren.
bestens	Er war *bestens* auf sein Examen vorbereitet.
meistens	Für seine Verspätung hatte er *meistens* eine Ausrede.
wenigstens	Schick ihm *wenigstens* fünfzig Euro.
mindestens	Das Schwein wiegt *mindestens* vier Zentner.
zumind*est*	Du hättest *zumindest* anrufen können.

3. a) Adjektive auf *-d, -t, -tz, -z, -sch, -ss* und *-ß* bilden den Superlativ mit einem Hilfs-*e*:

wild	wilder	am wild**e**sten
breit	breiter	am breit**e**sten
stolz	stolzer	am stolz**e**sten
spitz	spitzer	am spitz**e**sten
heiß	heißer	am heiß**e**sten
krass	krasser	am krass**e**sten
hübsch	hübscher	am hübsch**e**sten

b) Ebenso Adjektive, die von einem Partizip Perfekt der schwachen Verben abgeleitet sind:

vertraut	vertrauter	am vertraut**e**sten
beliebt	beliebter	am beliebt**e**sten

Ausnahmen ohne Hilfs-*e:*

a) groß, größer, am größten

b) Adjektive auf *-isch:* am neid*ischst*en, am heim*ischst*en

c) Adjektive, die von einem Partizip Präsens abgeleitet sind:
bedeutend, bedeutender, am bedeuten*dst*en
zutreffend, zutreffender, am zutreffen*dst*en

d) Adjektive, die von einem Partizip Perfekt der schwachen Verben abgeleitet sind und auf *-ert, -elt* oder *-tet* enden:
begeistert, begeisterter, am begeister*tst*en
bekümmert, bekümmerter, am bekümmer*tst*en
verzweifelt, verzweifelter, am verzweifel*tst*en
gefürchtet, gefürchteter, am gefürchte*tst*en

4. Adjektive auf *-el* oder *-er* haben Sonderformen (siehe § 39 I Anm. 4):

dunk*el*	der dunk*le* Keller	es wird dunk*ler*	es ist am dunk*elsten*
ed*el*	der ed*le* Wein	er ist ed*ler*	er ist am ed*elsten*
teu*er*	der teu*re* Mantel	er ist teu*rer*	er ist am teu*ersten*

1a Üben Sie den Komparativ.

Sprich bitte laut!
Gut, ich werde jetzt lauter sprechen als bisher.

Statt *gut* kann man seine Bereitschaft freundlicher durch *(ja) gern* ausdrücken. Ein klein wenig Ungeduld zeigen Sie, wenn Sie sagen: *Also schön, ich werde ...*, besonders wenn Sie *schön* betonen.

1. Schreib bitte schnell!
2. Sprich bitte deutlich!
3. Rechne bitte genau!
4. Hör bitte gut zu!
5. Sei bitte leise!
6. Lauf bitte langsam!
7. Bediene bitte freundlich!
8. Arbeite bitte sorgfältig!
9. Fahr bitte vorsichtig!
10. Sei bitte ordentlich!
11. Üb bitte viel!

b Der Bus fährt aber nicht sehr schnell!
Das stimmt, er könnte schneller fahren.

Andere Möglichkeiten der Zustimmung: *Da haben Sie Recht, ... ; Ja, wirklich, ... ; Da bin ich ganz Ihrer Meinung, ...* (Betonung auf „wirklich“ oder „ganz“.)

1. Der Radfahrer fährt aber nicht sehr vorsichtig!
2. Der Motorradfahrer ist aber nicht sehr rücksichtsvoll!
3. Die Fußgänger gehen aber nicht sehr schnell über die Straße!
4. Der Autofahrer ist aber nicht sehr höflich!
5. Die Straßenlaternen sind aber nicht sehr hell!
6. Die Straße ist aber nicht sehr gut!
7. Der Bus ist aber nicht sehr billig!
8. Die Haltestelle ist aber nicht sehr nah!

c Essen (n) / billig. Dieses Essen ist aber nicht billig!
Stimmt, es könnte billiger sein.

1. Kellner (m) / höflich
2. Kaffee (m) / stark
3. Brötchen (Pl.) / frisch
4. Suppe (f) / warm
5. Kartoffeln (Pl.) / weich
6. Bier (n) / kalt
7. Pudding (m) / süß
8. Äpfel (Pl.) / saftig

d Schuhe (Pl.) / bequem. Sind die Schuhe nicht bequem?
Sie könnten bequemer sein.

Umgangssprachlich setzt man gern *na ja* vor die Antwort: *Na ja, sie könnten...*

1. Jacke (f) / warm
2. Einkaufstasche (f) / fest
3. Mantel (m) / leicht
4. Kleid (n) / modern
5. Anzug (m) / billig
6. Socken (Pl.) / lang
7. Wolle (f) / grob
8. Fell (n) / dick
9. Leder (n) / gut
10. Gürtel (m) / breit

2 Üben Sie die Steigerungsstufen.

Fritz springt ... als Emil. (hoch / Hans)
Fritz springt höher als Emil.
Aber Hans springt am höchsten.

1. Stella spricht ... Deutsch als Michaela. (gut / Angela)
2. Müller arbeitet ... als Maier. (zuverlässig / Schulze)
3. Wein trinkt er ... als Bier. (gern / Sekt)
4. Seine Kusinen stehen ihm ... als seine Tante. (nah / Geschwister)
5. Das Radio war ... als der Plattenspieler. (teuer / der Fernseher)
6. Ein Skorpionstich ist ... als ein Wespenstich. (gefährlich / ein Schlangenbiss)
7. Mein Schäferhund ist ... als euer Dackel. (wild / der Jagdhund des Nachbarn)
8. Sie isst Rindfleisch ... als Schweinefleisch. (gern / Hammelfleisch)
9. Im Einzelhandelsgeschäft ist die Bedienung ... als im Warenhaus. (freundlich / im Tante-Emma-Laden)
10. Im Zug reist man ... als im Bus. (schnell / im Flugzeug)
11. In der Sahara ist es ... als in Israel. (heiß / am Äquator)
12. In Grönland ist es ... als in Schweden. (kalt / im Nordosten von Russland)
13. Der Amazonas ist ... als der Mississippi. (lang / der Nil)
14. In Asien sind Dialekte ... als in Südamerika. (verbreitet / in Afrika)
15. In Europa ist die Zahl der Deutschsprechenden ... als die Zahl der Menschen, die Englisch als Muttersprache sprechen. (hoch / die Zahl der Russischsprechenden)

3 Üben Sie die Steigerungsstufen.

Ich möchte ein Paar warme Handschuhe.
Haben Sie keine wärmeren? – Nein, das sind die wärmsten, die wir haben.

Die Antwort klingt so höflicher: *Nein, leider ... ; Nein, es tut mir Leid, ... ; oder: Ich bedaure, aber das ...*

Ich möchte ...

1. ... einen guten Tennisschläger.
2. ... eine große Einkaufstasche.
3. ... einen kleinen Fotoapparat.
4. ... festes Packpapier.
5. ... ein Paar schwere Wanderschuhe.
6. ... ein Paar leichte Sommerschuhe.
7. ... einen warmen Wintermantel.
8. ... einen billigen Wecker.
9. ... einen bequemen Sessel.
10. ... einen preiswerten Kalender.

4 Herr Neureich ist mit nichts zufrieden.

Die Wohnung ist nicht groß genug.
Er möchte eine größere Wohnung.

1. Die Lampen sind nicht hell genug.
2. Die Möbel sind nicht elegant genug.
3. Das Porzellan ist nicht wertvoll genug.
4. Der Schrank ist nicht breit genug.
5. Der Orientteppich ist nicht alt genug.
6. Das Fernsehbild ist nicht groß genug.

5 Im Antiquitätenladen findet man ...

interessante Dinge.
die interessantesten Dinge.

1. elegante Vasen
2. merkwürdige Bilder
3. alte Spielsachen
4. wertvolle Gläser
5. verrückte Bierkrüge
6. teure Möbel
7. hübsche Bilderrahmen
8. altmodische Stehlampen

6 Bilden Sie Fragen mit dem Superlativ und veranstalten Sie dann ein Quiz. (Lösungen S. 323)

1. Wie heißt das (groß) Säugetier der Erde?
2. Wie heißt das (klein) Säugetier der Erde?
3. Wie heißt das Tier mit dem (hoch) Wuchs?
4. Welches Tier kann am (schnell) laufen?
5. Welche Schlange ist am (giftig)?
6. Wie heißt der (groß) Ozean?
7. Wie tief ist die (tief) Stelle des Meeres?
8. Welches ist der (klein) Erdteil?
9. Wo ist es am (kalt)?
10. Wo regnet es am (viel)?
11. In welcher Gegend der Erde ist es am (stürmisch)?
12. Wann ist auf der Nordhalbkugel der (kurz) Tag?
13. Wann ist auf der Nordhalbkugel der (lang) Tag?
14. Wie heißt das (leicht) Gas?
15. Wann sind wir von der Sonne am (weit) entfernt?
16. Wann ist die Sonne der Erde am (nah)?

7 Üben Sie nach folgendem Muster:

A: (behauptet) Der alte Turm ist *das schönste Gebäude* dieser Stadt.
B: (protestiert) Es gibt aber noch andere schöne Gebäude in dieser Stadt.
A: (muss zugeben) Der alte Turm ist eines der schönsten Gebäude in dieser Stadt.

1. Das Herz ist das empfindlichste Organ in unserem Körper.
2. Homer war der größte Dichter im Altertum.
3. Diese chinesische Vase ist das kostbarste Gefäß in diesem Museum.
4. Das Fahrrad ist die nützlichste Erfindung seit 200 Jahren.
5. Das Grippevirus ist wahrscheinlich das gefährlichste (Virus). (Pl.: *Viren*)
6. Der Zug von Paris nach Marseille ist der schnellste (Zug) in Frankreich.
7. Als wir den Professor kennen lernten, wussten wir nicht, dass er der bekannteste (Professor) für afrikanische Literaturgeschichte ist.
8. Der französische Regisseur hat den besten Film in dieser Saison gedreht.
9. Wir haben an der tollsten Party in diesem Winter teilgenommen.
10. In Köln wurde das hässlichste Museum (Pl. Museen) gebaut.
11. Seit der Renovierung gilt unser Haus als das schönste (Haus) im Viertel.
12. Wissen Sie, dass Sie mit dem einflussreichsten Mann in dieser Stadt gesprochen haben?

§ 41 Adjektive und Partizipien als Substantive

a) In unserem Abteil saßen einige *Jugendliche*.
b) Die jungen Leute diskutierten mit den *Reisenden*.
c) Ein alter *Gelehrter* wollte die Argumente der *Behinderten* nicht anerkennen.

Adjektive und Partizipien, die als selbstständige Substantive gebraucht werden, werden wie ein Adjektiv dekliniert.

zu a) Folgende gebräuchliche Substantive sind aus Adjektiven entstanden:

der Adlige, ein -er	der Jugendliche, ein - er
der Arbeitslose, ein - er	der Kranke, ein - er
der Bekannte, ein - er	der Lahme, ein - er
der Blinde, ein - er	der Rothaarige, ein - er
der Blonde, ein - er	der Schuldige, ein - er
der Deutsche, ein - er	der Staatenlose, ein - er
der Farbige, ein - er	der Taubstumme, ein - er
der Fremde, ein - er	der Tote, ein - er
der Geizige, ein - er	der Verwandte, ein - er
der Gesunde, ein - er	der Weise, ein - er
der Heilige, ein - er	der Weiße, ein - er

zu b) Folgende gebräuchliche Substantive sind aus dem Partizip Präsens entstanden (Das Partizip Präsens wird gebildet aus dem Infinitiv + *-d*: frage*nd*, laufen*d*. Siehe § 46, I):

der Abwesende, ein - er	der Leidtragende, ein - er
der Anwesende, ein - er	der Reisende, ein - er

der Auszubildende, ein - er
der Heranwachsende, ein - er
der Überlebende, ein - er
der Vorsitzende, ein - er

zu c) Folgende gebräuchliche Substantive sind aus dem Partizip Perfekt entstanden (Bildung des Perfekts siehe § 6, I, 5; § 7; § 8; § 46):

der Angeklagte, ein - er
der Angestellte, ein - er
der Beamte, ein - er
aber: die / eine Beamtin
der Behinderte, ein - er
der Betrogene, ein - er
der Betrunkene, ein - er
der Gefangene, ein - er
der Gelehrte, ein - er
der Geschiedene, ein - er
der Verheiratete, ein - er
der Verletzte, ein - er
der Verliebte, ein - er
der Verlobte, ein - er
der Verstorbene, ein - er
der Vorgesetzte, ein - er

1 Üben Sie Definitionen.

der Geizige / möglichst nichts von seinem Besitz abgeben wollen
Ein Geiziger ist ein Mensch, der möglichst nichts von seinem Besitz abgeben will.

1. der Betrunkene / zu viel Alkohol trinken (Perf.)
2. der Geschiedene / seine Ehe gesetzlich auflösen lassen (Perf.)
3. der Staatenlose / keine Staatszugehörigkeit besitzen
4. der Taubstumme / nicht hören und nicht sprechen können
5. der Weise / klug, vernünftig und lebenserfahren sein
6. der Überlebende / bei einer Katastrophe mit dem Leben davonkommen (Perf.)
7. der Vorsitzende / eine Partei, einen Verein o.Ä. leiten
8. der Lahme / sich nicht bewegen können
9. der Auszubildende / eine Lehre machen
10. der Vorgesetzte / anderen in seiner beruflichen Stellung übergeordnet sein

2 Definieren Sie in ähnlicher Weise selbstständig.

1. der Weiße
2. der Farbige
3. der Verstorbene
4. der Gefangene
5. der Reisende
6. der Abwesende
7. der Anwesende
8. der Arbeitslose
9. der Einäugige
10. der Schuldige

3 Setzen Sie die Definitionen aus Übung 2 in den Plural.

der Weiße
Weiße sind Menschen mit heller Hautfarbe.

4 Ergänzen Sie die Endungen.

Ein Betrunken_ fuhr gestern auf der Autobahn als sogenannter Geisterfahrer in der falschen Richtung. Dabei rammte er einen Bus. Trotzdem fuhr der Betrunken_ weiter. Die Leidtragend_ waren die Reisend_ in dem Bus, meist Jugendlich_, die zu einem Fußballspiel fahren wollten. Der Bus kam von der Fahrbahn ab und überschlug sich. Das Ergebnis: ein Tot_ und 15 Verletzt_. Ein Schwerverletzt_ wurde mit dem Hubschrauber ins Krankenhaus gebracht. Der Busfahrer, ein Angestellt_ der hiesigen Stadtverwaltung, blieb unverletzt; der Tot_ jedoch ist ein naher Verwandt_ des Fahrers. Dem Schuldig_, den man kurz nach dem Unfall stoppen konnte, wurde eine Blutprobe entnommen. Der Führerschein des Betrunken_ wurde sichergestellt.

§ 42 Adverbien

I Allgemeine Regeln

a) Ich sehe ihn *bald.*
Er arbeitet *sorgfältig.*
Dein Auto steht *da hinten.*

b) Das Wetter war *ungewöhnlich* gut.
Sie ist *ziemlich* ungeschickt.

c) Er hat ein *bewundernswert* gutes Gedächtnis.

Adverbien werden nicht dekliniert. Sie beziehen sich auf das Verb und nehmen eine eigene Position im Satz ein (siehe § 22 VII-IX).

zu a) Man fragt: *Wann, wie, wo ist oder geschieht etwas?*

zu b) Adverbien können sich auf andere Adverbien beziehen. Man fragt: *Wie ungeschickt war sie?* – Antwort: *Ziemlich ungeschickt.*

zu c) Adverbien können sich auch auf Adjektivattribute beziehen. Man fragt: *Was für ein Gedächtnis?* – Antwort: *Ein bewundernswert gutes Gedächtnis.*

II Temporaladverbien

Temporaladverbien geben an, wann, bis wann, seit wann, wie lange, wie oft etwas ist oder geschieht.

Die folgende Einteilung entspricht der inhaltlichen Bedeutung der Temporaladverbien, nicht dem Tempusgebrauch im Satz- und Textzusammenhang:

1. Gegenwart: heute, jetzt, nun, gerade; sofort, augenblicklich; gegenwärtig, heutzutage

2. Vergangenheit: gestern, vorgestern; bereits, eben, soeben, vorhin, früher, sonst, neulich, kürzlich; inzwischen, unterdessen; einst, einmal, ehemals, jemals; seither, vorher, damals, anfangs

3. Zukunft: morgen, übermorgen; bald, demnächst, nächstens, künftig; nachher, danach, später

4. Allgemein: wieder, oft, oftmals, häufig, mehrmals, stets, immer, immerzu, ewig; erst, zuerst, zuletzt, endlich; nie, niemals, morgens, mittags, abends, nachts, vormittags usw.

Anmerkung

Im gleichen Sinn wird auch der Akkusativ der Zeit gebraucht, z.B.: *alle Tage, nächste Woche, jeden Monat, voriges Jahr* usw.

III Modaladverbien

Modaladverbien geben an *wie, auf welche Art, mit welcher Intensität* etwas ist oder geschieht.

1. Adjektive können als modale Adverbien gebraucht werden:
   Er fragte mich *freundlich.*
   Es geht mir *schlecht.*
   In dieser Funktion werden sie nicht dekliniert, können aber gesteigert werden.

2. Die folgenden Modaladverbien geben der Aussage eine bestimmte Richtung oder Färbung. Die meisten beziehen sich auf ein übergeordnetes Adverb, und zwar

verstärkend:	sehr, besonders, außerordentlich, ungewöhnlich
abschwächend:	fast, kaum, beinahe; ganz, recht, einigermaßen, ziemlich
in Frage stellend:	wohl, vielleicht, versehentlich, vermutlich, möglicherweise, wahrscheinlich
bestärkend:	sicher, bestimmt, allerdings, natürlich, gewiss, folgendermaßen, tatsächlich, absichtlich, unbedingt
verneinend:	gar nicht, überhaupt nicht, keineswegs, keinesfalls; vergebens, umsonst

3. Modale Adverbien , die mit *-er + -weise* gebildet werden:
   Er steht *normalerweise* um 7 Uhr auf.
   Er hat *dummerweise* den Vertrag schon unterschrieben.
   Sie haben *glücklicherweise* die Prüfung bestanden.
   Er hat ihm *verständlicherweise* nicht mehr als fünfzig Euro geliehen.

4. Modale Adverbien zur Angabe eines Grundes oder einer Bedingung, die mit *-halber* oder *-falls* gebildet werden:
   Wir haben *vorsichtshalber* einen Rechtsanwalt genommen. (= weil wir vorsichtig sein wollten)
   Das Haus ist *umständehalber* zu verkaufen. (= weil die Umstände so sind)
   Er wird *schlimmstenfalls* eine Geldstrafe zahlen müssen. (= wenn es schlimm kommt)
   Bestenfalls wird er freigesprochen. (= wenn der beste Fall eintritt)

IV Lokaladverbien

Lokaladverbien geben an, *wo* etwas ist oder geschieht, *wohin* sich etwas bewegt oder *woher* etwas kommt:

wo? da, dort, hier; außen, draußen, drinnen, drüben, innen; oben, unten, mitten, vorn, hinten, links, rechts

wohin? dahin, dorthin, hierhin; hinaus, hinein, hinauf, herauf, hinunter, herunter, hinüber, herüber; aufwärts, abwärts, vorwärts, rückwärts, seitwärts – oder mit Präposition: nach unten / oben usw.

woher? heraus, herein; daher, dorther – oder mit Präposition: von unten / draußen usw.

Anmerkungen

1. Mit Hilfe der Endung *-ig* können aus Adverbien attributive Adjektive gebildet werden: der *heutige* Tag, im *vorigen* Monat:
   heutig-, gestrig-, morgig-, hiesig-, dortig-, obig-, vorig-
2. aus den Adverbien *außen, innen, oben, unten, vorn, hinten* usw. können ebenfalls attributive Adjektive gebildet werden:
   äußere Probleme, innere Krankheiten, das untere oder unterste Stockwerk, die hintere oder hinterste Reihe, die vorderen oder vordersten Stühle

1 Bilden Sie aus dem Adverb ein attributives Adjektiv.

die Zeitung von gestern — *die gestrige Zeitung*

1. die Nachricht von gestern
2. das Wetter von morgen
3. die Stadtverwaltung von hier
4. die Beamten von dort
5. die Jugend von heute
6. die Zeilen von oben
7. das Wissen von jetzt
8. die Versuche bisher

2 Setzen Sie die folgenden Adverbien sinnvoll ein.

a) bestenfalls b) dummerweise c) folgendermaßen d) normalerweise e) oftmals f) verständlicherweise g) vorsichtshalber

Wir sind diesen Weg ... gegangen. Dennoch habe ich ... die Wanderkarte mitgenommen. Ich denke, wir laufen am besten ... : von hier über den Blocksberg nach Ixdorf. ... kann man den Weg in einer Stunde zurücklegen. Wegen des Schnees braucht man heute ... etwas länger. Jetzt habe ich doch ... meine Brieftasche zu Hause gelassen! In meinem Portmonee habe ich nur noch fünf Euro; das reicht ... für ein Bier für jeden.

3 Formulieren Sie die Sätze mit den angegebenen Adverbien.

Wie ist die Wohnung eingerichtet? / schön
Es handelt sich um eine schön eingerichtete Wohnung.

1. Wie groß sind die Hochhäuser? / erstaunlich
2. Wie hoch ist die Miete für die Büroräume? / unglaublich
3. Wie bekannt ist der Schauspieler? / allgemein
4. Wie ist mein neues Auto lackiert? / rot
5. Wie ist das Kind erzogen worden? / gut
6. Wie ist das Haus renoviert worden? / unvollständig und nicht sachgerecht
7. Wie ist die Einigung zwischen den Partnern entstanden? / mühsam
8. Wie wurde die Maschine konstruiert? / fehlerhaft

9. Wie wurden die Vorschriften zum Umweltschutz in der Chemiefabrik behandelt? / allzu oberflächlich
10. Wie zahlen die Mieter (Aktiv) / im Allgemeinen regelmäßig
11. Wie wachsen einige Bäume? / schnell
12. Wie wurde das Spiel unserer Fußballmannschaft verloren? / haushoch
13. Wie hat die Fußballmannschaft verloren? / haushoch
14. Wie argumentiert die Zigarettenindustrie im Streit mit dem Fernsehen? / ungeschickt
15. Wie wurde der Angeklagte verurteilt? / von dem Richter ungerecht
16. Wie hat man das Unfallopfer ins Krankenhaus gebracht? / schwer verletzt
17. Wie ist diese Suppe zu kochen? / besonders leicht
18. Wie sind diese Probleme zu lösen? / überhaupt nicht oder nur schwer

§ 43 Modale Adverbien mit Dativ bzw. Akkusativ

I Auswahl der gebräuchlichsten Adverbien mit Dativ

abträglich	Das Rauchen ist *seiner Gesundheit* abträglich.
ähnlich	Das Kind ist *der Mutter* ähnlich.
angeboren	Der Herzfehler ist *ihm* angeboren.
angemessen	Ein Studium an einer Fachhochschule ist *ihm* angemessen.
behilflich	Der Gepäckträger war *der Dame* behilflich.
beschwerlich	Lange Zugreisen sind *mir* zu beschwerlich.
bekannt	Seine Aussage ist *mir* seit langem bekannt.
bewusst	Das ist *mir* noch niemals bewusst geworden.
böse	Er ist *seiner Freundin* böse.
entsprechend	Unser Verhalten war *dem seinen* entsprechend.
fremd	Er ist *mir* immer fremd geblieben.
gegenwärtig	Der Name war *dem Professor* im Augenblick nicht gegenwärtig.
geläufig	Das Wort ist *dem Ausländer* nicht geläufig.
gelegen	Die Nachzahlung kommt *mir* sehr gelegen.
gewachsen	Er ist *den Problemen* nicht gewachsen.
gleichgültig	Die Politik ist *mir* im Allgemeinen nicht gleichgültig.
nahe	Wir waren *dem Ziel* schon nahe.

peinlich	Sein Lob war *mir* peinlich.
recht	Sein Aufenthalt war *den Verwandten* nicht recht.
sympathisch	Die Zeugin war *dem Richter* sympathisch.
treu	Er ist *ihr* treu geblieben.
überlegen	Die bayerische Fußballmannschaft war *den Hamburgern* überlegen.
unterlegen	Er war *seinen Konkurrenten* unterlegen.
vergleichbar	Dein Lebensweg ist *meinem* vergleichbar.
verhasst	Dieser Mensch ist *mir* verhasst.
zugetan	Er ist *den Kindern* sehr zugetan.
zuwider	Deine Lügen sind *mir* zuwider.

II Modale Adverbien mit Zeit- und Maßangaben im Akkusativ

alt	Der Säugling ist erst *einen Monat* alt.
breit	Das Regal ist *einen Meter* breit.
dick	Das Brett ist *20 mm* dick.
hoch	Der Mont Blanc ist fast *5000 m* hoch.
tief	Die Baugrube ist etwa *zehn Meter* tief.
lang	Moderne Betten sind *2,30 m* lang.
schwer	Das kaiserlicher Silberbesteck war *einen Zentner* schwer.
weit	Vögel können über *10 000 Kilometer* weit fliegen.
wert	Die Aktien sind nur noch *die Hälfte* wert.

1 Ergänzen Sie die Pronomen bzw. Artikel.

1. Ich habe sie offenbar verärgert; nun ist sie ... böse.
2. Der Arzt sagte zu mir: Möglichst keine Aufregung! Das ist ... Gesundheit abträglich.
3. Er hat sich nicht mal bedankt. Das sieht ... ähnlich!
4. Sie ist unglaublich gelenkig; das ist ... angeboren.
5. Ich verstehe mich nicht gut mit ihnen; sie sind ... fremd.
6. Du musst ... Gesundheitszustand entsprechend leben!
7. Der ältere Herr mag die jungen Leute von nebenan. Sie sind ... sympathisch und er ist ... sehr zugetan; umgekehrt sind sie ... beim Einkaufen und Tragen der Sachen gefällig.

8. Es ist ... Menschen (Pl.) nicht gleichgültig, ob ihr Lebensgefährte ... treu ist oder nicht.
9. Es ist ... nicht bewusst, wann ich die Leute verärgert habe; aber ich weiß, ich bin ... verhasst.
10. Sie ist ... in Mathematik, aber ich bin ... dafür in Sprachen überlegen. ... Anforderungen in den anderen Fächern sind wir beide gewachsen.
11. Das kommt ... gerade gelegen, dass du vorbeikommst! Kannst du ... beim Umräumen mal behilflich sein?

§ 44 Adverbien mit Präpositionen

Worauf seid ihr stolz?
Wir sind stolz *auf* sein ausgezeichnetes Examen.
Wir sind stolz *darauf*, dass er ein ausgezeichnetes Examen gemacht hat.

Auswahl der gebräuchlichsten Adverbien mit Präposition

arm an + D	Phantasie
angesehen bei + D	seinen Kollegen
ärgerlich über + A	die Verspätung
aufmerksam auf + A	die Verkehrsregeln
begeistert von + D	dem neuen Backrezept
bekannt mit + D	seinen Nachbarn
bei + D	seinem Vorgesetzten
für + A	seine Unpünktlichkeit
bekümmert über + A	seinen Misserfolg
beliebt bei + D	seinen Kommilitonen
blass vor + D	Neid
böse auf + A	seinen Hund
betroffen von + D	der Gehaltskürzung
über + A	den plötzlichen Tod seines Vetters
besessen von + D	den neuen Ideen
beunruhigt über + A	die Wirtschaftslage
eifersüchtig auf + A	seine Schwester
entsetzt über + A	den Mord im Nachbarhaus
erfreut über + A	die rasche Genesung
erkrankt an + D	Kinderlähmung
fähig zu + D	dieser Tat
fertig mit + D	dem Kofferpacken
zu(r) + D	Abfahrt
frei von + D	Gewissensbissen
freundlich zu + D	allen Menschen

froh über + A	die neue Stellung
glücklich über + A	die billige Wohnung
interessiert an + D	den Forschungsergebnissen
nachlässig in + D	seiner Kleidung
neidisch auf + A	den Erfolg seines Kollegen
nützlich für + A	den Haushalt
rot vor + D	Wut
reich an + D	Talenten
stolz auf + A	sein gutes Ergebnis
schädlich für + A	die Bäume
überzeugt von + D	der Richtigkeit seiner Theorie
verbittert über + A	den langen Verwaltungsweg
verliebt in + A	die Frau seines Freundes
voll von + D	Begeisterung
verrückt nach + D	einem schnellen Sportwagen
verschieden von + D	seinen Geschwistern
verständnisvoll gegenüber + D	der Jugend
verwandt mit + D	der Frau des Ministers
verwundert über + A	seine Geschicklichkeit
voreingenommen gegenüber + D	berufstätigen Frauen
zufrieden mit + D	der guten Ernte
zurückhaltend gegenüber + D	seinen Mitmenschen

1 Ergänzen Sie die Präpositionen.

1. Der Bauer ist ... seiner Ernte sehr zufrieden; aber er ist verbittert dar_, dass durch die reiche Getreideernte die Preise fallen.
2. Der gute Junge ist ganz verrückt ... meiner Schwester, aber die ist ... ihm überhaupt nicht interessiert. Sie hat einen anderen Freund. Er ist nun ... ihre Gleichgültigkeit recht bekümmert und ... den Freund natürlich furchtbar eifersüchtig.
3. Der Stadtverordnete ist ... seinen Kollegen sehr angesehen, denn er ist bekannt ... seine gerade, mutige Haltung. Er ist freundlich ... jedermann und verständnisvoll ... den Anliegen der Bürger.
4. Viele Menschen sind beunruhigt ... die politische Entwicklung. Sie sind entsetzt ... die furchtbaren modernen Waffen und überzeugt ... der Notwendigkeit, den Frieden zu bewahren.
5. Schon lange war mein Bruder ... deine Schwester verliebt. Ich bin sehr froh und glücklich dar_, dass die beiden heiraten wollen und stolz ... eine so hübsche und kluge Schwägerin. Die Eltern sind ihr ... noch etwas voreingenommen; aber sie wird schon fertig ... ihnen, da_ bin ich überzeugt.
6. Mein Bruder ist ... Tuberkulose erkrankt. Als er es erfuhr, wurde er blass ... Schreck. Nun ist er in einer Klinik, die bekannt ... ihre Heilerfolge ist. Er ist ganz begeistert ... der freundlichen Atmosphäre dort. Der Chefarzt ist beliebt ... Personal und Patienten.
7. Ständig hat der Junge den Kopf voll ... dummen Gedanken! Er ist besessen ... schweren Motorrädern, aber nachlässig ... seiner Arbeit, begeistert ... Motorradrennen und fähig ... den verrücktesten Wettfahrten!

8. Jetzt ist er beleidigt, weil du ihm mal die Meinung gesagt hast. Er wurde ganz rot ... Zorn und nun ist er böse ... dich. Aber es war notwendig, dass du es ihm mal gesagt hast, du kannst ganz frei ... Schuldgefühlen sein.

§ 45 Das Zustandspassiv

aktive Handlung Kurz vor 8 Uhr *hat* der Kaufmann seinen Laden *geöffnet.*
passive Handlung Kurz vor 8 Uhr *ist* der Laden *geöffnet worden.*

Die aktive und die passive Handlung drücken gleichermaßen aus, dass irgendjemand etwas tut. Auch wenn im Passiv der „Täter" nicht mehr genannt wird, weist die Partizipform *worden* auf eine mögliche handelnde Person hin.

Zustandspassiv Präsens Jetzt ist es 10 Uhr; seit zwei Stunden *ist* der Laden *geöffnet.*
Zustandspassiv Vergangenheit Als ich kam, *war* der Laden schon *geöffnet.*

Das Zustandspassiv wird mit *sein* und dem Partizip Perfekt gebildet.

1. Im Zustandspassiv hat das Partizip Perfekt eine adverbiale oder attributive Funktion. Es drückt einen Zustand aus nach einem vorangegangenen Vorgang. Eine handelnde Person gibt es nicht mehr. Man fragt: *Wie ist der Zustand?*

adverbial:	attributiv:
Der Teller ist zerbrochen.	der zerbrochene Teller
Das Tor war verschlossen.	das verschlossene Tor

2. Im Zustandspassiv sind nur zwei Zeiten gebräuchlich, Präsens und Präteritum von *sein:*
Heute *sind* die Kriegsschäden in Frankfurt fast völlig *beseitigt.*
1945 *war* die Altstadt Frankfurts gänzlich *zerstört.*

1 Frau Luther kommt spät nach Hause; ihr Mann war schon früher da.

Wäsche waschen
Ich wollte die Wäsche waschen, aber sie war schon gewaschen.

1. Teller (Pl.) spülen
2. Geschirr (n) wegräumen
3. die Schuhe putzen
4. die Betten machen
5. die Hemden bügeln
6. die Kleider zur Reinigung bringen
7. den Teppich saugen
8. die Blumen gießen
9. die Treppe wischen
10. das Abendessen zubereiten

2 Vor der Reise

Fenster schließen
Vergiss nicht die Fenster zu schließen!
Sie sind schon geschlossen.

Sie wollen ausdrücken, dass diese Erinnerung ganz unnötig ist, es ist längst alles getan: *Die sind schon längst geschlossen!*

1. die Fahrkarten kaufen
2. die Zeitung abbestellen
3. die Turnschuhe einpacken
4. die Wasserleitung abstellen
5. die Sicherungen abschalten
6. den Nachbarn informieren
7. die Tür verschließen
8. die Schlüssel beim Hausverwalter abgeben
9. ein Taxi rufen

3 Beim Arzt

Frau Kapp den Verband anlegen
Arzt: Haben Sie Frau Kapp schon den Verband angelegt?
Sprechstundenhilfe: Ja, er ist schon angelegt.

Die Antwort klingt umgangssprachlich ein klein wenig beruhigend, wenn die Sprechstundenhilfe sagt: *Ja, ja, der ist schon angelegt.* (Bei Personen aber „er" bzw. „sie"!)

1. Herrn Müller den Arm röntgen
2. dem Jungen einen Krankenschein schreiben
3. diesem Herrn den Blutdruck messen
4. Frau Neumann wiegen
5. Frau Kübler Blut abnehmen
6. dem Verletzten die Wunde reinigen
7. den Krankenwagen benachrichtigen
8. das Rezept für Frau Klein ausschreiben

§ 46 Die Partizipialkonstruktion

Vorbemerkungen

1. Die Partizipien Präsens (Partizip I) und Perfekt (Partizip II) können als Adjektivattribute gebraucht werden.
2. Man bildet das Partizip Präsens mit dem Infinitiv + *d*, z.B.: *liebend, reißend* usw. Als Adjektivattribut ist die entsprechende Endung nötig, z.B.: die *liebende* Mutter, der *reißende* Strom.

3. Das Partizip Perfekt bildet man nach den bekannten Regeln (siehe § 6, I, 5; § 7 und 8). Als Adjektivattribut ist die entsprechende Endung nötig, z.B.: die *gekauften* Sachen, die *unterlassene* Hilfe.

4. Bei reflexiven Verben gebraucht man das attributive Partizip Präsens mit dem Reflexivpronomen (*sich nähern* – das *sich nähernde* Schiff) und das attributive Partizip Perfekt ohne Reflexivpronomen (*sich beschäftigen* – der *beschäftigte* Rentner).

I Allgemeine Regeln

a)	Das	***schreiende***	Kind konnte rasch gerettet werden.
Erweiterung:	Das	***laut schreiende***	Kind konnte rasch gerettet werden.
Erweiterung:	Das	***laut um Hilfe schreiende***	Kind konnte rasch gerettet werden.
b)	Die	***zerstörte***	Stadt war ein schrecklicher Anblick.
Erweiterung:	Die	***durch Bomben zerstörte***	Stadt war ein schrecklicher Anblick.
Erweiterung:	Die	***im Krieg durch Bomben zerstörte***	Stadt war ein schrecklicher Anblick.

1. Das Partizip mit der entsprechenden Adjektivendung steht im Allgemeinen direkt vor dem Substantiv, auf das es sich bezieht.

2. Auf das Partizip können sich weitere Angaben beziehen, die dann in der normalen Satzstellung vor dem Partizip stehen. Diese Erweiterung bezeichnet man als Partizipialkonstruktion.

3. Die Partizipialkonstruktion steht also meistens zwischen dem Artikel und dem Substantiv bzw. direkt vor dem Substantiv, wenn kein Artikel gebraucht wird:
Am Arbeitsplatz verletzte Personen sind voll versichert.

4. Vor oder nach der Partizipialkonstruktion kann ein weiteres Adjektivattribut stehen:
Unser *altes,* schon ein wenig *verfallenes* Fachwerkhaus muss renoviert werden.

II Die Partizipialkonstruktion mit transitiven Verben (= Verben, die ein Akkusativobjekt bei sich haben können)

a)			
P. Präs.	gl.*	Der ***meinen Antrag bearbeitende*** Beamte	***nimmt*** sich viel Zeit.
(Aktiv)	gl.		***nahm*** sich viel Zeit.
			hat sich viel Zeit ***genommen.***
Rel.-S.	gl.	Der Beamte, der ***meinen Antrag***	***bearbeitet, nimmt*** sich viel Zeit.
(Aktiv)	gl.		***bearbeitete, nahm*** sich viel Zeit.
	gl.		***bearbeitet hat, hat*** sich viel Zeit ***genommen.***

* gl. = gleichzeitig

b)				
P. Perf.	gl.*	***Nicht mehr beachtete*** Vorschriften ***müssen*** geändert werden.		
(Passiv)	gl.	Vorschriften, die nicht mehr ***beachtet werden, müssen*** geändert werden.		
P. Perf.	v.*	Der **gut versteckte** Schatz	*wird*	gefunden.
(Passiv)	v.		*wurde*	gefunden.
			ist	gefunden *worden.*
Rel.-S.	v.	Der Schatz, der **gut** ***versteckt*** *worden ist,*	*wird*	gefunden.
(Passiv)	v.	*worden war,*	*wurde*	gefunden.
	v.	*worden war,*	*ist*	gefunden *worden.*

* gl. = gleichzeitig v. = vorzeitig

zu a) Die Partizipialkonstruktion mit dem Partizip Präsens bezeichnet aktive Handlungen, Zustände oder Vorgänge, die gleichzeitig – aber meist untergeordnet – neben der Haupthandlung herlaufen. Dies erkennt man aus dem Relativsatz im Aktiv. Die für den Relativsatz notwendige Zeit ergibt sich aus dem übergeordneten Satz.

zu b) Die Partizipialkonstruktion mit dem Partizip Perfekt bezeichnet passive Handlungen, Zustände oder Vorgänge. Dies erkennt man aus dem Relativsatz im Passiv. Die für den Relativsatz notwendige Zeit ist gleichzeitig, wenn es sich um Regeln oder Gesetze handelt. In den meisten Fällen ist aber das Geschehen in der Partizipialkonstruktion schon vergangen, so dass im Relativsatz Perfekt oder Plusquamperfekt stehen muss.

III Die Partizipialkonstruktion mit intransitiven Verben (= Verben, die kein Akkusativobjekt bei sich haben können), die das Perfekt mit „sein" bilden

Gegenwärtiger Vorgang	*Beendeter Vorgang*
a) Verben der Bewegung mit *sein*:	
der ***ankommende*** Zug	der ***angekommene*** Zug
= der Zug, der gerade ***ankommt***	= der Zug, der gerade ***angekommen ist***
die ***an die Unfallstelle eilenden*** Passanten	die ***an die Unfallstelle geeilten*** Passanten
= die Passanten, die gerade an die Unfallstelle ***eilen***	= die Passanten, die schon an die Unfallstelle ***geeilt sind***
b) Verben der Zustandsänderung mit *sein*:	
die rasch ***vergehende*** Zeit	die ***vergangene*** Zeit
= die Zeit, die rasch ***vergeht***	= die Zeit, die schon ***vergangen ist***

1. Die Partizipialkonstruktion mit dem Partizip Präsens zeigt einen parallelen Vorgang, der sich in einen gleichzeitigen Relativsatz im Aktiv auflösen lässt.
   Der *verspätet ankommende* französische Außenminister begrüßt die Journalisten.
   Der französische Außenminister, *der verspätet ankommt*, begrüßt die Journalisten.

2. Die Partizipialkonstruktion mit dem Partizip Perfekt bezeichnet einen beendeten, schon abgeschlossenen Vorgang. Der entsprechende vorzeitige Relativsatz wird mit Partizip Perfekt + *sein* gebildet.
   Der *verspätet angekommene* französische Außenminister wird / wurde besonders herzlich begrüßt.
   Der französische Außenminister, *der verspätet angekommen ist / war*, wird / wurde besonders herzlich begrüßt.

Anmerkung

Von den intransitiven Verben mit *haben* (siehe § 12, II, 4 und § 13, I) kann man nur die Partizipialkonstruktion mit dem Partizip Präsens bilden:
Ein *tief schlafendes* Kind sollte man nicht wecken.
Nach 30 Jahren fuhr der *in Paris lebende* Maler wieder nach Spanien.

IV Die Partizipialkonstruktion mit dem Zustandspassiv

Der *seit Jahren verschlossene* Schrank wird (wurde) endlich geöffnet.
= Der Schrank, der *seit Jahren verschlossen ist (war)*, wird (wurde) endlich geöffnet.
Erst nach Jahren holen (holten) die Bankräuber ihre *gut versteckte* Beute.
= Erst nach Jahren holen (holten) die Bankräuber ihre Beute, die *gut versteckt ist (war)*.

1. Transitive Verben können das Zustandspassiv bilden. Man fragt:
   Wie ist der Zustand nach einer vorangegangenen Handlung? (Siehe § 45)

2. Der Relativsatz, der dieser Partizipialkonstruktion entspricht, wird nur mit dem Partizip Perfekt und *sein* gebildet.

Anmerkung

Auch Adjektive können, entsprechend den Regeln der Partizipialkonstruktion, durch weitere Angaben ergänzt werden. Im Relativsatz werden dann die Zeitformen von *sein* gebraucht:
der beim Publikum *beliebte* Schauspieler
= der Schauspieler, der beim Publikum *beliebt ist*
die seit 40 Jahren *notwendige* Änderung des Gesetzes
= die Änderung des Gesetzes, die seit 40 Jahren *notwendig ist*

1 Bilden Sie aus dem Relativsatz eine Partizipialkonstruktion mit dem Partizip I.

die Banditen, die auf die Polizei schießen
die auf die Polizei schießenden Banditen

Was es in diesem Film alles zu sehen gibt! Da sind:

1. die Gangster, die eine Bank ausräumen
2. die Polizisten, die die Banditen jagen
3. die Häftlinge, die durch ein Kellerfenster aus der Haftanstalt ausbrechen
4. die Wächter, die überall nach den Entflohenen suchen

5. die Gefangenen, die über die Dächer der Häuser fliehen
6. die Hubschrauber, die das Gangsterauto verfolgen
7. die Verfolgten, die rücksichtslos über die Kreuzungen fahren
8. die Entflohenen, die unter einer Brücke übernachten
9. die Spürhunde, die die Spuren der Gangster verfolgen
10. die Gangster, die mit einem Flugzeug nach Südamerika entfliehen

2 Bilden Sie aus dem Relativsatz eine Partizipialkonstruktion mit dem Partizip II.

die • alte Vase, die in einem Keller gefunden worden ist
die in einem Keller gefundene alte Vase

Was da in einem Heimatmuseum alles zu finden ist:

1. eine • drei Meter hohe Figur, die aus einem einzigen Stein herausgearbeitet worden ist
2. ein • 5000 Jahre altes Skelett, das in einem Moor gefunden worden ist
3. eine • zehn Zentner schwere Glocke, die bei einem Brand aus dem Kirchturm der Stadt gestürzt ist
4. ein Bild der • Stadt, die 1944 durch einen Bombenangriff zu 80 % zerstört worden ist
5. eine • Bibel, die von dem Begründer der Stadt vor 1200 Jahren mitgebracht worden ist
6. eine • wertvolle Porzellansammlung, die der Stadt von einem reichen Kunstfreund geschenkt worden ist
7. • Geräte und Maschinen, die im vorigen Jahrhundert zur Herstellung von Textilien verwendet worden sind
8. ein • Telegraphenapparat, der von einem Bürger der Stadt 1909 erfunden worden ist
9. eine • genaue Nachbildung des alten Rathauses, die aus 100 000 Streichhölzern zusammengebastelt worden ist
10. ein großes • Mosaik, das von einem Künstler der Stadt aus farbigen Glasstückchen zusammengesetzt worden ist

3 Bilden Sie aus den Relativsätzen Partizipialkonstruktionen.

1. Die Ergebnisse, die in langjährigen Wetterbeobachtungsreihen festgestellt worden sind, reichen nicht aus, sichere Prognosen zu stellen.
2. Im Gegensatz zu dem sonnigen und trockenen Klima, das südlich der Alpen vorherrscht, ist es bei uns relativ niederschlagsreich.
3. In den Vorhersagen, die vom Wetterdienst in Offenbach ausgegeben werden, hieß es in diesem Sommer meistens: unbeständig und für die Jahreszeit zu kühl.
4. Ein Tiefdruckgebiet, das von den Küsten Südenglands nach Südosten zieht, wird morgen Norddeutschland erreichen.
5. Die Niederschlagsmenge, die am 8. August in Berlin registriert wurde, betrug 51 Liter auf den Quadratmeter.
6. Das ist ein einsamer Rekord, der seit 100 Jahren nicht mehr erreicht worden ist.
7. Dagegen gab es in Spanien eine Schönwetterperiode, die über fünf Wochen mit Höchsttemperaturen von 30 bis 40 Grad anhielt.

8. Die allgemeine Wetterlage dieses Sommers zeigte Temperaturen, die von Süden nach Norden um 25 Grad voneinander abwichen.

4 Bilden Sie aus den Partizipialkonstruktionen Relativsätze.

1. Über die Kosten des durch die Beschädigung einer Gasleitung entstandenen Schadens können noch keine genaueren Angaben gemacht werden.
2. Der bei seiner Firma wegen seiner Sorgfalt und Vorsicht bekannte Baggerführer Anton F. streifte bei Ausgrabungsarbeiten eine in den offiziellen Plänen nicht eingezeichnete Gasleitung.
3. Das sofort ausströmende Gas entzündete sich an einem von einem Fußgänger weggeworfenen und noch brennenden Zigarettenstummel.
4. Bei der Explosion wurden drei in der Nähe spielende Kinder von herumfliegenden Steinen und Erdbrocken getroffen.
5. Der telefonisch herbeigerufene Krankenwagen musste aber nicht die Kinder, sondern eine zufällig vorübergehende alte Dame ins Krankenhaus bringen, wo sie wegen eines Nervenschocks behandelt werden musste.

5 Bilden Sie Partizipialkonstruktionen.

1. Im Zoo von San Francisco lebte ein Löwe, der mit beiden Augen in jeweils verschiedene Richtungen schielte.
2. Er bot einen Anblick, der derart zum Lachen reizte, dass es nicht lange dauerte, bis er entdeckt und zu einem Star gemacht wurde, der beim Fernsehpublikum von ganz Amerika beliebt war.
3. Der Löwe, der von Dompteuren und Tierpflegern für seine Auftritte vorbereitet wurde, stellte sich allerdings so dämlich an, dass man ihm nur leichtere Aufgaben, die sein Fassungsvermögen nicht überschritten, zumuten konnte,
4. was aber dem Publikum, das wie närrisch in den unmäßig blöden Ausdruck des Löwen verliebt war, nichts auszumachen schien.
5. Damit die Sendung nicht langweilig wurde, engagierte man kleinere Zirkusunternehmen, die um ihre Existenz kämpften.
6. Sie nahmen natürlich die Gelegenheit, die sich ihnen bot, mit Freuden an,
7. aber alle ihre Darbietungen, die sorgfältig eingeübt worden waren, wurden von dem Publikum, das allein auf den schielenden Löwen konzentriert war, glatt übersehen.
8. Auch die Kritiken, die regelmäßig am Morgen nach der Sendung erschienen, erwähnten nur beiläufig die Akrobaten und Clowns, die bis heute unbekannt geblieben sind.

§ 47 Partizipialsätze

	I	II	III
a)	***Sich auf seine Verantwortung besinnend,****	übernahm	***der Politiker*** das schwere Amt.
	Der Politiker	übernahm,*	***sich auf seine Verantwortung besinnend*,*** das schwere Amt.
b)	***Napoleon, auf die Insel St. Helena verbannt,***	schrieb	seine Memoiren.
c)	***Den Verfolgern entkommen,****	versteckte	sich ***der Einbrecher*** in einer Scheune.
	Der Einbrecher	versteckte	sich, ***den Verfolgern entkommen,*** in einer Scheune.

* Nach der Rechtschreibreform sind diese Kommas nicht mehr obligatorisch, können zur Vermeidung von Missverständnissen aber weiterhin gesetzt werden. Die Kommas müssen weiterhin stehen, wenn die Satzkonstruktion unterbrochen wird (b und jeweils der zweite Beispielsatz von a und c).

1. Der Partizipialsatz ist eine Ergänzung zum Subjekt des Satzes.
2. Man bildet den Partizipialsatz mit einem endungslosen Partizip, bei dem Erweiterungen stehen, die sich auf das Partizip beziehen.
3. Im Hauptsatz steht der Partizipialsatz entweder in der Position I oder III (IV).
4. Im Nebensatz steht der Partizipialsatz hinter dem Subjekt:
   Der Kranke war tief beunruhigt, nachdem *die Ärzte, laut über seinen Fall diskutierend,* das Krankenzimmer verlassen hatten.
5. Das Partizip Präsens bezeichnet einen aktiven, gleichzeitigen Vorgang, das Partizip Perfekt einen passiven, meist vorzeitigen Vorgang:

zu a) Der Politiker, der sich auf seine Verantwortung *besann,* übernahm das schwere Amt. (Aktiv = Partizip Präsens)
zu b) Napoleon, der auf die Insel St. Helena *verbannt worden war,* schrieb seine Memoiren. (Passiv = Partizip Perfekt, vorzeitig)
zu c) Der Einbrecher, der den Verfolgern *entkommen war,* versteckte sich in einer Scheune. (Zustandspassiv = Partizip Perfekt, vorzeitig)

Anmerkung

Das Partizip Präsens von *sein* und *haben (seiend, habend)* steht niemals in einem Partizipialsatz. Man verkürzt dann:
Der Besucher, *den Hut in der Hand,* plauderte noch eine Weile mit der Hausfrau.
Die Geschwister, *ein Herz und eine Seele,* besuchten dieselbe Universität.

1 Bilden Sie Partizipialsätze.

Der Sprecher forderte schärfere Kontrollen zum Schutz der Natur.
(Er kam auf den Ausgangspunkt seines Vortrags zurück.)
Auf den Ausgangspunkt seines Vortrags zurückkommend forderte der Sprecher schärfere Kontrollen zum Schutz der Natur.

1. Der Politiker bahnte sich den Weg zum Rednerpult. (Er wurde von Fotografen umringt.)
2. Der Redner begann zu sprechen. (Er war von den Blitzlichtern der Kameraleute unbeeindruckt.)
3. Der Redner begründete die Notwendigkeit härterer Gesetze. (Er wies auf eine Statistik der zunehmenden Luftverschmutzung hin.)
4. Der Politiker sprach zwei Stunden lang. (Er wurde immer wieder von Beifall unterbrochen.)
5. Die Besucher verließen den Saal. (Sie diskutierten lebhaft.)
6. Der Redner gab noch weitere Auskünfte. (Er wurde von zahlreichen Zuhörern umlagert.)

2 Nehmen Sie die Sätze der Übung 1 und stellen Sie den Partizipialsatz jetzt auf Position III (IV).

Der Sprecher forderte, auf den Ausgangspunkt seines Vortrags zurückkommend, schärfere Kontrollen zum Schutz der Natur.

3 Bilden Sie Partizipialsätze nach den Mustern der Übungen 1 und 2.

1. Lawinen entstehen vorwiegend um die Mittagszeit. (Sie werden meist durch Erwärmung hervorgerufen.)
2. Lawinen begraben Jahr für Jahr zahlreiche Menschen unter dem Schnee. (Sie stürzen von den Bergen herunter.)
3. Suchhunde haben schon manchen unter dem Schnee Verschütteten gefunden. (Sie wurden für diese Aufgabe speziell ausgebildet.)
4. Die Bora fegt Dächer von den Häusern, Autos von den Straßen und bringt Schiffe in Seenot. (Sie weht eiskalt von den Bergen des Balkans zur Adria herab.)
5. Der Föhn fällt als warmer, trockener Wind in die nördlichen Alpentäler. (Er kommt von Süden.)
6. Ärzte vermeiden bei Föhnwetter schwierigere Operationen. (Sie wurden durch negative Erfahrungen gewarnt.)

4 Ersetzen Sie den Partizipialsatz durch einen Nebensatz und vervollständigen Sie den Satz, z.B. mit den Teilsätzen a–e.

Nach seiner Meinung gefragt ... (als)
Als man den Politiker nach seiner Meinung fragte, antwortete er nicht.

1. Seinem Prokuristen das Papier über den Schreibtisch reichend ... (indem)
2. Im Gras liegend und mit den Augen den Wolken folgend ... (während)
3. Mit seinen Fäusten laut auf das Rednerpult trommelnd ... (indem)
4. Sich in dem eleganten, teuren Mantel vor dem Spiegel drehend ... (während)
5. Nach ihrer Meinung befragt ... (als)

a) erklärte der Gewerkschaftsführer erregt, so könne es keinesfalls weitergehen.
b) dachte sie besorgt an ihr Konto.
c) dachte er über den Sinn des Lebens nach.
d) erklärte die bekannte Journalistin, auch das gegenwärtige Wirtschaftssystem werde einmal seinem Ende entgegengehen.
e) meinte der Chef: „Wir rationalisieren oder wir müssen zumachen!“

§ 48 „haben" und „sein" mit „zu"

1. Eine Notwendigkeit, ein Zwang, ein Gesetz:
   Aktiv Die Reisenden müssen (sollen) an der Grenze ihre Pässe vorzeigen.
   Die Reisenden *haben* an der Grenze ihre Pässe vor*zu*zeigen.
   Passiv An der Grenze müssen die Pässe vorgezeigt werden.
   An der Grenze *sind* die Pässe vor*zu*zeigen.

   Aktive Sätze, die einen Zwang oder eine Notwendigkeit ausdrücken (mit den Modalverben *müssen, sollen, nicht dürfen*) können mit *haben* + *zu* gebildet werden. Entsprechende Passivsätze können mit *sein* + *zu* gebildet werden. Beide Aussagen sind inhaltlich gleich. Sie klingen befehlend und oft unhöflich. Bei trennbaren Verben steht *zu* zwischen dem Verbzusatz und dem Stammverb.
   Nach Befehlen und Vorschriften allgemeiner Art können Sätze mit *haben* + *zu* auch mit dem Infinitiv Passiv gebraucht werden.
   An der Grenze *haben* die Pässe vorgezeigt *zu werden.*

2. Eine Möglichkeit oder Unmöglichkeit:
   Passiv Die alte Maschine kann nicht mehr repariert werden.
   Die alte Maschine *ist* nicht mehr *zu* reparieren.

   Sätze, die in der passiven Form eine Möglichkeit oder Unmöglichkeit ausdrücken (mit den Modalverben *müssen* oder *können*) werden meist mit *sein* + *zu* gebildet.

Anmerkung

1. Als Passiv-Ersatz (siehe § 19, III, Anm.) werden gebraucht:
   1. *sein* + *zu:* Das *ist* weder *zu* verstehen noch *zu* beweisen.
   2. Adverbien auf *-bar, -lich:* Das ist weder verständ*lich* noch beweis*bar.*
   3. *lassen* + Reflexivpronomen: Das *lässt sich* weder *verstehen* noch *beweisen.*

2. Sätze mit Passiv-Ersatz sind nach ihrem Inhalt Passivsätze. Also darf nach den Regeln (§ 19, II, subjektlose Passivsätze) *es* nur in der Position I stehen, andernfalls fällt es weg.
   Es lässt sich nicht erklären, warum er nicht gekommen ist.
   aber: Warum er nicht gekommen ist, lässt sich nicht erklären.

3. Wenn *es* aber ein selbstständiges Pronomen ist oder sich auf andere Satzteile bezieht, muss es im Satz stehen.
   Sein Verhalten ist nicht zu erklären. – Natürlich ist *es* / *das* nicht zu erklären.

1 Bilden Sie Sätze mit „haben" oder „sein" + „zu" + Infinitiv.

Der Autofahrer muss regelmäßig die Beleuchtung seines Wagens prüfen.
Der Autofahrer hat regelmäßig die Beleuchtung seines Wagens zu prüfen.

Vorschriften:

1. Der Sportler muss auf sein Gewicht achten. Er muss viel trainieren. Er muss gesund leben und auf manchen Genuss verzichten.
2. Der Nachtwächter muss in der Nacht seinen Bezirk abgehen. Er muss die Türen kontrollieren. Unverschlossene Türen müssen zugeschlossen werden. Besondere

Vorkommnisse müssen sofort gemeldet werden.
3. Der Zollbeamte muss unter bestimmten Umständen das Gepäck der Reisenden untersuchen. Das Gepäck verdächtiger Personen muss ggf. auf Rauschgift untersucht werden. Dabei können u.U. Spürhunde zu Hilfe genommen werden.
4. Der Autofahrer muss die Verkehrsregeln kennen und beachten. Er muss in den Ortschaften die vorgeschriebene Geschwindigkeit einhalten. Er muss Rücksicht auf die anderen Verkehrsteilnehmer nehmen. Der Polizei, der Feuerwehr und dem Krankenwagen muss auf jeden Fall Vorfahrt gewährt werden. Er muss seinen Führerschein immer mitführen. Das Motoröl muss nach einer bestimmten Anzahl von Kilometern erneuert werden.

2 Üben Sie nach folgendem Muster:

A: Ist dieser Schrank verschließbar?
B: Wie bitte?
A: Ich meine: Kann man diesen Schrank verschließen?
B: Ja (Nein), dieser Schrank ist (nicht) zu verschließen.

Statt *Wie bitte?* kann B auch sagen: *Was meinten Sie, bitte? Was sagten Sie, bitte?*

1. Ist die Helligkeit der Birnen verstellbar?
2. Ist diese Handtasche verschließbar?
3. Ist dieses Puppentheater zerlegbar?
4. Ist diese Uhr noch reparierbar? (nicht mehr)
5. Sind die Teile des Motors austauschbar?
6. Sind diese Batterien wiederaufladbar?
7. Ist dieser Videorecorder programmierbar?
8. Ist dieser Ball aufblasbar?

3 Üben Sie nach folgendem Muster:

A: Wussten Sie, dass man Altpapier leicht wiederverwerten kann?
B: Natürlich, Altpapier ist leicht wiederzuverwerten.
C: Ja, dass sich Altpapier leicht wiederverwerten lässt, ist mir bekannt.

Wussten Sie, . . .
1. dass man viel mehr Energie aus Wind erzeugen kann?
2. dass man Textilreste zu hochwertigem Papier verarbeiten kann?
3. dass es Motoren gibt, die man mit Pflanzenöl betreiben kann?
4. dass es bei uns Häuser gibt, die man fast ausschließlich mit Sonnenwärme beheizen kann?
5. dass man große Mengen von Kupfer (Cu) und Blei (Pb) aus Schrott gewinnt? (*der Schrott* = Metallabfall)
6. dass man Autoabgase durch einen Katalysator entgiften kann?
7. dass man aus Müll Heizgas gewinnen kann?
8. dass man nicht einmal in der Schweiz mit Hilfe des Wassers den Strombedarf decken kann?
9. dass man, wenn man ein Haus bauen will, in einigen Bundesländern Zuschüsse für eine Solaranlage bekommen kann?

10. dass man den Spritverbrauch der Autos durch langsameres Fahren stark herabsetzen kann? (*der Sprit* = Kraftstoff, z.B. Benzin)

4 Führen Sie kleine Streitgespräche nach folgendem Muster. Die Wörter in eckigen Klammern entfallen bei B und C.

A: Man kann die Wahrheit seiner Aussage bestreiten.
B: Du irrst! Die Wahrheit seiner Aussage kann nicht bestritten werden.
C: So ist es! Die Wahrheit seiner Aussage ist nicht zu bestreiten.

1. Man kann Lebensmittel nach dem Ablauf des Verfallsdatums [noch] verkaufen.
2. Man kann dein altes Fahrrad [doch nicht mehr] verwenden. (mein / noch gut)
3. Man kann die genaue Zahl der Weltbevölkerung [leicht] feststellen.
4. Man konnte den Fehler in der Kühltechnik des Raumfahrzeugs finden.
5. Man kann Lebensmittel [auch] in Kühlhäusern nicht über längere Zeit frisch halten. (auch über längere Zeit)
6. Man kann Salz nicht in Wasser lösen. (problemlos)
7. [Auch] wenn wir unsere Einstellung ändern, können wir die finanziellen Probleme nicht lösen. (mit Sicherheit)
8. Mit dem Öl von Pflanzen kann man [auch] besonders konstruierte Motoren nicht betreiben. (ohne weiteres)
9. Ob die Nachrichten im Fernsehen oder in den Zeitungen wirklich zutreffen, kann der einfache Bürger [ohne weiteres] nachprüfen. (von dem einfachen ... nicht)
10. Man kann die Anlage einer Mülldeponie in einem wasserreichen Gebiet [ohne weiteres] verantworten.

5 Zwei „Oberschlaue" müssen natürlich auch ihre Meinung abgeben. Verwenden Sie die Sätze von Übung 4 nach folgendem Muster:

D: Also, das steht fest: Die Wahrheit seiner Aussage lässt sich nicht bestreiten!
E: Ja, ja, ganz recht! Die Wahrheit seiner Aussage ist unbestreitbar!

Hilfen für „E" zu den Sätzen:

1. nicht mehr verkäuflich
2. verwendbar
3. nicht feststellbar
4. nicht auffindbar
5. haltbar (ohne „frisch")
6. löslich
7. lösbar
8. betreibbar
9. nicht nachprüfbar
10. unverantwortlich

§ 49 Das Gerundivum

Aktiv		eine Aufgabe, die man nicht lösen kann.
Passiv	Die Quadratur	eine Aufgabe, die nicht gelöst werden kann.
sein + zu	des Kreises ist	eine Aufgabe, die nicht zu lösen ist.
Gerundivum		eine nicht zu lösende Aufgabe.

1. Das Gerundivum ist eine Partizipialkonstruktion mit *zu*, die sich aus einem Relativsatz mit *sein* + *zu* herleitet (siehe § 48). Damit drückt das Gerundivum eine Möglichkeit oder Unmöglichkeit oder eine Notwendigkeit aus; ob zum Beispiel etwas so sein *kann* oder so sein *muss*.
2. Auch das Gerundivum ist eine Ersatzform des Passivs: die *zu lösende* Aufgabe = die Aufgabe, die *gelöst werden kann* oder *muss;* trotzdem wird es immer mit dem Partizip Präsens (Partizip I) gebildet:
   die *zu lösende* Aufgabe = die Aufgabe, die *zu lösen* ist (= Infinitiv Aktiv)
3. *zu* steht vor dem Partizip Präsens oder wird bei trennbaren Verben eingeschoben (siehe § 16, I):
   die einzusetzenden Beträge

1 Üben Sie das Gerundivum.

Ein Fehler in der Planung, den man nicht wiedergutmachen kann, ist ein nicht wiedergutzumachender Fehler in der Planung.

1. Ein Gerät, das man nicht mehr reparieren kann, ist ...
2. Eine Krankheit, die man nicht heilen kann, ist ...
3. Ein Auftrag, der sofort erledigt werden muss, ist ...
4. Seine Bemühungen, die man anerkennen muss, sind ...
5. Die negative Entwicklung, die man befürchten muss, ist ...
6. Die Besserung der wirtschaftlichen Lage, die man erwarten kann, ist ...
7. Die Invasion von Insekten, die man nicht aufhalten kann, ist ...
8. Der Schaden, den man nicht beseitigen kann, ist ...
9. Eine Entscheidung, die nicht verantwortet werden kann, ist ...
10. Das Komitee, das sofort gebildet werden muss, ist ...

2 Bilden Sie mit den Ausdrücken aus Übung 1 selbstständig ganze Sätze.

Ein nicht wiedergutzumachender Fehler in der Planung führte zum Zusammenbruch der Firma.

3 Bilden Sie aus den Relativsätzen: a) einen Passivsatz, b) einen Satz mit „sein“ + „zu“, c) das Gerundivum = die Partizipialkonstruktion mit „zu“.

Die Zahl Pi, die man nie vollständig berechnen kann, beweist die Unmöglichkeit der Quadratur des Kreises.

a) *Die Zahl Pi, die nie vollständig berechnet werden kann, beweist die Unmöglichkeit der Quadratur des Kreises.*

b) *Die Zahl Pi, die nie vollständig zu berechnen ist, beweist die Unmöglichkeit der Quadratur des Kreises.*

c) *Die nie vollständig zu berechnende Zahl Pi beweist die Unmöglichkeit der Quadratur des Kreises.*

1. Infolge der Erhöhung des Meeresspiegels, die man in den nächsten Jahrzehnten erwarten muss, werden viele Inseln im Meer versinken.
2. Immer wieder werden die gleichen ökologischen Fehler gemacht, die man nach den neuesten Erkenntnissen leicht vermeiden kann.
3. Die Mediziner müssen sich ständig mit neuen Grippeviren beschäftigen, die sie mit den vorhandenen Mitteln nicht identifizieren können.
4. Bei so genannten Preisrätseln zu Werbezwecken werden oft Aufgaben gestellt, die man allzu schnell erraten kann,
5. denn meistens handelt es sich nur um den Firmennamen, den man an einer bestimmten Stelle ankreuzen muss.
6. Unkomplizierte Steuererklärungen, die man leicht bearbeiten kann, werden von den Finanzbeamten bevorzugt.
7. Die Verantwortlichen haben sich um die Akten, die man vernichten musste, persönlich gekümmert.
8. Für die einzige vom Orkan in Honduras verschonte kleine Stadt M. war der Strom der Flüchtlinge aus anderen Landesteilen ein Problem, das sie beim besten Willen nicht bewältigen konnte.
9. Der wissenschaftliche Wert von Erkenntnissen, die man nur im Labor erreichen kann, ist gering.
10. Bei einem Überschuss von Agrarprodukten werden zum Beispiel viele Tonnen von Tomaten und Gurken, die man weder verkaufen noch exportieren kann, vernichtet.
11. Das Gemüse, das man in kürzester Zeit vernichten muss, wird auf eine Deponie gebracht und verbrannt.
12. Diese Verschwendung von Lebensmitteln, die man nicht leugnen kann, ist eine aus der Agrarpreispolitik der Europäischen Wirtschaftsgemeinschaft resultierende Tatsache.

4 Bilden Sie aus der Partizipialkonstruktion mit „zu" (Gerundivum) einen Relativsatz: a) im Passiv mit einem Modalverb, b) mit „sein" + „zu". Achten Sie auf die Zeiten.

1. Wenn die Ölquellen in Brand geraten, können *kaum jemals wiedergutzumachende* ökologische Schäden entstehen.
2. Die meisten als „Krebs" angesehenen Tumore sind zum Glück nur *ohne Schwierigkeiten operativ zu entfernende* Verdickungen des Zellgewebes.
3. Nach der Explosion in dem Chemiewerk hat man an einigen *besonders zu kennzeichnenden* Stellen auf dem Fabrikgelände rote Warnlichter aufgestellt.
4. *Von unparteiischen Kollegen nicht zu wiederholende* chemische oder medizinische Experimente haben keinen wissenschaftlichen Wert.
5. Um einige Schäden am Dach des alten Rathauses zu beheben schlug eine Firma vor, ein 25 Meter hohes, *an der Rückwand des Gebäudes aufzustellendes* Gerüst zu liefern.

6. Wegen eines *nicht restlos aufzuklärenden* Fehlers eines Chirurgen litt der Patient jahrelang an Rückenschmerzen.
7. Die einfachen, *leicht zu beweisenden* Ergebnisse des Chemikers überzeugten auch seine Kollegen.
8. Aufgrund von *nicht zu widerlegenden* Tatsachen bewies der Verteidiger die Unschuld des Angeklagten.

§ 50 Appositionen

Nominativ	*Nominativ*	
Friedrich Ebert,	***der erste Präsident der Weimarer Republik,*** war ein überzeugter Sozialdemokrat.	
	Genitiv	*Genitiv*
Der erste Präsident	der Weimarer Republik,	***des ersten demokratisch regierten Staates in der deutschen Geschichte,*** war Friedrich Ebert.
Dativ		*Dativ*
In der Bundesrepublik Deutschland,		***dem zweiten demokratisch regierten Staat in der deutschen Geschichte,*** gelten die im Grundgesetz festgelegten Rechte der Bürger.
Akkusativ	*Akkusativ*	
Für den Bundestag,	***die gesetzgebende Versammlung der Bundesrepublik,*** sind die Artikel des Grundgesetzes bindend.	

1. Appositionen sind erklärende Informationen zu einem Substantiv. Sie stehen im Allgemeinen hinter dem Substantiv und sind in Kommas eingeschlossen.

2. Appositionen sind Satzteile, die immer im gleichen Kasus wie das Substantiv stehen, auf das sie sich beziehen. Auch mehrere Appositionen sind möglich.
   Karl V., deutscher Kaiser, König von Spanien, Herrscher über die amerikanischen Kolonien, teilte vor seiner Abdankung sein Weltreich.

3. Appositionen stehen mit *als* (zur Bezeichnung eines Berufs, eines Rangs, einer Religion oder einer Nationalität) oder *wie* (zur Erklärung durch ein Beispiel). Sie werden vor *als* nicht durch ein Komma abgetrennt, dagegen meistens vor *wie:*
   Der Papst *als Oberhaupt der katholischen Kirche* wandte sich mahnend an alle Regierenden.
   In der Steuergesetzgebung werden Abhängige, *wie zum Beispiel Kinder, Alte und Behinderte,* besonders berücksichtigt.

4. Datumsangaben:
   Heute ist Freitag, *der* 13. Oktober.
   Wir haben heute Freitag, *den* 13. Oktober.
   Ich komme *am* Freitag, *dem* 13. Oktober.

1 Üben Sie die Apposition.

Das Geburtshaus Goethes • steht in Frankfurt. (der größte deutsche Dichter)
Das Geburtshaus Goethes, des größten deutschen Dichters, steht in Frankfurt.

1. Mit Eckermann • führte der Dichter zahlreiche lange Gespräche. (sein bewährter Mitarbeiter)
2. Goethe schrieb „Die Leiden des jungen Werthers" • nach einem bitter enttäuschenden Liebeserlebnis. (ein Roman in Briefen)
3. Die ersten Alphabete • kamen vor ungefähr 3500 Jahren auf. (vielleicht die größten Erfindungen der Menschheit)
4. Deutsch • wird in der Welt von etwa 110 Millionen Menschen gesprochen. (eine der germanischen Sprachgruppe zugehörige Sprache)
5. Innerhalb der germanischen Sprachen • finden sich große Ähnlichkeiten. (eine Sprachgruppe in der Familie der indogermanischen Sprachen)
6. „Alles Leben ist Leiden" ist ein Wort Arthur Schopenhauers •. (ein bekannter deutscher Philosoph des vorigen Jahrhunderts)
7. Von Ortega y Gasset • stammt das Wort: „Verliebtheit ist ein Zustand geistiger Verengung." (ein spanischer Philosoph)
8. Robert Koch • wurde 1905 der Nobelpreis verliehen. (der Begründer der bakteriologischen Forschung)
9. Der Dieselmotor • setzte sich erst nach dem Tod des Erfinders in aller Welt durch. (eine nach seinem Erfinder Rudolf Diesel benannte Verbrennungskraftmaschine)
10. Am 28. Februar 1925 begrub man den erst 54-jährigen Friedrich Ebert • (der erste Präsident der Weimarer Republik)
11. Die Tier- und Pflanzenbilder Albrecht Dürers • zeichnen sich durch sehr genaue Detailarbeit aus. (der berühmte Nürnberger Maler und Graphiker)
12. Am Samstag • jährte sich zum zwanzigsten Mal der Tag, an dem Großbritannien, Dänemark und Irland der EG beigetreten sind. (der 1. Januar 1983)

§ 51 Rangattribute

Ich muss deine Aussagen berichtigen: ...
Nicht im November, sondern im Oktober ist das Haus nebenan abgebrannt.
Schon mein erster Anruf hat die Feuerwehr alarmiert.
Auch die anderen Bewohner unseres Hauses haben geholfen.
Selbst die alte Dame aus dem dritten Stock hat einige Sachen gerettet.
Gerade du solltest die Nachbarschaftshilfe anerkennen.
Nur die ausgebildeten Männer von der Feuerwehr konnten wirksam eingreifen.
Allein dem Mut der Feuerwehrleute ist es zu verdanken, dass niemand verletzt wurde.
Besonders der Arzt im Parterre hat Glück gehabt.
Sogar seine wertvollen Apparate konnten gerettet werden.
Erst dieser Unglücksfall hat uns gezeigt, wie wichtig es ist, gute Nachbarn zu haben.

1. Rangattribute beziehen sich direkt auf ein Satzglied und bilden mit ihm zusammen eine Position im Satz. Sie werden beim Sprechen betont.
   Auch seinem eigenen Bruder hat er nicht mehr trauen können.
   Er hat *auch seinem eigenen Bruder* nicht mehr trauen können.
2. Rangattribute stehen im Allgemeinen vor dem Satzglied, dem sie zugeordnet sind.

Anmerkung

Beachten Sie die Bedeutungsunterschiede:
1. Er kam *auch* zu spät, genauso wie ich.
   Auch er kam zu spät, obwohl er sonst immer pünktlich ist.
2. Er hat seinen Wagen *selbst* repariert, denn er ist sehr geschickt.
   Selbst er (= Sogar er) hat seinen Wagen repariert, obwohl er doch so ungeschickt ist. (Siehe § 36, III)
3. Ich saß eine halbe Stunde *allein* im Wartezimmer, später kamen noch andere Patienten.
   Bei dem Sturm in Norddeutschland stürzten *allein in Hamburg* mehr als zwanzig Bäume um. (= auch anderswo sind Bäume umgestürzt, hier wird aber nur von denen in Hamburg berichtet)

1 Setzen Sie das passende Rangattribut ein.

1. Nun brechen die Gangster ... am helllichten Tag in Banken und Privatwohnungen ein! (erst / schon / nicht)
2. ... die kleinsten Filialen auf dem Land verschonen sie nicht. (nicht / gerade / sogar)
3. Im Gegenteil, ... die kleinen Banken sind oft das Ziel von Raubüberfällen. (erst / überhaupt / besonders)
4. ... einen unterirdischen Gang zu einer Bank haben einige Gangster vor kurzem gegraben. (besonders / nur / sogar)
5. ... das Graben des zehn Meter langen Ganges hat wahrscheinlich ein paar Wochen gedauert. (allein / auch / gerade)
6. Bei so einer Arbeit muss man vorsichtig sein. ... Bankräuber sollten das wissen. (nur / schon / gerade)

7. … sehr geschickte Gangster können so einen Plan durchführen. (selbst / nur / nicht)
8. … die erbeutete Riesensumme mag die gestressten Bankräuber wieder glücklich gemacht haben. (erst / selbst / schon)
9. … die Kriminalbeamten staunten, als sie die „exakte Arbeit" besichtigten. (allein / gerade / auch)
10. Am Ende aber waren … die Gangster, sondern die Polizei erfolgreich. (sogar / nicht / erst)

Teil IV

§ 52 Der Konjunktiv

Vorbemerkungen

1. Die Aussageweise (der Modus) des Indikativs – z.B. *er geht, er lernte, er hat gesagt* – wurde in § 6 behandelt. Mit dem Indikativ wird die Aussage als etwas Wirkliches oder wirklich Geglaubtes hingestellt.

2. Eine andere Aussageweise (ein anderer Modus) ist der Konjunktiv – z.B. *er gehe / er ginge, er lerne, er habe / hätte gesagt.* Man unterscheidet
   a) den Konjunktiv I, auch „Konjunktiv der indirekten Rede" oder „Konjunktiv der fremden Meinung" genannt:
      a) Indikativ — Der Richter sagte: „Das glaube ich nicht."
      b) Konjunktiv I — Der Richter sagte, *er glaube das nicht.*

      In Beispiel a) wird die Rede wörtlich, d.h. genau so, wie etwas gesagt wurde, wiedergegeben (zitiert). Die unveränderte Rede wird in Anführungszeichen („ ...") gesetzt.

      In b) wird die Rede „indirekt" wiedergegeben, d.h. jemand erzählt, was der Richter gesagt hat. Es wird eine „fremde Meinung", die Rede eines anderen wiedergegeben. Der Wortlaut muss nicht identisch sein.

   b) den Konjunktiv II, auch „Konjunktiv irrealis" (kurz „Irrealis") oder „Konjunktiv der Nichtwirklichkeit" genannt:
      a) Indikativ — Er ist krank, er kann dir nicht helfen.
      b) Konjunktiv II — *Wenn er gesund wäre, könnte er dir helfen.*

      In Beispiel a) handelt es sich um eine Tatsache, in b) um einen Wunsch, eine Vorstellung, kurz um etwas Nichtwirkliches.

3. Weil man die Formen des Konjunktivs I zum Teil durch Formen des Konjunktivs II ersetzt, wird hier der Konjunktiv II zuerst behandelt.

§ 53 Der Konjunktiv II

Bildung der Formen

	Indikativ		*Konjunktiv II*
a)	er fährt		er ***führe***
b)	er fuhr er ist (war) gefahren	}	er ***wäre gefahren***
	er las er hat (hatte) gelesen	}	er ***hätte gelesen***

Der Konjunktiv II hat zwei Zeitformen: a) eine Gegenwartsform, b) eine Vergangenheitsform. Den drei Vergangenheitsformen des Indikativs steht nur eine Vergangenheitsform des Konjunktivs II gegenüber.

I Bildung der Gegenwartsformen

1. Starke Verben

An die Stammform des Präteritums werden folgende Endungen gehängt:

	Singular	*Plural*
1. Person	**-e**	**-en**
2. Person	**-est**	**-et**
3. Person	**-e**	**-en**

Bei den Stammvokalen a, o, u bildet man die Umlaute ä, ö, ü:

Infinitiv	*Indikativ Präteritum*	*Konjunktiv II Gegenwartsform*
sein	war	ich wäre, du wär(e)st, er wäre ...
bleiben	blieb	ich bliebe, du bliebest, er bliebe ...
fahren	fuhr	ich führe, du führest, er führe ...
kommen	kam	ich käme, du kämest, er käme ...
ziehen	zog	ich zöge, du zögest, er zöge ...

2. Schwache Verben

Die Gegenwartsformen des Konjunktivs II entsprechen den Formen des Präteritums Indikativ. Es wird kein Umlaut gebildet.

Infinitiv	*Indikativ Präteritum*	*Konjunktiv II Gegenwartsform*
fragen	fragte	ich fragte, du fragtest, er fragte ...
sagen	sagte	ich sagte, du sagtest, er sagte ...

3. Ausnahmen

a) Die Modalverben *dürfen, können, mögen, müssen,* die Mischverben *denken, bringen, wissen* und die Hilfsverben *haben* und *werden* haben im Konjunktiv II einen Umlaut:

Infinitiv	*Indikativ Präteritum*	*Konjunktiv II Gegenwartsform*
bringen	brachte	ich b**rä**chte, du b**rä**chtest, er b**rä**chte ...
haben	hatte	ich h**ä**tte, du h**ä**ttest, er h**ä**tte ...
können	konnte	ich k**ö**nnte, du k**ö**nntest, er k**ö**nnte ...
werden	wurde	ich w**ü**rde, du w**ü**rdest, er w**ü**rde ...

b) Bei einigen starken und gemischten Verben entspricht der Vokal im Konjunktiv II nicht dem Vokal des Präteritums Indikativ. Diese Formen werden aber nur noch selten gebraucht. Man bevorzugt die Umschreibung mit *würde* + Infinitiv (siehe § 54 III):

Infinitiv	*Indikativ Präteritum*	*Konjunktiv II Gegenwartsform*
helfen	half	hülfe
werfen	warf	würfe
verderben	verdarb	verdürbe
stehen	stand	stünde
sterben	starb	stürbe
nennen	nannte	nennte u.a.

Anmerkung

Bei den Mischverben *senden – sandte / sendete* und *wenden – wandte / wendete* gebraucht man im Konjunktiv II immer die schwache Form.
In der gesprochenen (und zum Teil auch in der geschriebenen) Sprache verwendet man heute die Umschreibung mit *würde* + Infinitiv. Nur bei den Modal- und Hilfsverben werden immer ihre KII-Formen gebraucht.
(Siehe § 54, III)

II Bildung der Vergangenheitsformen

1. Die Vergangenheitsform wird mit den Hilfsverben *haben* bzw. *sein* im Konjunktiv II (*wäre, hätte*) und dem Partizip Perfekt gebildet:

Infinitiv	*Vergangenheit im Konjunktiv II*
haben	ich hätte gehabt, du hättest gehabt …
sein	ich wäre gewesen, du wär(e)st gewesen …
arbeiten	ich hätte gearbeitet, du hättest gearbeitet …
bleiben	ich wäre geblieben, du wär(e)st geblieben …
kommen	ich wäre gekommen, du wär(e)st gekommen …
ziehen	ich hätte gezogen, du hättest gezogen …

2. Den drei Vergangenheitsformen des Indikativs steht nur eine Vergangenheitsform des Konjunktivs II gegenüber:

Indikativ	*Konjunktiv II*
Hans kam. Hans ist gekommen. Hans war gekommen.	Hans ***wäre gekommen.***

III Das Passiv im Konjunktiv II

	Indikativ	*Konjunktiv II*
Gegenwart	ihm wird geholfen	ihm ***würde geholfen***
Vergangenheit	ihm wurde geholfen ihm ist geholfen worden ihm war geholfen worden	ihm ***wäre geholfen worden***

1 Konjugieren Sie die folgenden Verben in der Gegenwarts- und Vergangenheitsform des Konjunktivs II.

1. rechnen	3. abreisen	5. ausschalten	7. lernen
2. arbeiten	4. sollen	6. telefonieren	8. klettern

2 Ebenso.

1. nehmen	3. schlagen	5. fliegen	7. frieren	9. rufen
2. essen	4. schließen	6. abfahren	8. erfahren	10. weggehen

3 Ebenso.

1. dürfen 2. denken 3. wissen 4. umbringen 5. absenden

4 Setzen Sie die Verben in die entsprechende Form des Konjunktivs II.

1. du stehst
   du hast gestanden
2. es verdirbt
   es verdarb
3. sie widerstehen
   sie widerstanden
4. wir grüßten
   wir hatten gegrüßt
5. sie wird verhaftet
   sie wurde verhaftet
6. du erwiderst
   du hattest erwidert
7. sie redeten
   sie hatten geredet
8. er freute sich
   er hat sich gefreut
9. sie wollen reden
   sie wollten reden
10. ich will
    ich habe gewollt
11. er schneidet
    er hat geschnitten
12. sie klingeln
    sie klingelten
13. er handelt
    er handelte
14. ihr wandert
    ihr seid gewandert
15. ich fasse zusammen
    ich fasste zusammen
16. du reist ab
    du bist abgereist
17. ich musste abreisen
    ich habe abreisen müssen
18. sie wurden geschlagen
    sie sind geschlagen worden

§ 54 Gebrauch des Konjunktivs II

I Irreale Wunschsätze

a) Er ist nicht gesund. Er wünscht sich:
   Wenn ich doch gesund *wäre*!
   Wäre ich doch gesund!

b) Die Freunde sind nicht mitgefahren. Wir wünschen:
   Wenn sie nur (oder: doch nur) *mitgefahren wären!*
   Wären sie nur (oder: doch nur) *mitgefahren!*

c) Hans belügt mich immer. Ich wünsche mir:
   Wenn er mir doch die Wahrheit *sagte* (oder: *sagen würde*)!

d) Ich habe Evas Adresse vergessen und wünsche mir:
   Wüsste ich doch (oder: bloß) ihre Adresse!

1. Der irreale Wunschsatz kann mit *wenn* eingeleitet werden. Dann steht das Verb am Ende des Satzes. Wird er ohne *wenn* gebildet, steht das Verb am Anfang des Satzes.
2. Der irreale Wunschsatz muss mit *doch, bloß, nur* oder *doch nur* ergänzt werden.
3. Am Ende des Wunschsatzes steht ein Ausrufezeichen (!).

1 Bilden Sie Wunschsätze in der Gegenwartsform.

Sie kommt nicht zurück. *Wenn sie doch zurückkäme!*
Es ist so heiß. *Wenn es doch nicht so heiß wäre!*

1. Der Bus kommt nicht.
2. Es ist hier so dunkel.
3. Ich habe Angst. (nicht solche Angst)
4. Ich muss lange warten. (so lange)
5. Ich habe nicht viel Zeit. (etwas mehr)
6. Der Zug fährt noch nicht ab. (doch schon)

2 Bilden Sie Wunschsätze in der Vergangenheitsform.

Du hast mir nicht geschrieben, wann du kommst.
Wenn du mir doch nur geschrieben hättest, wann du kommst!

1. Du hast mir nicht gesagt, dass du Urlaub bekommst.
2. Ich habe nicht gewusst, dass du nach Spanien fahren willst.
3. Ich habe keine Zeit gehabt Spanisch zu lernen.
4. Du hast mir nicht geschrieben, was du vorhast.
5. Ich habe nicht genug Geld gespart, um mitzufahren.

3 Bilden Sie mit den Sätzen der Übungen 1 und 2 Wunschsätze ohne „wenn".

4 Bilden Sie Wunschsätze mit oder ohne „wenn". Achten Sie auf die Zeit!

1. Ich kann nicht zu der Ausstellung fahren.
2. Du hast mich nicht besucht, als du hier warst.
3. Er ist bei diesem schlechten Wetter auf eine Bergtour gegangen.
4. Er ist nicht hier geblieben.
5. Ich bin nicht informiert worden.
6. Ich darf nicht schneller fahren.
7. Ich werde von der Polizei angehalten.
8. Wir müssen noch weit fahren. (nicht mehr so weit)
9. Wir sind noch lange nicht da. (bald da)
10. Er schenkte der Stadt sein ganzes Vermögen.
11. Mein Bruder war nicht auf der Party.
12. Er hatte keine Zeit zu kommen.

5 Bilden Sie Wunschsätze.

Er arbeitet langsam. (schneller)
a) Wenn er doch schneller arbeitete!
b) Wenn er doch nicht so langsam arbeitete!

1. Sie spricht undeutlich. (deutlicher)
2. Die Fernsehsendung kommt spät. (früher)
3. Der Busfahrer fährt schnell. (langsamer)
4. Ich verdiene wenig Geld. (mehr)
5. Er stellt das Radio laut. (leiser)
6. Das Zimmer ist teuer. (billiger)

II Irreale Bedingungssätze (Irreale Konditionalsätze)

1. Wenn ich genug Geld habe, baue ich mir ein Haus.

Dies ist ein realer Bedingungssatz, d.h.: *Ich spare und eines Tages werde ich bauen.* Es handelt sich um einen realen Plan.

Wenn ich genug Geld hätte, baute ich mir ein Haus (oder: würde ... bauen).

Dies ist ein irrealer Bedingungssatz, d.h.: *Ich habe nicht genug Geld, ich kann nicht bauen; aber wenn …* – ein irrealer Plan, ein Wunschtraum. Hier steht der Konjunktiv II im Haupt- und Nebensatz.

2. Wenn ich Zeit hätte, käme ich zu dir.
   Ich käme zu dir, wenn ich Zeit hätte.
   Wenn ich gestern Zeit gehabt hätte, wäre ich zu dir gekommen.

   Der Nebensatz mit *wenn* kann vor oder hinter dem Hauptsatz stehen.

   Hätte ich Zeit, (so) käme ich zu dir.

   Der Bedingungssatz kann auch ohne *wenn* gebildet werden. Dann rückt das konjugierte Verb an die erste Stelle. Der Hauptsatz kann mit *so* oder *dann* eingeleitet werden; er steht dann immer hinter dem Bedingungssatz.

   Was machtet ihr, wenn jetzt ein Feuer ausbräche?
   Hättest du mich gestern besucht, wenn du Zeit gehabt hättest?

   Wenn der Bedingungssatz eine Frage enthält, steht der *wenn*-Satz hinten.

   Er musste ein Taxi nehmen, sonst wäre er zu spät gekommen.
   Man musste ihn ins Krankenhaus bringen, andernfalls wäre er verblutet.

   Nach *sonst* oder *andernfalls* steht häufig der Konjunktiv II, und zwar in einem Hauptsatz, in dem auch die Umstellung möglich ist (siehe § 24 I):

   Er musste ein Taxi nehmen, *er* wäre *sonst* zu spät gekommen.

   Es wäre mir angenehmer, er käme schon am Freitag.
   Es wäre besser gewesen, wir hätten vorher mit ihm gesprochen.

   Nach unpersönlichen, subjektiven Aussagen im Konjunktiv II, die meist mit einem Komparativ gebraucht werden, kann auch ein Hauptsatz stehen.

III Die Umschreibung des Konjunktivs II mit „würde" + Infinitiv

(Wenn ich Karin *fragte, berichtete* sie mir von ihrer Tätigkeit.)

Ein solcher Satz mit zwei schwachen Verben ist doppeldeutig. Er kann bedeuten: 1. *Jedesmal, wenn ich sie fragte …* (= Präteritum Indikativ) oder 2. *Im Fall, dass ich sie fragen sollte …* (= Gegenwartsform Konjunktiv II).
In diesen Fällen wählt man die Umschreibung mit *würde + Infinitiv.* Die doppelte Verwendung in Haupt- und Nebensatz sollte man aber vermeiden:

Wenn ich Karin *fragen würde, berichtete* sie mir von ihrer Tätigkeit.
Wenn ich Karin *fragte, würde* sie mir von ihrer Tätigkeit *berichten.*

(Wenn sie mich zur Teilnahme *zwängen, träte* ich aus dem Verein *aus.*)
Wenn sie mich zur Teilnahme zu zwingen *versuchten, würde* ich aus dem Verein *austreten.*

Viele Formen der starken Verben im Konjunktiv II gelten als veraltet (z.B. *träte, bäte, grübe*); sie werden durch *würde + Infinitiv* ersetzt.

6 Sagen Sie, was besser wäre.

Er kümmert sich nicht um sein Examen.
Es wäre besser, wenn er sich um sein Examen kümmerte.
Oder: *…, wenn er sich um sein Examen kümmern würde.*

1. Der Angestellte kommt nicht pünktlich zum Dienst.
2. Der Angeklagte sagt nicht die volle Wahrheit.
3. Die Stadt baut keine Radfahrwege.
4. Der Hausbesitzer lässt das Dach nicht reparieren.
5. Du kaufst keine neuen Reifen für dein Auto.
6. Sie geht nicht zum Arzt und lässt sich nicht untersuchen.
7. Er kauft sich keine neue Brille.
8. Der Motorradfahrer trägt keinen Schutzhelm.

7 Verwenden Sie die Sätze der Übung 6 und bilden Sie die Vergangenheitsform.

Es wäre besser gewesen, wenn er sich um sein Examen gekümmert hätte.

8 Verwenden Sie die Sätze der Übungen 6 und 7 folgendermaßen:

(1) Es wäre besser, er kümmerte sich um sein Examen.
Oder: *…, er würde sich um sein Examen kümmern.*
(2) Es wäre besser gewesen, er hätte sich um sein Examen gekümmert.

9 Verbinden Sie die Sätze zu einem irrealen Bedingungssatz mit oder ohne „wenn".
Achten Sie auf das Tempus!

Er findet meine Brille nicht. Er schickt sie mir nicht.
Wenn er meine Brille fände, schickte er sie mir.
Oder: *…, würde er sie mir schicken.*

Ich habe von seinem Plan nichts gewusst. Ich habe ihn nicht gewarnt.
Hätte ich von seinem Plan gewusst, hätte ich ihn gewarnt.

1. Der Fahrgast hat keinen Fahrschein gehabt. Er hat dreißig Euro Strafe zahlen müssen.
2. Der Ausländer hat den Beamten falsch verstanden. Er ist in den falschen Zug gestiegen.
3. Die beiden Drähte berühren sich nicht. Es gibt keinen Kurzschluss.
4. Es gibt nicht genügend Laborplätze. Nicht alle Bewerber können Chemie studieren.
5. Ich bin nicht für die Ziele der Demonstranten. Ich gehe nicht zu der Demonstration.
6. Du hast das verdorbene Fleisch gegessen. Dir ist schlecht geworden.
7. Der Apotheker hatte keine Alarmanlage installiert. Die Diebe konnten unbemerkt eindringen und bestimmte Medikamente mitnehmen.
8. Die Feuerwehr hat den Brand nicht sofort gelöscht. Viele Häuser sind von den Flammen zerstört worden. (nicht so viele)

10 Vervollständigen Sie selbstständig die Bedingungssätze und verwenden Sie dabei den Konjunktiv II.

1. Wäre sie nicht so schnell gefahren, so ...
2. Hätte er nicht so viel durcheinander getrunken, so ...
3. Hätte er dem Finanzamt nicht einen Teil seines Einkommens verschwiegen, ...
4. Hätten wir nicht im Lotto gespielt, ...
5. Wäre er nicht auf die Party seines Freundes gegangen, ...
6. Hätten die Politiker rechtzeitig verhandelt, ...
7. Wäre der Bus pünktlich gekommen, so ...
8. Gäbe es keine Schreibmaschine, dann ...
9. Würde er aus dem Gefängnis fliehen, ...
10. Ginge ich in der Nacht durch den Stadtpark, ...

11 Beantworten Sie selbstständig die Fragen mit einem irrealen Bedingungssatz.

Was würden (vgl. § 54, III) Sie machen, wenn . . .

1. Sie Ihre Tasche (Brieftasche) mit allen Papieren verloren hätten?
2. Ihr Zimmer (Ihre Wohnung) plötzlich gekündigt würde?
3. Sie eine Million Euro im Lotto gewonnen hätten?
4. in Ihrer Nähe plötzlich jemand um Hilfe riefe?
5. Sie von einer giftigen Schlange gebissen worden wären?
6. Sie im Kaufhaus ein kleines Kind nach seiner Mutter schreien hörten?
7. Sie bei einem Versandhaus einen Anzug bestellt und ein Fahrrad erhalten hätten?
8. Sie zufällig auf der Straße ein Flugticket nach New York und zurück fänden?

12 Bilden Sie Sätze mit „sonst" oder „andernfalls". Der Nachsatz steht bei dieser Übung immer in der Vergangenheitsform des Konjunktivs II.

Er musste ein Taxi nehmen. (er / zu spät zum Bahnhof / kommen)
Er musste ein Taxi nehmen, sonst wäre er zu spät zum Bahnhof gekommen.

1. Er musste das Dach neu decken lassen. (ihm / das Regenwasser / in die Wohnung / laufen)
2. Gut, dass du endlich zurückkommst! (ich / dich / durch die Polizei / suchen lassen)
3. Die Forscher mussten den Versuch abbrechen. (es / eine Explosion / geben / und / die teure Apparatur / zerstört werden)
4. Sie nahm ihren Studentenausweis mit. (sie / den normalen Fahrpreis / bezahlen müssen)
5. Mein Nachbar hat mich in ein langes Gespräch verwickelt. (ich / nicht so spät / zu dir kommen)
6. In diesem Winter musste man die Tiere des Waldes füttern. (sie / alle / verhungern)
7. Es war schon spät. (wir / bei dir / vorbeikommen)
8. Er musste aufhören zu rauchen. (ihn / der Arzt / nicht mehr behandeln)
9. Man musste den Patienten an eine Herz-Lungen-Maschine anschließen. (er / nicht mehr / zu retten sein)
10. Der Arzt entschloss sich zu einem Luftröhrenschnitt. (das Kind / ersticken)

13 Bilden Sie irreale Bedingungssätze. Verwenden Sie für den eingeklammerten Satz die Umschreibung mit „würde".

(Du erreichst einen günstigeren Preis.) Du handelst mit ihm.
Du würdest einen günstigeren Preis erreichen, wenn du mit ihm handeltest.

(Die alte Regelung gilt noch.) Dann ist alles viel leichter.
Wenn die alte Regelung noch gelten würde, wäre alles viel leichter.

1. (Du fragst mir die Vokabeln ab.) Du tust mir einen großen Gefallen.
2. (Du holst mich von der Bahn ab.) Ich brauche kein Taxi zu nehmen.
3. (Er spart viel Geld.) Er heizt etwas sparsamer.
4. Wir besuchen ihn. (Wir kennen seine Adresse.)
5. (Sie richten ihn hin.) Das Volk empört sich gegen die Regierung.
6. (Du liest das Buch.) Du weißt Bescheid.
7. Man pflanzt in der Stadt Bäume. (Man verbessert die Luft und verschönert die Stadt.)
8. (Ich kenne sein Geburtstagsdatum.) Ich gratuliere ihm jedes Jahr.

IV Irreale Vergleichssätze (Irreale Komparationssätze)

1. Sie schaut mich an, *als ob* sie mich nicht *verstünde.*
   Sie schaut mich an, *als ob* sie mich nicht *verstanden hätte.*

   Der Vergleichssatz mit *als ob* oder *als* (seltener *als wenn* oder *wie wenn*) zeigt einen irrealen Vergleich: Sie schaut mich so an, aber in Wirklichkeit versteht sie mich oder hat mich wahrscheinlich verstanden.

   Er hat solchen Hunger, *als hätte* er seit Tagen nichts *gegessen.*

   Wird der Vergleichssatz mit *als* eingeleitet, steht das Verb direkt dahinter.

2. Im ersten Teil wird eine reale Feststellung geäußert; das Verb steht daher im Indikativ.

14 Bilden Sie irreale Vergleichssätze mit „als ob" oder „ als wenn".

Der Junge tat so, (er / nicht laufen können)
Der Junge tat so, als ob (als wenn) er nicht laufen könnte.

1. Der Angler tat so, (er / einen großen Fisch an der Leine haben)
2. Der Lehrer sprach so laut, (seine Schüler / alle schwerhörig sein)
3. Unser Nachbar tut so, (Haus und Garten / ihm gehören)
4. Der Junge hat die Fensterscheibe eingeschlagen, aber er tut so, (er / ganz unschuldig sein)
5. Gisela sprang von ihrem Stuhl auf, (sie / von einer Tarantel gestochen worden sein) (die Tarantel = giftige Spinne)
6. Der Rennfahrer saß so ruhig hinter dem Steuer seines Rennwagens, (er / eine Spazierfahrt machen)
7. Der Hund kam auf mich zugerannt, (er / mich in Stücke reißen wollen)
8. Das Mädchen fuhr auf ihren Skiern so geschickt den Berg hinunter, (sie / das schon tausendmal geübt haben)

15 Bilden Sie mit der Übung 14 irreale Vergleichssätze mit „als".

Der Junge tat so, als könnte er nicht laufen.

16 Ergänzen Sie die Vergleichssätze selbstständig. Verwenden Sie dabei den Konjunktiv II.

1. Der Politiker sprach so laut, als ob ...
2. Der Busfahrer fuhr so schnell, als wenn ...
3. Der Hotelgast gab so hohe Trinkgelder, als ...
4. Der Arzt machte ein Gesicht, als ...
5. Der Schriftsteller wurde gefeiert, als ...
6. Die Musik kam so laut und klar im Radio, als ...
7. Der Koch briet so viel Fleisch, als ...
8. Der Zug fuhr so langsam, als ...
9. Das Kind schrie so entsetzlich, als ...
10. Die Kiste war so schwer, als ...

17 Bilden Sie irreale Vergleichssätze.

Ich fühle mich bei meinen Wirtsleuten so wohl wie zu Hause.
Ich fühle mich bei meinen Wirtsleuten so wohl, als ob ich zu Hause wäre.

1. Er hatte sich in den Finger gestochen und schrie wie ein kleines Kind.
2. Die Wirtin behandelte ihren Untermieter wie einen nahen Verwandten.
3. Er sieht aus wie ein Bettler.
4. Er gibt das Geld aus wie ein Millionär.
5. Er bestaunte das Auto wie einer, der noch nie ein Automobil gesehen hat. (... Auto, als ob er ...)
6. Er schaute mich verständnislos an. (nicht verstanden haben)
7. Der Automechaniker stellte sich an wie einer, der noch nie einen Motor auseinander genommen hat. (... sich an, als ob er ...)
8. Der Chef sprach mit dem Angestellten wie mit einem dummen Jungen.

V Irreale Folgesätze (Irreale Konsekutivsätze)

Es ist *zu* spät, *als dass* wir noch bei ihm anrufen könnten.
Ich hab' das Tier *viel zu* gern, *als dass* ich es weggeben könnte.

Der Folgesatz bezieht sich meist auf ein Adverb mit *(viel) zu* oder *allzu* (= Verstärkung). *zu* zeigt an, dass etwas über die Grenze des Möglichen oder Erträglichen hinausgeht, so dass die im *als*-Satz genannte Folge nicht eintreten kann. Daher steht dieser Teilsatz mit *als dass* im Konjunktiv II.

Er hat *so* viel Zeit, *dass* er das ganze Jahr verreisen könnte.

Die im Nebensatz mit *so ..., dass* genannten Folgen werden nicht eintreten; sie sind irreal. Der Nebensatz steht daher im Konjunktiv II.

Er ging weg, *ohne dass* er sich verabschiedet hätte.

Im *ohne dass*-Satz ist die erwartete Folge nicht eingetreten. Der Nebensatz steht daher meist im Konjunktiv II.

18 Bilden Sie irreale Folgesätze mit „zu ..., als dass".

Die Versuche sind zu teuer. Man kann sie nicht unbegrenzt fortsetzen.
Die Versuche sind zu teuer, als dass man sie unbegrenzt fortsetzen könnte.

1. Der Schwimmer ist mit 32 Jahren schon zu alt. Er kann keine Spitzenleistungen mehr erbringen. (noch)
2. Diese Bergwanderung ist zu gefährlich. Ihr könnt sie nur mit einem Seil machen. (ohne Seil)
3. Die Tour ist zu weit. Sie können die Strecke nicht an einem Tag schaffen.
4. Die Wanderer sind viel zu müde. Sie wollen nicht mehr tanzen. (noch)
5. Das Hotel ist zu teuer. Wir können dort nicht wohnen.
6. Der Wind ist zu kalt. Das Laufen macht keinen Spaß mehr. (noch ... würde)
7. Die Mathematikaufgabe ist zu schwierig. Die Schüler können sie nicht lösen.
8. Das Bild ist zu groß. Ich will es mir nicht ins Zimmer hängen.
9. Die Reise ist zu anstrengend. Ich werde sie nicht mehr machen. (noch einmal ... würde)
10. Das Fernsehprogramm ist viel zu langweilig. Ich sehe es mir nicht an.

19 Setzen Sie die Sätze 1–5 der Übung 18 ins Präteritum und bilden Sie Folgesätze.

Die Versuche waren zu teuer. Man konnte sie nicht unbegrenzt fortsetzen.
Die Versuche waren zu teuer, als dass man sie unbegrenzt hätte fortsetzen können.

20 Bilden Sie irreale Folgesätze mit „so ..., dass". Achten Sie auf das Tempus!

Die Straßenbahn fuhr (fährt) so langsam, (man / ebensogut laufen können)
Die Straßenbahn fuhr (fährt) so langsam, dass man ebensogut hätte laufen können (laufen könnte).

1. Die Sonne schien so warm, (man / im Badeanzug auf der Terrasse liegen können)
2. Sein Geschäft geht so gut, (er / es ganz groß ausbauen können)
3. Die Terroristen hatten so viele Waffen, (man / eine ganze Kompanie Soldaten damit ausrüsten können)
4. Der Sportwagen ist so teuer, (man / zwei Mittelklassewagen / sich dafür kaufen können)
5. Die Höhle hat so viele Gänge, (man / sich darin verlaufen können)
6. Das Haus, in dem er wohnt, ist so groß, (drei Familien / darin Platz finden)
7. Das Gift wirkt so stark, (man / mit einem Fläschchen / eine ganze Stadt vergiften können)
8. Der Mond schien so hell, (man / Zeitung lesen können)

21 **Bilden Sie Sätze mit „ohne dass". Achten Sie auf das Tempus!**

Sie waren oft hier in Wien. Sie haben uns nicht ein einziges Mal besucht.
Sie waren oft hier in Wien, ohne dass sie uns ein einziges Mal besucht hätten.

1. Der Arzt überwies den Patienten ins Krankenhaus. Er hat ihn nicht untersucht.
2. Ein Onkel sorgte für die verwaisten Kinder. Er hat kein Wort darüber verloren.
3. Ein ausländischer Konzern kaufte die Fabrik. Es wurde nicht lange über den Preis verhandelt. (*es* fällt weg!)
4. Die Tochter verließ das Elternhaus. Sie schaute nicht noch einmal zurück.
5. Er wanderte nach Amerika aus. Er hat nie wieder ein Lebenszeichen von sich gegeben. (ohne dass er jemals wieder)
6. Luft und Wasser werden von gewissen Industriebetrieben verschmutzt. Diese werden dafür nicht zur Verantwortung gezogen.
7. Sie hat uns geholfen. Wir haben sie nicht darum gebeten.
8. Er verschenkte seine wertvolle Münzsammlung. Es hat ihm keinen Augenblick Leid getan.

VI Weitere Anwendungsbereiche des Konjunktivs II

Beinah(e) wäre das ganze Haus abgebrannt!
Fast hätte ich den Bus nicht mehr erreicht.

Sätze mit *beinah(e)* oder *fast* drücken aus, dass etwas schon Erwartetes doch nicht eingetreten ist. Man gebraucht die Vergangenheitsform des Konjunktivs II.

Ich hätte dich besucht, aber ich hatte deine Adresse nicht.
Der Bus ist noch nicht da; dabei hätte er schon vor zehn Minuten kommen müssen.

Zur Unterscheidung von Realität und Irrealität.

Sollte es wirklich schon so spät sein?
Würdest du mir tatsächlich Geld leihen?

In Fragen, die man stellt, wenn man etwas nicht recht glauben will.

Wären Sie so freundlich mir zu helfen?
Könnten Sie mir vielleicht sagen, wie ich zum Bahnhof komme?

Eine höfliche Bitte oder Aufforderung, die man in Form einer Frage äußert.

Würden Sie mir bitte einen Gefallen tun?
Würden Sie vielleicht gegen zehn Uhr noch mal anrufen?

Oft gebraucht man bei der höflichen Bitte die Umschreibung mit *würde* + Infinitiv.

Zum Einkaufen dürfte es jetzt zu spät sein.
(Wie alt schätzt du Gisela?) Sie dürfte etwa zwanzig sein.

Wenn man seine Vermutung sehr vorsichtig äußern will, verwendet man *dürfen* im Konjunktiv II.

So, das wär's für heute! (Morgen geht's weiter.)
Das hätten wir geschafft!

Zum Ausdruck, dass ein Teil eines Sachverhalts (hier einer Arbeit) beendet ist.

Ich glaube, dass ich ihm in dieser Lage auch nicht helfen könnte.
Ich meine, dass er sich endlich ändern müsste.

Eine Unsicherheit über einen Sachverhalt kann man auch im Konjunktiv II ausdrücken. Im Hauptsatz stehen Verben wie *annehmen, glauben, denken, meinen.*

Ich kenne keinen anderen Arzt, der dir besser helfen könnte.
Ich wüsste kein Material, das härter wäre als ein Diamant.

Der Konjunktiv II steht gelegentlich in Relativsätzen mit einem Komparativ, die von einem negativen Beziehungssatz abhängen.

22 Üben Sie den Konjunktiv II der Vergangenheit nach „beinah(e)" oder „fast".

Hast du das Haus gekauft?
Nein, aber beinah (fast) hätte ich es gekauft.
Oder: *Nein, aber ich hätte es beinah (fast) gekauft.*

1. Hast du dein Geld verloren?
2. Bist du betrogen worden?
3. Bist du verhaftet worden?
4. Ist das Flugzeug abgestürzt?
5. Hast du dein Geschäft verkaufen müssen?
6. Ist das Schiff untergegangen?
7. Seid ihr zu spät gekommen?

23 Äußern Sie Zweifel in Ihrer Frage.

Ist sie wirklich erst 17? – Ja, das stimmt.
Sollte sie wirklich erst 17 sein? – Ja, das dürfte stimmen.

1. Ist dieses Haus wirklich für 100 000 Euro zu haben? – Ja, das stimmt.
2. Hat er wirklich die Wahrheit gesagt? – Nein, das war nicht die Wahrheit.
3. Ist er wirklich in schlechten finanziellen Verhältnissen? – Ja, das trifft leider zu.
4. Habe ich für diesen Pelzmantel wirklich 100 Euro zu viel bezahlt? – Ja, das stimmt annähernd.
5. Hatte der Sultan wirklich 90 Kinder? – Nein, es waren nur etwa 50.
6. Hat er mich mit Absicht falsch informiert? – Nein, er hat nur wieder mal nicht aufgepasst.
7. Ist der Zug wirklich schon abgefahren ? – Ja, der ist schon weg.
8. Hat der Zeuge sich wirklich nicht geirrt? – Nein, seine Aussage entspricht so ziemlich den Tatsachen.
9. Hat er seine Steuererklärung wirklich ungenau ausgefüllt? – Ja, die Angaben waren unzutreffend.

24 Bilden Sie höfliche Fragen.

Nehmen Sie das Paket mit?
Würden Sie bitte das Paket mitnehmen?
Könnten Sie bitte das Paket mitnehmen?
Würden Sie so freundlich sein und das Paket mitnehmen?
(... das Paket mitzunehmen?)
Dürfte ich Sie bitten das Paket mitzunehmen?
Würden Sie mir den Gefallen tun und das Paket mitnehmen?
(... das Paket mitzunehmen?)

1. Schicken Sie mir die Waren ins Haus?
2. Wo ist die Stadtverwaltung?
3. Wie komme ich zum Krankenhaus?
4. Reichen Sie mir das Salz?
5. Geben Sie mir noch eine Scheibe Brot?
6. Bringen Sie mir noch ein Glas Bier?
7. Helfen Sie mir den Wagen anzuschieben?
8. Wird der Eilbrief heute noch zugestellt? (... mir sagen, ob ...)
9. Kommen Sie gegen 5 Uhr noch mal vorbei?
10. Nimmst du dieses Päckchen mit zur Post?

25 Sagen Sie, was unter anderen Umständen möglich wäre.

Zu Fuß kannst du den Zug nicht mehr erreichen; (mit dem Taxi / noch rechtzeitig zur Bahn kommen)
Zu Fuß kannst du den Zug nicht mehr erreichen; mit dem Taxi könntest du noch rechtzeitig zur Bahn kommen.

1. Ohne Antenne kannst du das Programm von Bayern III nicht empfangen; (mit Antenne / du / es gut hereinbekommen)
2. Hier müssen alle Kraftfahrzeuge langsam fahren; (ohne diese Vorschrift / es / viele Unfälle geben)
3. Leider ist unser Auto kaputt; (sonst / wir / heute ins Grüne fahren)
4. Ohne Licht darfst du abends nicht Rad fahren; (sonst / dir / ein Unglück passieren)
5. Du brauchst unbedingt eine Waschmaschine; (damit / du / viel Zeit sparen)
6. Du machst dir keine genaue Zeiteinteilung; (sonst / du / viel mehr schaffen)
7. Diesen Ofen benutzen wir nur in der Übergangszeit; (im Winter / wir / das Haus damit nicht warm bekommen)
8. Die Arbeiter müssen zur Zeit Überstunden machen; (die Firma / andernfalls / die Liefertermine nicht einhalten)
9. Hier darfst du nicht fotografieren; (du / wegen Spionage verhaftet werden)

§ 55 Der Konjunktiv I

Bildung der Formen

	Indikativ	*Konjunktiv I*
a)	er fährt	er ***fahre***
b)	er wird fahren	er ***werde fahren***
c)	er fuhr er ist / war gefahren	er ***sei gefahren***
	er sah er hat / hatte gesehen	er ***habe gesehen***

Der Konjunktiv I hat drei Zeitformen: a) eine Gegenwartsform, b) eine Zukunftsform (auch Vermutung) und c) *eine* Vergangenheitsform.

I Bildung der Gegenwartsformen

1. An den Infinitivstamm werden die gleichen Endungen gehängt wie beim Konjunktiv II (siehe § 53, I).
2. Es entstehen folgende Formen:

Starkes Verb	*Schwaches Verb*	*Verb mit Hilfs-e*	*Modalverb*	*Hilfsverb*	
kommen	***planen***	***schneiden***	***dürfen***	***haben***	***werden***
(ich komme)	(ich plane)	(ich schneide)	ich dürfe	(ich habe)	(ich werde)
du kommest	du planest	(du schneidest)	du dürfest	du habest	du werdest
er komme	er plane	er schneide	er dürfe	er habe	er werde
(wir kommen)	(wir planen)	(wir schneiden)	(wir dürfen)	(wir haben)	(wir werden)
ihr kommet	ihr planet	(ihr schneidet)	ihr dürfet	ihr habet	(ihr werdet)
(sie kommen)	(sie planen)	(sie schneiden)	(sie dürfen)	(sie haben)	(sie werden)

Die Formen in Klammern entsprechen dem Indikativ. Sie werden durch die entsprechenden Gegenwartsformen des Konjunktivs II ersetzt, damit man sie vom Indikativ unterscheiden kann. Ist der Konjunktiv II mit dem Präteritum identisch, wird meist mit *würde* + Infinitiv formuliert. Es entstehen folgende Reihen:

Starkes Verb	*Schwaches Verb*	*Verb mit Hilfs-e*	*Modalverb*	*Hilfsverb*	
ich käme	ich plante	ich schnitte	ich dürfe	ich hätte	ich würde
du kommest	du planest	du schnittest	du dürfest	du habest	du werdest
er komme	er plane	er schneide	er dürfe	er habe	er werde
wir kämen	wir planten	wir schnitten	wir dürften	wir hätten	wir würden
ihr kommet	ihr planet	ihr schnittet	ihr dürfet	ihr habet	ihr würdet
sie kämen	sie planten	sie schnitten	sie dürften	sie hätten	sie würden

Im Sprachgebrauch hält man sich nicht streng an diese Regel. So wird zum Beispiel auch in der zweiten Person Singular und Plural oft der Konjunktiv II gebraucht: *du kämest, ihr kämet.*

Anmerkung

Die Sonderformen in der 2. und 3. Person Singular Präsens der starken Verben werden bei der Bildung des Konjunktivs I nicht berücksichtigt: Indikativ: *du gibst, er gibt* – Konjunktiv *I*: *du gebest, er gebe.*

3. Eine Ausnahme bilden die Formen von *sein*:

ich sei	wir seien
du sei(e)st	ihr seiet
er sei	sie seien

II Bildung der Zukunftsformen (auch Vermutung)

1. Das Futur I wird mit den obigen Formen von *werden* und dem Infinitiv gebildet.

ich würde kommen	wir würden kommen
du werdest kommen	ihr würdet kommen
er werde kommen	sie würden kommen

2. Das Futur II wird dementsprechend mit dem Infinitiv Perfekt gebildet:

ich würde gekommen sein	ich würde geplant haben
du werdest gekommen sein	du werdest geplant haben

III Bildung der Vergangenheitsformen

Die Vergangenheitsform wird mit den obigen Formen von *haben* bzw. *sein* und dem Partizip Perfekt gebildet:

ich sei gekommen	ich hätte geplant
du sei(e)st gekommen	du habest geplant

IV Das Passiv im Konjunktiv I

Zur Bildung des Passivs werden die obigen Formen von *werden* verwendet:

Gegenwart	ich würde informiert, du werdest informiert …
Zukunft	ich würde informiert werden, du werdest informiert werden …
Vergangenheit	ich sei informiert worden, du sei(e)st informiert worden …

1 Konjugieren Sie in der Gegenwarts- und Vergangenheitsform des Konjunktivs I.

1. reisen
2. ordnen
3. schicken
4. fliegen
5. fallen
6. geben
7. abschneiden
8. sich ärgern
9. beabsichtigen
10. fahren
11. frieren
12. benachrichtigt werden

2 Setzen Sie die Verben in die entsprechenden Formen des Konjunktivs I.

1. ich stelle
   er stellt
   er stellte
2. du bittest
   er bittet
   wir baten
3. wir telefonieren
   ihr telefoniert
   sie telefonierten
4. sie grüßt
   sie grüßen
   sie grüßten
5. ich werde eingeladen
   du wirst eingeladen
   du wurdest eingeladen
6. du wirst dich erkälten
   sie wird sich erkälten
   sie werden sich erkälten
7. ich gehe
   du gehst
   er ist gegangen
8. sie betet
   sie beten
   er betete
9. sie schneidet
   wir schneiden
   wir haben geschnitten
10. ich antworte
    er antwortet
    ihr antwortet
11. er wird gewogen
    wir werden gewogen
    ihr wart gewogen worden
12. sie wird sich erholt haben
    ihr werdet euch erholt haben
    sie werden sich erholt haben
13. du fährst
    ihr fahrt
    sie fuhren
14. ich rufe an
    du rufst an
    sie riefen an
15. du streitest
    sie streitet
    ihr habt gestritten
16. er stirbt
    sie sterben
    sie starben
17. du wirst bestraft
    er wird bestraft
    sie wurde bestraft

§ 56 Gebrauch des Konjunktivs I

I Die indirekte Rede

Direkte Rede	*Indirekte Rede*
In der Wahlnacht spricht der Parteivorsitzende. Er sagt unter anderem:	Ein Journalist berichtet. Der Parteivorsitzende sagte,
a) „Wir können stolz sein auf unseren Erfolg."	***dass sie*** stolz auf ***ihren*** Erfolg sein könnten. ***sie*** könnten stolz sein auf ***ihren*** Erfolg.
b) „***Ihnen, liebe Parteifreunde,*** danke ich herzlich."	er danke ***seinen Parteifreunden*** herzlich.
„Jetzt heißt es für uns alle: ***Vorwärts, an die Arbeit!***"	jetzt heiße es für sie, ***sofort mit der Arbeit zu beginnen.***
c) „***Für morgen*** ist ein Gespräch mit dem Bundespräsidenten geplant."	***für heute, Montag,*** sei ein Gespräch mit dem Bundespräsidenten geplant.
„***Hier*** wird es einige Veränderungen geben."	***dort, im Bundestag,*** werde es einige Veränderungen geben.
d) „Ich, als Demokrat, akzeptiere das Wahlergebnis, ***auch wenn es anders ausgefallen wäre.***"	er, als Demokrat, akzeptiere das Wahlergebnis, ***auch wenn es anders ausgefallen wäre.***

In der indirekten Rede werden die Aussagen einer anderen Person objektiviert und oft verkürzt wiedergegeben. Von Reden, Schriften, öffentlichen Bekanntmachungen usw. wird meist nur das sachlich Wichtige berichtet. Durch den Gebrauch des Konjunktivs I wird der Abstand zur wörtlichen Rede kenntlich gemacht.

zu a) 1. Die indirekte Rede kann mit einem *dass*-Satz eingeleitet werden. Bei einer längeren Mitteilung steht der *dass*-Satz in der Regel nur am Anfang.

2. In der indirekten Rede ändern sich die Pronomen sinngemäß. Dabei ist besonders zu beachten: a) wer spricht, b) zu wem oder von wem gesprochen wird, c) gegebenenfalls wer die Rede wiedergibt.

zu b) 1. Anreden, Ausrufe, spontane Redewendungen usw. fallen in der indirekten Rede meistens weg.

2. Man kann – damit der Zusammenhang besser verständlich wird – Namen wiederholen, Adverbien einfügen oder sinngemäße Sätze oder Verben verwenden wie *bejahen, verneinen, ablehnen*.

zu c) Adverbiale Angaben des Ortes oder der Zeit müssen sinngemäß geändert werden.

zu d) Der Konjunktiv II bleibt in der indirekten Rede erhalten.

II Die indirekte Frage

Direkte Frage	*Indirekte Frage*
Er fragt: a) „***Gehst*** du morgen zur Wahl?" b) „***Wann*** gehst du zum Wahllokal?" „***Welche Partei*** willst du wählen?"	Er fragt, ***ob*** ich morgen zur Wahl ginge. ***wann*** ich zum Wahllokal ginge. ***welche Partei*** ich wählen wolle.

Die Frage wird in der indirekten Rede als Nebensatz wiedergegeben.

zu a) Bei Fragen ohne Fragewort wird die Konjunktion *ob* verwendet.

zu b) Bei Fragen mit Fragewort wird dasselbe Fragewort oder das erweiterte Fragewort als Konjunktion verwendet.

III Der Imperativ in der indirekten Rede

Direkter Imperativ	*Indirekter Imperativ*
a) „Reg dich doch bitte nicht so auf!"	Er bat mich (freundlich), ich ***möge*** mich nicht so aufregen.
b) „Hört jetzt endlich auf über das Wahlergebnis zu diskutieren!"	Er befahl uns (scharf), wir ***sollten*** aufhören über das Wahlergebnis zu diskutieren.

Der Imperativ in der indirekten Rede wird durch Modalverben wiedergegeben.

zu a) Bei einer höflichen Bitte gebraucht man *mögen*.

zu b) Bei einer Aufforderung oder einem Befehl gebraucht man *sollen*.

Anmerkung

Der Imperativ in der 3. Person Singular oder in der 1. Person Plural kann mit den Formen des Konjunktivs I ausgedrückt werden:
Es *lebe* die Freiheit!
Damit *sei* die Sache vergessen!
Seien wir froh, dass alles vorbei ist!
Man *nehme* 15–20 Tropfen bei Bedarf und *behalte* die Flüssigkeit einige Zeit im Mund.
Man *nehme* ein Pfund Mehl, drei Eier und etwas Milch und *verrühre* das Ganze zu einem Teig.
Die Strecke b *sei* 7 cm. Man *schlage* von D aus einen Halbkreis über b.

Anmerkungen zur Zeichensetzung in der indirekten Rede

1. Der Doppelpunkt (:) und die Anführungszeichen („…") der direkten Rede fallen weg. Vor der indirekten Rede steht nur ein Komma (,).
2. Da von einer Aufforderung, Bitte, einem Befehl oder von einer Frage nur berichtet wird, entfallen auch Ausrufezeichen (!) und Fragezeichen (?).

1 Setzen Sie den folgenden Text in die indirekte Rede. Beginnen Sie so: Fachleute weisen darauf hin, dass …

„Große Teile der Wälder in der Bundesrepublik sind durch schwefelsäurehaltigen Regen von einem allmählichen Absterben bedroht. Nicht nur die Nadelhölzer, sondern auch die Laubbäume werden geschädigt. Sie reagieren zum Teil sogar noch empfindlicher als Nadelbäume. Als gefährlichste Verursacher des Waldsterbens sieht man die großen Kohlekraftwerke an, die die Schadstoffe durch hohe Schornsteine ableiten. Das entlastet zwar die nächste Umgebung, doch wird die Schädigung weiträumig in Gebiete getragen, die bisher noch ökologisch gesund waren; denn hohe Schornsteine bringen die Schadstoffe in höhere Schichten der Atmosphäre und so können sie vom Wind ziemlich weit getragen werden.

Gefordert werden neue Gesetze, die das Übel an der Wurzel packen. Es müssen Anlagen vorgeschrieben werden, die die Schadstoffe herausfiltern, so dass sie nicht mehr in die Luft gelangen können.“

2 Setzen Sie den folgenden Zeitungsbericht in die indirekte Rede. Beginnen Sie so: Die Zeitung berichtet, dass Teile Australiens …

Teile Australiens erleben eine katastrophale Trockenheit. Infolge des Regenmangels droht in fünf von sechs australischen Bundesländern eine Dürrekatastrophe. Neben den Farmern, die bereits ihre Ernten und Tierherden verloren haben, spüren jetzt auch die Bewohner der Städte den Wassermangel besonders stark. Für sie gilt eine strenge Beschränkung des Wasserverbrauchs. Sie dürfen ihre Gärten nicht mehr so intensiv bewässern. Das Gießen ist ihnen tagsüber nur noch mit Kannen und Eimern erlaubt. Schläuche dürfen nur zwischen 19 und 21 Uhr benutzt werden. Die Geldstrafe, die auf Nichteinhaltung der Beschränkungen steht, ist von 100 auf 1000 Dollar erhöht worden. Zwanzig Funkwagen machen Jagd auf Wasserverschwender.

In einigen Gemeinden des Staates Victoria ist die Not schon so groß, dass das Wasser auf 60 Liter pro Kopf und Tag rationiert wurde.

Perioden großer Trockenheit hat es in Australien schon oft gegeben. Eine solche Katastrophe ist aber in der Geschichte des weißen Mannes noch nie da gewesen.

3 Ebenso. Beginnen Sie so: Der Verteidiger sagte, man …

Der Verteidiger sagte: „Man muss, wenn man ein gerechtes Urteil fällen will, die Kindheit und Jugendzeit des Angeklagten kennen. Als dieser drei Jahre alt war, starb seine Mutter. Sein Vater war ein stadtbekannter Trinker. Der Angeklagte hat noch drei Jahre mit seinem Vater zusammengelebt. Eine Tante, die den Haushalt führte, mochte ihn nicht und hat ihn oft geschlagen. Als der Angeklagte sechs Jahre alt war, nahm man den ganz verwahrlosten Jungen aus dem Haushalt seines Vaters und steckte ihn in ein Waisenhaus, wo er bis zu seinem 14. Lebensjahr blieb. Nach seiner Entlassung kehrte der Junge zu seinem Vater zurück. Dieser veranlasste den Jungen immer wieder zu Diebstählen in Warenhäusern und Lebensmittelgeschäften. Mit sechzehn Jahren wurde der Jugendliche zum ersten Mal wegen Diebstahls vor Gericht gestellt und von diesem in eine Jugendstrafanstalt eingewiesen. So hat der Angeklagte nie ein normales, geregeltes Leben kennen gelernt; er hat nie den Schutz und die Nestwärme erfahren, die eine Familie einem Heranwachsenden im Allgemeinen bietet. Das muss bei einer Verurteilung des Angeklagten berücksichtigt werden."

4 Verwandeln Sie die direkte in die indirekte Rede und umgekehrt.

Der Arzt fragte den Patienten: „Wie lange haben Sie die Kopfschmerzen schon? Sind die Schmerzen ständig da oder treten sie nur manchmal auf? Liegen die Schmerzen hinter den Augen? Haben Sie auch nachts Kopfschmerzen? Nehmen Sie Tabletten? Was für Tabletten haben Sie bis jetzt genommen? Ist der Schmerz so stark, dass Sie es ohne Tabletten nicht aushalten? Was für eine Arbeit verrichten Sie im Büro? Wie lange müssen Sie täglich vor dem Bildschirm sitzen? Haben Sie die Möglichkeit Ihre Tätigkeit zu wechseln?"

Der Patient fragte den Arzt, wie oft er die Tabletten nehmen solle, ob er im Bett liegen bleiben müsse, oder ob er wenigstens zeitweise aufstehen dürfe, wie lange die Krankheit denn wohl dauere und ob er überhaupt wieder ganz gesund werde.

5 Verwandeln Sie die direkte Rede in die indirekte und umgekehrt.

Der Turnlehrer sagte zu den Schülern: „Stellt euch gerade hin und streckt die Arme nach vorn! Bringt jetzt die Arme in weitem Bogen nach hinten, lasst den Kopf zurückfallen und biegt den ganzen Körper nach hinten durch! Jetzt kommt langsam zurück, bis ihr wieder gerade steht! Lasst nun den Oberkörper nach vorn herunterfallen, bis der Kopf die Knie berührt."

Der Lehrer sagt zu der Schülerin, dass sie den Mund schließen und durch die Nase atmen solle. Sie solle die Übungen ruhig mitmachen, aber darauf achten, dass nichts weh tue. Wenn es ihr zu anstrengend werde, solle sie aufhören.

Uta sagte zum Lehrer, er möge sie entschuldigen, sie fühle sich nicht wohl und wolle nach Hause gehen.

6 Setzen Sie die indirekte Rede in dieser Anekdote in die direkte Rede. Welche Form erscheint Ihnen lebendiger?

Der berühmte Pianist Anton Rubinstein unterhielt sich auf einer Konzerttour in England mit einem Briten über seine Auslandserfahrungen. Dabei sprachen sie auch über die Konzertreise des Künstlers in Spanien. Ob er denn Spanisch könne, fragte der Engländer. Rubinstein verneinte. Ob er dann wohl Französisch gesprochen habe. Das habe er auch nicht, entgegnete der Künstler schon etwas verärgert. Womit er sich denn in Spanien durchgeholfen habe, wollte der neugierige Herr wissen. „Mit Klavier!", erwiderte Rubinstein und ließ den lästigen Frager stehen.

7 Verwandeln Sie die direkte in die indirekte Rede.

Der Hahn und der Fuchs

Auf einem Baum saß ein alter Hahn. Ein Fuchs, der gerade vorbeikam, sah den Hahn und da er gerade Hunger hatte, sagte er: „Komm doch herunter! Allgemeiner Friede ist unter den Tieren geschlossen worden. Komm herab und küsse mich, denn von heute ab sind wir Brüder!" „Lieber Freund", entgegnete der Hahn, „das ist eine wunderbare Nachricht! Dort sehe ich auch zwei Hunde herbeieilen. Sie wollen uns sicher auch die Friedensnachricht bringen. Dann können wir uns alle vier küssen." „Entschuldige!", rief der Fuchs eilig, „ich habe noch einen weiten Weg. Das Friedensfest werden wir später feiern!" Traurig, dass er seinen Hunger nicht stillen konnte, lief er davon.

Der Hahn aber saß auf seinem Ast und lachte: „Es macht doch Spaß einen Betrüger zu betrügen!"

(Nach La Fontaine)

8 Verwandeln Sie die direkte in die indirekte Rede und umgekehrt.

Totgefragt

Auf einem Dampfer, der von Hamburg nach Helgoland fuhr, wendete sich eine Dame an den Kapitän und fragte: „Sind Sie der Kapitän?" Der Kapitän bejahte.

„Ist es eigentlich gefährlich auf See?"

Der Kapitän verneinte, zur Zeit nicht, es sei ja beinah windstill. Da werde wohl keiner seekrank.

„Ach, das meine ich auch nicht", entgegnete die Dame, „ich meine nur wegen der Seeminen." (= Explosivkörper zur Vernichtung von Schiffen im Krieg)

Da sei nichts zu befürchten, die seien alle längst weggeräumt.

„Aber wenn sich nun mal eine versteckt hat?"

Das könne sie nicht. Die Minen blieben immer an der Wasseroberfläche und auch die allerletzten seien längst entdeckt und vernichtet worden. Da könne sie ganz beruhigt sein.

„Sie sind ja ein Fachmann. Sicher fahren Sie schon lange auf dieser Strecke?"

Er fahre schon vier Jahre.

„So lange fahren Sie schon? Wie hieß doch der Kapitän, der früher auf diesem Schiff fuhr? Es war so ein Großer, Blonder."

„Sein Name war Albers."

„Ja, an den kann ich mich noch gut erinnern. Lebt er noch?"

„Nein", bedauerte der Kapitän, Albers sei schon lange tot.

„Ach, das ist schade! Woran ist er denn gestorben?"

Die Reisenden hätten ihn totgefragt, entgegnete der Kapitän und ließ die erstaunte Dame stehen.

9 Setzen Sie den Bericht in die indirekte Rede.

Eine junge Ärztin erzählt ein Erlebnis von einer Expedition. Sie berichtet, dass vor einiger Zeit ...

„Vor einiger Zeit kam eine Mutter mit einem schwerkranken Säugling zu mir. Das Kind war schon blau im Gesicht und atmete schwer. Nach einer kurzen Untersuchung konnte ich feststellen, dass eine leichte Form von Diphtherie vorlag. Nachdem ich, weil mir andere Instrumente fehlten, das altmodische, aber scharfe Rasiermesser unseres Kochs desinfiziert hatte, wagte ich einen Schnitt in den Kehlkopf des Kindes. Das herausspritzende Blut versetzte die Mutter in helle Aufregung. Sie schrie verzweifelt: „Sie tötet mein Kind! Sie schlachtet es wie ein Schaf!" Viele Einwohner des Dorfes liefen mit drohenden Gebärden herbei, so dass ich das Schlimmste für mein Leben und das des Kindes fürchten musste. Zum Glück war der Weg vom Dorf bis zu unserer Station steil und steinig und als die erregten Leute an meinem Zelt ankamen, atmete das Kind schon wieder ruhig und hatte seine natürliche Gesichtsfarbe zurückgewonnen. Seitdem behandeln die Dorfbewohner mich wie eine Heilige und es ist schwierig, sie davon zu überzeugen, dass ich keine Toten erwecken kann."

10 Ebenso.

Ein Pilot berichtet über seine Erlebnisse bei einer versuchten Flugzeugentführung.

„Genau um 23.37 Uhr, als sich unsere Maschine in etwa 2500 Meter Höhe über den letzten Ausläufern des Taunus befand, teilte mir unsere Stewardess, Frau Schröder, aufgeregt mit: ‚Einem Passagier ist schlecht geworden; er ist ganz bleich und sein Kopf liegt auf der Seitenlehne seines Sessels.' Ich schickte meinen Kollegen, Flugkapitän Berger, in den Passagierraum. Nach kurzer Zeit kam Berger zurück und berichtete: ‚Der Mann ist erschossen worden. Wahrscheinlich ist eine Pistole mit Schalldämpfer benutzt worden, denn niemand hat etwas gehört.'

Diese Nachricht habe ich sofort an die Bodenstationen in München, Wien und Mailand weitergegeben. Die Antworten lauteten allerdings nur etwa so: ‚Fliegen Sie ruhig weiter und lassen Sie alles genau beobachten. Im Augenblick können wir Ihnen nichts Genaues sagen. Die Polizei ist informiert worden.'

In den nächsten eineinhalb Stunden ereignete sich nichts, aber kurz vor der Landung in Wien erschienen zwei maskierte Männer in der Tür zur Pilotenkanzel, richteten ihre Pistolen auf mich und Kapitän Berger und befahlen: ‚Bewegen Sie sich nicht! Sie können wählen: Entweder halten Sie sich an unsere Befehle oder Sie werden erschossen! Das Ziel der Reise ist Tripolis. Die Maschine wird augenblicklich gesprengt, wenn Sie nicht alle unsere Befehle befolgen!'

Ich war ganz ruhig, weil ich mir vorher schon alles überlegt hatte. Ironisch fragte ich: ‚Was machen Sie denn mit der Leiche, wenn wir landen?' Diese Frage machte die Leute stutzig. Der eine befahl dem anderen, in den Passagierraum zu gehen und nachzusehen. Es gelang mir, den hinter mir stehenden Luftpiraten zu Fall zu bringen, indem ich die Maschine auf die Seite legte. Kapitän Berger konnte den Augenblick nützen, den Mann zu entwaffnen. Der zweite leistete keinen Widerstand mehr, nachdem er gesehen hatte, dass sein Komplize bereits gefesselt war."

11 Ebenso.

Ein ärztliches Gutachten

Professor B. über den Angeklagten F.: „Es handelt sich bei dem Angeklagten um einen überaus einfältigen Menschen. Seine Antworten auf Fragen nach seiner Kindheit lassen auf schwere Störungen im häuslichen Bereich schließen. So antwortete er auf die Frage: ‚Haben Ihre Eltern Sie oft geschlagen?' mit der Gegenfrage: ‚Welche Eltern meinen Sie? Den mit den grauen Haaren hasse ich, aber die beiden Frauen mit den Ohrringen besuchen mich manchmal im Gefängnis und bringen mir Kaugummi mit.' Offensichtlich wuchs der Angeklagte in derart ungeordneten Familienverhältnissen auf,

dass nur äußere Anhaltspunkte wie graues Haar oder Ohrringe in ihm einige Erinnerungen wachrufen. In einem so gestörten Hirn wie dem des Angeklagten gleiten Erinnerungen und Vorstellungen ineinander, Fakten verlieren an Realität und unwichtige Eindrücke nehmen plötzlich einen bedeutenden Platz ein."
An die Geschworenen gewandt erklärte Professor B.: „Beachten Sie, dass ein Mensch, der nicht angeben kann, wer seine Eltern sind, für ein Verbrechen, das er unter Alkoholeinfluss begangen hat, nach dem Grundsatz ‚im Zweifel für den Angeklagten' nicht oder nur unter der Bedingung strafmildernder Umstände verantwortlich gemacht werden darf."

Teil V

§ 57 Präpositionen

Vorbemerkungen

Es gibt

1. Präpositionen mit festem Kasus:

   a) mit Akkusativ: bis, durch, entlang, für, gegen, ohne, um, wider

   b) mit Dativ: ab, aus, außer, bei, dank, entgegen, entsprechend, gegenüber, gemäß, mit, nach, nebst, samt, seit, von, zu, zufolge.

2. Präpositionen, die mit Akkusativ oder Dativ gebraucht werden: an, auf, hinter, in, neben, über, unter, vor, zwischen.

   Diese Präpositionen unterscheiden sich vor allem bei der Ortsangabe:

   a) Wenn eine Bewegung mit Richtung auf ein Ziel angegeben wird, steht die Präposition mit dem Akkusativ. Die Frage lautet *wohin?*

   b) Wenn ein fester Punkt, ein Ort, eine Fläche oder ein Raum angegeben wird, steht die Präposition mit dem Dativ. Die Frage lautet *wo?* Auf die Frage *woher?* steht immer der Dativ.

3. Präpositionen mit Genitiv siehe § 61.

4. Trennbare Verben verlieren oft ihre Vorsilbe, wenn eine entsprechende präpositionale Angabe gebraucht wird:
   Jetzt müssen wir *aussteigen.* – Jetzt müssen wir *aus dem Zug steigen.* –
   Als der Redner *vortrat,* lächelte er. – Als der Redner *vor das Publikum trat,* lächelte er.

Anmerkungen

Nicht berücksichtigt werden im Folgenden

1. Präpositionen, die von Verben abhängen (siehe § 15, III) und die entsprechenden nominalen Wendungen, z.B.:

sich fürchten vor	Furcht vor
kämpfen für / gegen / um	Kampf für / gegen / um

2. Präpositionen, die von Adverbien (siehe § 44) abhängen und die entsprechenden nominalen Wendungen, z.B.:

neidisch sein auf	Neid auf
reich sein an	Reichtum an

3. Präpositionen sind im Deutschen vielseitig verwendbar. Hier werden nur die gebräuchlichsten Verwendungsweisen dargestellt.

§ 58 Präpositionen mit dem Akkusativ

I bis

1. ohne Artikel

   a) zur Orts- oder Zeitangabe:
   Bis Hamburg sind es noch etwa 250 Kilometer.
   Bis nächsten Montag muss die Arbeit fertig sein.
   Er will noch *bis September* warten.

   b) vor Zahlenangaben (oft mit zu):
   Von 13 *bis 15 Uhr* geschlossen!
   Ich zahle *bis zu 50 Euro,* nicht mehr.

   c) vor Adverbien:
   Bis dahin ist noch ein weiter Weg.
   Auf Wiedersehen, *bis bald (bis nachher, bis später).*

2. zusammen mit einer anderen Präposition. Die zweite Präposition bestimmt den Kasus der folgenden Angabe.

   a) bis + Präposition mit Akkusativ:
   Wir gingen *bis an den Rand* des Abgrunds.
   Der Zirkus war *bis auf den letzten Platz* ausverkauft.
   Er schlief *bis in den Tag* hinein.
   Bis auf den Kapitän wurden alle gerettet (= alle außer dem Kapitän).

   b) bis + Präposition mit Dativ:
   Kannst du nicht *bis nach dem Essen* warten?
   Bis vor einem Jahr war noch alles in Ordnung.
   Bis zum Bahnhof will ich dich gern begleiten.

II durch

1. zur Ortsangabe:
   Wir gingen *durch den Wald.*
   Er schaute *durchs Fenster.*

2. zur Bezeichnung einer Ursache, eines Mittels oder eines Vermittlers (oft in Passivsätzen):
   Er hatte *durch einen Unfall* seinen rechten Arm verloren.
   Der kranke Hund wurde *durch eine Spritze* eingeschläfert.
   Diese Nachricht habe ich *durch den Rundfunk* erfahren.

3. zur Angabe, wie eine Handlung durchgeführt wird (Nebensatz mit indem siehe § 31, IV):
   Durch die Benutzung eines Notausgangs konnten sich die Bewohner retten.
   Durch jahrelanges Training stärkte der Behinderte seine Beinmuskeln.

4. zur Zeitangabe (meist *hindurch,* nachgestellt):
   Den September hindurch hat es nur geregnet.
   Das ganze Jahr hindurch hat sie nichts von sich hören lassen.

III entlang

1. zur Angabe einer Längsrichtung auf einem bestimmten Weg (nachgestellt):
   Er fuhr *die Straße entlang.*
   Das Schiff fuhr *den Fluss entlang.*
   Sie gingen *den Bahnsteig entlang.*
2. zur Angabe einer Längsrichtung neben einer Begrenzung (*an* + Dativ ... *entlang*):
   Wir gingen *an dem Haus entlang* und erreichten den Garten.
   An der Mauer entlang werden Leitungen gelegt.
3. entlang wird gelegentlich mit dem Genitiv gebraucht und vorangestellt (siehe auch längs, § 61):
   Entlang des Weges standen Tausende von Menschen.

Anmerkung

Verben der Bewegung mit *entlang* werden als trennbare Verben gebraucht:
Sie *gingen* den Bahnsteig *entlang.* (entlanggehen)
Er *rannte* an der Mauer *entlang.* (entlangrennen)

IV für

1. im Interesse, zur Hilfe oder an die Adresse eines anderen:
   Ich tue alles *für dich.*
   Der Blumenstrauß ist *für die Gastgeberin.*
   Er gab eine Spende *für das Rote Kreuz.*
2. anstelle einer anderen Person:
   Bitte geh *für mich* aufs Finanzamt.
   Er hat schon *für alle* bezahlt.
3. zur Angabe eines bestimmten Zeitraums:
   Ich komme nur *für zwei Tage.*
   Hier bleiben wir *für immer.*
4. zum Vergleich:
   Für sein Alter ist er noch sehr rüstig.
   Für einen Architekten ist das eine leichte Aufgabe.
   Für seine schwere Arbeit erhielt er zu wenig Geld.
5. zur Preis- und Wertangabe:
   Wie viel hast du *für das Haus* bezahlt?
   Ich habe es *für 200 000 Euro* bekommen.

6. zur Reihung gleicher Substantive ohne Artikel zur Verstärkung:
   Dasselbe geschieht *Tag für Tag, Jahr für Jahr.*
   Er schrieb das Protokoll *Wort für Wort, Satz für Satz* ab.

V gegen

1. zur Angabe einer Bewegung in eine Richtung bis zur Berührung:
   Er schlug mit der Faust *gegen die Tür.*
   Sie fuhr mit hoher Geschwindigkeit *gegen einen Baum.*
2. zur ungefähren Zeit- oder Zahlenangabe (etwas weniger als angenommen):
   Wir kommen *gegen 23 Uhr* oder erst *gegen Mitternacht.*
   Man erwartet *gegen 400 Besucher.*
3. zur Bezeichnung einer Ablehnung oder eines feindlichen Verhaltens:
   Ärzte sind *gegen das Rauchen.*
   Wir müssen etwas *gegen die Fliegen* tun.
4. zum Vergleich oder Tausch:
   Gegen ihn bin ich ein Anfänger.
   Ich habe die zehn Euro *gegen zwei Fünfeuroscheine* eingetauscht.

VI ohne

meist ohne Artikel, wenn keine genauere Bestimmung nötig ist:
Ohne Auto können Sie diesen Ort nicht erreichen.
Ohne Sprachkenntnisse wirst du niemals Chefsekretärin.
Ohne ihren Mann war sie völlig hilflos.
Ohne die Hilfe meiner Schwester hatte ich den Umzug nicht geschafft.

VII um

1. zur Ortsangabe (= um … herum)
   a) ohne Bewegung, rund um einen Mittelpunkt:
      Um den Turm (herum) standen viele alte Bäume.
      Wir saßen *um den alten Tisch (herum)* und diskutierten.
   b) mit Bewegung, auf einer Kreislinie:
      Gehen Sie dort *um die Ecke,* da ist der Briefkasten.
      Die Insekten fliegen dauernd *um die Lampe herum.*
2. zur Zeit- oder Zahlenangabe
   a) Uhrzeit:
      Um 20 Uhr beginnt die Tagesschau.

b) zur ungefähren Zeit- oder Zahlenangabe (etwas weniger oder mehr):
Die Cheopspyramide wurde *um 3000 v. Chr.* erbaut.
Um Weihnachten sind die Schaufenster hübsch dekoriert.
Die Uhr hat *um die 150 Euro* gekostet.

c) zur Angabe einer Veränderung von Zahlenangaben:
Die Temperatur ist *um 5 Grad* gestiegen.
Die Preise wurden *um 10%* reduziert.
Wir müssen die Abfahrt *um einen Tag* verschieben.

3. zur Angabe eines Verlustes:
Er hat ihn *um seinen Erfolg* betrogen.
Vier Menschen sind bei dem Unfall *ums Leben* gekommen.
Er trauert *um einen guten Freund.*

VIII wider

(= gegen, siehe unter V) Einige feste Wendungen:
Er hat *wider Willen* zugestimmt.
Wider Erwarten hat er die Stellung bekommen.
Wider besseres Wissen verurteilte er den Angeklagten.

1 Setzen Sie die folgenden Präpositionen sinngemäß ein:
a) bis b) durch c) entlang d) für e) gegen f) ohne g) um h) wider.

... Vermittlung eines Freundes konnte ich meinen alten Wagen ... 1000 Euro verkaufen. ... das neue Auto brauche ich einen Bankkredit. ... Erwarten besorgte mir mein Onkel einen Kredit von einem Geldinstitut. ... zur völligen Zurückzahlung bleibt der Wagen natürlich Eigentum der Bank.

Tag ... Tag erfinden die Kinder neue Spiele. Sie rennen ... die Wette ... den Sandkasten herum. Sie hüpfen auf einem Bein ... zum Zaun und wieder zurück. Dann rennen sie in entgegengesetzten Richtungen am Zaun ... . Wer zuerst wieder zurück ist, hat gewonnen.

Wenn wir Karten spielen, spielen wir ... Zehntelcents. ... hundert verlorene Punkte zahlt man also zehn Cent. Ganz ... Geld macht uns das Kartenspielen keinen Spaß. In die Karten des anderen zu schauen, ist ... die Spielregel. Wir spielen meist ... ... Mitternacht. Spätestens ... ein Uhr ist Schluss.

§ 59 Präpositionen mit dem Dativ

I ab

1. zur Orts- oder Zeitangabe ausgehend von einem bestimmten Punkt (oft ohne Artikel; auch: *von ... an*):
   Ich habe die Reise *ab Frankfurt* gebucht.
   Ab kommender Woche gilt der neue Stundenplan.
   Jugendlichen *ab 16 Jahren* ist der Zutritt gestattet.
   Ab morgen werde ich ein neues Leben beginnen.
2. mit dem Akkusativ zur Angabe des Datums:
   Ab erstem Januar werden die Renten erhöht.
   Ab Fünfzehntem gehe ich in Urlaub.

II aus

1. zur Angabe einer Bewegung (= aus ... heraus):
   Er trat *aus dem Haus.*
   Er nahm den Brief *aus der Schublade.*
   Sie kommen um 12 *aus der Schule.*
2. zur Bezeichnung der örtlichen oder zeitlichen Herkunft:
   Die Familie stammt *aus Dänemark.*
   Diese Kakaotassen sind *aus dem 18. Jahrhundert.*
   Er übersetzt den Roman *aus dem Spanischen* ins Deutsche.
3. zur Materialangabe (ohne Artikel):
   Die Eheringe sind meistens *aus Gold.*
4. zur Angabe von Verhaltensweisen, die eine Handlung begründen (ohne Artikel):
   Er hat seinen Bruder *aus Eifersucht* erschlagen.
   Aus Furcht verhaftet zu werden, verließ er die Stadt.
   Aus Erfahrung mied der Bergführer den gefährlichen Abstieg.
5. feste Wendungen:
   aus folgendem Grund, aus gegebenem Anlass

III außer

1. zur Einschränkung auf eine bestimmte Ausnahme:
   Außer einem Hund war nichts Lebendiges zu sehen.
   Außer Milch und Honig nahm der Kranke nichts zu sich.

2. feste Wendungen (ohne Artikel):
   mit *sein*: außer Atem, außer Betrieb, außer Dienst, außer Gefahr, außer Kurs etc.
   etwas steht außer Frage, außer Zweifel
   etwas außer Acht lassen; etwas außer Betracht lassen
   jemand ist außer sich (= sehr aufgeregt sein), außer Haus
   Mit Genitiv: außer Landes sein

IV bei

1. zur Ortsangabe (= in der Nähe von):
   Hanau liegt *bei Frankfurt.* – Sie müssen *beim Schwimmbad* rechts abbiegen.
2. zur Angabe eines Aufenthalts:
   Ich war *beim Arzt.*
   Jetzt arbeitet er *bei einer Baufirma,* vorher war er *beim Militär.*
   Sie wohnt jetzt *bei ihrer Tante,* nicht mehr *bei mir.*
3. zur Angabe von gleichzeitigen Handlungen und Vorgängen, die meistens mit einem substantivierten Verb gebraucht werden (Nebensatz mit *wenn, als* siehe § 26 I):
   Er hatte sich *beim Rasieren* geschnitten.
   Beim Kochen hat sie sich verbrannt.
   Bei der Arbeit solltest du keine Musik hören.
4. zur Angabe eines Verhaltens:
   Bei deiner Gewissenhaftigkeit und Sorgfalt ist der Fehler kaum erklärlich.
   Bei aller Vorsicht gerieten sie doch in eine Falle.
   Bei seinem Temperament ist das sehr verständlich.
5. feste Wendungen (meist ohne Artikel):
   bei Nacht und Nebel, bei schönstem Wetter, bei Tagesanbruch etc.
   jemanden *beim Wort* nehmen
   bei offenem Fenster schlafen
   jemanden *bei guter Laune* halten
   etwas *bei Strafe* verbieten etc.

V dank

zur Angabe einer positiven Leistung:
Dank dem Zureden seiner Mutter schaffte er doch noch das Abitur.
Dank seinem Lebenswillen überlebte der Gefangene.

VI entgegen

zum Ausdruck von etwas Gegensätzlichem, das oft unerwartet eintritt (vor- oder nachgestellt):
Entgegen den allgemeinen Erwartungen siegte die Oppositionspartei.
Den Vorstellungen seiner Eltern entgegen hat er nicht studiert.

Anmerkung

Verben der Bewegung mit *entgegen* werden als trennbare Verben gebraucht:
Das Kind *lief* seinem Vater *entgegen.* (entgegenlaufen)
Er *kam* meinen Wünschen *entgegen.* (entgegenkommen)

VII entsprechend

zum Ausdruck einer Übereinstimmung (vor- oder nachgestellt):
Er hat *seiner Ansicht entsprechend* gehandelt.
Entsprechend ihrer Vorstellung von südlichen Ländern haben die Reisenden nur leichte Kleidung mitgenommen.

VIII gegenüber

1. zur Ortsangabe (vor- oder nachgestellt):
   Gegenüber der Post finden Sie verschiedene Reisebüros.
   Der Bushaltestelle gegenüber wird ein Hochhaus gebaut.
2. bei Personen – Äußerungen von Personen–, auch Sachen (nachgestellt):
   Dir gegenüber habe ich immer die Wahrheit gesagt.
   Den Bitten seines Sohnes gegenüber blieb er hart.
   Kranken gegenüber fühlen sich viele Menschen unsicher.
   Den indischen Tempeln gegenüber verhielt er sich gleichgültig.
3. Transitive Verben wie *sitzen, stehen, liegen, stellen* u.a. mit *gegenüber* werden als trennbare Verben gebraucht:
   Sie *saß* mir den ganzen Abend *gegenüber.* (gegenübersitzen)

IX gemäß

meist juristisch gebraucht (= *entsprechend;* vor- oder nachgestellt):
Gemäß der Straßenverkehrsordnung ist der Angeklagte schuldig.
Das Gesetz wurde *den Vorschlägen der Kommission gemäß* geändert.

X mit

1. zur Angabe einer Verbindung, eines Zusammenhangs:
   Jeden Sonntag bin ich *mit meinen Eltern* in die Kirche gegangen.
   Mit ihr habe ich mich immer gut verstanden.
   Wir möchten ein Zimmer *mit Bad.*
2. zur Angabe eines Mittels oder Instruments:
   Wir heizen *mit Gas.*
   Ich fahre immer *mit der Bahn.*
   Er öffnete die Tür *mit einem Nachschlüssel.*

3. a) zur Angabe eines Gefühls, eines Verhaltens (oft ohne Artikel):
Ich habe *mit Freude* festgestellt, dass ...
Er hat das sicher nicht *mit Absicht* getan.
Mit Arbeit, Mühe und Sachkenntnis hat er seine Firma aufgebaut.

b) zur Angabe der Art und Weise, wie etwas ist oder geschieht (oft ohne Artikel):
Er hat das Examen *mit Erfolg* abgeschlossen.
Die Maschinen laufen *mit hoher Geschwindigkeit.*
Mit Sicherheit wird er sein Examen bestehen.

4. zur Bezeichnung des Zeitablaufs:
Mit 40 (Jahren) beendete er seine sportliche Laufbahn.
Mit der Zeit wurde sie ungeduldig.

XI nach

1. zur Ortsangabe ohne Artikel

a) bei Städten, Ländern, Kontinenten und Himmelsrichtungen ... (Ausnahmen bei Ländern mit Artikel, siehe § 3, III, und Himmelsrichtungen):
Unsere Überfahrt *nach England* war sehr stürmisch.
aber: Wir fahren in die Türkei.
Die Kompassnadel zeigt immer *nach Norden.*
aber: Im Sommer reisen viele Deutsche in den Süden.

b) bei Adverbien:
Bitte kommen Sie *nach vorne.*
Fahren Sie *nach links* und dann geradeaus.

2. zur Zeitangabe

a) ohne Artikel bei kirchlichen Feiertagen, Wochentagen, Monaten (auch Anfang, Ende ...):
Nach Ostern will er uns besuchen.
Ich bin erst *nach Anfang (Ende) September* wieder in Frankfurt.
Nach Dienstag nächster Woche sind alle Termine besetzt.
Es ist 5 Minuten *nach 12.*

b) mit Artikel:
Nach dem 1. April wird nicht mehr geheizt.
Nach der Feier wurde ein Imbiss gereicht.
Der Dichter wurde erst *nach seinem Tode* anerkannt.

3. entsprechend einer Vorlage oder Vorstellung (vor- oder nachgestellt) (Nebensatz mit *so ... wie* siehe § 31, I):
Dem Protokoll nach hat er Folgendes gesagt ...
Nach dem Gesetz darf uns der Hauswirt nicht kündigen.
Meiner Meinung nach ist der Satz richtig.
Er spielt *nach Noten;* er zeichnet *nach der Natur.*

4. zur Angabe einer Reihenfolge:
   Nach dir komme ich dran.
   Nach Medizin ist Jura das beliebteste Studienfach.

XII nebst

(= *samt, zusammen mit*; meist ohne Artikel):
Er verkaufte ihm das Haus *nebst Garage.*

XIII samt

(= zusammen mit, auch noch zusätzlich):
Er kam überraschend – *samt seinen acht Kindern.*
Feste Wendung: Sein Besitz wurde *samt und sonders* versteigert. (= vollständig)

XIV seit

zur Zeitangabe

a) ohne Artikel bei kirchlichen Feiertagen, Wochentagen, Monaten (auch *Anfang, Mitte, Ende …*):
   Seit Pfingsten habe ich euch nicht mehr gesehen.
   Er ist *seit Dienstag* krankgeschrieben.
   Seit Anfang August hat er wieder eine Stellung.

b) mit Artikel:
   Seit der Geburt seiner Tochter interessiert er sich für Kinder.
   Seit einem Monat warte ich auf Nachricht von euch.
   Seit dem 28. Mai gilt der Sommerfahrplan.

XV von

1. zur Ortsangabe:
   Ich bin gerade *von Schottland* zurückgekommen.
   Der Wind weht *von Südwesten.*
   Vom Bahnhof geht er immer zu Fuß nach Hause.
   Das Regenwasser tropft *vom Dach.*

2. zur Datumsangabe:
   Vom 14.7. bis 2.8. haben wir Betriebsferien.
   Ich danke Ihnen für Ihren Brief *vom 20.3.*

3. a) *von … ab* zur Ortsangabe, eine Richtung angebend:
   Von der Brücke ab sind es noch zwei Kilometer bis zum nächsten Dorf; *von dort ab* können Sie den Weg zur Stadt selbst finden.

b) *von … aus* zur Ortsangabe, ausgehend von einem bestimmten Punkt:
Vom Fernsehturm aus kann man die Berge sehen.
Von Amerika aus sieht man das ganz anders.

c) *von … an* zur Zeitangabe, ausgehend von einem Zeitpunkt (auch: von … ab):
Von 15 Uhr an ist das Büro geschlossen.
Er wusste *von Anfang an* Bescheid.

4. zur Angabe des Verursachers in Passivsätzen:
Er ist *von Unbekannten* überfallen worden.
Der Schaden wird *von der Versicherung* bezahlt.
Der Polizist wurde *von einer Kugel* getroffen.

5. a) anstelle eines Genitivattributs, wenn kein Artikel gebraucht wird:
Viele Briefe *von Kafka* sind noch nicht veröffentlicht.
Man hört den Lärm *von Motoren.*
Zur Herstellung *von Papier* braucht man viel Wasser.

b) anstelle eines Adjektivattributs:
eine wichtige Frage – eine Frage *von Wichtigkeit*
ein zehnjähriges Kind – ein Kind *von zehn Jahren*
der Hamburger Senat – der Senat *von Hamburg*

6. mit anderen präpositionalen Angaben zusammen (= feste Wendungen):
von heute auf morgen; in der Nacht von Dienstag auf Mittwoch (vom Dienstag zum Mittwoch); von Tag zu Tag; von Ort zu Ort

XVI zu

1. zur Ortsangabe in Richtung auf ein Ziel, bei Ortsangaben mit Artikel und bei Personen:
Er schwimmt *zu der Insel* hinüber.
Gehen Sie doch endlich *zu einem Arzt.*
Er bringt seine Steuererklärung *zum Finanzamt.*
Am Freitag komme ich *zu dir.*

2. zur Zeitangabe

a) ohne Artikel bei kirchlichen Feiertagen:
Zu Weihnachten bleiben wir zu Hause.

b) mit Artikel zur Angabe eines bestimmten Zeitpunkts:
Zu dieser Zeit, d.h. im 18. Jahrhundert, reiste man mit Kutschen.
Zu deinem Geburtstag kann ich leider nicht kommen.

3. zur Angabe einer Absicht (Nebensatz mit *damit …; um … zu* siehe § 32 und 33):
Zum Beweis möchte ich folgende Zahlen bekannt geben …
Man brachte ihn *zur Feststellung seiner Personalien* ins Polizeipräsidium.
Zum besseren Verständnis muss man Folgendes wissen …

4. zum Ausdruck eines Gefühls:
Zu meinem Bedauern muss ich Ihnen mitteilen …
Ich tue das nicht *zu meinem Vergnügen.*

5. zur Angabe einer Veränderung:
Unter Druck wurden die organischen Stoffe *zu Kohle.*
Endlich kommen wir *zu einer Einigung.*

6. zur Angabe von Zahlenverhältnissen:
Umfragen ergeben ein Verhältnis von *1 : 3 (eins zu drei)* gegen das geplante neue Rathaus.
Wir haben jetzt schon *zum vierten Mal* mit ihm gesprochen.
Liefern Sie mir 100 Kugelschreiber *zu je 1 Euro.*

7. Feste Wendungen

a) ohne Artikel:

zu Hause sein	*zu Boden* fallen
zu Besuch kommen	*zu Hilfe* kommen
zu Gast sein	*zu Gott* beten
zu Fuß gehen	*zu Ansehen / zu Ruhm* kommen
zu Mittag / zu Abend essen	*zu Ende* sein
zu Bett gehen	*zu Tisch* kommen / sitzen
zu Beginn eines Festes	

b) mit Artikel:
zur Rechten / zur Linken eines anderen stehen / sitzen
die Nacht *zum Tag* machen
etwas *zum Frühstück* essen
Zucker *zum Tee* nehmen

XVII zufolge

1. entsprechend einer Aussage (nachgestellt):
Der Diagnose des Arztes zufolge kann der Beinbruch in zwei Monaten geheilt werden.

2. Vorangestellt wird *zufolge* mit dem Genitiv gebraucht:
Zufolge des Berichts wurden einige Keller überflutet.

1 Setzen Sie die folgenden Präpositionen sinngemäß ein:
a) ab b) aus c) außer d) bei e) mit f) nach g) seit.

... zwei Wochen ist die Gewerkschaft schon in Verhandlungen ... der Betriebsleitung. ... den Angaben einiger Gewerkschaftsführer hat man sich bis jetzt nicht geeinigt. ... Donnerstag wird deshalb gestreikt. ... den Büroangestellten machen alle Betriebsangehörigen mit. Die Büroangestellten streiken ... dem Grunde nicht, weil sie in einer anderen Gewerkschaft sind. Der Forderung der Streikenden ... soll die Lohnerhöhung ... 8 Prozent liegen.

2 Ebenso: a) dank b) entgegen c) gegenüber d) samt.

Ein Feuer vernichtete den Hof des Bauern Obermüller ... Stall und Scheune. ... der Hilfe der Nachbarn konnte der Bauer wenigstens seine Möbel und die

Haustiere retten. Einem Nachbarn ... äußerte der Bauer den Verdacht der Brandstiftung. Aber ... diesem Verdacht stellte man später fest, dass ein Kurzschluss die Ursache des Brandes war.

3 Ebenso: a) ab b) außer c) dank d) gemäß e) entgegen f) nebst.

... den Satzungen des Vereins gehört der Tierschutz und die Tierpflege zu den wichtigsten Aufgaben der Mitglieder. ... zahlreicher Spenden konnte der Verein ein neues Tierheim erbauen. ... Katzen und Hunden werden auch alle anderen Haustiere aufgenommen. ... einer anders lautenden Mitteilung in der Zeitung ist das Tierheim täglich ... sonntags ... 9 Uhr geöffnet.

§ 60 Präpositionen mit Akkusativ oder Dativ

I an

1. zur Ortsangabe (meist zur Bezeichnung einer stellenweisen Berührung):

   a) mit Akkusativ auf die Frage *wohin?*:
   Er stellt die Leiter *an den Apfelbaum.*
   Sie schreibt das Wort *an die Tafel.*
   Wir gehen jetzt *an den See.*

   b) mit Dativ auf die Frage *wo?*:
   Frankfurt liegt *am Main.*
   Die Sonne steht schon hoch *am Himmel.*
   An dieser Stelle wuchsen früher seltene Kräuter.

2. mit Dativ zur Zeitangabe bei Tageszeiten, Datumsangaben, Wochentagen:
   Am Abend kannst du mich immer zu Hause erreichen.
   Sie ist *am 7. Juli 1981* geboren.
   Am Freitagnachmittag ist um 4 Uhr Dienstschluss.
   Am Anfang schuf Gott Himmel und Erde.
   Am Monatsende werden Gehälter gezahlt.

3. mit Akkusativ zur Zahlenangabe (= ungefähr, etwas weniger als):
   Es waren *an (die) fünfzig Gäste* anwesend.
   Die Villa hat *an (die) 20 Zimmer.*

4. *an ... vorbei* mit Dativ (oft als trennbares Verb gebraucht):
   Er *ging an mir vorbei* ohne mich zu erkennen.
   Perfekt: Er *ist an mir vorbeigegangen* ohne mich zu erkennen.

5. Feste Wendung (irreal):
   Ich *an deiner Stelle* hätte anders gehandelt.
   An meiner Stelle hättest du genauso gehandelt.

II auf

1. zur Ortsangabe

   a) mit Akkusativ auf die Frage *wohin?:*
   Er stellte die Kiste *auf den Gepäckwagen.*
   Plötzlich lief das Kind *auf die Straße.*
   Er legte seine Hand *auf meine.*

   b) mit Dativ auf die Frage *wo?:*
   Dort *auf dem Hügel* steht ein alter Bauernhof.
   Auf der Erde leben etwa 6 Milliarden Menschen.
   Auf der Autobahn dürfen nur Kraftfahrzeuge fahren.

2. zur Zeitangabe:
   Von Freitag *auf Sonnabend* haben wir Gäste.
   Dieses Gesetz gilt *auf Zeit,* nicht *auf Dauer.*
   Der erste Weihnachtstag fällt *auf einen Dienstag.*
   Kommen Sie doch *auf ein paar Minuten* herein.

3. a) *auf … zu* mit Akkusativ zur Angabe einer Bewegung in eine Richtung:
   Der Enkel lief *auf die Großmutter zu.*
   Der Enkel ist *auf die Großmutter zugelaufen.* (Perfekt)

   b) *auf … hin* mit Akkusativ zur Angabe einer vorausgegangenen Aussage:
   Auf diesen Bericht hin müssen wir unsere Meinung korrigieren.

   c) *auf … hinaus* mit Akkusativ zur Angabe eines Zeitraums:
   Er hatte sich *auf Jahre hinaus* verschuldet.

4. Feste Wendungen:

   a) mit Akkusativ:
   Er warf einen Blick auf den Zeugen und erkannte ihn sofort.
   Das Schiff nimmt Kurs auf Neuseeland.
   Auf die Dauer kann das nicht gut gehen.
   Wir müssen uns endlich auf den Weg machen. (= aufbrechen / losgehen)
   Das Haus muss auf jeden Fall verkauft werden.
   Auf einen Facharbeiter kommen zehn Hilfsarbeiter.
   Sie fahren nur für zwei Wochen auf Urlaub.

   b) mit Dativ:
   Ich habe ihn auf der Reise / auf der Fahrt / auf dem Weg hierher kennen gelernt.
   Auf der einen Seite (einerseits) habe ich viel Geld dabei verloren, auf der anderen Seite (andererseits) habe ich eine wichtige Erfahrung gemacht.
   Wie sagt man das auf Deutsch? (oder: in der deutschen Sprache)

III hinter

1. zur Ortsangabe

   a) mit Akkusativ auf die Frage *wohin?:*
   Stell das Fahrrad *hinter das Haus!*
   Das Buch ist *hinter das Bücherregal* gefallen.

   b) mit Dativ auf die Frage *wo?*:
   Das Motorrad steht *hinter der Garage.*
   Er versteckte den Brief *hinter seinem Rücken.*

2. zur Angabe einer Unterstützung:
   mit Akkusativ: Die Gewerkschaft stellt sich *hinter ihre Mitglieder.*
   mit Dativ: Die Angestellten stehen *hinter ihrem entlassenen Kollegen.*

3. *hinter ... zurück* mit Dativ:
   Sie blieb hinter der Gruppe der Wanderer zurück.
   Sie ist hinter der Gruppe der Wanderer zurückgeblieben. (Perfekt)

4. Feste Wendungen:
   jemanden *hinters Licht führen* (= jemanden betrügen)
   hinterm Mond sein (= uninformiert sein)

IV in

1. zur Ortsangabe

   a) mit Akkusativ auf die Frage *wohin?:*
   Ich habe die Papiere *in die Schreibtischschublade* gelegt.
   Am Sonnabendvormittag fahren wir immer *in die Stadt.*
   Er hat sich *in den Finger* geschnitten.

   b) mit Dativ auf die Frage *wo?:*
   Die Villa steht *in einem alten Park.*
   Der Schlüssel steckt immer noch *im Schloss.*
   Bei diesem Spiel bilden wir einen Kreis und einer steht *in der Mitte.*

2. mit Dativ zur Zeitangabe

   a) zur Angabe eines fest begrenzten Zeitraums:
   bei Sekunden, Minuten, Stunden; bei Wochen, Monaten, Jahreszeiten; bei Jahren, Jahrzehnten, Jahrhunderten usw. Beachten Sie: *am Tag, am Abend,* aber: *in der Nacht.*
   In fünf Minuten (= innerhalb von) läuft er einen halben Kilometer.
   Im April beginnen die Vögel zu brüten.
   Im Jahr 1914 brach der Erste Weltkrieg aus.
   Im 18. Jahrhundert wurden die schönsten Schlösser gebaut.

Anmerkung:
Jahreszahlen stehen entweder allein *(1914, 1914–1918)* oder mit dem Zusatz *im Jahr* (*im Jahr 1914, in den Jahren 1914 bis 1918*); „in" allein vor der Jahreszahl ist im Deutschen falsch.

b) zur Angabe eines späteren Zeitpunkts, von jetzt ab gerechnet:
In fünf Minuten ist / beginnt die Pause.
In zwei Tagen komme ich zurück.
In einem halben Jahr sehen wir uns wieder.

3. mit Dativ zum Hinweis auf eine schriftliche Vorlage oder eine mündliche Aussage:
In dem Drama „Hamlet" von Shakespeare steht folgendes Zitat: ...
Im Grundgesetz ist festgelegt, dass ...
In seiner Rede sagte der Kanzler: „ ... "
In dieser Hinsicht hat er Recht, aber ...

4. mit Dativ zur Angabe von inneren oder äußeren Zuständen (oft mit Possessivpronomen):
In seiner Verzweiflung machte er eine Dummheit.
In ihrer Angst sprangen einige Seeleute ins Wasser.
In seinen Familienverhältnissen ist nichts geregelt.
In diesem Zustand kann man den Kranken nicht transportieren.

5. Feste Wendungen:
etwas ist *in Ordnung*
jemand fällt *in Ohnmacht*
etwas geschieht *im Geheimen / im Verborgenen*
jemand ist *in Gefahr*
ein Gesetz tritt *in Kraft*

V neben

1. zur Ortsangabe

a) mit Akkusativ auf die Frage *wohin?:*
Der Kellner legt das Besteck *neben den Teller.*
Er setzte sich *neben mich.*

b) mit Dativ auf die Frage *wo?:*
Der Stall liegt rechts *neben dem Bauernhaus.*

2. mit Dativ (= zusätzlich, zu etwas anderem):
Neben seinen physikalischen Forschungen schrieb er Gedichte.
Sie betreut *neben ihrem Haushalt* auch noch eine Kindergruppe.

VI über

1. zur Ortsangabe

a) mit Akkusativ auf die Frage *wohin?:*
Der Entenschwarm fliegt *über den Fluss.*

Der Sportler sprang *über die 2-Meter-Latte.*
Er zog die Mütze *über die Ohren.*

b) mit Dativ auf die Frage *wo?:*
Der Wasserkessel hing *über dem Feuer.*
Das Kleid hing unordentlich *über dem Stuhl.*

2. mit Akkusativ (= überqueren):
Die Kinder liefen *über die Straße* und dann *über die Brücke.*
Der Sportler schwamm *über den Kanal* nach England.

3. ohne Artikel, Zwischenstationen auf einer Fahrt:
Wir fahren von Frankfurt *über München* nach Wien, dann *über Budapest* nach Rumänien.

4. mit Akkusativ und Zeitangabe (meist nachgestellt; = während eines Zeitraums):
Den ganzen Tag über hat er wenig geschafft.
Den Winter über verreisen wir nicht. (aber: *übers Wochenende)*

5. mit Akkusativ zur Bezeichnung einer Steigerung (= länger als, mehr als):
Die Bauarbeiten haben *über einen Monat* gedauert.
Sie ist *über 90 Jahre* alt.
Das geht *über meine Kräfte.*
Sein Referat war *über alle Erwartungen* gut.

6. mit Akkusativ zur Angabe eines Themas:
Sein Vortrag *über die Eiszeiten* war hochinteressant.
Über die Französische Revolution gibt es verschiedene Meinungen.

7. Feste Wendungen:
Plötzlich, gleichsam *über Nacht,* hat sie sich völlig verändert.
Er sitzt *über seinen Büchern.*
Er ist *über seiner Lektüre* eingeschlafen.
Der Geldfälscher ist längst *über alle Berge.*

VII unter

1. zur Ortsangabe

a) mit Akkusativ auf die Frage *wohin?:*
Die Schlange kroch *unter den Busch.*
Sie legte ihm ein Kissen *unter den Kopf.*

b) mit Dativ auf die Frage *wo?:*
Die Katze sitzt *unter dem Schrank.*
Die Gasleitungen liegen einen halben Meter *unter dem Straßenpflaster.*

2. mit Dativ zur Zahlenangabe (= weniger als die angegebenen Zahlen):
Kinder *unter zehn Jahren* sollten täglich nicht mehr als eine Stunde fernsehen.
Sein Lohn liegt *unter dem Mindestsatz.*

3. mit Dativ zur Bezeichnung bestimmter Personen oder Sachen, die sich zwischen anderen befinden:
   Zum Glück war *unter den Reisenden* ein Arzt.
   Unter den Goldstücken waren zwei aus dem 3. Jahrhundert.
   Unter anderem sagte der Redner ...
4. mit Dativ zur Angabe einer Bedingung, wie etwas ist oder geschieht:
   Natürlich konntet ihr *unter diesen Umständen* nicht bremsen.
   Die Bergwanderer konnten nur *unter großen Schwierigkeiten* vorankommen.
   Der Angeklagte stand während der Tat *unter Alkoholeinfluss*.
   Es ist unmöglich, *unter solchen Verhältnissen* zu arbeiten.
5. Feste Wendungen:
   ein Vergehen / ein Verbrechen fällt *unter den Paragraphen* ...
   etwas *unter den Teppich* kehren (= nicht weiter verfolgen)
   etwas *unter Kontrolle* bringen / halten
   unter Wasser schwimmen / sinken
   etwas unter der Hand (= heimlich) kaufen / verkaufen

VIII vor

1. zur Ortsangabe
   a) mit Akkusativ auf die Frage *wohin?:*
      Stell den Mülleimer *vor das Gartentor*!
      Beim Gähnen soll man die Hand *vor den Mund* halten.
   b) mit Dativ auf die Frage *wo?:*
      Das Taxi hält *vor unserem Haus*.
      Auf der Autobahn *vor Nürnberg* war eine Baustelle.
      In der Schlange standen noch viele Leute *vor mir*.
2. mit Dativ zur Zeitangabe:
   Vor drei Minuten hat er angerufen.
   Der Zug ist 10 Minuten *vor 8* abgefahren.
   Leider hat er kurz *vor der Prüfung* sein Studium abgebrochen.
3. mit Dativ zur Angabe der Ursache eines Verhaltens:
   Vor Angst und Schrecken fiel er in Ohnmacht.
   Er konnte sich *vor Freude* kaum fassen.
4. Feste Wendungen:
   Gnade vor Recht ergehen lassen
   ein Schiff liegt im Hafen vor Anker
   vor Gericht stehen
   vor Zeugen aussagen
   vor allen Dingen

IX zwischen

1. zur Ortsangabe
   a) mit Akkusativ auf die Frage *wohin?:*
   Er hängte die Hängematte *zwischen zwei Bäume.*
   Sie nahm das Vögelchen *zwischen ihre Hände.*
   b) mit Dativ auf die Frage *wo?:*
   Er öffnete die Tür *zwischen den beiden Zimmern.*
   Der Zug verkehrt stündlich *zwischen München und Augsburg.*
2. mit Dativ zur Zeit- oder Zahlenangabe:
   Zwischen dem 2. und 4. Mai will ich die Fahrprüfung machen.
   Zwischen Weihnachten und Neujahr wird in vielen Betrieben nicht gearbeitet.
   Auf der Insel gibt es *zwischen 60 und 80 Vogelarten.*
3. mit Dativ zur Angabe einer Beziehung:
   Der Botschafter vermittelt *zwischen den Regierungen.*
   Das Kind stand hilflos *zwischen den streitenden Eltern.*
4. Feste Wendungen:
   zwischen Tür und Angel stehen
   sich zwischen zwei Stühle setzen
   zwischen den Zeilen lesen

1 „an (am)" oder „in (im)"? Ergänzen Sie, aber nur, wo es notwendig ist.

Meine Eltern sind ... 2000 nach Berlin gezogen. ... Frühjahr 2002 habe ich hier mein Studium begonnen. ... 2007 bin ich hoffentlich fertig. ... 20. Mai beginnen die Semesterferien. ... Juni fahre ich nach Frankreich. Meine Freunde in Paris erwarten mich ... 2. Juni. – ... kommenden Wochenende besuchen wir unsere Verwandten in Kassel. Mit dem Auto sind wir ... fünf Stunden dort. ... Sonntag machen wir mit ihnen einen Ausflug in die Umgebung. ... der Nacht zum Montag kommen wir zurück. ... Montag braucht mein Vater nicht zu arbeiten.

2 Ebenso.

Noch nie hat sich die Welt so schnell verändert wie ... den letzten zweihundert Jahren. ... Jahr 1784 entwickelte James Watt die erste brauchbare Dampfmaschine. ... Juli 1783 ließen die Brüder Montgolfier den ersten Warmluftballon in die Luft steigen. Keine zweihundert Jahre später, ... 21.7.1969, landeten die ersten Menschen auf dem Mond. ... 1807 fuhr zum ersten Mal ein Dampfschiff 240 Kilometer den Hudson-Fluss (USA) hinauf. ... unserem Jahrzehnt sind Dampfschiffe längst unmodern geworden. ... gleichen Jahr erstrahlten die Straßen in London im Licht der Gaslaternen. ... 20. Jahrhundert hat jedes Dorf seine elektrische Straßenbeleuchtung.
Die erste deutsche Dampfeisenbahn fuhr ... 7.12.1835 von Nürnberg nach Fürth. Hundert Jahre später gab es in Deutschland über 43 000 Kilometer Eisenbahnlinien.

(Fortsetzung Übung § 61 Nr. 17)

3 „an (am)" oder „in (im)"? Jetzt bitte ganz schnell!

... einem Monat, ... drei Tagen, ... meinem Geburtstag, ... Morgen, ... 20 Sekunden, ... der Nacht, ... letzten Tag des Monats, ... Jahresanfang, ... der Neuzeit, ... Jahr 1945, ... Herbst, ... Samstag, ... Juli, ... zwei Jahren, ... Nachmittag, ... dritten Tag, ... wenigen Jahrzehnten, ... der Zeit vom 1. bis 10., ... der Mittagszeit, ... diesem Augenblick, ... Moment

4 Üben Sie nach folgendem Beispiel das Präsens der Verben „stehen – stellen / sitzen – setzen / liegen – legen / hängen (stark) – hängen (schwach)".

Zeitung / auf / Tisch / liegen
Wo liegt denn die Zeitung?
Auf dem Tisch! Du weißt doch, ich lege die Zeitung immer auf den Tisch.

1. Fotos (Pl.) / in / Schublade (f) / liegen
2. Jacke (f) / an / Garderobe (f) / hängen
3. Besen (m) / in / Ecke (f) / stehen
4. Puppe (f) / auf / Stuhl (m) / sitzen
5. Schlüssel (Pl.) / neben / Tür (f) / hängen
6. Wecker (m) / auf / Nachttisch (m) / stehen
7. Handtuch (n) / neben / Waschbecken (n) / hängen
8. Schallplatten (Pl.) / in / Schrank (m) / liegen
9. Vogel (m) / in / Käfig (m) / sitzen

5 Üben Sie mit den Wörtern der Übung 4 jetzt das Perfekt.

Ich habe die Zeitung doch auf den Tisch gelegt!
Ja, sie hat vorhin noch auf dem Tisch gelegen!

6 Üben Sie nach folgendem Beispiel:

auf / Küchentisch / legen
Wo hast du den Hundertmarkschein gelassen? Hast du ihn vielleicht auf den Küchentisch gelegt?
Nein, auf dem Küchentisch liegt er nicht.

1. in / Hosentasche (f) / stecken
2. in / Küchenschrank (m) / legen
3. in / Portmonee (n) / stecken
4. auf / Schreibtisch (m) / legen
5. in / Schreibtischschublade (f) / legen
6. hinter / Bücher (Pl.) / legen
7. zwischen / Seiten (Pl.) eines Buches / legen
8. unter / Radio (n) / legen
9. unter / Handtücher (Pl.) / im Wäscheschrank / legen
10. in / Aktentasche (f) / stecken

7 „Wohin?" – Familie Günzler zieht um und die Leute von der Spedition helfen. – Ergänzen Sie die Artikel.

Zuerst hängen sie die Lampen in den Zimmern an ... Decken (Pl.). Dann legen sie den großen Teppich in ... Wohnzimmer, den runden Teppich in ... Esszimmer und den Läufer (= langer, schmaler Teppich) in ... Flur (m). Dann kommen die Schränke: Sie stellen den Bücherschrank in ... Wohnzimmer an ... Wand (f) neben ... Fenster (n); den Kleider- und den Wäscheschrank stellen sie in ... Schlafzimmer zwischen ... Fenster und den Geschirrschrank in ... Esszimmer neben ... Tür (f). Die Garderobe stellen sie in ... Flur. Sie tragen den Tisch in ... Esszimmer und stellen die Stühle um ... Tisch. Die Betten kommen natürlich in ... Schlafzimmer und die Nachttischchen neben ... Betten. Auf ... Nachttischchen (Pl.) stellen sie die Nachttischlampen. Dann packen sie die Bücher aus und stellen sie in ... Bücherschrank. Tassen, Teller und Gläser kommen in ... Geschirrschrank und die Kleider hängen sie in ... Kleiderschrank. Die Spüle stellen sie in ... Küche (f) zwischen ... Herd (m) und ... Küchenschrank. Nun hängen die Günzlers noch die Vorhänge an ... Fenster (Pl.) In der Zwischenzeit tragen die Leute von der Spedition noch die Sitzmöbel in ... Wohnzimmer. Dann setzen sich alle erst mal in ... Sessel (Pl.) und auf ... Couch (f) und ruhen sich aus. Gott sei Dank! Das meiste ist geschafft!

8 „Wo?" Alles hängt, steht oder liegt an seinem Platz.

Die Lampen *hängen* an *den* Decken. Der große Teppich *liegt* im Wohnzimmer, der runde Teppich ...

Machen Sie selbstständig weiter!

9 „Wo?" oder „Wohin?" Ergänzen Sie Präposition und Artikel.

Für Familie Günzler bleibt noch viel zu tun: Herr G. hängt z.B. die Blumenkästen ... ... Balkongitter (n), dann kauft er Blumen und setzt sie ... ... Kästen (Pl.). In der Küche dauert es lange, bis die drei Hängeschränke ... ... Wand hängen, und Frau G. braucht einen halben Tag, bis die Töpfe ... ... Schränken stehen und die vielen Küchensachen alle ... ... richtigen Platz liegen. ... ... Arbeitszimmer stehen zwei Bücherregale ... ... Wand, ein Schreibtisch steht ... ... Fenster, ein Schreibmaschinentisch steht ... ... Fenster und ... Tür. Frau G. nimmt die Aktenordner aus den Kartons und stellt sie ... ... Regale. Die Schreibmaschine stellt sie ... ... Schreibmaschinentisch und das Schreibpapier legt sie ... ... Schubladen (Pl.). „Wo sind denn die Schreibsachen?", fragt sie ihren Mann. „Die liegen schon ... ... Schreibtisch", sagt Herr G., „ich habe sie ... ... mittlere Schublade gelegt."

§ 61 Präpositionen mit dem Genitiv

1. temporal (Nebensätze mit *wenn, als, solange, während* siehe § 26 I, II):

anlässlich	*Anlässlich des 100. Todestages des Dichters* wurden seine Werke neu herausgegeben.
außerhalb	Kommen Sie bitte *außerhalb der Sprechstunde.*
binnen	Wir erwarten Ihre Antwort *binnen einer Woche.* (auch: innerhalb)
während	*Während des Konzerts* waren die Fenster zum Park weit geöffnet.
zeit	Er hat *zeit seines Lebens* hart gearbeitet.

2. lokal:

abseits	*Abseits der großen Eisenbahnstrecke* liegt das Dorf M.
außerhalb	Spaziergänge *außerhalb der Anstaltsgärten* sind nicht gestattet. (auch: temporal)
beiderseits	*Beiderseits der Grenze* stauten sich die Autos.
diesseits	*Diesseits der Landesgrenzen* gelten noch die alten Ausweise.
inmitten	*Inmitten dieser Unordnung* kann man es nicht aushalten.
innerhalb	*Innerhalb seiner vier Wände* kann man sich am besten erholen. (auch: temporal)
jenseits	*Jenseits der Alpen* ist das Klima viel milder.
längs, längsseits	*Längs der Autobahn* wurde ein Lärmschutzwall gebaut.
oberhalb	Die alte Burg liegt *oberhalb der Stadt.*
seitens, von seiten	*Seitens seiner Familie* bekommt er keine finanzielle Unterstützung.
unterhalb	*Unterhalb des Bergdorfs* soll eine Straße gebaut werden.
unweit	*Unweit der Autobahnausfahrt* finden Sie ein Gasthaus.

3. kausal (Nebensatz mit *weil* siehe § 27):

angesichts	*Angesichts des Elends der Obdachlosen* wurden größere Summen gespendet.
aufgrund	*Aufgrund der Zeugenaussagen* wurde er freigesprochen.
halber (nachgestellt)	*Der Bequemlichkeit halber* fuhren wir mit dem Taxi.
infolge	*Infolge eines Rechenfehlers* wurden ihm 150 Euro mehr ausgezahlt.
kraft	Er handelte *kraft seines Amtes.*
laut (ohne Artikel und Genitiv-Endung)	*Laut Paragraph I der Straßenverkehrsordnung* war er an dem Unfall mitschuldig.
mangels	Er wurde *mangels ausreichender Beweise* freigesprochen.
zufolge	(siehe § 59, XVII)
zugunsten	Er zog sich *zugunsten seines Schwiegersohnes* aus dem Geschäft zurück.
wegen (auch nachgestellt)	*Wegen eines Herzfehlers* durfte er nicht Tennis spielen.

wegen mit Dativ ist nur umgangssprachlich möglich; schriftlich wird der Genitiv gebraucht. Nur bei Personalpronomen ist *wegen* mit dem Dativ allgemein üblich: *Machen Sie sich wegen mir keine Sorgen.* Besser: *meinetwegen, deinetwegen, Ihretwegen …*

4. konzessiv (Nebensatz mit *obwohl* siehe § 30 I):

trotz	*Trotz seines hohen Alters* kam der Abgeordnete zu jeder Sitzung.

Aber als Substantiv mit Personalpronomen: *mir zum Trotz, dir zum Trotz* etc.

ungeachtet	*Ungeachtet der Zwischenrufe* sprach der Redner weiter.

5. alternativ (Nebensatz mit *anstatt dass* oder Infinitivkonstruktion siehe § 33):

statt (oder: anstatt)	*Statt eines Vermögens* hinterließ er seiner Familie nur Schulden.
anstelle	*Anstelle des wahren Täters* wurde ein Mann gleichen Namens verurteilt.

6. instrumental (Nebensatz mit *indem* siehe § 31, IV):

anhand	*Anhand eines Wörterbuchs* wies ich ihm seinen Fehler nach.
mit Hilfe (auch: von + Dativ)	So ein altes Bauernhaus kann nur *mit Hilfe eines Fachmanns* umgebaut werden.
mittels, vermittels	*Mittels eines gefälschten Dokuments* verschaffte er sich Zugang zu den Akten.
vermöge	*Vermöge seines ausgezeichneten Gedächtnisses* konnte er alle Fragen beantworten.

7. final (Nebensatz mit *damit* oder Infinitivkonstruktion mit *um … zu* siehe § 32):

um … willen	*Um des lieben Friedens willen* gab er schließlich nach.
zwecks (meist ohne Artikel)	*Zwecks besserer Koordination* wurden die Ministerien zusammengelegt.

1 Setzen Sie folgende Präpositionen sinngemäß ein: a) abseits b) anlässlich c) außerhalb d) beiderseits e) binnen f) inmitten g) unweit (2x) h) zeit.

… seines Lebens hatte Herr Sauer von einem eigenen Haus geträumt. Es sollte ruhig und … der großen Verkehrslinien liegen, also irgendwo draußen, … der Großstadt. Andererseits sollte es natürlich … einer Bus- oder Bahnlinie liegen, damit die Stadt leichter erreichbar ist.
… der Festwoche einer Hilfsorganisation wurden Lose verkauft. Erster Preis: ein Einfamilienhaus. – Herr Sauer gewann es! Aber da es … eines Industriegebiets lag, war es sehr laut dort. … des Grundstücks (auf beiden Seiten) führten Straßen mit viel Verkehr entlang und … des Industriegebiets, nur 2,5 km entfernt, lag auch noch der Flugplatz. … eines Monats hatte Herr Sauer es verkauft.

2 Setzen Sie die folgenden Präpositionen sinnvoll in die Sätze ein und ergänzen Sie die Endungen: a) wegen b) dank c) unweit d) halber e) binnen f) ungeachtet.

1. Ich muss leider … ein__ Monats ausziehen.
2. Geben Sie mir d__ Ordnung … Ihre Kündigung bitte schriftlich.

3. ... d__ Hilfe meines Freundes habe ich ein möbliertes Zimmer gefunden.
4. Es liegt ... d__ Universität.
5. ... d__ Nähe der Universität habe ich keine Ausgaben für Verkehrsmittel.
6. Deshalb nehme ich das Zimmer ... d__ hoh__ Miete.

3 Ergänzen Sie die Endungen und vervollständigen Sie die angefangenen Sätze sinnvoll.

1. Der Sportler konnte ein__ schwer__ Verletzung *wegen* ...
2. In den Alpen gibt es *oberhalb* ein__ gewiss__ Höhe ...
3. *Ungeachtet* d__ groß__ Gefahr ...
4. *Aufgrund* sein__ schwer__ Erkrankung ...
5. *Anstelle* mein__ alt__ Freundes ...
6. *Um* d__ lieb__ Friedens *willen* ...
7. *Unweit* mein__ alt__ Wohnung ...
8. *Abseits* d__ groß__ Städte ...
9. Wenn die Arbeitgeber bei der Lohnerhöhung *unterhalb* d__ 4-Prozent-Grenze bleiben, ...
10. Wenn ich nicht *innerhalb* d__ nächst__ vier Wochen eine Stelle finde, ...

4 Bilden Sie a) den Nominativ, b) den Genitiv mit der angegebenen Präposition. c) Ergänzen Sie selbstständig zu einem vollständigen Satz.

sein__ intensiv__ Bemühungen / dank
seine intensiven Bemühungen – dank seiner intensiven Bemühungen
Dank seiner intensiven Bemühungen fand er endlich eine Anstellung.

1. sein__ technisch__ Kenntnisse / dank
2. unser__ schnell__ Hilfe / infolge
3. mein__ jüngst__ Schwester / anstelle
4. ihr__ jetzig__ Wohnung / unterhalb
5. ihr__ gut__ Fachkenntnisse / trotz
6. sein__ langweilig__ Vortrag__ / während
7. d__ erwartet__ gut__ Note / anstatt
8. d__ laut__ Bundesstraße / abseits
9. ihr__ siebzigst__ Geburtstag__ / anlässlich
10. sein__ wiederholt__ Wutanfälle / aufgrund
11. d__ umzäunt__ Gebiet__ / außerhalb
12. ein__ Meute bellend__ Hunde / inmitten
13. dies__ hoh__ Gebirgskette / jenseits
14. ein__ selbst gebastelt__ Radiosender__ / mittels
15. d__ zuständig__ Behörde / seitens
16. d__ geplant__ Reise / statt
17. d__ holländ__ Grenze / unweit
18. sein__ schwer wiegend__ Bedenken (Pl.) / ungeachtet
19. vorsätzlich__ Mord / wegen
20. ein__ schwer__ Unfall__ / infolge

5 Hier sind die Präpositionen durcheinander geraten. Vertauschen Sie sie so, dass die Sätze einen Sinn ergeben und ergänzen Sie die Endungen.

1. *Abseits* sein__ hundertjährig__ Bestehens veranstaltete der Wanderverein einen Volkslauf.
2. Die Wanderstrecke verlief *anlässlich* d__ groß__ Straßen.

3. *Wegen* d__ groß__ Kälte beteiligten sich viele Menschen an dem 35 Kilometer langen Lauf.
4. *Ungeachtet* d__ stark__ Regens suchten die Wanderer Schutz in einer Waldhütte.
5. *Dank* d__ ungeheur__ Anstrengung gab niemand vorzeitig auf.
6. *Trotz* d__ vorzüglich__ Organisation gab es keinerlei Beschwerden.

6 Ebenso.

1. *Mittels* ein__ grob__ Konstruktionsfehlers brach die fast neue Brücke plötzlich zusammen.
2. *Infolge* ein__ fröhlich__ Tanzparty brach plötzlich Feuer in der Wohnung aus.
3. *Während* ein__ raffiniert__ Tricks verschaffte der Spion sich Geheiminformationen aus dem Computer.
4. *Anstelle* sein__ siebzigsten Geburtstags erhielt der ehemalige Bürgermeister zahlreiche Gratulationsbriefe.
5. *Trotz* d__ erkrankt__ Bundespräsidenten wurde der ausländische Staatsmann vom Bundestagspräsidenten begrüßt.
6. *Anlässlich* d__ Bemühungen aller Beteiligten konnte keine Kompromisslösung gefunden werden.

Gesamtübungen Präpositionen

7 Tagesablauf eines Junggesellen – Ergänzen Sie den Artikel oder auch die Endung, z.B. am, ins, einem.

Herr Müller steigt morgens um sieben Uhr aus ... Bett. Als Erstes stellt er sich unter ... Dusche (f); dann stellt er sich vor ... Spiegel (m) und rasiert sich. Er geht zurück in__ Schlafzimmer, nimmt sich Unterwäsche aus ... Wäscheschrank, nimmt seinen Anzug vo__ Kleiderständer (m) und zieht sich an. Er geht in ... Küche, schüttet Wasser in ... Kaffeemaschine, füllt drei Löffel Kaffee in ... Filter (m) und stellt die Maschine an. Dann geht er an ... Haustür und nimmt die Zeitung aus ... Briefkasten (m). Nun stellt er das Geschirr auf ... Tisch in ... Wohnküche, setzt sich auf ein__ Stuhl, trinkt Kaffee und liest in ... Zeitung zuerst den Lokalteil. Dann steckt er die Zeitung in ... Aktentasche, nimmt die Tasche unter ... Arm und geht zu sein__ Bank. Dort steht er den ganzen Vormittag hinter ... Schalter (m) und bedient die Kundschaft. Zu Mittag isst er in ... Kantine (f) der Bank. Am Nachmittag arbeitet er in ... Kreditabteilung (f) seiner Bank. Meist geht er dann durch ... Park (m) nach Hause. Bei schönem Wetter geht er gern noch etwas i__ Park spazieren und wenn es warm ist, setzt er sich auf ein__ Bank, zieht seine Zeitung aus ... Tasche und liest. Am Abend trifft er sich oft mit sein__ Freunden in ein__ Restaurant (n). Manchmal geht er auch in__ Theater (n), in ... Oper (f) oder zu ein__ anderen Veranstaltung (f). Wenn es einen Krimi i__ Fernsehen (n) gibt, setzt er sich auch mal vor ... Fernseher. Manchmal schläft er vor ... Apparat ein. Gegen 12 Uhr spätestens geht er in__ Bett.

8 Ergänzen Sie die Präpositionen und Artikel, auch: ins, zum usw.

Gestern Abend fuhr ein Betrunkener … … alten Volkswagen … … Main (m). Das Auto stürzte … … Kaimauer (f) … Wasser und ging sofort unter. Einige Leute, die … … Brücke (f) standen, liefen sofort … nächsten Telefon und … fünf Minuten war die Feuerwehr schon da. Zwei Feuerwehrmänner … Taucheranzügen und … Schutzbrillen … … Gesicht (n) tauchten … kalte Wasser. Sie befestigten … Wasser Stricke … … beiden Stoßstangen des Wagens. Ein Kran zog das Auto so weit … … Wasser, dass man die Türen öffnen konnte. Der Fahrer saß ganz still … … Platz … … Steuer; sein Kopf lag … … Lenkrad. Er schien tot zu sein. Vorsichtig wurde das Auto … … trockene Land gehoben, dann holte man den Verunglückten … … Wagen. Als man ihn … … Boden (m) legte, …

Führen Sie die Geschichte selbstständig zu Ende.

9 Wohin sind Sie gereist? – Ich bin … gereist.

I in die Türkei, die Schweiz, der Sudan, die Vereinigten Staaten, die Niederlande, der Bayerische Wald, das Hessenland, die Antarktis, die GUS, die Hauptstadt der Schweiz, der Nordteil von Kanada, die Alpen, das Engadin, das Burgenland, meine Heimatstadt.

II nach Kanada, Australien, Österreich, Ägypten, Israel, Kroatien, Russland, Bolivien, Nigeria, Hessen, Bayern, Bern, Klagenfurt, Sylt, Helgoland, Sri Lanka

III auf die Insel Sylt, die Seychellen und die Malediven (Pl.) (= Inselgruppe im Indischen Ozean), die Insel Helgoland, der Feldberg, die Zugspitze, das Matterhorn, der Mont Blanc

IV an der Rhein, die Elbe, die Ostseeküste, der Bodensee, die Donau, der Mississippi, der Amazonas, die Landesgrenze

Wie lange sind Sie dort geblieben?

I *Im* / *In* der / den … bin ich … Tage / Wochen geblieben.

II *In* Kanada / … bin ich … geblieben.

III *Auf* dem / der / den … bin ich … geblieben.

IV *Am* Rhein / *An* der … bin ich … geblieben.

10 Üben Sie – wenn möglich in der Gruppe.

	Wohin sind Sie gereist?	*Wie lange sind Sie dort geblieben?*
die Buchmesse	*A: Zur Buchmesse.*	*Auf der Buchmesse bin ich einen Tag geblieben.*
der Feldberg	*B: Auf den Feldberg.*	*Auf dem Feldberg bin ich einen Vormittag geblieben.*
Kanada	*C: Nach Kanada.*	*In Kanada bin ich …*
mein Onkel	*D: Zu meinem Onkel.*	*Bei meinem Onkel …*
der Neusiedler See	*E: An den Neusiedler See.*	*Am Neusiedler See …*

1. Spanien
2. die Schweiz
3. die Vereinigten Staaten
4. Polen
5. der Bodensee
6. die Insel Helgoland

7. Australien
8. Hamburg
9. meine Heimatstadt
10. New York
11. die Zugspitze (= Deutschlands höchster Berg)
12. der Vierwaldstätter See
13. die Atlantikküste
14. Großbritannien
15. der Urwald
16. der Äquator
17. mein Schulfreund
18. die Chirurgen-Tagung
19. Wien
20. die Automobilausstellung

11 Ebenso:

	Wohin gehst du?	*Was machst du da?*
das Postamt	*A: Zum Postamt.*	*Auf dem Postamt hole ich Briefmarken.*
mein Freund	*B: Zu meinem Freund.*	*Bei meinem Freund spielen wir Karten.* Oder: *Mit meinem Freund arbeite ich.*
die Gastwirtschaft	*C: Zur Gastwirtschaft.*	*In der Gastwirtschaft esse ich zu Mittag.*
die Donau	*D: Zur Donau.* Oder: *An die Donau.*	*An der Donau beobachte ich die Wasservögel.*

1. der Bahnhof
2. der Zug
3. der Fahrkartenschalter
4. der Keller
5. der Dachboden
6. der Balkon
7. der Goetheplatz
8. die Straße
9. das Restaurant
10. das Reisebüro
11. meine Schwester
12. der Aussichtsturm
13. der Friedhof
14. die Kirche
15. der Supermarkt
16. der Zeitungskiosk
17. Tante Emma
18. das Theater
19. Hamburg
20. das Ausland
21. das Land (auf; = in eine ländliche Umgebung)
22. der Wald
23. die Wiese
24. die Quelle
25. der See
26. das Feld
27. der Rhein
28. das Fenster

12 Wohin gehst (fährst / steigst / fliegst) du?
(Manchmal gibt es mehrere Möglichkeiten.)

I
Ich gehe

an (ans) auf (aufs) in (ins) nach zu (zum/zur)

1. mein Zimmer
2. meine Freundin
3. die Straße
4. der Balkon
5. das Kino
6. die Garage
7. der Keller
8. die Schlucht
9. der Arzt
10. Herr Doktor Kramer
11. Frau Atzert
12. Angelika
13. das Reisebüro
14. die Schule
15. der Unterricht
16. das Klassenzimmer
17. der Metzger
18. die Bäckerei
19. das Café
20. die Fabrik
21. die Polizei
22. das Finanzamt
23. das Militär
24. die Kirche
25. der Friedhof
26. die Post
27. die Haltestelle
28. der Briefkasten

II
Ich steige

1. die Zugspitze (Berg)
2. der Zug
3. die U-Bahn
4. das Dach
5. der Aussichtsturm
6. die Straßenbahn

III Ich fahre	1. Brasilien 2. die Mongolei 3. Los Angeles 4. ein fernes Land 5. die Schwarzmeerküste 6. die Wüste	7. der Urwald 8. der Tunnel 9. die Oper 10. das Land (d.h. in ein Dorf) 11. meine Freunde ... Berlin
IV Ich fliege	1. meine Heimatstadt 2. der Schwarzwald 3. das Gebirge 4. Dänemark 5. Tschechien	6. der Nordpol 7. die Türkei 8. Südamerika 9. Spanien

13 Wo bist du? – Nehmen Sie die Ortsangaben der Übung 12.

Ich bin in meinem Zimmer / bei meiner Freundin usw.

14 Jeder hat im Urlaub etwas anderes vor. – Ergänzen Sie die Endungen und Präpositionen (auch: ins, zur, zum usw.).

A. fährt ... München.
B. fliegt ... d__ Insel Helgoland
C. fliegt ... Kanada.
D. geht ... Land (z.B. ... ein Dorf).
E. fährt ... Finnland.
F. fährt ... d__ Schweiz.
G. fährt ... ihr__ Onkel ... Wien.
H. reist ... ein__ Freundin ... Österreich.
I. bleibt (!) ... d__ Bundesrepublik und zwar ... ihr__ Eltern.
J. lernt Französisch ... Nancy.
K. geht angeln ... Irland.
L. fliegt ... Brasilien und geht ... d__ Urwald.
M. fliegt ... Ostasien.
N. fährt jeden Tag ... Schwimmbad.
O. spielt täglich zwei Stunden Fußball ... Stadion (n) oder ... d__ Fußballplatz.
P. fährt ... Wandern ... d__ Berge.
Q. macht eine Klettertour ... d__ Alpen.
R. geht ... Krankenhaus und lässt sich operieren.
S. geht ... ein Hotel ... d__ Feldberg ... Schwarzwald.
T. verbringt den Urlaub ... ein__ Bauernhof ... Odenwald.
U. geht ... ein__ Pension ... Interlaken ... d__ Schweiz.

15 Setzen Sie die folgenden Präpositionen sinngemäß ein, aber nur, wo es notwendig ist: bei, gegen, nach, um, zu (zum / zur), vor, seit.

Er ist ... wenigen Minuten aus dem Haus gegangen, aber er ist ... Punkt 12 Uhr wieder da. Gewöhnlich verlässt er das Büro ... 17 Uhr.

... Anfang der Schiffsreise war ich dauernd seekrank, ... Schluss hat mir sogar ein Sturm nichts mehr ausgemacht.

Wir sind heute ... Hochzeit eingeladen. ... dieser Gelegenheit treffen wir einige alte Freunde. Wir sollen ... neun Uhr zum Standesamt kommen. ... 13 Uhr (ungefähr) gibt es ein Festessen im Hotel Krone. Am Abend ... der Hochzeit haben wir viel getanzt. Wir sind erst ... drei Uhr in der Nacht (später als 3) nach Hause gekommen.

... zwei Tagen ist Markttag. ... Zeit sind die Erdbeeren preiswert. Wenn man ... die Mittagszeit (ungefähr), also ... Schluss der Verkaufszeit auf den

Markt kommt, kann man oft am günstigsten einkaufen.

... Ostern fahren wir meist zum Skifahren in die Alpen. ... Weihnachten bleiben wir zu Hause, aber ... Silvester sind wir gern bei Freunden und feiern.

Drei Wochen ... seinem Tod hatte er sein Testament geschrieben. ... seiner Beerdigung waren viele Freunde und Verwandte gekommen. ... seinem Tod erbte sein Sohn ein großes Vermögen, aber ... wenigen Jahren war davon nichts mehr übrig.

16 Ergänzen Sie: an (am), bei, gegen, in (im), nach, um, von, zu (zum).

Morgens stehe ich ... halb sieben Uhr auf. ... sieben Uhr (ungefähr) trinke ich Kaffee. ... 7.35 Uhr geht mein Bus. Kurz ... acht bin ich im Büro. Ich arbeite ... acht bis zwölf und ... halb eins bis halb fünf. Dann gehe ich zum Bus; er fährt ... 16.45 Uhr. ... 25 Minuten bin ich zu Hause.

... Samstag, dem 3. März, abends ... acht Uhr findet in der Stadthalle ein Konzert statt. ... Beginn spielt das Orchester die dritte Sinfonie von Beethoven, dann folgt ... 150. Geburtstag des Komponisten die c-moll-Sinfonie von Brahms. Das Konzert endet ... 22.30 Uhr (ungefähr).

... jedem ersten Sonntag ... Monat unternimmt der Wanderverein „Schwalbe" ... gutem Wetter eine Wanderung. Die nächste Fußtour ist ... Sonntag, dem 6. Juni. Die Mitglieder treffen sich ... 8.10 Uhr am Bahnhof. ... halb neun geht der Zug. ... etwa einer Stunde ist man in Laxdorf, dem Ausgangspunkt der Wanderung. ... 13 Uhr (ungefähr) werden die Wanderer den Berggasthof „Lindenhof" erreichen. ... dem Essen wird die Wanderung fortgesetzt. ... 17.26 Uhr geht der Zug von Laxdorf zurück. Die Mitglieder können also ... 19 Uhr (ungefähr) wieder zu Hause sein.

17 Ebenso. Fortsetzung der Übung § 60 Nr. 2.

... etwa 150 Jahren erfand Samuel Morse den Schreibtelegraphen. ... 1876 entwickelte N. Otto einen Benzinmotor und ... Jahr 1879 baute Werner von Siemens seine erste elektrische Lokomotive. ... einem Herbsttag des Jahres 1886 fuhr ... ersten Mal ein Automobil durch Stuttgarts Straßen. Gottlieb Daimler, geboren ... 17.3.1834, hatte es gebaut. ... seiner ersten Fahrt in dem neuen Auto schrien die Leute: „Der Teufel kommt!" G. Daimler ist ... 6.3.1900, also ... ... Jahren, gestorben. Aus den Werkstätten von Daimler und C.F. Benz entstand ... 1926 die Daimler-Benz-Aktiengesellschaft. ... 1893 bis 97, also nur 17 Jahre ... Ottos Benzinmotor, entwickelte Diesel einen neuen Motor; er wurde ... späteren Jahren nach seinem Erfinder Dieselmotor genannt. ... Jahr 1982, also 82 Jahre ... Daimlers Tod, gab es allein in der Bundesrepublik Deutschland mehr als 27 Millionen Automobile.

18 Jetzt bitte ganz schnell! Verwenden Sie: am, bei, gegen, in (im), um, zu (zur)

... wenigen Sekunden, ... Mittwoch, ... acht Tagen, ... der Nacht, ... Nachmittag, ... 12 Uhr (ungefähr), ... Mitternacht, ... diesem Moment, ... Weihnachten, ... meinem Geburtstag, ... Hochzeit meiner Schwester, ... Morgen (ungefähr), heute ... 14 Tagen, ... Frühjahr, ... Anfang der Ferien, ... Sonnenaufgang, ... nächster Gelegenheit, ... wenigen Augenblicken, ... August, ... zwei Jahren, ... 17 Uhr

§ 62 Verben in festen Verbindungen

I Verben, die mit einem Akkusativobjekt in einer festen Verbindung stehen

Diese festen Verbindungen werden im Deutschen sehr häufig gebraucht.
Die jeweiligen Verben haben kaum noch eine eigene Bedeutung; sie ergänzen das Akkusativobjekt und bilden mit ihm zusammen eine Einheit.
Bei Waldbränden *ergreifen* die meisten Tiere rechtzeitig *die Flucht.* (= sie fliehen)
Der Politiker *gab* im Fernsehen *eine Erklärung ab.* (= er erklärte öffentlich)
Wir *haben* endlich *eine Entscheidung getroffen.* (= wir haben uns entschieden)

Die folgende Liste enthält eine Auswahl:

Einfache Verben

1. ***fällen***
a) eine Entscheidung b) ein Urteil

2. ***finden***
a) ein Ende b) Anerkennung c) Ausdruck d) Beachtung/Interesse e) Beifall f) Ruhe g) Verwendung

3. ***führen***
a) den Beweis b) ein Gespräch/eine Unterhaltung c) Krieg

4. ***geben***
a) jdm. (eine) Antwort b) jdm. (eine) Auskunft c) jdm. (den) Befehl d) jdm. Bescheid e) jdm. seine Einwilligung f) jdm. die Erlaubnis g) jdm. die Freiheit h) jdm. die Garantie i) jdm. (die) Gelegenheit j) jdm. eine Ohrfeige k) jdm. einen Rat/einen Tip/einen Wink l) jdm. die Schuld m) jdm. einen Tritt/einen Stoß n) (jdm.) Unterricht o) jdm. das Versprechen/sein Wort p) jdm. seine Zustimmung q) jdm./einer Sache den Vorzug

5. ***gewinnen***
a) den Eindruck b) die Überzeugung c) einen Vorsprung

6. ***halten***
a) eine Rede/einen Vortrag/eine Vorlesung b) ein (sein) Versprechen/sein Wort

7. ***holen***
a) Atem b) sich eine Erkältung/eine Infektion/eine Krankheit c) sich den Tod

8. ***leisten***
a) eine Arbeit b) einen Beitrag c) Hilfe d) Zivildienst e) Ersatz f) Widerstand

9. ***machen***
a) den Anfang b) jdm. ein Angebot c) jdm. Angst d) mit jdm. eine Ausnahme e) ein Ende f) jdm. (eine) Freude g) sich die Mühe h) eine Pause i) Spaß j) einen Spaziergang k) einen Unterschied l) einen Versuch m) jdm. einen Vorwurf/Vorwürfe

10. ***nehmen***
a) Abschied b) Anteil (an jdm./etwas) c) Bezug (auf etwas) d) Einfluss (auf jdn./etwas) e) ein Ende f) Platz g) Rache h) Stellung

11. ***schaffen***
a) Abhilfe b) Klarheit c) Ordnung d) Ruhe e)Arbeitsplätze
12. ***stiften***
a) Frieden/Unfrieden b) Unruhe
13. ***treffen***
a) mit jdm. ein Abkommen/eine/die Vereinbarung b) eine Entscheidung c) Maßnahmen d) Vorsorge e) Vorbereitungen
14. ***treiben***
a) (zu viel) Aufwand b) Handel c) Missbrauch d) Sport e) Unfug
15. ***wecken***
a) Erinnerungen b) Gefühle c) Interesse d) die Neugier

Trennbare und untrennbare Verben

16. ***abgeben***
a) eine Erklärung b) seine Stimme c) ein Urteil
17. ***ablegen***
a) einen Eid/einen Schwur b) ein Geständnis c) eine Prüfung
18. ***abschließen***
a) die Arbeit b) die Diskussion c) einen Vertrag
19. ***annehmen***
a) den Vorschlag b) die Bedingung c) die Einladung d) (die) Hilfe e) Vernunft f) die Wette
20. ***anrichten***
a) ein Blutbad b) Schaden c) Unheil d) Verwüstungen
21. ***anstellen***
a) Berechnungen b) Nachforschungen c) Überlegungen d) Versuche e) Unfug/Dummheiten
22. ***antreten***
a) den Dienst b) die Fahrt c) die Regierung
23. ***aufgeben***
a) die Arbeit b) seinen Beruf c) den Plan d) die Hoffnung e) das Spiel f) den Widerstand
24. ***ausführen***
a) eine Arbeit b) einen Auftrag c) einen Befehl d) einen Plan e) eine Reparatur/Reparaturen
25. ***begehen***
a) eine Dummheit b) (einen) Fehler c) einen Mord d) Selbstmord e) Verrat
26. ***durchsetzen***
a) seine Absicht b) seine Forderungen c) seine Idee(n) d) seine Meinung e) seinen Willen
27. ***einlegen***
a) Beschwerde/Protest b) Berufung c) ein gutes Wort (für jdn.)
28. ***einreichen***
a) einen Antrag/ein Gesuch b) Beschwerde c) die Examensarbeit d) einen Vorschlag
29. ***einstellen***
a) die Arbeit b) die Herstellung c) den Betrieb d) das Rauchen e) die Untersuchung f) den Versuch/das Experiment

30. ergreifen
a) Besitz (von etwas) b) die Flucht c) die Gelegenheit d) Maßnahmen e) das Wort

31. erstatten
a) Anzeige b) (einen) Bericht

32. verüben
a) einen Mord b) eine (böse) Tat c) ein Verbrechen

33. zufügen
a) jdm. Böses b) jdm. Kummer c) jdm. eine Niederlage d) jdm. Schaden e) jdm. Schmerzen

34. zuziehen
a) sich eine Erkältung/eine Grippe b) sich Unannehmlichkeiten c) sich eine Verletzung/schwere Verletzungen

1a Beantworten Sie die Fragen im Perfekt. Verwenden Sie dabei die Verben mit fester Akkusativ-Verbindung Nr. 1–15.

Wer macht einen Spaziergang? (die Eltern / mit ihren Kindern)
Die Eltern haben mit ihren Kindern einen Spaziergang gemacht.

1. Wer findet Anerkennung? (der Politiker / bei den Wählern)
2. Wer gibt der Firmenleitung die Schuld? (der Gewerkschaftsvertreter / an den Verlusten)
3. Wer gewinnt einen Vorsprung von zwei Metern? (der polnische Läufer)
4. Wer hält eine Vorlesung? (ein Professor aus Rom / am 4.5. / über Goethe)
5. Wer leistet Hilfe? (das Rote Kreuz / bei der Rettung der Flüchtlinge)
6. Wer macht mir ein Angebot? (der Makler / für ein Ferienhaus)
7. Wer macht dem Neffen Vorwürfe? (die Tante / wegen seiner Unhöflichkeit)
8. Wer trifft eine Entscheidung? (der Chef / am Ende der Verhandlungen)
9. Wer schafft 150 neue Arbeitsplätze? (eine Textilfabrik / in der kleinen Stadt)
10. Was weckt das Interesse des Wissenschaftlers? (die Arbeit eines Kollegen)

b Ebenso, verwenden Sie aber Nr. 16–34.

1. Wer nimmt die Wette an? (Peter)
2. Wer richtet großen Schaden an? (die Fußballfans / beim Spiel ihrer Mannschaft)
3. Wer tritt seinen Dienst an? (der neue Pförtner / am 2. Mai)
4. Wer gibt seinen Beruf auf? (der Schauspieler / nach drei Jahren)
5. Wer setzt seine Forderungen durch? (der Arbeitslose / beim Sozialamt)
6. Wer legt Berufung ein? (der Rechtsanwalt / gegen das Urteil)
7. Wer reicht die Examensarbeit endlich ein? (die Studentin / bei ihrem Professor)
8. Wer ergreift das Wort? (der Bürgermeister / nach einer langen Diskussion im Stadtparlament)
9. Wer erstattet Anzeige? (der Mieter / gegen den Hausbesitzer)
10. Wer zieht sich schwere Verletzungen zu? (der Lastwagenfahrer / bei einem Unfall)

11. Wer stellt das Rauchen ein? (die Fluggäste / während des einstündigen Fluges)
12. Wer hat der Firma großen Schaden zugefügt? / (ein Mitarbeiter / durch Unterschlagungen)

c Antworten Sie auf die Fragen. Suchen Sie unter der angegebenen Nummer die jeweils beste Lösung. – Begründen Sie Ihre Ansicht, wenn verschiedene Antworten möglich sind.

Ein junger Familienvater geht zum Wohnungsamt. Was will er? (Nr. 28)
Er reicht einen Antrag ein.

1. Der Junge ist ohne Jacke und Mütze aufs Eis gegangen. – Was war die Folge? (7)
2. Die Kinder machten das Fenster auf, damit der Vogel wegfliegen konnte. – Was haben sie getan? (4)
3. Ich hatte vergessen die Blumen meiner Nachbarin zu gießen. – Wie reagierte sie, als sie zurückkam? (9)
4. Die Not in vielen Teilen der Welt ist groß. – Was müssen die reicheren Länder tun? (8)
5. Wir wollen diese schöne Wohnung mieten. – Was müssen wir tun? (18) (… mit dem Hausbesitzer einen Miet-…)
6. Der Hund meiner Tante ist weggelaufen. – Was tut sie? (21)
7. Der Künstler hatte keinen Erfolg. – Wie reagierte er? (23)
8. Der Wasserhahn tropft, deshalb habe ich einen Handwerker gerufen. – Was hat er gemacht? (24)
9. Die Elektronik-Firma hat ein nicht konkurrenzfähiges Produkt auf den Markt gebracht. – Was hat sie daraufhin getan? (29)
10. Die Kollegen streiten dauernd miteinander. – Was muss der Chef tun? (12)

2a Formen Sie die Sätze um. Verwenden Sie dabei den in Klammern angegebenen Ausdruck (Nr. 1–15). Achten Sie auf das Tempus!

1. Das Gericht *hat* noch nicht *entschieden,* ob der Angeklagte freigesprochen werden kann. (1a)
2. Der Vortrag des Atomwissenschaftlers *interessierte* die anwesenden Forscher sehr. (2d – bei den … Forschern großes Interesse)
3. Leere Flaschen müssen abgegeben werden, damit sie *wieder verwendet* werden können. (2g)
4. Viele Länder, die *sich* früher *bekriegten,* sind heute miteinander befreundet. (3c – Krieg gegeneinander …)
5. Wenn die Eltern *nicht einverstanden sind,* kann der Fünfzehnjährige das teure Lexikon nicht bestellen. (4e – ihre Einwilligung)
6. Wie viele Stunden *unterrichten* Sie pro Woche? (4 n)
7. Glauben Sie, dass er hält, was er *verspricht*? (6b)
8. Von Zeit zu Zeit müssen die Meeressäugetiere an die Wasseroberfläche schwimmen *um zu atmen.* (7a)
9. Wer einen Gegenstand stark beschädigt, muss *ihn ersetzen.* (8e – muss dafür …)
10. Man muss *unterscheiden* zwischen denen, die in der Diktatur die Anführer waren, und denen, die nur Mitläufer waren. (9k)
11. Noch im Hotel *verabschiedeten sich* die Teilnehmer der Veranstaltung. (10a) (voneinander)

12. Die Gäste wurden gebeten *sich zu setzen.* (10f)
13. Die Geschwister *vereinbarten,* jedes Jahr in ihrer Heimatstadt zusammenzukommen. (13b)
14. Schon vor Tausenden von Jahren *handelten* Kaufleute mit Salz. (14b)

b Ebenso, verwenden Sie aber Nr. 16–34.

1. Im letzten Herbst *sind* nur 75 Prozent der Wähler *zur Wahl gegangen.* (16b)
2. Nach langen Verhören *gestand* der Angeklagte schließlich. (17b)
3. Alle Soldaten mussten auf die Fahne *schwören.* (17a)
4. Nach zwei Jahren war er endlich *mit seiner Doktorarbeit fertig.* (18a)
5. Die Eltern ermahnten ihren sechzehnjährigen drogensüchtigen Sohn, doch *vernünftig zu sein.* (19e)
6. Ein Wirbelsturm *verwüstete große Teile des Landes.* (20d – schwere Verwüstungen in + D)
7. Die Versicherungsgesellschaft *forscht* zur Zeit *nach* dem Schiff, das im Pazifischen Ozean verschwunden ist. (21b)
8. Punkt neun Uhr *ist* die Reisegruppe *losgefahren.* (22b)
9. Sie *hat keine Hoffnung mehr,* dass ihr Mann zu ihr zurückkommt. (23d)
10. Acht Tage hatten die Bürger ihre Stadt tapfer verteidigt; am neunten Tag *ergaben* sie *sich,* da sie kein Wasser mehr hatten. (23f)
11. Er ist ein Typ, der *alles* selbst *repariert.* (24e)
12. Er *hat falsch gehandelt,* als er das Zimmer im Studentenheim nicht angenommen hat. (25b)
13. Der Gefangene *hatte sich* in seiner Zelle *umgebracht.* (25d)
14. Er sollte 30 Euro Mahngebühr an das Finanzamt zahlen; darüber *hat* er *sich beschwert.* (27a – dagegen)
15. Der Betriebsrat *hat* Verschiedenes zur Arbeitszeitverkürzung *vorgeschlagen* und bei der Geschäftsleitung *abgegeben.* (28d – verschiedene Vorschläge)
16. Die Fluggäste werden beim Verlassen des Warteraumes gebeten *nicht mehr zu rauchen.* (29d)
17. Das hoch verschuldete Unternehmen *konnte nicht weiterarbeiten.* (29c) (musste...)
18. Viele Menschen *sind* aus Angst vor einem möglichen Bombenangriff *geflohen.* (30 b)
19. Infolge des nasskalten Wetters *haben sich* viele Menschen *erkältet.* (34a)
20. Der Skirennfahrer *hat sich* beim Abfahrtslauf schwer *verletzt.* (34c)

II Feste Akkusativ-Verb-Verbindungen mit präpositionalem Objekt

Ich *nehme Bezug auf* Ihr Schreiben vom 15. Januar.
Sie *machen sich Hoffnung auf* eine billige Wohnung in München.
Wir *wissen* seit langem *Bescheid über* seine Schulden.

Das Verb bildet mit seinem Akkusativobjekt zusammen eine Einheit (siehe § 14, VIII). Dieser feste Ausdruck ist mit einem Präpositionalobjekt verbunden.

Auch der Gebrauch oder das Fehlen eines Artikels ist meistens festgelegt. Anstelle eines unbestimmten Artikels kann der artikellose Plural stehen:
Sie führten ein Gespräch mit ihm. / Sie führten Gespräche mit ihm.

Sonst gelten alle in § 15, II genannten Regeln:
Sie machen sich Hoffnung darauf, eine billige Wohnung in München zu bekommen.
Wir wissen seit langem Bescheid darüber, dass er hohe Schulden hat.

Die folgende Liste enthält eine Auswahl:

1. Abschied nehmen	von + D	den Eltern	
2. einen Antrag stellen	auf + A	Kindergeld	
3. die Aufmerksamkeit lenken	auf + A	das Unrecht	darauf, dass
4. Ansprüche stellen	an + A	das Leben; den Partner	
5. Bescheid wissen	über + A	die Steuergesetze	darüber, dass / wie / wann / wo
6. Beziehungen haben	zu + D	Regierungskreisen	
7. Bezug nehmen	auf + A	die Mitteilung	
8. Druck ausüben	auf + A	die Politiker	
9. Einfluss nehmen	auf + A	eine Entscheidung	darauf, dass / wie
10. eine / die Frage stellen	nach + D	der Bezahlung	danach, ob / wann / wie
11. sich Gedanken machen	über + A	ein Thema	darüber, dass / ob / wie / wo
12. Gefallen finden	an + D	dem Spiel	daran + Inf.-K./ wie
13. ein Gespräch / Gespräche führen	mit + D über + A	einem Mitarbeiter einen Plan	darüber, dass / ob
14. sich Hoffnung / Hoffnungen machen	auf + A	einen Gewinn	darauf, dass / Inf.-K.
15. die Konsequenz / Konsequenzen ziehen	aus + D	dem Verhalten eines anderen	daraus, dass / wie
16. Kritik üben	an + D	dem Verhalten eines Menschen; einer Aussage	daran, dass / wie
17. Notiz nehmen	von + D	einer Person; einem Ereignis	davon, dass / wie
18. Protest einlegen	gegen +A	eine Entscheidung	dagegen, dass / wie
19. Rache nehmen	an + D	einer Person	
20. ein Recht haben	auf + A	eine Erbschaft	darauf, dass / Inf.-K.
21. Rücksicht nehmen	auf + A	einen Nachbarn	darauf, dass
22. Schritt halten	mit + D	einem Menschen; einer Entwicklung	
23. Stellung nehmen	zu + D	einem Problem	dazu, ob / wie
24. einen Unterschied machen	zwischen+ D	einer Idee und der Wirklichkeit	

25. eine Verabredung treffen	mit + D	der Freundin	
26. (eine) Verantwortung übernehmen / auf sich nehmen / tragen	für + A	einen Mitmenschen; eine Fehlentwicklung	dafür, dass / Inf.-K.
27. ein Verbrechen / einen Mord begehen / verüben	an + D	einem Geldboten	
28. Vorbereitungen treffen	für + A	eine Expedition	
29. Wert legen	auf + A	Genauigkeit	darauf, dass / wie / Inf.-K.
30. Widerstand leisten	gegen + A	einen Feind; eine Entscheidung	dagegen, dass

3 Ergänzen Sie die Präpositionen.

1. Meine Cousine weiß ... unsere verwandtschaftlichen Beziehungen besser Bescheid.
2. Ich nehme Bezug ... Ihren Brief vom 2. März dieses Jahres.
3. Du musst die Konsequenzen ... deinem Verhalten ziehen; man wird dir kündigen.
4. Die Bürger legten Protest ... die Erhöhung der Wasser- und Abwassergebühren ein.
5. Der Bürgermeister legte Wert ... eine genaue Darstellung der Vorgänge.
6. Die Studenten leisteten Widerstand ... die neuen Prüfungsvorschriften.
7. Nimm mit deinem Fahrrad ein bisschen Rücksicht ... die Fußgänger.
8. Viele Länder können ... dem Tempo der technischen Entwicklung nicht Schritt halten.
9. Warum musst du nur ... allem Kritik üben?
10. Der Politiker nahm ... der Abwesenheit der Journalisten keine Notiz.

4 Ersetzen Sie die Verben durch die passenden festen Ausdrücke.

1. Am Ende des Urlaubs auf dem Bauernhof verabschiedeten sich die Gäste von ihren Gastgebern. (1)
2. Wenn die Studenten den Zuschuss zum Studiengeld nicht beantragen, bekommen sie natürlich auch nichts. (... keinen ...) (2)
3. Ich beziehe mich auf die Rede des Parteivorsitzenden vom 1.3. (7)
4. Natürlich fragten die Arbeiter nach der Höhe des Lohnes und den sonstigen Arbeitsbedingungen. (Pl.) (10)
5. Die Werksleitung überlegte, ob sie das Werk stilllegen sollte. (darüber, ob) (11)
6. Den Kindern gefiel der kleine Hund auf dem Bauernhof so gut, dass die Eltern ihn schließlich dem Bauern abkauften. (so großen Gefallen) (12)
7. Der Professor sprach mit der Studentin über ihre Dissertation. (13)
8. Die Skifahrer im Sportzentrum hofften auf baldigen Schnee. (14)
9. Die Bevölkerung der Stadt kritisierte das städtische Bauamt und seine Pläne zur Verkehrsberuhigung. (16)
10. Viele Menschen interessiert die drohende Klimakatastrophe anscheinend gar nicht. (... keine ...) (17)
11. Die Beamten protestierten gegen die angekündigte Gehaltskürzung. (18)

12. Er rächte sich an seinen lieblosen Verwandten und schenkte sein Vermögen der Kirche. (19)
13. Jedes der drei Kinder kann einen Teil des Erbes für sich beanspruchen. (20)
14. Die Entwicklung der Technik in den industrialisierten Ländern ist zum Teil so schnell, dass andere Länder kaum mithalten können. (damit) (22)
15. Die Bürger wurden gefragt, ob sie sich zu den Plänen der Stadtverwaltung äußern wollten. (23)
16. Juristen unterscheiden die Begriffe „Eigentum" und „Besitz". (24)
17. In diesem Wald haben vor 200 Jahren die Dorfbewohner einen Kaufmann ermordet. (27)
18. Wir müssen uns auf unseren Umzug nach Berlin vorbereiten. (28)
19. Für meinen Hausarzt ist es wichtig, dass die Patienten frei über ihre Krankheit sprechen. (29)
20. Die Betriebe sollen rationalisiert werden; dagegen wollen viele etwas unternehmen. (30)

5 Ersetzen Sie die festen Verbindungen durch einfache Verben oder erklären Sie die Sätze ganz einfach.

1. Es ist nicht gut, wenn Kinder zu viele Ansprüche stellen.
2. Jetzt muss ich aber endlich eine Frage stellen.
3. Manche Menschen wollen immerzu auf andere Einfluss nehmen.
4. Er hat schon zu lange Kritik an mir geübt.
5. Nachdem er den Film zweimal gesehen hatte, fand er doch Gefallen daran.
6. Jeder Kranke muss sich Hoffnungen machen, sonst wird er nie gesund.
7. Du musst dir nicht ständig über die Probleme anderer Leute Gedanken machen.
8. Für ihn bin ich eine Null. Er hat noch nie Notiz von mir genommen.
9. Gegen diesen Unsinn müssen wir jetzt Protest einlegen.
10. Der Sizilianer wollte an seinem Feind Rache nehmen.
11. Ich habe mit meiner Freundin eine Verabredung getroffen.
12. Für die Reise wollen wir rechtzeitig Vorbereitungen treffen.

III Funktionsverbgefüge

Vorbemerkungen

1. In der Sprache der Wissenschaft und der Verwaltung findet man oft Sätze mit bekannten einfachen Verben wie *kommen, bringen, nehmen, stellen* usw. Diese Verben haben hier kaum mehr eine eigene Bedeutung: Sie sind ein Teil eines Gefüges (aus Präposition, Akkusativ- bzw. Dativobjekt und Verb) und haben selbst nur noch eine grammatische Funktion.

2. So entsteht ein Funktionsverbgefüge, das in seiner Form nicht mehr verändert werden kann. Sowohl die Präposition wie der Gebrauch oder das Fehlen eines Artikels sind festgelegt.

Für das nächste Jahr *stellte* der Finanzminister neue Steuergesetze *in Aussicht.*
Selbstverständlich *werden* die Steuererhöhungen bei der Bevölkerung *auf Ablehnung stoßen.*
Die neue Steuerreform soll so schnell wie möglich *zum Abschluss gebracht werden.*

Die folgende Liste ist nur eine Auswahl:

1. auf Ablehnung stoßen
2. etwas zum Abschluss bringen; zum Abschluss kommen
3. etwas in Angriff nehmen
4. jdn. / etwas in Anspruch nehmen
5. etwas zum Ausdruck bringen; zum Ausdruck kommen
6. etwas in Aussicht stellen; in Aussicht stehen
7. etwas in Betracht ziehen
8. etwas in Betrieb setzen / nehmen
9. etwas unter Beweis stellen
10. etwas in Beziehung setzen; in Beziehung stehen
11. etwas in Brand setzen; in Brand geraten
12. etwas zur Diskussion stellen; zur Diskussion stehen
13. jdn. / etwas unter Druck setzen; unter Druck stehen
14. jdn. zur Einsicht bringen; zur Einsicht kommen
15. etwas in Empfang nehmen
16. etwas zu Ende bringen; zu Ende kommen
17. zu einem Entschluss kommen; zu einem Ergebnis kommen
18. etwas in Erfahrung bringen
19. jdn. in Erstaunen setzen / versetzen
20. etwas in Erwägung ziehen
21. etwas in Frage stellen; in Frage stehen; in Frage kommen
22. in Gang kommen
23. im eigenen Interesse (oder dem eines anderen) liegen
24. etwas in Kauf nehmen
25. in Konflikt mit jdm. oder etwas geraten / kommen
26. etwas in Kraft setzen, in Kraft treten
27. auf Kritik stoßen
28. jdn. zum Lachen / Weinen bringen
29. von Nutzen sein
30. etwas zur Sprache bringen; zur Sprache kommen

Anmerkung

Beachten Sie die Bedeutungsunterschiede:
Man *bringt* die Konferenz gegen Mitternacht *zum Abschluss.*
Die Konferenz *wird* gegen Mitternacht *zum Abschluss gebracht.*
Gegen Mitternacht *kommt* die Konferenz *zum Abschluss.*
Man *setzte* das Gesetz *in Kraft.*
Das Gesetz *wurde in Kraft gesetzt.*
Das Gesetz *trat in Kraft.*

In Sätzen mit einem Funktionsverbgefüge steht die Präposition mit dem dazugehörenden Objekt meistens ganz hinten im Satz.

6 Ergänzen Sie das zum festen Ausdruck gehörende Verb.

1. a) Man will jetzt das Kraftwerk in Betrieb ...
   b) Man glaubt, seine Wirtschaftlichkeit unter Beweis ... zu können.
2. a) Ich ... jetzt zum Abschluss meiner Rede.
   b) Im Anschluss daran wollen wir das Thema zur Diskussion ...
3. a) Der Bauernhof ist aus unbekannten Gründen in Brand ...
   b) Brandstiftung ... sehr wahrscheinlich nicht in Frage.
4. a) Heute soll wieder das Thema Reinerhaltung der Luft zur Diskussion ...
   b) Bei dieser Gelegenheit werden wir das Thema Energie durch Windräder zur Diskussion ...
5. a) Die Idee der erneuerbaren Energie ... bei Gegnern immer wieder auf Kritik.
   b) Diese Kritik ... vermutlich im Interesse der großen Stromverbände.
6. a) Die Naturschützer wollen zum Beispiel die Nutzung der Solarenergie im großen Stil in Angriff ...
   b) Dabei ... sie auf Ablehnung bei gewissen Politikern und Unternehmen.
7. a) Der Redner ... noch einmal die Notwendigkeit der Nutzung erneuerbarer Energie zum Ausdruck.
   b) Man versprach, den verstärkten Einsatz erneuerbarer Energie in Erwägung zu ...
8. a) Die Regierung ... finanzielle Hilfe für die Errichtung von Solaranlagen in Aussicht.
   b) Eine entsprechende Verordnung soll am 1. Mai in Kraft ...
9. a) Man fürchtet, dass man mit den Vertretern der Atomenergie in Konflikt ...
   b) Die Sparerfolge der Ökologen werden die anderen in Erstaunen ...
10. a) Die Notwendigkeit der Erzeugung von Atomstrom wird von vielen Fachleuten nicht in Frage ...
    b) Ob man in der Streitfrage „Mit oder ohne Atomstrom?“ jemals zu einem klaren Ergebnis ... wird?

7 Verwenden Sie bei Ihrer Antwort den angegebenen Ausdruck.

Hat die neue Verordnung schon Gültigkeit? (26a)
Ja, sie wurde schon in Kraft gesetzt.

1. Wurde der neue Gesetzentwurf von der Opposition abgelehnt? (1) (bei der Opposition)
2. Wollen die Wissenschaftler ihre Studie jetzt abschließen? (2a)
3. Glauben Sie, dass die Arbeit vor Jahresende abgeschlossen wird? (2b)
4. Will man dann eine neue Forschungsarbeit beginnen? (3)
5. Wird man Wissenschaftler einer anderen Fakultät zu Hilfe holen? (4) (die Hilfe von ... soll ...)
6. Wollte der Künstler in seinem Bild den Wahnsinn des Krieges ausdrücken? (5a)
7. Ist es ihm gelungen, in seinem Bild den Wahnsinn des Krieges deutlich auszudrücken? (5b) (Ja, in dem Bild ...)
8. Kündigt die Forschungsgruppe neue Erkenntnisse auf dem Gebiet der Genforschung an? (6a)
9. Sind ganz neue Erkenntnisse zu erwarten? (6b) (Ja, es stehen ...)
10. Wurden bei der Untersuchung der Kranken auch ihre Lebensumstände berücksichtigt? (7)
11. Haben Sie die Gebrauchsanweisung gelesen, bevor Sie die Maschine angestellt haben? (8)

12. Konnte der Angeklagte seine Unschuld beweisen? (9)
13. Wurde der politische Gefangene bearbeitet (13a), so dass er nicht wagte die Wahrheit zu sagen?
14. Sahen die Demonstranten ein (14b), dass sie bei der Bevölkerung keine Unterstützung fanden? (zu der Einsicht)
15. Empfing der Sieger im Tennis den Pokal gleich nach dem Spiel? (15)

8 Ebenso.

1. Haben die Schüler ihre Gemeinschaftsarbeit noch vor den Ferien beendet? (16a)
2. Hast du auch gehofft, dass der Redner bald Schluss machen würde? (16b) (zum Ende)
3. Konnte die junge Frau sich nicht entschließen (17a) die Arbeit anzunehmen? (zu dem Entschluss)
4. Versuchten die Journalisten denn nicht etwas über die Konferenz der Außenminister zu erfahren? (18) (Doch, sie ...)
5. Überraschte der Zauberkünstler die Kinder mit seinen Tricks? (19)
6. Sicher musste viel bedacht werden, bevor man die neue Industrieanlage baute? (20) (Ja, vielerlei musste ...)
7. Bezweifelte jemand den Sinn dieses Beschlusses? (21a) (Ja, ein Teilnehmer ...)
8. Ist die Rücknahme des Beschlusses ausgeschlossen? (21c) (Ja, eine Rücknahme ...)
9. Stimmt es, dass Dieselmotoren bei großer Kälte nicht laufen wollen? (22)
10. Sind Sie bereit, bei der langen Fußtour Unbequemlichkeiten auf sich zu nehmen? (24)
11. Hat es bei deiner Schwarzmarkttätigkeit Schwierigkeiten mit der Polizei gegeben? (25) (Ja, ein paarmal ...)
12. Stimmt es, dass das neue Gesetz ab nächsten Monat gelten soll? (26b)
13. Wurde das neue Gesetz nicht allgemein kritisiert? (27) (Doch, ...)
14. Sind denn deine Karate-Kenntnisse zu irgendetwas nütze? (29) (Ja, bei einem Überfall können ...)
15. Sind unsere Probleme in der Versammlung besprochen worden? (30b)

9 Ersetzen Sie den schräg gedruckten Ausdruck durch ein einfaches Verb. Dabei ist manchmal eine Umformung des Satzes notwendig.

Der Richter wollte die Beweisaufnahme *zum Abschluss bringen.*
Der Richter wollte die Beweisaufnahme abschließen.

1. a) Die Vorschläge des Bürgermeisters *stießen* im Gemeinderat *auf Ablehnung*. b) Weil man aber *zum Ende kommen* wollte, vertagte man die Angelegenheit. c) Bei der nächsten Sitzung *stellte* der Bürgermeister die Vorschläge erneut *zur Diskussion.* (jdn. bitten etwas zu diskutieren)
2. a) Der Angeklagte behauptete, die Polizei habe ihn *unter Druck gesetzt.* (jdn. bedrängen) b) Er gab aber zu, dass er mit dem Gesetz *in Konflikt geraten* sei. (das Gesetz übertreten) c) Mit dem plötzlichen Geständnis *setzte* der Angeklagte alle Anwesenden *in Erstaunen.* (staunen über)

3. a) Die Verkaufsverhandlungen wollten nicht recht *in Gang kommen.* b) Natürlich *brachten* die Käufer den Umsatz des Geschäfts in den letzten Jahren *zur Sprache.* (sprechen über) c) Die unklaren Statistiken *stießen* bei ihnen *auf Kritik.* d) Sie meinten, es *liege* doch *im Interesse* des Verkäufers, wenn er den Käufern reinen Wein einschenke.
4. a) Der Zirkusclown war bekannt dafür, dass er Groß und Klein *zum Lachen brachte.* b) Zum Schein *kam* er stets mit seinem Kompagnon *in Konflikt.* (streiten) c) Mit einer wilden aber furchtbar komischen Prügelei *brachte* er die Vorstellung *zum Abschluss.*

IV Redensarten und ihre Bedeutung

10 Ergänzen Sie den bestimmten Artikel.

1. kein Blatt vor ... (m) Mund nehmen: seine Meinung offen sagen
2. aus ... (f) Haut fahren: ungeduldig, wütend werden
3. jemandem auf ... (Pl.) Finger sehen: jemanden genau kontrollieren
4. etwas aus ... (f) Luft greifen: etwas frei erfinden
5. ein Haar in ... (f) Suppe finden: einen Nachteil in einer Sache finden
6. jemandem um ... (m) Hals fallen: jemanden umarmen
7. etwas in ... (f) Hand nehmen: eine Sache anfangen und durchführen
8. von ... (f) Hand in ... (m) Mund leben: sehr arm leben
9. sich etwas aus ... (m) Kopf schlagen: einen Plan aufgeben
10. Er ist seinem Vater wie aus ... (n) Gesicht geschnitten: Er sieht seinem Vater sehr ähnlich.
11. etwas auf ... (f) Seite legen: etwas sparen, zurücklegen
12. ein Spiel mit ... (n) Feuer: eine gefährliche Sache
13. das springt in ... (Pl.) Augen: das fällt stark auf
14. sich aus ... (m) Staub machen: heimlich weggehen, fliehen
15. sich jemandem in ... (m) Weg stellen: jemandem Schwierigkeiten machen
16. sein Geld aus ... (n) Fenster werfen: sein Geld nutzlos ausgeben
17. jemandem den Stuhl vor ... (f) Tür setzen: jemanden aus dem Haus schicken, „hinauswerfen“
18. in ... (m) Tag hinein leben: planlos leben
19. jemandem auf ... (f) Tasche liegen: vom Geld eines anderen leben
20. in ... (f) Tinte sitzen: in einer unangenehmen Lage sein
21. unter ... (m) Tisch fallen: eine Sache bleibt unbeachtet / unberücksichtigt
22. Die Ferien stehen vor ... Tür: Es ist kurz vor den Ferien.
23. jemanden an ... (f) Wand stellen: jemanden erschießen
24. einer Sache aus ... (m) Weg gehen: eine Sache nicht tun, vermeiden
25. einen Rat in ... (m) Wind schlagen: einen Rat nicht beachten
26. den Mantel nach ... (m) Wind hängen: seine Meinung so ändern, wie es nützlich ist
27. jemandem auf ... (m) Zahn fühlen: jemanden gründlich prüfen
28. mir liegt das Wort auf ... (f) Zunge: ich weiß das Wort, aber ich kann mich im Augenblick nicht daran erinnern
29. auf ... (f) Nase liegen: krank sein

30. jemandem in … (Pl.) Ohren liegen: jemanden mit Bitten quälen
31. jemanden auf … (f) Palme bringen: jemanden in Wut bringen
32. wie aus … (f) Pistole geschossen: ganz schnell
33. unter … (Pl.) Räuber fallen: in schlechte Gesellschaft geraten
34. die Rechnung ohne … (m) Wirt machen: sich irren
35. aus … (f) Reihe tanzen: etwas anderes tun als all die anderen
36. bei … (f) Sache sein: sich auf etwas konzentrieren
37. etwas auf … (f) Seite schaffen: etwas stehlen

11 Ergänzen Sie Artikel und Präposition. (Wenn Sie die Präposition nicht mehr wissen, finden Sie sie in Übung 9.)

Er hat kein festes Einkommen und lebt … … Hand … … Mund. Daher hat er auch keine Möglichkeit jeden Monat etwas … … Seite zu legen. Seit zehn Jahren liegt er nun seinem Vater … … Tasche! Sie hat ihm jetzt klar ihre Meinung gesagt und hat kein Blatt … … Mund genommen. Das hat ihn natürlich sofort … … Palme gebracht. Sie hat ihm geraten sich endlich um eine Stelle zu bewerben, aber er schlägt ja jeden Rat … … Wind. Er *will* ja nicht arbeiten und geht jedem Angebot … … Weg. Und wenn sie ihm auch immer wieder damit … … Ohren liegt, er kümmert sich nicht darum und lebt weiter … … Tag hinein. Kein Wunder, dass sie manchmal … … Haut fährt! Es wird nicht mehr lange dauern, dann setzt sie ihm den Stuhl … … Tür; dann sitzt er aber … … Tinte! Sie verdient sauer das Geld und er wirft es … … Fenster! Wenn er glaubt, dass das so weitergehen kann, dann hat er die Rechnung … … Wirt gemacht. Soll er sich doch endlich … … Staub machen! Aber wenn er ganz allein ist, fällt er bestimmt bald … … Räuber. Und das will sie doch auch nicht; sie liebt ihn doch so sehr! Ach, soll er doch endlich mal sein Leben … … Hand nehmen! Aber wenn er schon mal eine Arbeit angefangen hat, findet er bestimmt bald ein Haar … … Suppe. Sie müsste ihm genauer … … Finger sehen. Stattdessen fällt sie dem Faulenzer … … Hals, sobald er nach Hause kommt!

Lösungen § 40 Nr. 6:

1. der Blauwal 2. die Spitzmaus 3. die Giraffe 4. die Antilope 5. die Kobra 6. der Pazifische oder Stille Ozean 7. 10 900 m 8. Australien 9. in der Antarktis 10. auf Hawaii 11. an den Küsten der Antarktis 12. am 21. Dezember 13. am 21. Juni 14. Wasserstoff (chem. Zeichen: H) 15. am 3. Juli (!) 16. am 2. Januar (!)

§ 63 Gebrauch der Tempusformen: Präsens, Perfekt, Präteritum, Plusquamperfekt

I Präsens und Perfekt

Präsens: Sprechtempus = Gegenwart in der gesprochenen Sprache
„Dort *fliegt* ein Storch. *Siehst* du ihn?" – „Nein, *warte* einen Augenblick! Ohne meine Brille *kann* ich ihn nicht *sehen*."

Perfekt: Sprechtempus = Vergangenheit in der gesprochenen Sprache
„Gestern *ist* der erste Storch in diesem Frühjahr *vorübergeflogen*. Das *hat* mir meine Freundin *gesagt*. Aber ich *habe* ihn leider nicht *gesehen*, weil ich meine Brille nicht rechtzeitg *gefunden habe*."

Beide Zeiten, Präsens und Perfekt, beziehen sich in der gesprochenen Sprache aufeinander.

Präsens

Sprechtempus für gegenwärtige und zukünftige (siehe § 21) Handlungen, Vorgänge und Zustände.
„Heute Vormittag *macht* mein Sohn sein Examen. Er *ist* der Beste. Er *schafft* bestimmt eine ausgezeichnete Note."

Schriftlich wird das Präsens verwendet

- in der direkten Rede
  Es war ein bitterkalter Winter und das arme Mädchen rief: „Es *ist* Weihnachtsabend. *Kauft* mir doch ein paar Streichhölzchen *ab*."
- für alle Regeln und Gesetze
  Wer einem anderen etwas *stiehlt* und dabei *gefasst wird, wird bestraft*.
- für naturwissenschaftliche Erkenntnisse usw.
  Die Erde *dreht* sich um die Sonne. Die Gravitation *ist* ein physikalisches Gesetz.

Weitere mögliche Verwendungen des Präsens in schriftlicher Form:

- für Inhaltsangaben einer Erzählung, eines Romans, einer Oper, eines Films, eines Theaterstücks usw.
  Die Oper „Aida" von Verdi *spielt* im alten Ägypten. Der Prinz *verliebt* sich in Aida und *kämpft* um sie ...
- in Rezensionen, Kritiken im Radio, Fernsehen und in Zeitungen
  Der Autor *schreibt* flüssig und elegant, aber es *fehlt* ihm an historischen Kenntnissen.
- auch in historischen Darstellungen wird manchmal des Präsens benutzt
  Am Weihnachtsabend des Jahres 800 *wird* Karl der Große in Rom zum Kaiser *gekrönt*. Der Papst *setzt* ihm die Krone auf das Haupt.

Perfekt

Sprechtempus für vergangene Handlungen, Vorgänge und Zustände.
(Siehe auch § 21)
In der Schule *habe* ich mich immer *gelangweilt*. Wenn wir auf dem Schulhof Fußball *gespielt haben*, *hat* der Hausmeister *geschimpft* ...

Schriftlich wird das Perfekt verwendet

- in der direkten Rede
  Das arme Mädchen mit den Streichhölzern dachte: „Heute abend *ist* meine Großmutter *gestorben*. Sie *hat* mich lieb *gehabt* und mir alles *gegeben*."

- für allgemeine Aussagen, die vor dem Präsens liegen
  Seit Emil von Behring einen Impfstoff gegen die Diphtherie *entdeckt hat*, sterben weniger Kinder an dieser schrecklichen Krankheit.

II Präteritum und Plusquamperfekt

Präteritum: Schreibtempus für literarische und berichtende Texte
Es *war* einmal ein Fischer, der *fing* einen großen Fisch. Der Fisch *öffnete* sein Maul und *sprach* mit menschlicher Stimme.
Am 3. September *begann* die Konferenz in Tokio. Die Präsidenten aller asiatischen Länder *versammelten* sich in dem prächtigen Saal und *begrüßten* einander feierlich.

Plusquamperfekt: Schreibtempus für alle Handlungen, Vorgänge und Zustände, die vor dem Präteritum liegen.
Es war einmal ein Fischer, der schon viele Fische gefangen hatte, aber so ein großer Fisch *war* ihm noch niemals vorher ins Netz *gegangen*.
Am 3. September begann die Konferenz in Tokio. Obwohl die Präsidenten der asiatischen Länder vorher gegeneinander *gestritten hatten*, begrüßten sie sich freundlich.

Beide Zeiten, Präteritum und Plusquamperfekt, beziehen sich in der schriftlichen Sprache aufeinander.

Präteritum

Schreibtempus

- in der Prosaliteratur (in Romanen, Erzählungen, Geschichten). Die Verwendung der Tempusformen in der Literatur ist jedoch in hohem Maße eine Frage der Stilistik; es kommen alle Tempusformen vor.

- Nachrichten in den Zeitungen werden im Präteritum geschrieben, Nachrichten im Fernsehen im Präteritum vorgetragen.

Mündlich wird das Präteritum gebraucht

- bei der Wiedergabe von Märchen und Geschichten:
  Die Großmutter erzählt: Es *war* einmal eine schöne Prinzessin. Sie *lebte* in einem Schloss ...
- in Berichten über persönliche Erlebnisse in stilisierter Form:
  Heute früh bin ich aufgestanden, aber plötzlich *donnerte* es an meiner Tür. Ich *rannte* hin und da *stand* ...
- In Briefen wechseln die Deutschen ziemlich willkürlich zwischen Perfekt und Präteritum. Gute Briefschreiber verwenden für ihre persönlichen Aussagen das Perfekt, gehen aber zum Präteritum über, sobald sie über ein Ereignis stilisierend berichten.

Plusquamperfekt

Schreibtempus

Diese vor der Präteritumhandlung liegende Zeitform wird fast ausschließlich schriftlich in Nachrichten und der erzählenden Literatur gebraucht. (Ihre Verwendung in der Literatur ist allerdings nicht festgelegt. Der Gebrauch der Tempusformen unterliegt oft dem persönlichen Stil des Autors.)
Er stand vor der Haustür, suchte in seinen Taschen, aber er fand seinen Schlüssel nicht, denn er *hatte* ihn am Morgen zu Hause *vergessen.*

Mündlich kann man das Plusquamperfekt verwenden, wenn vor der Perfekt-Handlung noch eine frühere Handlung liegt.
Alles, was er mir damals *erzählt hatte*, habe ich mir gemerkt.

Anmerkungen

1. Bei den Modal- und Hilfsverben gebraucht man in der gesprochenen Sprache besser das Präteritum statt des Perfekts.
   Ich *war* unruhig (nicht: bin ... gewesen), weil ich meine Brille nicht sofort *hatte* (nicht: gehabt habe) und deshalb den Storch nicht *sehen konnte* (nicht: habe sehen können).
2. Bei längeren Passagen im Plusquamperfekt kann der Erzähler ins Präteritum wechseln.
3. Zeitungs- und Fernsehnachrichten beginnen oft mit einem Satz im Perfekt. Danach wird wie üblich im Präteritum geschrieben.
   „Geisterstimmen" in einer Nürnberger Wohnung *haben* in der Nacht zum Freitag zu einem Polizeieinsatz *geführt.* Die Mieterin *wählte* gegen Mitternacht den Notruf, weil nach ihren Worten „geisterhafte Stimmen" aus der Wand *drangen.* Die angerückten Beamten *waren* „hellhörig": Sie *fanden* den Geist in einem Schrank in Gestalt eines dudelnden Radios.

   FAZ, 9.3.1996

1 Setzen Sie die Verben im richtigen Tempus ein.

Ein Professor, der nachts um 12 Uhr mit dem Flugzeug nach New York (reisen wollen), (sitzen) müde in seinem Sessel, nachdem er alle seine Sachen (einpacken), als plötzlich das Telefon (klingeln). Es (sein) der Freund des Professors, der schon früh am Abend (schlafen gehen) und einen Traum (haben), den er jetzt dem Professor (mitteilen): „Ich (abstürzen sehen) im Traum ein Flugzeug mit derselben Nummer, die auf deiner Flugkarte (stehen), über dem Atlantischen Ozean. Bitte (fliegen) nicht nach New York." Der Professor (versprechen) dem Freund nicht zu fliegen. Als der Professor am nächsten Morgen (aufwachen), (rufen hören) er die Zeitungsjungen auf der Straße: „Flugzeug Nr. 265 abgestürzt!" Er (springen) aus dem Bett, (greifen) nach seiner Flugkarte und (erkennen) dieselbe Nummer. – Sobald er sich (anziehen), (rennen) er auf die Straße, um seinem Freund, der ihn (warnen), zu danken. Als er um die Ecke (biegen), (zusammenstoßen) er so unglücklich mit einem kleinen Jungen auf einem Kinderfahrrad, dass er (stürzen) und auf das Pflaster (schlagen). „Das (sein) das Ende!", (denken) der Professor, „mein Freund (Recht haben) doch."

Aber es (kommen) anders: Am späten Nachmittag (erwachen) er in einem Krankenzimmer und als sich eine freundliche Pflegerin über ihn (beugen), (sein) seine erste Frage: „Was (geschehen) mit den Insassen des Flugzeugs Nr. 265?" – „Bitte (aufregen) Sie sich nicht!", (antworten) die Krankenschwester. „Nur eine Falschmeldung! Die Maschine (landen) sicher." Bevor der Professor wieder in Ohnmacht (sinken), (flüstern) er: „Dann (irren) sich mein Freund also."

2 Wie heißen die Verben in den Zeitungsausschnitten im Infinitiv? In welchem Tempus stehen sie hier? Begründen Sie den Gebrauch des Plusquamperfekts in den Texten.

Zweimal ließen Fahrer am Wochenende ihre Wagen stehen, nachdem sie zuvor erheblichen Schaden angerichtet hatten.

Der US-Autohersteller Ford hat im 1. Quartal 1996 einen dramatischen Gewinneinbruch auf 982 Millionen Mark verzeichnet. In der entsprechenden Vorjahreszeit hatte der Konzern noch weit über zwei Milliarden Mark verdient.

Zu einem Vortragsabend mit dem Thema „Mineralien in den Gesteinen der Rhön" hatte die Geschäftsleitung der Firma Franz Carl Nüdling eingeladen. Referent Rudolf Geipel stellte unter anderem fest, dass die Rhön noch ein weißer Fleck auf der mineralogischen Landkarte sei.

Die Beamten hatten angehalten, weil das Fahrzeug des 27-Jährigen mit Warnblinklicht auf dem Seitenstreifen der Autobahn abgestellt war. Der Fahrer verwies auf eine Panne und die Öllache unter seinem Wagen.

Als er von der Streife überprüft werden sollte, gab er an, keine Papiere dabeizuhaben. Die Beamten hatten aber eine Jacke auf dem Rücksitz des Autos entdeckt, worin sich auch Ausweispapiere befanden. Das sei die Jacke seines Bruders, erklärte der Erfurter. Die nun misstrauisch gewordenen Ordnungshüter nahmen den 27-jährigen mit auf das Revier.

Hier stellte sich heraus, dass der Beschuldigte gelogen hatte. Den Führerschein bereits wegen Trunkenheit am Steuer verloren, hatte er versucht seine Identität zu verheimlichen.

3 Setzen Sie die Verben im richtigen Tempus ein.

Nachdem es, wie es in Ländern nördlich der Alpen oft (vorkommen), vier Wochen lang (regnen), (erscheinen) an einem Maimorgen endlich die Sonne am heiteren Himmel. Sogleich (herausstrecken) ein Regenwurm, der schon lange durch die andauernde Kälte beunruhigt (sein), seinen Kopf aus dem feuchten Boden.
Bevor er sich noch richtig (wärmen können), (entdecken) er dicht neben sich einen zweiten Regenwurm, den er, wie er wohl (wissen), noch nie vorher (sehen). Trotzdem (sich verbeugen) er tief und (beginnen) folgende höfliche Rede: „Lieber Herr Nachbar, als wir uns vor 14 Tagen im Dunkel der Erde (treffen), (sagen können) ich Ihnen nicht meinen Gruß und meine Verehrung, denn leider (sich beschäftigen müssen) man dort unten immer mit Fressen und mit vollem Mund (sprechen dürfen) niemand, der von seinen Eltern gut (erziehen / Passiv). Jetzt aber (begrüßen dürfen) ich Sie mit großem Vergnügen und (bitten) Sie um Ihre Freundschaft." In ähnlicher Weise (reden) er noch einige Zeit fort, (sich beklagen) über die Schweigsamkeit des anderen und (fragen) ihn nach Namen und Herkunft, bis der zweite Regenwurm endlich sein Geschwätz (unterbrechen) und mürrisch (antworten): „Quatsch doch nicht so blöd, ich bin doch dein Hinterteil!"

4 Ebenso.

Ein Blinder (geschenkt bekommen) 500 Euro von der Frau eines Freundes, der vor einiger Zeit (sterben). Der Blinde (denken) niemals vorher an so ein unverhofftes Geschenk und deshalb (verstecken wollen) er das Geld, wie es so viele arme Leute (tun), in seinem Garten. Nachdem er ein tiefes Loch (graben) und seinen Schatz (verpacken und hineinlegen), (verlassen) er sehr zufrieden den Ort seiner Handlung. Während dieser Arbeit (beobachten können) ihn ein Nachbar durch den Gartenzaun. Der diebische Mensch (steigen) in der folgenden Nacht in den Garten des Blinden und (nehmen) das Geld an sich. Als der Blinde am Morgen (entdecken), dass sein Schatz (stehlen / Passiv), (sterben wollen) er vor Kummer. Aber Not (machen) erfinderisch. Er (gehen) zu seinem Nachbarn, den er (verdächtigen) und (sagen): „Herr Nachbar, Sie (nachdenken helfen müssen) mir in einer schwierigen Angelegenheit. Vor einiger Zeit (geben / Passiv) mir von einem Freund 1000 Euro, die ich für ihn (verstecken sollen). Aus Angst vor Dieben (eingraben) ich die Hälfte an einem sicheren Ort. Ich (fragen wollen) Sie, ob es gut (sein / Konjunktiv), wenn ich auch den Rest an die gleiche Stelle (legen)?" Selbstverständlich (raten) der Nachbar dem Blinden zu dem gleichen Versteck, aber sobald der Blinde in sein Haus (zurückkehren), (zurückbringen) der Nachbar, der die ganze Summe (haben wollen), das gestohlene Geld in den Garten des Blinden. Kurze Zeit darauf (ausgraben) der Blinde seinen Schatz glücklich wieder.

Anhang

Die wichtigsten Kommaregeln

I Ein Komma wird gesetzt

1. zwischen vollständige Hauptsätze, es sei denn, sie sind mit *und, oder, beziehungsweise,. sowie, wie, entweder … oder, nicht … noch, sowohl … als, weder* verbunden:
   Alle lachten, aber er machte ein unglückliches Gesicht.
   Es regnete, trotzdem fuhr er mit dem Fahrrad ins Büro.
2. zwischen Hauptsatz und Nebensatz:
   Ich freue mich, wenn du kommst.
   Obwohl er uns verstand, antwortete er nicht.
3. zwischen verschiedene Nebensätze:
   Ich weiß, dass ich ihm das Geld bringen muss, weil er darauf wartet.
4. zwischen gleichrangige Satzglieder und Satzaussagen. Nur vor *und, oder* etc. (siehe 1.) steht kein Komma:
   In der gestohlenen Tasche waren Schlüssel, Geld, Ausweise und persönliche Sachen.
   Du musst endlich den Professor, seinen Assistenten oder den Tutor danach fragen.
   Im Urlaub wollen wir lange schlafen, gut essen, viel baden und uns einmal richtig erholen.

II In Kommas eingeschlossen werden

wenn sie den übergeordneten Satz unterbrechen

1. Relativsätze und Nebensätze:
   Der Apfelbaum, den er selbst gepflanzt hatte, trug herrliche Früchte.
2. Appositionen:
   Die Donau, der längste Fluss Europas, mündet ins Schwarze Meer.
3. Partizipialsätze
   Er schlief, von der anstrengenden Reise erschöpft, zwölf Stunden lang.
4. erweiterte Infinitivkonstruktionen und Infinitivkonstruktionen mit u*m … zu, ohne … zu, anstatt … zu:,*
   Sie begann, um bald zu einem Ergebnis zu kommen, sofort mit der Arbeit.

III Ein Komma kann gesetzt werden

wenn dadurch die Gliederung des Satzes deutlicher wird oder ein Missverständnis vermieden wird

1. vor erweiterten Infinitivkonstruktionen:
   Er hofft(,) jeden Tag ein bisschen mehr Sport treiben zu können.
   Er hofft jeden Tag(,) ein bisschen mehr Sport treiben zu können.
2. vor Infinitivkonstruktionen mit *um … zu, ohne … zu, anstatt … zu*:
   Er ging zur Polizei(,) um seinen Pass abzuholen.
3. bei gleichrangigen Teilsätzen, Wortgruppen und Wörtern, die durch *und, oder …* verbunden sind (siehe I, 1.):
   Er geht immer zu Fuß zur Arbeit(,) und in die Stadt fährt er mit dem Bus.

Liste der starken und unregelmäßigen Verben

Vorbemerkungen

1. Die nachfolgenden Verben sind vielfältig verwendbar, d.h. ihre Bedeutung variiert je nach dem Gebrauch von Präfixen, Präpositionen usw. z.B. *brechen*:
   Der Verlobte hat *sein Wort* (A) gebrochen.
   Der Junge hat den Ast *ab*gebrochen.
   Vier Häftlinge sind aus dem Gefängnis *aus*gebrochen.
   Der Gast hat das Glas *zer*brochen.
   Er hat *sich* den Arm gebrochen.
   Der junge Mann hat *mit* seinen Eltern gebrochen.
   Der Kranke hat *dreimal am Tag* gebrochen.
2. Die Angaben (N = Nominativ, D = Dativ, A = Akkusativ, Inf.-K. = Infinitivkonstruktion) weisen auf den einfachen Gebrauch der Verben hin. Wenn ein Verb nur bedingt mit einem Fall gebraucht wird, steht die Angabe in Klammern. Wenn ein Verb nur mit Orts- oder Zeitangaben oder mit einem Präpositionalobjekt gebraucht wird, steht keine Angabe.

Infinitiv	*3. Pers. Sg. Präsens*	*3. Pers. Sg. Präteritum*	*3. Pers. Sg. Perfekt*	*Gebrauch*
backen	er bäckt (backt)	er backte (buk)	er hat gebacken	A
befehlen	er befiehlt	er befahl	er hat befohlen	D + Inf.-K.
beginnen	er beginnt	er begann	er hat begonnen	A
beißen	er beißt	er biss	er hat gebissen	A
bergen	er birgt	er barg	er hat geborgen	A
bersten	er birst	er barst	er ist geborsten	–
betrügen	er betrügt	er betrog	er hat betrogen	A
bewegen[1]	er bewegt	er bewog	er hat bewogen	A + Inf.-K.

[1] *bewegen* (stark): Was hat ihn bewogen, so schnell abzufahren?
bewegen (schwach): Der Polizist bewegte den Arm.

Infinitiv	*3. Pers. Sg. Präsens*	*3. Pers. Sg. Präteritum*	*3. Pers. Sg. Perfekt*	*Gebrauch*
biegen	er biegt	er bog	er hat gebogen	A
bieten	er bietet	er bot	er hat geboten	D A
binden	er bindet	er band	er hat gebunden	A
bitten	er bittet	er bat	er hat gebeten	A + Inf.-K.
blasen	er bläst	er blies	er hat geblasen	(A)
bleiben	er bleibt	er blieb	er ist geblieben	–
braten	er brät (bratet)	er briet	er hat gebraten	A
brechen	er bricht	er brach	er ist / hat gebrochen	(A)
brennen	er brennt	er brannte	er hat gebrannt	–
bringen	er bringt	er brachte	er hat gebracht	D A
denken	er denkt	er dachte	er hat gedacht	–
dingen[2]	er dingt	er dang	er hat gedungen	A
dreschen	er drischt	er drosch	er hat gedroschen	A
dringen[3]	er dringt	er drang	er ist / hat gedrungen	–
dürfen	er darf	er durfte	er hat gedurft	–
empfehlen	er empfiehlt	er empfahl	er hat empfohlen	D + Inf.-K. D A
erlöschen[4]	er erlischt	er erlosch	er ist erloschen	–
erschrecken[5]	er erschrickt	er erschrak	er ist erschrocken	–
erwägen	er erwägt	er erwog	er hat erwogen	A
essen	er isst	er aß	er hat gegessen	A
fahren[6]	er fährt	er fuhr	er ist / hat gefahren	(A)
fallen	er fällt	er fiel	er ist gefallen	–
fangen	er fängt	er fing	er hat gefangen	A
fechten	er ficht	er focht	er hat gefochten	–
finden	er findet	er fand	er hat gefunden	A
flechten	er flicht	er flocht	er hat geflochten	A
fliegen[7]	er fliegt	er flog	er ist / hat geflogen	(A)
fliehen	er flieht	er floh	er ist geflohen	–
fließen	er fließt	er floss	er ist geflossen	–
fressen	er frisst	er fraß	er hat gefressen	A
frieren	er friert	er fror	er hat gefroren	–
gären[8]	er gärt	er gor	er ist gegoren	–

[2] *dingen:* heute nur noch „einen Mörder dingen = der gedungene Mörder"

[3] *ist / hat gedrungen:* Das Wasser ist in den Keller gedrungen. – Er hat auf die Einhaltung des Vertrages gedrungen.

[4] *erlöschen* (stark): Das Feuer erlosch im Kamin.
löschen (schwach): Die Feuerwehr löschte das Feuer.

[5] *erschrecken* (stark): Das Kind erschrak vor dem Hund.
erschrecken (schwach): Der Hund erschreckte das Kind.

[6] *ist / hat gefahren:* Er ist nach England gefahren. – Er hat den Wagen in die Garage gefahren.

[7] *ist / hat geflogen:* Wir sind nach New York geflogen. – Der Pilot hat die Maschine nach Rom geflogen.

[8] *gären* (stark): Der Most gor im Fass.
gären (schwach): Schon Jahre vor der Revolution gärte es im Volk.

Infinitiv	3. Pers. Sg. Präsens	3. Pers. Sg. Präteritum	3. Pers. Sg. Perfekt	Gebrauch
gebären	sie gebiert (gebärt)	sie gebar	sie hat geboren	A
geben	er gibt	er gab	er hat gegeben	D A
gedeihen	er gedeiht	er gedieh	er ist gediehen	–
gehen	er geht	er ging	er ist gegangen	–
gelingen	es gelingt	es gelang	es ist gelungen	D + Inf.-K.
gelten	er gilt	er galt	er hat gegolten	–
genesen	er genest	er genas	er ist genesen	–
genießen	er genießt	er genoss	er hat genossen	A
geschehen	es geschieht	es geschah	es ist geschehen	–
gewinnen	er gewinnt	er gewann	er hat gewonnen	(A)
gießen	er gießt	er goss	er hat gegossen	A
gleichen	er gleicht	er glich	er hat geglichen	D
gleiten	er gleitet	er glitt	er ist geglitten	–
glimmen	er glimmt	er glomm	er hat geglommen	–
graben	er gräbt	er grub	er hat gegraben	(D) A
greifen	er greift	er griff	er hat gegriffen	(A)
haben	er hat	er hatte	er hat gehabt	A
halten	er hält	er hielt	er hat gehalten	(A)
hängen[9]	er hängt	er hing	er hat gehangen	
hauen	er haut	er hieb (haute)	er hat gehauen	A
heben	er hebt	er hob	er hat gehoben	A
heißen	er heißt	er hieß	er hat geheißen	(N) AA
helfen	er hilft	er half	er hat geholfen	D
kennen	er kennt	er kannte	er hat gekannt	A
klimmen	er klimmt	er klomm	er ist geklommen	–
klingen	er klingt	er klang	er hat geklungen	–
kneifen	er kneift	er kniff	er hat gekniffen	A
kommen	er kommt	er kam	er ist gekommen	–
können	er kann	er konnte	er hat gekonnt	A
kriechen	er kriecht	er kroch	er ist gekrochen	–
laden	er lädt	er lud	er hat geladen	A
lassen[10]	er lässt	er ließ	er hat gelassen	(D) A
laufen	er läuft	er lief	er ist gelaufen	–
leiden	er leidet	er litt	er hat gelitten	–
leihen	er leiht	er lieh	er hat geliehen	D A
lesen	er liest	er las	er hat gelesen	A
liegen	er liegt	er lag	er hat gelegen	–
lügen	er lügt	er log	er hat gelogen	–
mahlen	er mahlt	er mahlte	er hat gemahlen	A

[9] *hängen* (stark): Die Kleider hingen im Schrank.
hängen (schwach): Sie hängte die Kleider in den Schrank.

[10] *lassen* (stark): Sie ließ die Kinder zu Hause.
veranlassen (schwach): Die Behörden veranlassten die Schließung des Lokals.

Infinitiv	*3. Pers. Sg. Präsens*	*3. Pers. Sg. Präteritum*	*3. Pers. Sg. Perfekt*	*Gebrauch*
meiden	er meidet	er mied	er hat gemieden	A
melken	er melkt	er molk (melkte)	er hat gemolken	A
messen	er misst	er maß	er hat gemessen	A
mögen	er mag	er mochte	er hat gemocht	A
müssen	er muss	er musste	er hat gemusst	–
nehmen	er nimmt	er nahm	er hat genommen	D A
nennen	er nennt	er nannte	er hat genannt	AA
pfeifen	er pfeift	er pfiff	er hat gepfiffen	A
preisen	er preist	er pries	er hat gepriesen	A
quellen	er quillt	er quoll	er ist gequollen	–
raten	er rät	er riet	er hat geraten	D + Inf.-K.
reiben	er reibt	er rieb	er hat gerieben	A
reißen[11]	er reißt	er riss	er hat / ist gerissen	–
reiten[12]	er reitet	er ritt	er ist / hat geritten	(A)
rennen	er rennt	er rannte	er ist gerannt	–
riechen	er riecht	er roch	er hat gerochen	(A)
ringen	er ringt	er rang	er hat gerungen	–
rinnen	er rinnt	er rann	er ist geronnen	–
rufen	er ruft	er rief	er hat gerufen	A
salzen	er salzt	er salzte	er hat gesalzen	A
saufen	er säuft	er soff	er hat gesoffen	A
saugen	er saugt	er sog (saugte)	er hat gesogen (gesaugt)	(A)
schaffen[13]	er schafft	er schuf	er hat geschaffen	A
scheiden[14]	er scheidet	er schied	er hat / ist geschieden	(A)
scheinen	er scheint	er schien	er hat geschienen	–
scheißen	er scheißt	er schiss	er hat geschissen	–
schelten	er schilt	er schalt	er hat gescholten	A (AA)
scheren	er schert	er schor	er hat geschoren	(D) A
schieben	er schiebt	er schob	er hat geschoben	A
schießen	er schießt	er schoss	er hat geschossen	(A)
schlafen	er schläft	er schlief	er hat geschlafen	–
schlagen	er schlägt	er schlug	er hat geschlagen	A
schleichen	er schleicht	er schlich	er ist geschlichen	–
schleifen[15]	er schleift	er schliff	er hat geschliffen	A
schließen	er schließt	er schloss	er hat geschlossen	A
schlingen	er schlingt	er schlang	er hat geschlungen	(A)

11 *hat / ist gerissen:* Das Pferd hat an dem Strick gerissen. – Der Strick ist gerissen.

12 *ist / hat geritten:* Er ist durch den Wald geritten. – Er hat dieses Pferd schon lange geritten.

13 *schaffen* (stark): Am Anfang schuf Gott Himmel und Erde.
schaffen (schwach): Ich habe die Arbeit nicht mehr geschafft.

14 *hat / ist geschieden:* Der Richter hat die Ehe geschieden. – Er ist ungern von hier geschieden.

15 *schleifen* (stark): Er hat das Messer geschliffen.
schleifen (schwach): Er schleifte den Sack über den Boden.

Infinitiv	*3. Pers. Sg. Präsens*	*3. Pers. Sg. Präteritum*	*3. Pers. Sg. Perfekt*	*Gebrauch*
schmeißen	er schmeißt	er schmiss	er hat geschmissen	A
schmelzen[16]	er schmilzt	er schmolz	er hat / ist geschmolzen	A
schneiden	er schneidet	er schnitt	er hat geschnitten	(A)
schreiben	er schreibt	er schrieb	er hat geschrieben	(D) A
schreien	er schreit	er schrie	er hat geschrie(e)n	–
schreiten	er schreitet	er schritt	er ist geschritten	–
schweigen	er schweigt	er schwieg	er hat geschwiegen	–
schwellen[17]	er schwillt	er schwoll	er ist geschwollen	–
schwimmen[18]	er schwimmt	er schwamm	er ist / hat geschwommen	–
schwingen	er schwingt	er schwang	er hat geschwungen	(A)
schwören	er schwört	er schwor	er hat geschworen	(D) A
sehen	er sieht	er sah	er hat gesehen	A
sein	er ist	er war	er ist gewesen	N
senden[19]	er sendet	er sandte (sendete)	er hat gesandt (gesendet)	(D) A
singen	er singt	er sang	er hat gesungen	A
sinken	er sinkt	er sank	er ist gesunken	–
sinnen	er sinnt	er sann	er hat gesonnen	–
sitzen	er sitzt	er saß	er hat gesessen	–
sollen	er soll	er sollte	er hat gesollt	–
spalten	er spaltet	er spaltete	er hat gespalten	A
speien	er speit	er spie	er hat gespie(e)n	–
spinnen	er spinnt	er spann	er hat gesponnen	A
sprechen	er spricht	er sprach	er hat gesprochen	A
sprießen	er sprießt	er spross	er ist gesprossen	–
springen	er springt	er sprang	er ist gesprungen	–
stechen	er sticht	er stach	er hat gestochen	(A)
stehen	er steht	er stand	er hat gestanden	–
stehlen	er stiehlt	er stahl	er hat gestohlen	D A
steigen	er steigt	er stieg	er ist gestiegen	–
sterben	er stirbt	er starb	er ist gestorben	–
stieben	er stiebt	er stob	er ist gestoben	–
stinken	er stinkt	er stank	er hat gestunken	–
stoßen[20]	er stößt	er stieß	er hat / ist gestoßen	–
streichen	er streicht	er strich	er hat gestrichen	A
streiten	er streitet	er stritt	er hat gestritten	–

16 *hat / ist geschmolzen:* Das Wachs ist geschmolzen. – Sie haben das Eisenerz geschmolzen.

17 *schwellen* (stark): Seine linke Gesichtshälfte ist geschwollen.
schwellen (schwach): Der Wind schwellte die Segel.

18 *ist / hat geschwommen:* Der Flüchtling ist durch die Elbe geschwommen. – Er hat drei Stunden im Schwimmbad geschwommen.

19 *senden* (stark): Sie hat mir ein Weihnachtspäckchen gesandt.
senden (schwach): Um 20 Uhr werden die Nachrichten gesendet.

20 *hat / ist gestoßen:* Ich habe mich an der Küchentür gestoßen. – Er ist mit dem Fuß gegen einen Stein gestoßen.

Infinitiv	*3. Pers. Sg. Präsens*	*3. Pers. Sg. Präteritum*	*3. Pers. Sg. Perfekt*	*Gebrauch*
tragen	er trägt	er trug	er hat getragen	(D) A
treffen	er trifft	er traf	er hat getroffen	A
treiben[21]	er treibt	er trieb	er hat / ist getrieben	(A)
treten[22]	er tritt	er trat	er ist / hat getreten	–
trinken	er trinkt	er trank	er hat getrunken	A
tun	er tut	er tat	er hat getan	A
verbleichen	es verbleicht	es verblich	er / es ist verblichen	–
verderben[23]	er verdirbt	er verdarb	er hat / ist verdorben	(DA)
verdrießen	es verdrießt	es verdross	es hat verdrossen	A
vergessen	er vergisst	er vergaß	er hat vergessen	A
verlieren	er verliert	er verlor	er hat verloren	A
verschwinden	er verschwindet	er verschwand	er ist verschwunden	–
verzeihen	er verzeiht	er verzieh	er hat verziehen	D A
wachsen	er wächst	er wuchs	er ist gewachsen	–
waschen	er wäscht	er wusch	er hat gewaschen	(D) A
weichen[24]	er weicht	er wich	er ist gewichen	–
weisen	er weist	er wies	er hat gewiesen	D A
wenden	er wendet	er wandte (wendete)	er hat gewandt (gewendet)	(A)
werben	er wirbt	er warb	er hat geworben	(A)
werden	er wird	er wurde	er ist geworden	N
werfen	er wirft	er warf	er hat geworfen	A
wiegen[25]	er wiegt	er wog	er hat gewogen	A
winden	er windet	er wand	er hat gewunden	A
wissen	er weiß	er wusste	er hat gewusst	A
wollen	er will	er wollte	er hat gewollt	A
wringen	er wringt	er wrang	er hat gewrungen	A
ziehen[26]	er zieht	er zog	er hat / ist gezogen	A
zwingen	er zwingt	er zwang	er hat gezwungen	A + Inf.-K.

[21] *ist / hat getrieben:* Sie hat die Kühe auf die Weide getrieben. – Das Boot ist an Land getrieben.

[22] *hat / ist getreten:* Er ist ins Zimmer getreten. – Er hat mir auf den Fuß getreten.

[23] *hat / ist verdorben:* Er hat mir alle Pläne verdorben. – Das Fleisch ist in der Hitze verdorben.

[24] *weichen* (stark): Der Bettler wich nicht von meiner Seite.
weichen (schwach): Die Brötchen sind in der Milch aufgeweicht.

[25] *wiegen* (stark): Der Kaufmann wog die Kartoffeln.
wiegen (schwach): Die Mutter wiegte ihr Kind.

[26] *hat / ist gezogen:* Das Pferd hat den Wagen gezogen. – Er ist in eine neue Wohnung gezogen.

Liste der verwendeten grammatischen Begriffe

(deutsche Begriffe nach der DUDEN-GRAMMATIK)

das Adjektiv (das Eigenschaftswort)	grün, breit, alt, mutig
das Adverb (das Umstandswort)	Er kommt *heute*. (Frage: *wann?*) Er steht *dort*. (Frage: *wo?*) Er spricht *schnell*. (Frage: *wie?*)
die adverbiale Angabe	Er kommt *jeden Freitag um acht Uhr*. (Frage: *wann?*) Er wohnt *in der Gartenstraße neben dem Postamt*. (Frage: *wo?*) Er läuft *auf die Straße*. (Frage: *wohin?*) Er spricht *mit leiser Stimme*. (Frage: *wie?*)
adversativ	= zur Angabe eines Gegensatzes: Ich kenne alle Wörter, *aber* ich verstehe den Satz nicht.
der Akkusativ (der 4. Fall, Wenfall)	= im Satz: 1. das Akkusativobjekt (Frage: *wen?* oder *was?*): Ich sehe *den Berg*. 2. der Akkusativ der Zeit (Frage: *wann?*): Er kommt *jeden Freitag*. 3. der Akkusativ der Maßangaben (Frage: *wie lang?* usw.): Der Tisch ist *einen Meter* lang. Der Säugling ist *einen Monat* alt.
der Aktivsatz	= die Handlung geht von Personen oder Sachen aus. Siehe auch: Passivsatz. *Herr Müller gräbt seinen Garten um.* *Das Schiff versinkt im Ozean.*
alternativ	= zur Angabe einer anderen Möglichkeit: *Entweder* gelingt das Experiment *oder* wir müssen wieder von vorne anfangen.
die Apposition (der Beisatz)	Herr Meyer, *unser neuer Kollege*, ist sehr sympathisch.
der Artikel (das Geschlechtswort)	1. der bestimmte Artikel: Singular: *der, die, das;* Plural: *die* 2. der unbestimmte Artikel: Singular: *ein, eine, ein;* Plural: artikellos
das Attribut	1. das Adjektivattribut: der *grüne* Baum, *frische* Luft 2. das Genitivattribut: der Bruder *meines Mannes* 3. attributive Angaben: der Kongress *in der alten Oper* die Nachrichten *um 20 Uhr* im *Hamburger* Hafen
der Dativ (der 3. Fall, Wemfall)	= im Satz: Das Dativobjekt (Frage: *wem?*) Ich vertraue *meinem Nachbarn*.

die Deklination (die Beugung von Substantiv, Artikel, Pronomen und Adjektiv)	Nominativ: *der Mann* Akkusativ: *den Mann* Dativ: *dem Mann* Genitiv: *des Mannes* usw.
das Demonstrativpronomen (das hinweisende Fürwort)	= zum Hinweis auf bestimmte Personen oder Sachen: *Dieser* Turm ist der älteste der Stadt. Wie man das macht, *das* weiß ich nicht.
Diphthong (der Doppellaut)	= zusammengesetzt aus zwei Vokalen: *au, ei, eu*
die direkte Rede	Er sagte: *„Ich gehe jetzt."* Er fragte: *„Gehst du jetzt?"* Er befahl: *„Geh jetzt!"*
die Endung	siehe „der Stamm"
der Fall	siehe „der Kasus"
feminin	= weiblich: *die Frau, die Beamtin, die Polin, die Bank, die Hoffnung*
final	= zur Angabe einer Absicht, eines Zwecks: 1. finaler Nebensatz: *Damit der Fall geklärt wird,* muss ich Folgendes sagen ... 2. finale Infinitivkonstruktion: *Um den Fall zu klären* muss ich Folgendes sagen ... 3. finale Angabe mit Präposition: *Zur Klärung des Falles* muss ich Folgendes sagen ...
die Frage	1. die direkte Frage: *„Kommst du bald?"* *„Wann kommst du?"* 2. die indirekte Frage: Sie fragte, *ob er bald komme.* Sie fragte, *wann er komme.* 3. der Fragesatz als Nebensatz: Ich weiß nicht, *ob er kommt.* Ich weiß nicht, *wann er kommt.*
das Funktionsverb	= Verb, das mit einem Akkusativobjekt eine feste Verbindung bildet: Sie *trifft* eine Entscheidung. Er *legt* Beschwerde *ein.*
das Funktionsverbgefüge	= feste Verbindung aus Verb, Präposition und Akkusativobjekt: Er *bringt* das Problem *zur Sprache.* Man *kam* schnell *zu einem Ergebnis.*
das Futur	1. um auszudrücken, dass etwas ganz sicher passieren wird: Wir müssen uns beeilen, es *wird* gleich *regnen.* (Futur I) Bis morgen *werden* wir das Problem *gelöst haben.* (Futur II) 2. zum Ausdruck einer Vermutung: Im Lauf der nächsten Jahre *werden* wir uns wohl *wiedersehen.* (Futur I) Es ist sechs Uhr; sie *wird* schon nach Hause *gegangen sein.* (Futur II)

Die Zukunft wird im Deutschen normalerweise durch die Zeitform des Präsens und eine temporale Angabe ausgedrückt:
Herr Koop *heiratet* nächsten Montag.

der Genitiv
(der 2. Fall, Wesfall)
= im Satz:
1. das Genitivobjekt (Frage: *wessen?*)
   Man klagte ihn *des Diebstahls* an.
2. das Genitivattribut:
   Der Vortrag *des Professors* war interessant.

das Genus
(= das Geschlecht)
maskulin, feminin, neutral

der Hauptsatz
= ein vollständiger, unabhängiger Satz. Das konjugierte Verb steht in der Position II:
Er gab mir das Buch zurück.

das Hilfsverb
haben, sein, werden

der Imperativ
= die Befehlsform:
Gib mir die Hand!
Denkt an die Zukunft!
Bitte warten Sie!

Imperfekt
siehe „Präteritum"

das Indefinitpronomen
(das unbestimmte Fürwort)
= zur Bezeichnung von unbestimmten Personen / Sachen:
Jemand hat mich angerufen.
Manches Küchengerät ist unnütz.

der Indikativ
= die Konjugation in der Wirklichkeitsform.
Siehe auch „Konjunktiv".
ich sage, ich habe gesagt; du läufst, du bist gelaufen

die indirekte Rede
= Wiedergabe des Inhalts einer Rede durch eine andere Person:
Er sagte, *er gehe in die Kirche.*
Er sagte, *er sei in die Kirche gegangen.*

der Infinitiv
= unkonjugierbare Grundform des Verbs:
1. Infinitiv Präsens Aktiv: *üben, kommen*
2. Infinitiv Perfekt Aktiv: *geübt haben; gekommen sein*
3. Infinitiv Präsens Passiv: *geübt werden*
4. Infinitiv Perfekt Passiv: *geübt worden sein*

die Infinitivkonstruktion
1. die von bestimmten Verben abhängige Infinitivkonstruktion:
   Er *versuchte* den Bewusstlosen aus dem Wasser *zu ziehen.*
2. die Infinitivkonstruktion mit „um, ohne, anstatt":
   Er besucht den Kurs *um Englisch zu lernen.*
   Er ging vorbei *ohne mich anzusehen.*
   Sie reden nur *anstatt zu handeln.*

instrumental
= zur Angabe eines Mittels oder Instruments:
1. instrumentaler Nebensatz:
   Sie fanden den Weg aus dem Urwald, *indem sie einem Fluss folgten.*
2. instrumentale Angabe mit Präposition:
   Mittels (Mit Hilfe) eines Kompasses bestimmen die Seeleute ihren Kurs.

intransitive Verben	= Verben, die kein Akkusativobjekt bei sich haben können: Er *geht* nach Hause. Der Schrank *steht* in der Ecke. Das Mädchen *gefällt* mir nicht.
irrealer Konjunktiv	= Konjunktiv der Nicht-Wirklichkeit: 1. der irreale Wunschsatz: *Wenn sie doch käme! Käme sie doch!* 2. der irreale Bedingungssatz: *Wenn ich Geld hätte, führe ich nach Italien!* 3. der irreale Vergleichssatz: Er tat so, *als ob er krank wäre.*
die Kardinalzahl (die Grundzahl)	*eins, zwei, drei … hundert, tausend … (1, 2, 3 …)*
der Kasus (der Fall)	Nominativ, Akkusativ, Dativ, Genitiv
kausal	= zur Angabe eines Grundes (Frage: *warum?*) 1. kausaler Hauptsatz: Sie kommt heute nicht, *denn wir haben uns gestritten.* Wir haben uns gestritten; *darum kommt sie heute nicht.* 2. kausaler Nebensatz: Sie kommt heute nicht, *weil wir uns gestritten haben.* 3. kausale Angabe mit Präposition: *Wegen unseres Streits* kommt sie heute nicht.
der Komparativ	= vergleichende Steigerungsform: 1. als Adjektivattribut: Der Sekretär ist *längere* Zeit im Geschäft als sein Chef. 2. als Adverb: Der Sekretär ist *älter* als sein Chef.
konditional	= zur Angabe einer Bedingung: 1. realer Bedingungssatz: *Wenn er nicht kommt,* fahren wir ohne ihn. 2. irrealer Bedingungssatz: *Wenn er jetzt noch käme,* könnten wir ihn mitnehmen.
die Konjugation (die Beugung des Verbs)	*ich gehe* *du gehst* *er geht* *wir gehen* usw.
konjugiertes Verb	= im Satz: Das Verb mit der personalen Endung: Er *geht* zu Fuß zur Schule. Du *hast* dich erkältet. Wir *kamen* zu spät *an.* …, als er gefragt *wurde.* …, weil ihr nicht gekommen *seid.*
Konjunktion	= ein satzverbindendes Wort: 1. Hauptsatzkonjunktionen: Er geht voran *und* ich folge ihm. (auf Position 0) Du hast dich nicht verändert; *darum* habe ich dich sofort erkannt. (auf Position I) 2. Nebensatzkonjunktionen (auch: Subjunktionen): Sein Sohn erbte alles, *als* er starb. Er bekam die Erbschaft, *weil* er fleißig und tüchtig war.

der Konjunktiv

= die Konjugation in der Möglichkeitsform:
1. Konjunktiv I siehe „indirekte Rede"
2. Konjunktiv II siehe „irrealer Konjunktiv"

konsekutiv

= zur Angabe der Folge:
konsekutiver Nebensatz:
Er war *so* aufgeregt, *dass er stotterte.*
Er hatte keine Kinder, *so dass sein Neffe alles erbte.*

der Konsonant (der Mitlaut)

b, c, d, f, g, h usw.

konzessiv

= zur Angabe der Einschränkung
1. konzessiver Hauptsatz:
   Ich kann ihn nicht leiden, *aber ich lade ihn doch ein.*
   Ich kann ihn nicht leiden, *trotzdem lade ich ihn ein.*
2. konzessiver Nebensatz:
   Ich lade ihn ein, *obwohl ich ihn nicht leiden kann.*
3. konzessive Angabe mit Präposition:
   Trotz meiner Abneigung lade ich ihn ein.

lokal

= zur Ortsangabe (Frage: *wo?* oder *wohin?*)
1. lokale Adverbien oder lokale adverbiale Angaben:
   Dort liegt der Brief. (Frage: *wo?*)
   Im Zug sprach mich ein Herr an. (Frage: *wo?*)
   Wir wollen *auf den Berg* steigen. (Frage: *wohin?*)
2. lokaler Nebensatz:
   Ich weiß nicht, *wo meine Brille ist.*
   Ich weiß nicht, *wohin ich meine Brille gelegt habe.*

maskulin

= männlich: *der Mann, der Bäcker, der Pole, der Schrank, der Staat.*

modal

= zur Angabe der Art und Weise (Frage: *wie?*)
1. modale Adverbien oder modale adverbiale Angaben:
   Seine Höflichkeit war mir *angenehm.*
   Mit freundlichen Worten erklärte er mir meine Fehler.
2. modaler Nebensatz:
   Er verhielt sich *so, wie ich es erwartet hatte.*
3. modaler Vergleichssatz:
   a) realer Vergleichssatz:
   Er verhielt sich *genauso wie früher.*
   b) irrealer Vergleichssatz:
   Er tat *so, als ob er alles wüsste.*

das Modalverb

können, lassen, müssen, sollen, wollen

der Modus
(die Aussageweise)

= Indikativ, Konjunktiv

der Nebensatz

= ein abhängiger, unvollständiger Satz. Das konjugierte Verb steht am Ende des Nebensatzes (Ausnahmen siehe § 18 ff., § 28 und § 54, II):
Er versteht mich, *weil er mich kennt.*

neutral

= sächlich: *das Kind, das Pferd, das Land, das Fenster, das Parlament*

das Nomen

= siehe „Substantiv"

der Nominativ
(der 1. Fall, Werfall)

= im Satz: Das Subjekt (Frage: *wer?* oder *was?*):
Der Polizist zeigte uns den Weg.

das Objekt
= im Satz:
1. das Akkusativobjekt (Frage: *wen?* oder *was?*):
Wir lieben *den Wein* und *die Musik.*
2. das Dativobjekt (Frage: *wem?*):
Der Lehrling widerspricht *dem Meister.*
3. das Genitivobjekt (Frage: *wessen?*):
Der Händler wurde *des Betrugs* verdächtigt.

die Ordinalzahl (die Ordnungszahl)
der *erste,* der *zweite* … der *hundertste* … *(1., 2. … 100.)*
Am ersten Tag … / Er war der Erste.

das Partizip Perfekt (II) (das Mittelwort der Vergangenheit)
Er ist *gekommen.*
Er hat mich *erkannt.*
Er ist *eingeschlafen.*
Das Dokument ist *gefälscht* worden.

Partizip Präsens (I) (das Mittelwort der Gegenwart)
= Infinitiv + d: *lachend, weinend*
1. als Adverb (Frage: *wie?*)
Das Kind lief *weinend* in die Küche.
2. als Adjektivattribut:
Das *weinende* Kind lief in die Küche.

die Partizipialkonstruktion
= Erweiterung eines adjektivisch gebrauchten Partizips:
1. Partizip Präsens (I):
Das *am Ende der Straße liegende* Hotel …
= Das Hotel, das am Ende der Straße liegt, …
2. Partizip Perfekt (II):
Die *durch ein Erdbeben zerstörte* Stadt …
= Die Stadt, die durch ein Erdbeben zerstört worden ist, …

der Partizipialsatz
= Erweiterung eines adverbial gebrauchten Partizips:
Die Zuschauer zeigten *Beifall klatschend und laut jubelnd* ihre Zustimmung.

der Passivsatz
= nur die Handlung selbst ist wichtig, die handelnden Personen sind unbekannt oder uninteressant.
Siehe auch: Aktivsatz
Hier wird eine Straße gebaut.

das Perfekt
= die Vergangenheitsform im mündlichen Bericht:
1. im Aktiv:
Ich *bin* gestern zu spät *gekommen.*
Wir *haben* das Paket zur Post *gebracht.*
2. im Passiv:
Gestern *ist* mein Freund *operiert worden.*

das Personalpronomen (das persönliche Fürwort)
1. zur Bezeichnung von Personen:
Ich gehe nach Hause.
Leider hast *du* mir nicht geantwortet.
Ihr habt alles verdorben.
2. als Ersatz für vorher schon genannte Personen oder Sachen:
Ich kenne meine Freundin. *Sie* ist sehr zuverlässig.
Der Schüler fragte. Der Lehrer antwortete *ihm.*

der Plural
= die Mehrzahl
Wir spielen mit den Kindern.

das Plusquamperfekt = die vorzeitige Vergangenheitsform, meist im schriftlichen Bericht:
1. im Aktiv:
   Weil er seinen Schlüssel *vergessen hatte,* musste er bei uns übernachten.
2. im Passiv:
   Weil dier Fahrpreise *erhöht worden waren,* fuhren noch mehr Leute mit dem eigenen Auto.

das Possessivpronomen (das besitzanzeigende Fürwort) = zur Bezeichnung des Besitzes oder der Zugehörigkeit:
Mein Bruder studiert in München.
Er ärgert sich über *seinen* Kollegen.
Ich habe *Ihren* Brief leider noch nicht beantwortet.

der Prädikatsnominativ = zur Ergänzung der Verben *sein* und *werden* usw.:
Die Biene ist *ein Insekt.*

das Präfix siehe „Vorsilbe" und „Verbzusatz"

die Präposition
mit Akkusativ: *für, gegen* usw.
mit Dativ: *aus, bei* usw.
mit Akkusativ oder Dativ: *auf, unter* usw.
mit Genitiv: *während, wegen, trotz* usw.

das Präpositionalobjekt = abhängig von Verben mit Präpositionen:
Ich verlasse mich *auf seine Ehrlichkeit.*
Er fürchtet sich *vor seinem Examen.*

das Präsens = die Gegenwartsform, auch für allgemein gültige Aussagen
1. im Aktiv:
   Was *tust* du? – Ich *höre* Musik.
   Die Erde *kreist* um die Sonne.
2. im Passiv:
   Ich *werde verfolgt.*
   Seit Jahrtausenden *werden* die gleichen mathematischen Regeln *angewandt.*

das Präteritum = die Vergangenheitsform im schriftlichen Bericht:
1. Aktiv: Er *studierte* Chemie.
2. Passiv: Er *wurde* verhaftet.

das Pronomen (das Fürwort)
1. siehe „Demonstrativpronomen"
2. siehe „Indefinitpronomen"
3. siehe „Personalpronomen"
4. siehe „Possessivpronomen"
5. siehe „Reflexivpronomen"
6. siehe „Relativpronomen"

das Pronominaladverb = anstelle eines schon genannten präpositionalen Objekts:
(Er denkt an seine Heimat.)
Er denkt *daran,* in seine Heimat zurückzukehren.

das Rangattribut
Nicht der Angeklagte, sondern das Gericht muss die Tat beweisen.
Auch seine Stimme sollte gehört werden.

das Reflexivpronomen (rückbezügliches Fürwort)
= mit einem Verb verbunden, bezieht es sich auf das Subjekt zurück:
Im Urlaub haben wir uns gut erholt.
Er beschäftigt *sich* nur mit seinen Tauben.
Der Junge und das Mädchen trafen *sich* im Café.

die Rektion der Verben
= gibt an, welchen Kasus bestimmte Verben verlangen.

das Relativpronomen (bezügliches Fürwort)
der Mann, *der* ...
die Frau, *die* ...
das Kind, *das* ... usw.

der Relativsatz
im Nominativ:
Kinder, *die viel Süßigkeiten essen*, haben oft schlechte Zähne.
im Akkusativ:
Spät abends kam ein Gast, *den niemand kannte.*
im Dativ:
Man hat den Ingenieur, *dem ein Fehler nachgewiesen wurde*, entlassen.
im Genitiv:
Der Bauer, *dessen Scheune abgebrannt war*, erhielt Schadenersatz.

der Singular
= die Einzahl:
Ich lese die Zeitung.

Stamm und Endung

	Stamm:	Endung:
Inf.	*geb*	*en*
du	*lach*	*st*
sie	*geb*	*en*
ihr	*könnt*	*et*
des	*Kind*	*es*
	schön	*er* usw.

Stammformen
= Verbformen, aus denen man alle anderen Konjugationsformen ableiten kann:
lachen, er *lachte,* er hat *gelacht*
gehen, er *ging,* er ist *gegangen*

das Subjekt
= im Satz: Der Satzteil im Nominativ (Frage: *wer?* oder *was?*):
Die Sonne steht hoch am Himmel.
Endlich kam *er* zum Essen.

das Substantiv
= das Hauptwort als Einzelwort, großgeschrieben, meist mit Artikel:
die *Sonne,* der *Mond,* Plural: die *Sterne*

der Superlativ
= höchste Steigerungsstufe:
1. als Adjektivattribut:
   Der 21. Juni ist der *längste* Tag des Jahres.
2. als Adverb:
   Um Weihnachten sind die Tage *am kürzesten.*

temporal
= zur Angabe der Zeit (Frage: *wann?*)
1. temporaler Hauptsatz:
   Es blitzte und donnerte, *dann begann es zu regnen.*

2. temporaler Nebensatz:
   Als er starb, war er 85 Jahre alt.
3. temporale Angaben:
   Am 3. Juli beginnen die Ferien.
   Jeden Morgen fährt er nach Darmstadt.

das Tempus = die Zeitform des Verbs; siehe unter „Präsens“, „Präteritum“, „Perfekt“, „Plusquamperfekt“ und „Futur“

transitive Verben = Verben, die ein Akkusativobjekt bei sich haben können:
Sie *bauen* einen Staudamm.
Er *steckte* den Geldschein in die Tasche.

trennbare Verben = Verben mit einem Verbzusatz, der abgetrennt werden kann:
Er *reist* um 23 Uhr *ab*. abreisen

Umlaut *ä (äu), ö, ü*

untrennbare Verben = Verben mit einer Vorsilbe, die nicht abgetrennt wird:
Er *zerreißt* den Brief.

das Verb (Zeit- oder Tätigkeitswort)
1. wird als Einzelwort im Infinitiv angegeben: *essen, abreisen, erkennen, sich unterhalten*
2. wird im Satz in der konjugierten Form gebraucht: *er isst, er reiste ... ab, er erkennt, er unterhält sich*

der Verbzusatz = ein sinntragendes Wort – meist eine Präposition –, das vor ein Verb, ein abgeleitetes Substantiv, Adverb usw. gestellt wird, z.B. *ab-, aus-, ein-, fort-, vor-, zurück-*: *aus*zeichnen, die *Aus*zeichnung, *aus*gezeichnet; *fort*schreiten, der *Fort*schritt, *fort*schrittlich

der Vokal *a, e, i (ie), o, u*

die Vorsilbe = eine Silbe, die vor ein Verb oder ein abgeleitetes Substantiv, Adverb usw. gestellt wird, z.B. *be-, er-, ge-, ver-*: *be*kennen, das *Be*kenntnis; die *Be*kanntschaft, *bekannt; ver*wenden, die *Ver*wendung; die *Ver*wandtschaft, *ver*wandt

das Zustandspassiv = das Partizip Perfekt mit *sein* kann einen Zustand bezeichnen (Frage: *wie?*)
Die Stadt *ist zerstört.*

Index

L

M